U0800317

轨道装备类校企“双元”合作开发教材

城市轨道交通车辆
电气组装与布线工艺

孙成林　马忠明　陈　吉　主编

中国铁道出版社有限公司
CHINA RAILWAY PUBLISHING HOUSE CO., LTD.

内 容 简 介

本书为轨道装备类校企“双元”合作开发教材之一，由中国中东集团有限公司组织开发，全面介绍了城市轨道交通车辆电气组装与布线工艺。全书共六个项目，分别是：城市轨道交通车辆总体介绍，城市轨道交通车辆电气组装与布线工艺的基础知识，成品线束预制，车辆布线，电气设备安装，电气连接。

本书是高等职业教育轨道装备类城市轨道交通车辆制造与维护专业、城市轨道交通类城市轨道车辆应用技术专业的核心课程教材，亦可作为相关岗位技术人员培训教材。

图书在版编目(CIP)数据

城市轨道交通车辆电气组装与布线工艺/孙成林，马忠明，陈吉主编．—北京：中国铁道出版社有限公司，2021.11(2024.11 重印)
轨道装备类校企“双元”合作开发教材
ISBN 978-7-113-28056-7

Ⅰ.①城… Ⅱ.①孙…②马…③陈… Ⅲ.①城市铁路-铁路车辆-电气设备-组装-教材②城市铁路-铁路车辆-电气设备-布线-教材 Ⅳ.①U239.5

中国版本图书馆 CIP 数据核字(2021)第 150753 号

书　　名：城市轨道交通车辆电气组装与布线工艺
作　　者：孙成林　马忠明　陈　吉

责任编辑：亢丽君　张松涛　　**编辑部电话：**(010)83527746
封面设计：曾　程
责任校对：苗　丹
责任印制：赵星辰

出版发行：中国铁道出版社有限公司(100054，北京市西城区右安门西街 8 号)
网　　址：https://www.tdpress.com/51eds
印　　刷：河北燕山印务有限公司
版　　次：2021 年 11 月第 1 版　2024 年 11 月第 2 次印刷
开　　本：787 mm×1 092 mm 1/16　**印张：**15　**字数：**375 千
书　　号：ISBN 978-7-113-28056-7
定　　价：59.00 元

前　言

随着我国产业转型升级、制造强国建设等国家战略的深入推进，为全面发展高质量职业教育，我国大力推动实施《国家职业教育改革实施方案》，提出要深化教材改革，促进校企"双元"育人。采用校企联合开发教材的模式，将行业及企业新技术、新工艺、新规范纳入教材，是职业教育适应技术进步和产业升级的重要举措。

2021 年 3 月，教育部印发《职业教育专业目录(2021 年)》，新增"高速铁路动车组制造与维护"与"城市轨道交通车辆制造与维护"两个高职专业。中国中车集团有限公司作为国家产教融合型企业、国家高端装备制造业的排头兵，积极发挥职业教育重要主体作用，结合这两个专业人才培养目标和毕业生就业岗位需求，组织多名集团级首席、资深技术、技能专家和院校教师联合开发了六本轨道交通装备制造教材。

本书采用"项目导向任务驱动式"教学模式构建内容体系，充分吸收企业新型生产技术，将城轨车辆电气组装与布线的关键技能分解到各个项目中，重在培养学生的实践能力，帮助学生养成必要的职业规范，并通过多元评价方式对学生所学知识和技能进行立体化综合考核。全书图形符号、文字符号、量纲和单位及相关标准、型号均采用国家行业最新标准。

本书作为"城市轨道交通车辆制造与维护"专业、"城市轨道车辆应用技术专业"的核心课程教材，系统阐述了城轨车辆电气设备组装及线束处理工艺，包括线束制作、车辆布线、电气设备安装、连接器组装、大线端子的压接、电气试验。

本书既可作为中等职业学校、高等职业学校及职业本科学校的轨道装备类、铁道运输类、城市轨道交通类等相关专业教学用书，也可作为相关行业领域各类职业培训教材，或供其他相关院校教学人员、企业内训师及技术人员参考。

本书按照"校企双主编"联合开发的原则，由中车长春轨道客车股份有限公司高级工程师孙成林、中车南京浦镇车辆有限公司高级工程师马忠明和常州铁道高等职业技术学校副教授陈吉担任主编。参加本书编写的还有中车长春轨道客车股份有限公司亢树宇、王天琳、胡俊祥，中车南京浦镇车辆有限公司范佳佳、赵晓强、张大勇，常州铁道高等职业技术学校张华、何倩。

本书编者们在协作过程中得到中国中车集团有限公司人力资源中心、中车长春轨道客车股份有限公司人力资源部、中车南京浦镇车辆有限公司人力资源部等单位和部门同志的大力支持，在此对各位同仁表示由衷的感谢。

由于编者水平有限，书中错误、疏漏及其他不足之处，恳请读者批评指正。

编　者

2021 年 5 月

目　录

项目一　城市轨道交通车辆总体认知

学习指南

本项目从城市轨道交通车辆（以下简称城轨车辆）产品的分类方式入手，简述城轨车辆典型产品的一些技术特点，进而引出对电气系统方面的知识简介，包括电气系统功能、结构，以及电气系统从设计到生产制造各个阶段的工作内容。同时，引出了电气系统相关图纸等技术文件的一些内容，便于后续项目的学习。

学习任务一　认识城轨车辆特点及电气系统

学习目标

1. 知识目标

(1)知道典型城轨车辆的基本特点。

(2)熟悉城轨车辆电气系统的基本内容。

(3)掌握图纸阅读的基本方式，学会区分城轨车辆的一二位侧。

(4)熟悉常用的技术文件。

2. 能力目标

(1)会正确识别城轨车辆的类型。

(2)能分析不同车辆的性能和技术特点。

(3)会使用第一投影法读图。

(4)会识别一、二位端的方法。

3. 素质目标

(1)培养学生严谨、节约的从业理念。

(2)培养爱岗敬业的工作作风。

知识链接

城市轨道交通系统品种繁多，可分为地铁系统、轻轨系统、单轨系统、有轨电车、磁浮系统、市域快速轨道系统等类别，如图 1-1-1 所示。在设计上同时结合了当地城市的环境和文化等特点，又可按照车体材料、轨道、供电制式、牵引方式、运营速度等的差异进行归类。

按照车体材料：铝合金、不锈钢、碳钢等不同材质。

按照轨道划分：单轨、双轨、标准轨、宽轨、米轨等不同轨道运行方式。

按照供电制式：DC 750 V/DC 1 500 V/DC 3 000 V/AC 25 kV 不同供电制式。

按照牵引方式：异步电机、永磁电机、直线电机等不同牵引方式。

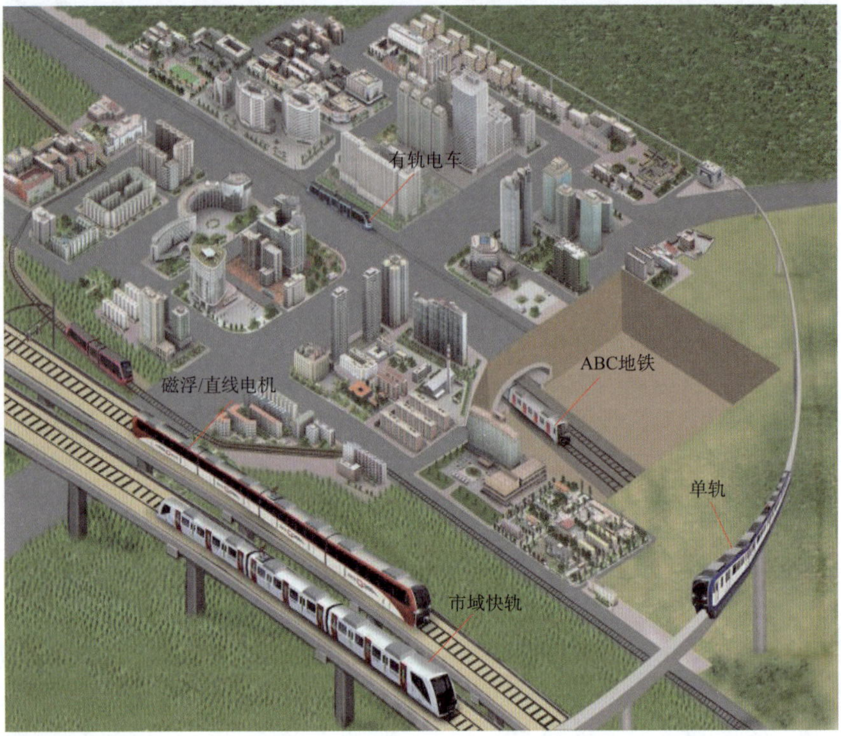

图 1-1-1　城市轨道交通系统

按照运营速度:速度等级从 70 km/h 至 160 km/h 全覆盖。

按照车型:分为 A、B、C、L、市域等不同车型。

城市特殊要求:不同温度、海拔、坡道、风沙、全自动驾驶技术。

受流方式:接触网受流、第三轨受流等不同受流方式。

一、典型车辆特点

1. A 型和 B 型地铁车辆技术特点

列车编组和车辆型式:列车主要分为 6 辆编组 4 动 2 拖型式或 8 辆编组的 6 动 2 拖型式。其中 Tc 为带司机室拖车,Mp 为带受电弓的动车,M 为动车。图 1-1-2 为 4 动 2 拖编组,图 1-1-3 为 6 动 2 拖编组。车辆主要技术参数见表 1-1-1,车辆载客量信息见表 1-1-2。

图 1-1-2　4 动 2 拖编组

图 1-1-3　6 动 2 拖编组

表 1-1-1　车辆主要技术参数

参数名称	A 型车	B 型车
车体长度/mm	Tc 车 23 580	Tc 车 19 860
	Mp/M 车 21 880	Mp/M 车 19 000
列车长度/mm	185 580(8 辆编组)139 980(6 辆编组)	158 120 (8 辆编组)119 080(6 辆编组)
相邻车辆间距离/mm	920	520
车体最大宽度/mm	3 000	2 800
车辆高度/mm	3 842	3 800
客室内净高度/mm	不小于 2 100	2 120
轨面到地板面高度/mm	1 130	1 100
客室车门开宽度/mm	1 400	1 300
客室车门通过高度/mm	1 860	1 850
车钩中心线距轨面高度/mm	720	660/720
车辆定距/mm	15 700	12 600
转向架固定轴距/mm	2 500	2 300/2 200
车轮直径(新轮)/mm	840	840
车轮直径(最大磨耗)/mm	770	770

表 1-1-2　车辆载客量信息

车型类别	单车(单位:人)			
	A 型车		B 型车	
	Tc 车	Mp/M 车	Tc 车	Mp/M 车
座席	48	45/48	36	36
定员	310	310	226	254
超员	430	430	290	325
站立乘客:定员工况 6 人/m²,超员工况 9 人/m²;乘客载荷按 60 kg/人计算				

2. 跨座式单轨车辆技术特点

跨座式单轨车辆具有爬坡能力强(6%),转弯半径小(50 m)等优点,对地形具有良好的适应性。另外,由于它采用橡胶充气轮胎,因此运行噪声相对较低、振动也相对较小。当然,橡胶轮胎也存在一定的弊端。如橡胶轮胎承载能力较小,车辆运能也受到了一定的限制;橡胶粉尘会造成污染;特殊的线路还需要采取特定的防冰雪措施。

在基建方面,相比地铁和轻轨,其所需征地少,环境破坏小,而且土建施工造价低;在基建速度上,其使用的轨道梁可以在施工场地外预制生产,之后可在施工现场快速组装,使现场施工周期大大缩短,在施工期间对周边环境影响也大大降低。

总体来说跨座式单轨车辆适合中小运量,其运营速度最高 80 km/h,适用于坡道大、曲线半径小的高架线路条件,对于地质条件复杂不易修建地铁的地方通常会考虑采用此类车型。

跨座式单轨车辆编组灵活,可根据不同的载客高峰灵活编组。图 1-1-4 为跨座式单轨车辆客流—编组图。

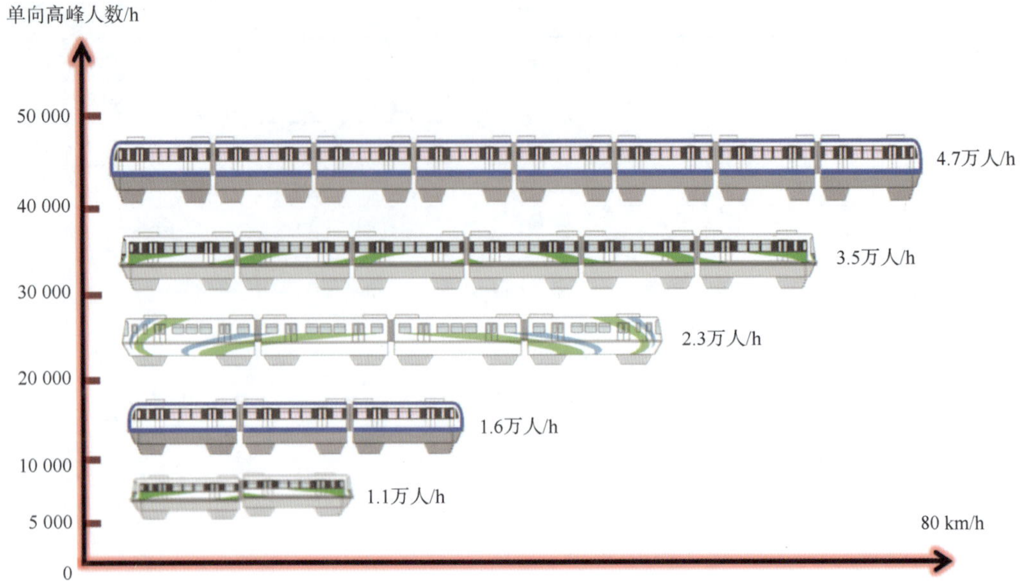

注:发车间隔按照 2.5 min 计算。

图 1-1-4　跨座式单轨车辆客流—编组图

对于国内的产品来说,重庆地铁 2、3 号线是跨座式单轨典型项目,既符合了重庆山城的地貌,又满足了一个旅游城市的观光需求。此外,在国际市场,西雅图、吉隆坡、迪拜、大阪、冲绳、北九州、东京都有跨座式单轨的身影。图 1-1-5 为跨座式单轨车辆图例。

图 1-1-5　跨座式单轨车辆图例

二、城轨车辆电气系统介绍

车辆总体可分为机械部分(车体)和电气系统(车电)两大部分。如果将轨道车辆比喻成人,车体部分可以认为是人的身体,电气系统就是人的心脏和神经指挥系统,可见其重要性。

1. 电气系统的功能

电气系统主要功能是负责列车的运行及安全保障,包括受电、列车运行控制(包括牵引制动)、列车运行状态监控、乘客服务(信息显示、广播、空调控制、照明等)、列车安全保障(包括各种安全连锁:牵引、门控、列车完整性等)。

2. 电气系统的划分

把车辆的电气系统按功能划分,通常可分为受电受流、牵引系统、制动系统、辅助电源、列车控制、服务电气系统、信号控制系统(ATC)、无线电台等系统。

3. 电气系统的基本内容

车辆正式设计之前首先要了解总体外界条件,如供电方式(变电所配置、断电区设置等)、车辆运行线路(包括站台、坡道、曲线、超高、限速条件等)、运营管理需求(旅行速度、技术速度、追踪间隔)、通信信号方式等。然后,根据运营客流要求及线路条件,经过牵引计算确定车辆配置方案,主要包括动拖比配置、牵引系统配置、辅助供电配置、电池配置等。在接下来要依据用户要求,应重点考虑:牵引系统布置、辅助系统布置、电池供电布置、风源系统布置、灯具布置、配电柜布置、司机室布置、空调控制方案、广播布置等。

在此之后,设计部门开始进行图纸设计,在此阶段各部位设计师开始制定车辆的设计方案,在方案制定过程中,相关部位接口之间要相互提交需求资料。方案完成后需要组织方案评审。评审通过后,开始原理图设计、各部位结构图的设计、各部位接线图的设计,同时需要输出的技术资料还包括技术条件和试验大纲、用户使用说明书、用户维护说明书、备品备件清单等。

工艺部门要参与到设计方案评审过程之中,之后在进行图纸审核的同时进行技术准备工作,包括编制工艺流程、编制工艺方案、划分物料工艺路线、编制物料 BOM、编制工艺文件、编制线束表单、培训施工人员、提报工装工具设备等。

在工艺技术准备完成后,车辆进入制造阶段,依次进行车体钢(铝)结构组成、车体表面涂装、车辆内饰和电气装配阶段,然后是车辆厂内调试试验阶段和车辆正线调试试验阶段。本教材将着重介绍车辆在装配阶段中电气施工的相关内容。

车辆出厂后,主要是车辆运营期间的售后服务工作,这期间也会根据运营情况以及用户要求进行涉及改进,最终满足客户需求。

三、基本识图方式介绍

图纸是车辆施工的最重要依据,生产制造就是把图纸转化成产品实物的过程,因此,图纸的应用是基础,在整个生产环节都起到至关重要的作用。

三视图的投影规律是:主、俯视图长对正;主、侧视图高平齐;俯、侧视图宽相等。三个基本视图是:俯视图、左视图、主视图,如图 1-1-6 所示。

在原来三个投影面的基础上,再增加三个互相垂直的投影面,从而构成一个正六面体的六

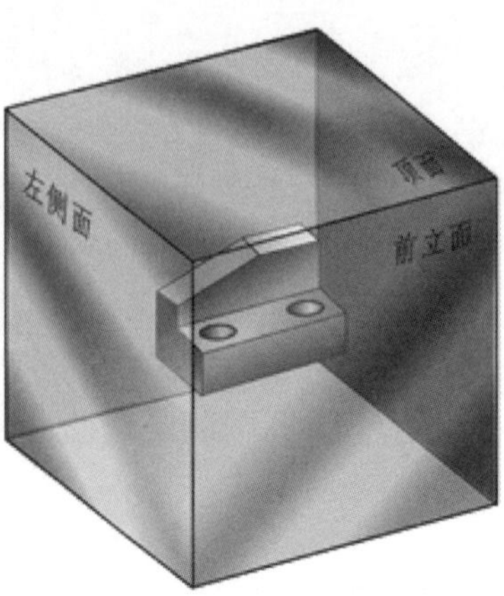

图 1-1-6 基本投影面

个侧面，这六个侧面叫基本投影面，如图 1-1-7 所示。将机件放在正六面体内，分别向各基本投影面投射，所得的视图称为基本视图，如图 1-1-8 所示。其中，除了主视图、俯视图和左视图外，还包括从后向前投射所得的后视图；从下向上投射所得的仰视图和从右向左投射所得的右视图。

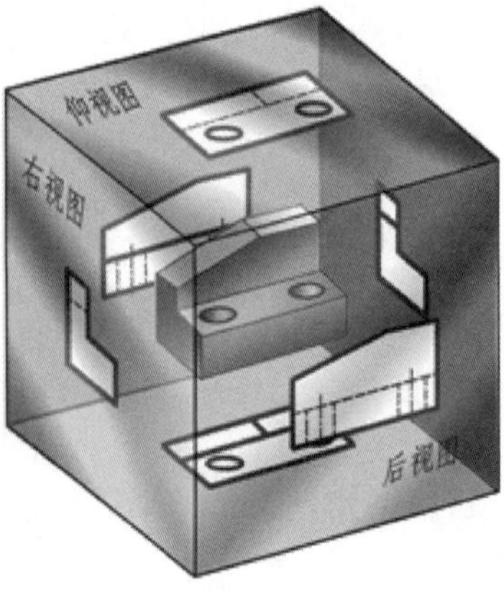

图 1-1-7 六个基本视图

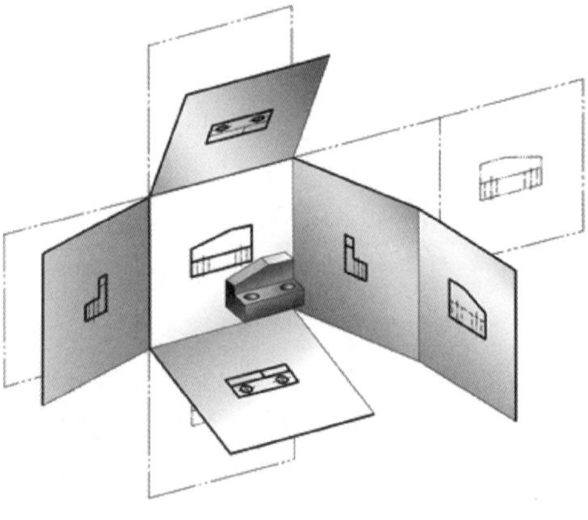

图 1-1-8 基本视图

六个基本视图之间仍满足“长对正、高平齐、宽相等”的投影规律。

实际使用时，并非要将六个基本视图都画出来，而是根据机件形状的复杂程度和结构特点，选择若干个基本视图，一般优先选用主、俯、左三个视图，但是需要满足图纸信息关键尺寸可辨识的要求。视图中通常只画出机件的可见部分，必要时才用虚线画出其不可见部分。

我国机械图采用第一投影法。根据投影面展开的法则，三个视图的相互位置为：以主视图为主，俯视图位于主视图下面，左视图位于主视图右边，如图 1-1-9 所示。

主视图是由前向后投影所得的视图，如图 1-1-10 所示。

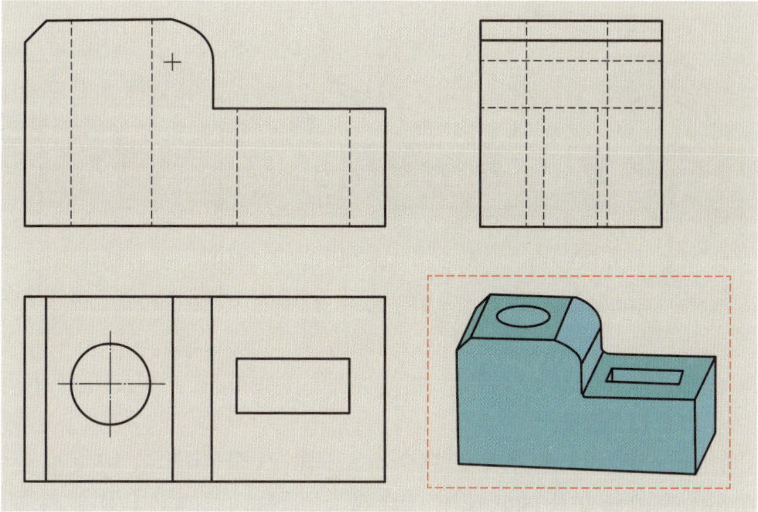

图 1-1-9　标准三视图

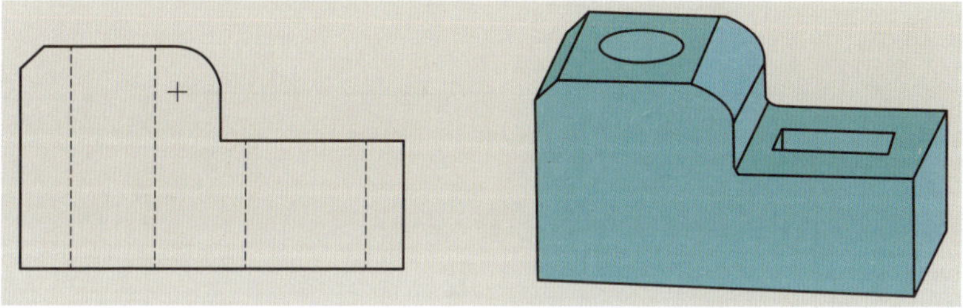

图 1-1-10　主视图

俯视图是由上向下投影所得的视图，如图 1-1-11 所示。

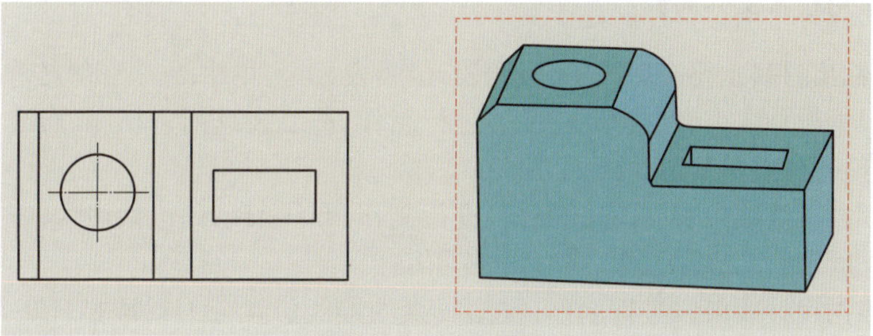

图 1-1-11　俯视图

左视图是由左向右投影所得的视图，如图 1-1-12 所示。

剖视图：画视图时，机件的内部形状，如孔、槽等，因其不可见而用虚线表示。但当机件内部形状比较复杂时，图上的虚线较多，有的甚至和外形轮廓线重叠，这既不利于读图，也不便于标注尺寸。为此，国家标准（GB/T 17452—1998）中规定可用剖视图来表达机件的内部形状。

在车上识别一、二位端的方法。在城轨车辆需要判断车辆的一、二位端时，首先看该车型的总装配图，从中看出一位端的典型特征，用特征去区分；根据钢结构、内装、制动、车电等在

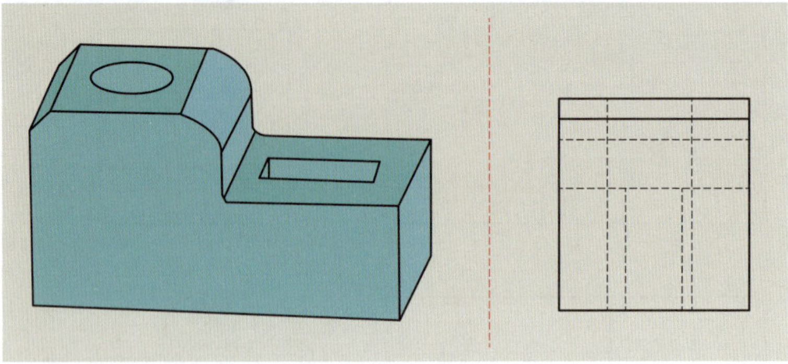

图 1-1-12　左视图

一、二位端的不同特点来区分。每个车型都会有不同的区分特征，在城轨车辆中，没有一个统一的标准。会在每个车辆钢结构的两端用标牌标示，但是还是需要我们掌握判断方法，避免出现误导而产生的错误的施工。

判断车辆的一位侧、二位侧的方法为站在车内，面向二位端，左手为一位侧，右手为二位侧，如图 1-1-13 所示。

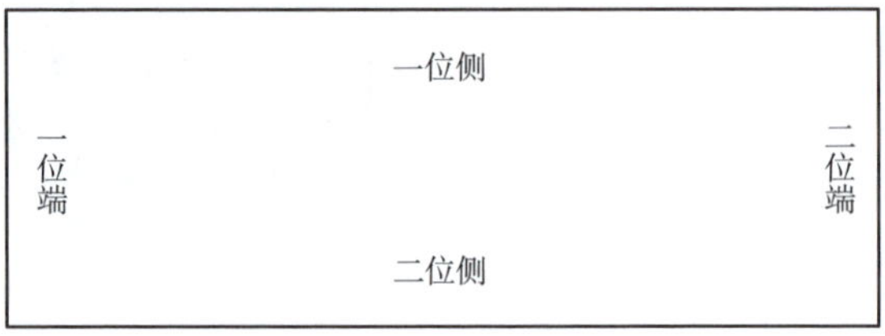

图 1-1-13　一、二位侧示例

四、其他常用技术文件简介

车电专业输出材料主要有剪线表、布线表、接线表、工艺文件、施工图等技术资料。

剪线表：根据设计线束表（或布线图纸）进行制作，剪线表纵列包括序号、线束号、线长、线型、起始位置、终止位置等信息。

布线表：根据设计线束表（或布线图纸）进行制作，布线表纵列包括序号、线束号、线长、起始位置、始端长度、路径、终端位置、终端设备等信息。

接线表：根据设计线束表进行制作，根据线束的接线位置分为空调柜、PIS 柜、空调机组、车载电源箱、终端箱、车下小插头、废排单元等部位；接线表主要包含起始位置、起始设备、起始端子、单根线号、线型、线径、颜色、电缆号、线束号、终止位置、终止设备、终止端子等信息。

耐压环线表：用于绝缘耐压试验前参照此表将同一电压等级的电缆环接在一起，使其导通。耐压环线表纵列包括序号、电压等级、线号、起始位置、终止位置、环线确认等信息。

工艺文件：指导工人操作和用于生产、工艺管理等的技术文件，是公司组织生产、指导操作、保证质量、提高效率、降低消耗的主要技术依据。工艺文件包括工艺守则（通用文件）、工艺规程（专用文件）。

工程变更：这里重点是指因公司供方或公司的人（Man/Manpower）、机（Machine）、料

(Material)、法(Method)、环(Environment)、测(Measurement)等因素的影响,由公司供方及生产、技术、资产等部门提出的变更申请。

巩固与练习

一、填空题

1. 轨道交通车辆的车体材料一般有________、________、________等不同材质。

2. 车电专业常用的技术文件主要有________、________、________、________、________等。

3. 在城轨车辆需要判断________时,首先看该车型的________,从中看出一位端的典型特征,用特征去区分。

4. 根据投影面展开的法则,三个视图的相互位置为:以________为主,________位于主视图下面,________位于主视图右边。

5. 车辆总体可分为________和________两大部分。

6. 六个基本视图之间应满足________、________、________的投影规律。

三、简答题

1. 已知车辆的一、二位端,如何判断车辆的一、二位侧?

2. 三视图的投影规律是什么?

学习任务二　认识城轨车辆电气结构

学习目标

1. 知识目标

(1)了解普通车型车辆车电的结构。

(2)了解低地板车型车辆车电的结构。

(3)掌握司机室电气设备的安装位置及相关注意事项。

(4)掌握客室电气设备的安装位置及相关注意事项。

(5)掌握车下电气设备的安装位置及相关注意事项。

2. 能力目标

(1)会城轨车辆车电装配的施工工序。

(2)会识别司机室主要电气设备。

(3)会识别客室主要电气设备。

(4)会识别车下主要电气设备。

3. 素质目标

(1)培养学生从事行业的职业素养。

(2)培养学生严谨细致、实事求是的工作作风。

知识链接

车电装配作为车辆装配的一个不可缺少的部分，其施工过程涉及线束制作、线束布置、电气设备安装、接线、电气测试等工序。

线束制作：车辆生产制造过程中，车电部分的第一道工序。根据剪线表中的信息，将线缆剪切成车辆需要的长度，然后将线缆按照相同始终端、相同走线路径的原则进行合束。

线束布置：车辆生产制造过程中，车电部分的第二道工序。根据布线表（布线图）将剪线完毕的线束铺设到车辆上的过程，主要分为车下线槽布线、车上线槽布线、车内布线等几个部位。

电气设备安装：主要包括车辆跟电气系统相关设备的安装。

接线：根据接线表（接线图）将铺设完毕的线缆组装成连接器或端子排的过程。

电气测试：装配阶段相关的试验，主要是验证前面工作的施工质量。

下面先简要了解一下典型车型的结构，以便于后面内容的学习。

一、普通车型结构

普通的 A、B 型车辆结构基本类似，钢车和铝合金车的布置大体相同，现在以不锈钢车为例进行介绍。

司机室布线采用地板夹层线槽布线和钢结构框架扎线杆布线结合的方式。客室布线主要采用在钢结构侧顶和端墙设有多腔线槽，在线槽内布线的方式。车下布线采用高压、低压线槽和分线箱、线管结合的布线方式。

客室、司机室电气小件安装在侧顶板、顶板、侧墙等内饰板上，车下电气设备安装在钢结构底架的横梁上。

1. 司机室主要电气设备

司机室主要电气设备有：司机台、电气柜、电气设备小件（一般有摄像头、照明灯、扬声器、终点站显示器等）、侧部按钮板、前照灯、刮雨器、天线等。

根据不同需求，一般设置主司机台和副司机台两个司机台，或设置一个司机台。司机台布置在司机室前端，固定在地板安装座上。安装定位时应与前端和两侧的内饰罩板保持均匀缝隙。

司机室电气柜通常设置有两个，分别安装在司机室间壁后的一、二位侧。一位侧电气柜一般为实现辅助功能（电源、监控、广播等），也叫做控制柜；二位侧电气柜一般为实现网络和无线通信功能，也叫做信号柜（或综合柜）。电气柜安装在地板安装座上。电气柜的定位尺寸对司机室侧门、司机室间壁安装工序有影响，定位调整时应注意。

司机室电气小件一般有照明灯（顶灯）、扬声器、摄像头、终点站显示器、侧部安装板（又称侧屏）、前照灯、刮雨器、天线等。其中照明灯、扬声器、摄像头一般安装在司机室顶板上。前照灯安装在司机室前端外部，在玻璃钢头罩专门设置有腔体放置前照灯，安装定位时需要注意灯体与周围凹槽内四周保持缝隙均匀，安装后通过打胶来保证密封性。刮雨器安装在司机室前端的前挡风玻璃下方。刮雨器主要包括雨刷机构、刮臂刮刀两大部分。刮雨器安装时应注意刮臂刮刀的停放位置，以及刮刀与玻璃之间的压紧力。

2. 客室主要电气设备

客室主要电气设备有：扬声器、LCD 显示器、动态地图、摄像头、端部显示器、灯带、贯通道灯、门指示灯、电热器、电气柜等。

扬声器、LCD显示器、动态地图安装在车辆两侧侧顶板上，侧顶板内部自带滑槽，摄像头一般安装在顶板上，顶板自带孔用于接线。端部显示器在车辆两端端墙上，一般采用滑槽固定方式。

客室的灯带一般在通风格栅与侧顶板之间，安装时需要满足灯与灯之间缝隙均匀、灯带安装后整体平直、灯与灯之间的高度方向错台在公差范围内的要求。

贯通道灯安装在车辆两端贯通道处顶板侧顶板上，一般采用筒灯，也有采用日光灯管或LED灯的灯具。

北方城市的车厢内安装有电热器，一般放置在客室座椅下方，固定在侧墙、地板或座椅的骨架上。

客室内布线主要在线槽内或扎线杆上，路径主要分布在车体两侧的顶部和车体端部。每一侧一般分为直流、交流、信号、视频四个路径，也有部分车型分为直流、交流、信号三个路径，用于将不同功能、不同电压等级的电缆分开布置。线束从线槽出线后，根据不同的去向再经过不同的走线路径到达电气设备。如到侧顶板内电气小件的配线，一般从线槽出线，并预留一定余量后固定在侧顶板上。所预留的线束余量应保证侧顶板正常开闭。到电热器、侧墙电气小件的配线，从线槽出线后，经过钢结构自带扎线杆布线到电气设备。由于电热器电缆为交流线，因此电缆出线槽后一般使用金属编织网或普利卡管做屏蔽保护，固定在走线路径上。到电气柜的线束，在车辆端部，电缆从线槽端部出线，经过电气柜框架布线至接线位置。交、直流线束应在电气柜框架上分开布线。

3. 车下主要电气设备

车下电气主要由大型电气设备组成通常采用托装或吊装方式固定在钢结构上。设备主要包含牵引逆变器、辅助逆变器、高速断路器、滤波电抗器、蓄电池、应急通风逆变器，车端有高压接线箱和低压接线箱等。

对于采用托装结构的设备，在钢结构上设有安装座，安装时使用举升装置举升、平移设备，使设备吊耳平面略高于安装座，再使之水平移动至安装座上方，对好孔后落下。穿入紧固件，再按照要求力矩紧固。

对于采用吊装结构的设备，钢结构横梁上会有开好的安装孔，安装时使用举升装置举升、平移设备，使吊耳孔与横梁安装孔对好后，穿入紧固件，预紧固后落下举升装置，再使用力矩扳手紧固。

高低压接线箱通过端部钢结构焊接的吊耳进行安装。

不锈钢城轨车车下一般采用线管、分线箱走线方式，车下分线箱、线管一般在钢结构进入装配车间时已完成安装。一般线槽分为高压交流和直流控制两层。

线箱、线管布线时，首先应对布线管路内部进行清洁，一般采用钢丝捆绑擦布蘸无水乙醇反复通过管路来进行清洁，直到无杂物带出为止。

布线时按照图纸走线路径分管布置，将走同一管路的线束使用胶带临时捆扎在一起，再用钢丝牵引，从管路另一端拉出，拉出时注意用力方向应与管口一平，不应向下用力导致伤线。送线口处也应有人员向管口内送入，避免在拉拽过程中线束损伤。

二、低地板城铁车电结构

司机台安装采用倒“U”形结构，前至内风挡玻璃，后至司机室直间壁，左右置于侧墙板下方。司机台体整体尺寸较大，无法整体进入司机室内部。直间壁在司机台后部有固定点，故需先固定间壁后方可安装司机台。现阶段需拆除司机台面与台体间内部配线后，将台面摘除保护。再将台体拆分为 3 个分解体置于司机室内部，待直间壁安装后再进行司机台的组装。

电气柜设置于司机台上部，顶部安装在钢结构固定座上，底部固定在司机台台面上。

客室布线采用线槽内布线结构。控制板安装在侧顶活门内部，以端子排结构为主，配合部分 DB9 连接器。控制板主要分为受电弓控制板、制动控制板、电热控制板和空调控制板等。

车顶电气工序较多，为了保障作业人员安全，需在车顶设置护栏。

车顶电气设备车体滑槽内预埋滑块或反穿螺栓后，将设备安装在图纸标注位置。

转向架布线相较于普通车辆，电缆较多，需要在落车前进行电气布线。

巩固与练习

一、判断题

1. 线箱、线管布线时，首先应对布线管路内部进行清洁。 (　　)

2. 低地板车型司机台一般采用倒“U”形结构，安装时需要将司机台分解。 (　　)

3. 线箱、线管布线时，首先应对布线管路内部进行清洁，一般采用钢丝捆绑擦布蘸无水乙醇反复通过管路来进行清洁，直到无杂物带出为止。 (　　)

二、填空题

1. 刮雨器安装时应注意刮臂刮刀的停放位置，以及________与________之间的压紧力。

2. 车辆客室的灯带一般安装在通风格栅与侧顶板之间，注意在安装时需要满足________、________、________三点要求。

3. 客室、司机室电气小件安装在________等内饰板上，车下电气设备安装在________的横梁上。

三、简答题

1. 客室灯带安装的三点通用要求是什么？

2. 普通车型的客室电气设备有哪些？

项目二　城轨车辆电气组装与布线工艺的认知

学习指南

本项目的内容是本书的基础，也是重点内容。本项目对整个城市轨道车辆电气系统的基本工作进行详细的阐述，包括车辆的下线、布线、接线，车辆电气的密封，车辆电气设备的安装，以及车辆电气装配质量验收的相关试验。整个城市轨道车辆的电气工作就是这些基本的知识和技能，再结合不同车辆的图纸等技术资料内容组合而成。因此，掌握本项目的相关知识，对后续项目的学习非常重要。

学习任务一　线束制作

学习目标

1. 知识目标

(1)理解电气电缆的种类、使用与注意事项。

(2)掌握电气线束制作过程中的下线过程和标准。

(3)掌握电气线束制作过程中的线号管打印标准。

(4)掌握电气线束制作过程中的线束标签使用及注意事项。

2. 能力目标

(1)会线号管打印方法。

(2)会剪线标准的判断及注意事项。

(3)会制作线束标签。

3. 素质目标

(1)培养学生具备正确电气线束制作的能力。

(2)培养学生团结协作的合作意识。

知识链接

一、电缆介绍

《交流额定电压 3 kV 以下及轨道交通车辆用电缆》(GB 12528—2008)中规定 4 个电缆电压等级：500 V、750 V、1.5 kV、3 kV。

1. 产品代号

(1)系列代号

产品的系列代号：DC

(2) 绝缘和护套材料代号

氯硫化聚乙烯橡胶混合物或其他相当的合成弹性体：H

乙丙橡胶混合物：E

交联聚烯烃混合物：YJ

薄壁型电缆用聚烯烃混合组：YJB

(3)耐热特性代号

100 ℃:100

125 ℃:125

150 ℃:150

(4)耐油特性代号

安装在无矿物油和燃料油污染处:1(可省略)

安装在受矿物油污染,但无燃料油污染处(耐矿物油)：2

安装在受矿物油污染和燃料油污染处(耐矿物油和燃料油)：3

(5) 燃烧特征代号

含卤阻燃：Z(可省略)

无卤低烟阻燃：WDZ

2. 产品标记

产品用型号、规格及本标准编号表示,组成如下：

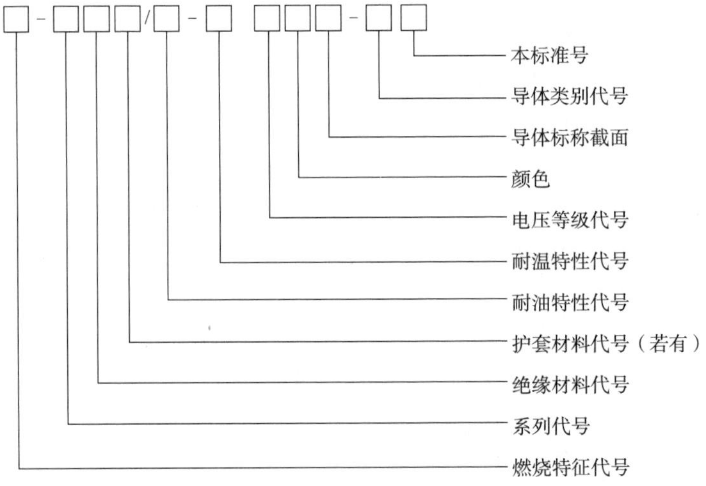

同一品种规格采用不同结构的导体应在截面后标明,除专用结构外,第 5 类导体用(A)表示,第 6 类导体用(B)表示,第 2 类导体用(C)表示。

示例 1:WDZ-DCYJ/1-125　1 500 V　50(A)　GB/T 12528—2008,代表:耐温 125 ℃等级,交流额定电压 1 500 V,第 5 类导体,50 mm²,无卤低烟阻燃交联聚烯烃绝缘电缆。

示例 2:WDZ-DCYJB/1-125　750 V　4(C)　GB/T 12528—2008,代表：耐温 125 ℃等级,交流额定电压 750 V,第 2 类导体,4 mm²,无卤低烟阻燃薄壁型电缆用聚烯烃绝缘电缆。

3. 使用特性

(1) 电缆额定电压

电缆的交流额定电压为 500 V、750 V、1.5 kV 和 3 kV。直流额定电压为交流额定电压的 1.5 倍。

(2)长期允许工作温度

乙丙橡胶混合物绝缘：100 ℃

125 ℃交联聚烯烃混合物绝缘：125 ℃

125 ℃薄壁型电缆用聚烯烃混合物绝缘:125 ℃

150 ℃薄壁型电缆用聚烯烃混合物绝缘：150 ℃

(3)电缆最低使用环境温度

乙丙橡胶混合物绝缘：−25 ℃

交联聚烯烃混合物绝缘：−40 ℃

薄壁型电缆用聚烯烃混合物绝缘：−60 ℃

4. 技术要求

(1)导体

铜导体应采用 GB/T 3956—2008 的软圆铜线。导体可采用绞线、束线或复绞等结构。

(2)绝缘

导体外面允许包覆非吸水性材料隔离层，隔离层应容易从导体上取下。绝缘应紧密剂包在导体上，但应容易剥离而不损伤导体或镀层，绝缘表面应平整、色泽均匀。

绝缘厚度的平均值应不小于《交流额定电压 3 kV 以下及轨道交通车辆用电缆》(GB 12528—2008)中表 7 至表 11 的标称值，护套最薄点的厚度应不小于表 7 至表 10 标称值的 90％减去 0.1 mm 和表 11 的标称值的 75％。

(3)护套

电缆护套材料的选用，应与电缆型号一致，选用相应规定的混合物。护套厚度的平均值应不小于《交流额定电压 3 kV 以下及轨道交通车辆用电缆》(GB 12528—2008)中表 7 至表 9 的标称值，护套最薄点的厚度应不小于表 7 至表 9 标称值的 85％减去 0.1 mm。

(4)最小弯曲半径

当电缆直径(D)小于或等于 20 mm 时，最小弯曲半径不应小于 $6D$；当电缆直径(D)大于 20 mm 时，最小弯曲半径不应小于 $8D$。

二、下线工装

1. 物料架

物料架(图 2-1-1)主要用于已经送达到下线车间的物料的临时存放。

2. 叉车

叉车(图 2-1-2)用于将存放在电线存放区域内的电线轴运送到下线支架处。

3. 支架组成

支架组成主要包括挂线支架、过线支架，如图 2-1-3 所示。

在控制线台案前放置挂线支架、落地式挂线支架、过线支架，支架旁边放置可登上挂线支架的梯子，挂线支架带背部护栏，防止操作人员跌落。

图 2-1-1　物料架

图 2-1-2　叉车

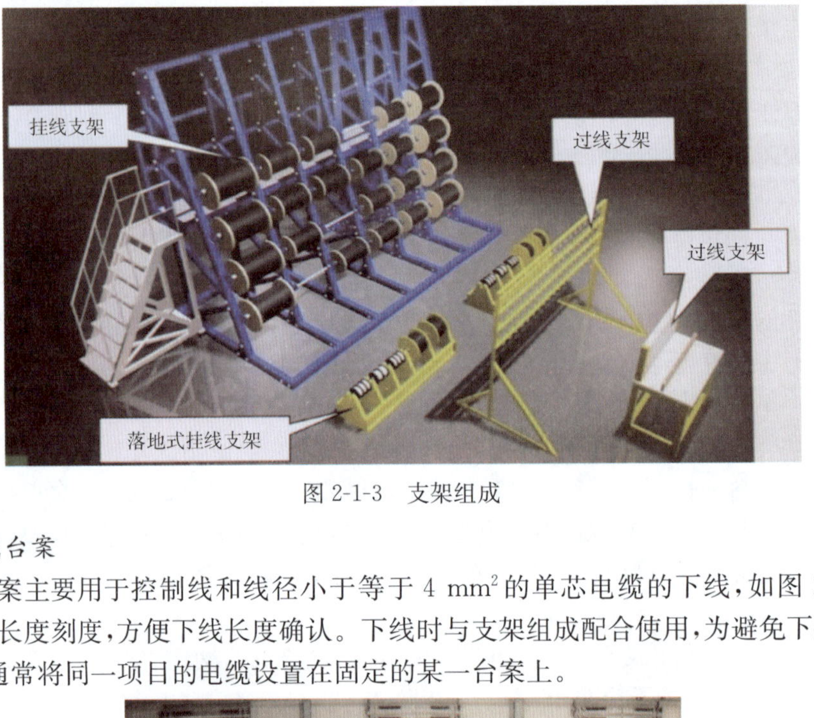

图 2-1-3　支架组成

4. 下线台案

下线台案主要用于控制线和线径小于等于 4 mm^2 的单芯电缆的下线，如图 2-1-4 所示。台案上自带长度刻度，方便下线长度确认。下线时与支架组成配合使用，为避免下线架上电缆频繁更换，通常将同一项目的电缆设置在固定的某一台案上。

图 2-1-4　下线台案

5. 自动卷线机

自动卷线机用于在下线完成后，把线盘成圆圈形状，方便线束的搬运，如图 2-1-5 所示。

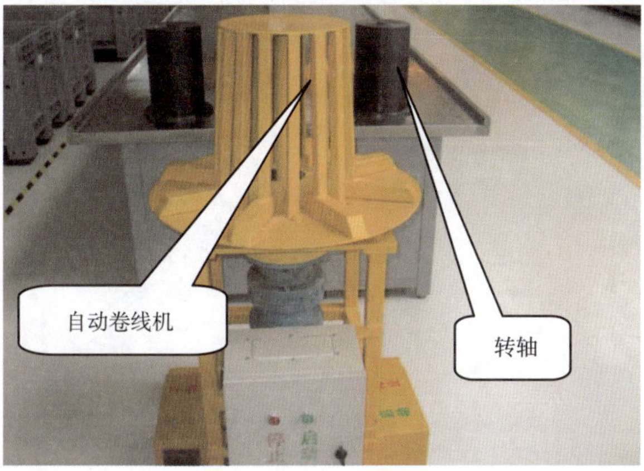

图 2-1-5　自动卷线机

6. 装 线 箱

装线箱存放已经下完的线束，同一部位的线束放置在同一线箱中，如图 2-1-6 所示。箱外带标识，可区分项目、车型、台份等信息。

7. 自动下线机

自动下线机用于线径大于等于 6 mm^2 的线缆的下线，如图 2-1-7 所示。自动下线机能够自主完成线缆的长度测量、断线、卷线。还可设置线缆长度要求，一般用于线缆长度大于 10 m 的大线下线。

图 2-1-6　装线箱

图 2-1-7　自动下线机

8. 挂线支架

挂线支架用于线缆盘直径小于 1.2 m 的大线下线，如图 2-1-8 所示。每个支架上可挂两个线缆盘，一般用于下长度小于 10 m 的大线。

9. 高压线挂线支架

高压线挂线支架用于线缆盘直径大于 1.2 m 的高压线下线，如图 2-1-9 所示。每个支架上仅可挂一个线缆盘。

图 2-1-8　挂线支架

图 2-1-9　高压线挂线支架

三、下线标准

1. 下线注意事项

(1)开工前工装、工具、物料的检查

①检查工装、工具的状态是否良好。如有损坏或存在损伤线缆的隐患,应及时维修维护,合格后方可继续使用。

②检查线号、线束标签是否清晰,避免使用模糊破损的线号及线束标签。

③检查线缆绝缘层是否破损,如有破损,要将该部分剪掉。在每一轴线缆的端头剪下 0.1 m 并剥除线缆绝缘皮,查看线芯是否有锈蚀、断股等现象,避免使用不合格线缆,若此轴线缆由 n 根线缆组成,则这 n 根线缆的两端均需检查是否有锈蚀、断股等现象。

④线缆放置工装架上时要求安全可靠、整齐有序。不同项目的物料不允许混放,如场地不能满足分项目摆放要求,则应在线轴明显位置标注对应的线缆物料号及项目名称等,标注应字

体统一、规范。

⑤下线前需要使用保护材料对工装的棱角处(存在伤线隐患的位置)进行包裹,且需注意捆扎保护材料的扎带头位置应避免与剪线时的电缆相碰,并及时更换破损的保护材料。

⑥在下线过程中应注意线轴周围,特别是线轴正下方不得有与下线无关的物品存在。

(2)下线过程注意事项

①线缆端头要用胶带缠绕保护,线端不得外露,防止伤及其他线缆,且所使用胶带不得有胶转移的情况。

②下线过程中,拉线时要匀速行走,不得急停急起,拉线过程中,线缆不得落地,不得被踩踏。

③断线时,断线钳的剪切面要与线缆的轴线保持垂直。

④下线精度允许误差为+1%,最高不得超过 200 mm。

⑤在下线或线缆盘圈的过程中,线缆不能出现打结、折直角弯等现象。

⑥断线过程中,若发现线缆绝缘皮有破损的现象,则剪下破损部分线缆并重新剪线。

⑦下线时,要用可靠材料(如纸胶带)将线缆端部进行缠绕保护,要求缠绕后的线缆端部无线芯外漏,并且缠绕牢固。

⑧下线过程中,大于电缆最小下料长度的线缆不得视为废料,应在后续剪线过程中合理使用,杜绝浪费。

(3)使用自动下线机进行剪线时注意事项

①使用自动下线机时,操作人员必须熟知下线机的使用方法,并严格遵守相应下线机的操作规程。

②在使用自动下线机前,需对其下线长度的准确性进行检查,误差不允许超过+200 mm,且在剪线过程中,要对下线长度的准确性进行抽检,对大于或等于 185 mm^2 线径的线缆,每下 20 根随机抽取 2 根,用卷尺进行测量;对小于 185 mm^2 线径的线缆,每下 30 根随机抽取 3 根用卷尺进行测量。对照剪线表长度,误差不允许超过+200 mm,若超出允许误差范围,应停止使用下线机,待下线机计数器重新校对后方可使用。每次测量需记录该线测量长度与剪线表长度。

2. 剪线标准判断

(1)剪线质量判断标准

表 2-1-1 是剪线质量判断标准,良好的剪线质量标准为线缆剪切面与线缆轴线垂直。

表 2-1-1　剪线质量判断标准

剪线质量	序号	图　示	存在问题
不良的剪线质量	1	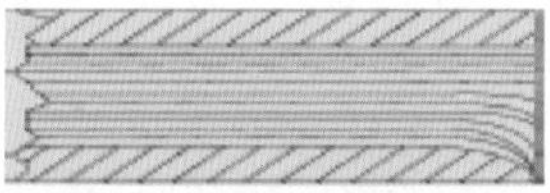	导线被折断
	2	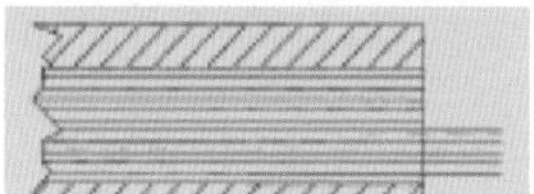	导线被拔出

续上表

剪线质量	序号	图　　示	存在问题
不良的剪线质量	3	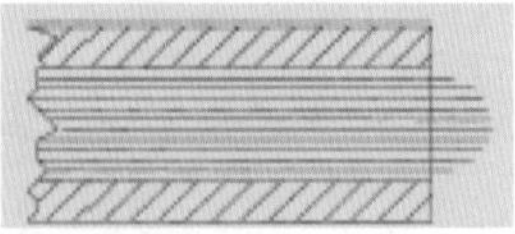	导线被挤压
良好的剪线质量	4	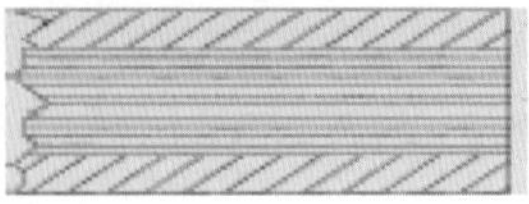	

(2)不良剪线质量产生原因

①第一种产生原因为剪切线缆时,钳口没完全闭合就倾斜断线钳,导致线芯被折断。故在剪线时,一定要等线缆完全断开后,再将断线钳移开。

②第二种产生原因有两种:

a. 剪线钳钳口钝化,导致钳口不能完全闭合,导线被强行拉出;

b. 操作不当,在线芯没完全剪断时,就沿线缆轴向移动断线钳,导致线缆部分线芯抽出。

③第三种产生原因为线缆遭到挤压,导致线芯挤压出来。故在剪线完成后,一定注意线缆保护,避免线缆被重物挤压或人员踩踏。

3. 线缆存放

(1)所有下线完毕的线缆应盘圈存放,线圈半径符合线缆的弯曲半径要求,并按照电压等级和施工需要分类放置到托盘、存料箱或挂线架等相应的存放装置上。

(2)存放线缆之前应检查托盘、存料箱、挂线架是否存在伤线隐患。线缆的存放应保证稳固、整齐,确保搬运时无被损伤的可能。

(3)对于下线完毕的线缆应妥善保管,不得随意乱扔造成浪费,最终导致线缆定额不足。

四、线号管介绍

线号管是指用于配线标识的热缩管。一般采用双面打印的模式:正面打印线号/色标,背面打印本端位置号,具体细化到针脚。

热缩管按功能一般分为两种:标识热缩管和防护热缩管,线号管属于标识热缩管。

1. 材　　质

热缩管应采用低烟、无卤、阻燃的辐射交联聚烯烃材料。

2. 外形结构尺寸及外观颜色

热缩管的规格和命名如下:

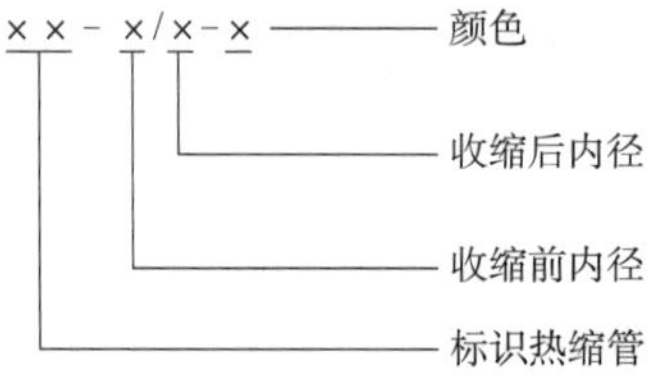

MT——标识热缩管。

PT1——单壁防护热缩管。

PT2——双壁防护热缩管。

示例:MT-3.2/1.6-Br 表示收缩前内径为 3.2 mm,收缩后内径为 1.6 mm 的棕色标识热缩管。

3. 收缩温度

最低起始收缩温度 70 ℃,最低完全收缩温度 110 ℃,热风枪加热即可收缩。

4. 表面质量

产品内外壁应清洁(无水痕、油渍和泥污),颜色均匀一致,管的两端裁切整齐、无缺口,壁厚均匀,截面无气孔(泡)。

产品表面应光滑,无裂痕、划伤、麻点、杂料、砂眼、凹坑、螺纹、合缝线、气泡(孔)等。

5. 线号管安装

线号标志套管以安装在所有布线接头的附近为原则,配线后线号应明显、清晰可见,如图 2-1-10 所示。

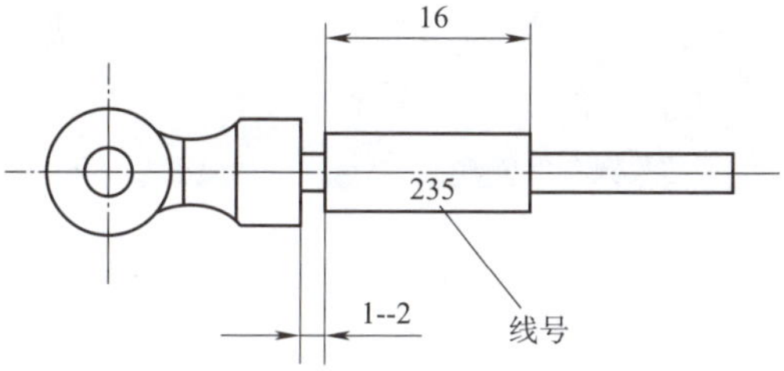

图 2-1-10　线号管安装(单位:mm)

五、线号打印机介绍

线号打印机主要用于下线工序,打印与各个线束相对应的单根线号、电缆号,如图 2-1-11 所示,除此之外还用在接线工序,为操作者打印实名标签,如图 2-1-12 所示。

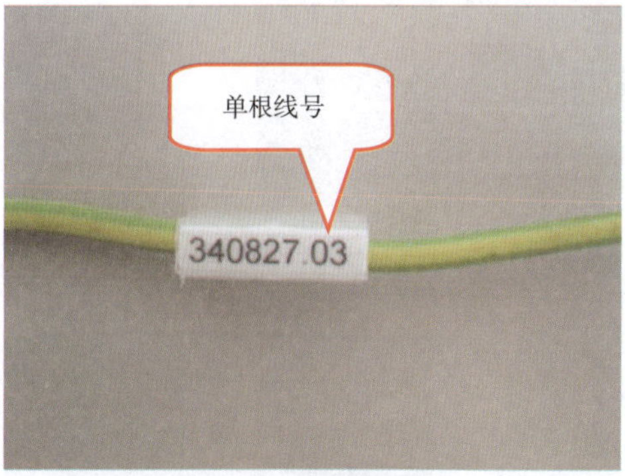

图 2-1-11　打印线号

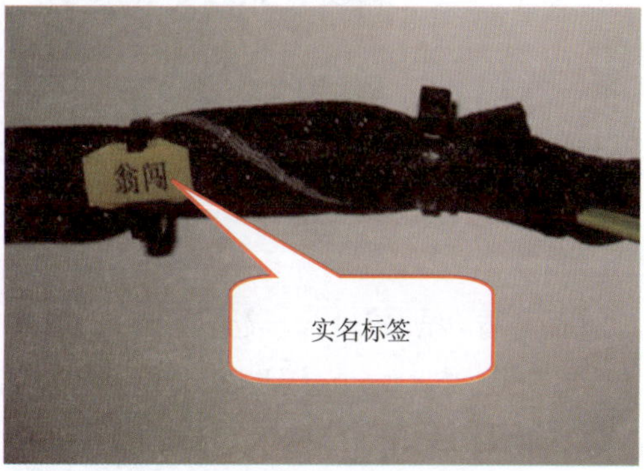

图 2-1-12　打印实名标签

1. 线号打印机安装位置

打印机要放在平整、质地坚硬的作业台案上,放置打印机的房间要通风良好,保证打印机周围空间能够顺利完成以下操作:

(1)打开顶盖;

(2)输送线号板;

(3)快速安全的移走打印好的线号;

(4)开关电源;

(5)联接打印机电缆。

2. 线号打印机的组成

打印机主要由线号板输出口、按钮、电源线及电源接口、数据线及接口等部分组成,如图 2-1-13、图 2-1-14 所示。

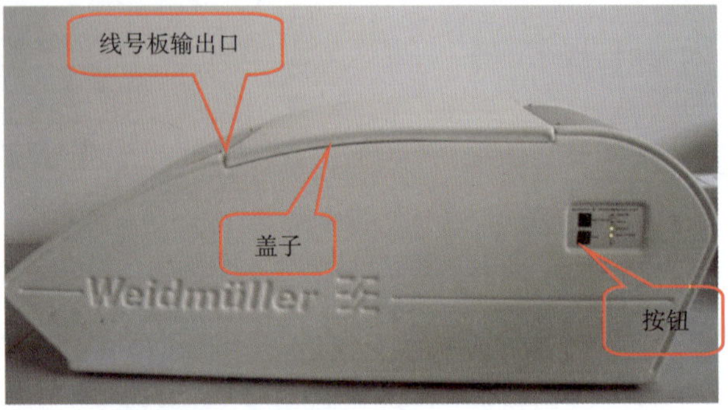

图 2-1-13　打印机组成(一)

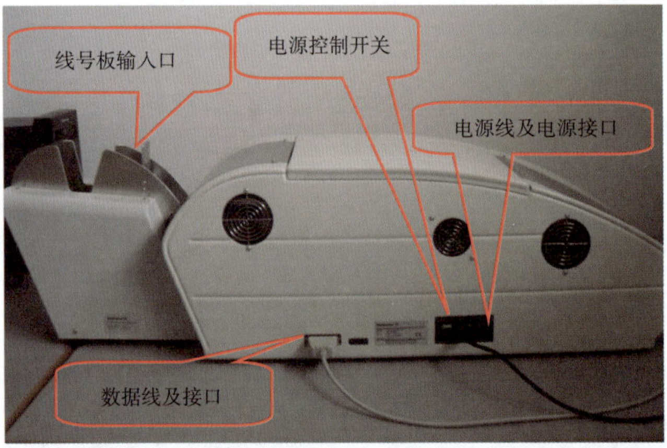

图 2-1-14　打印机组成(二)

3. 线号打印机的操作按钮

打印机正面有两个按钮,5 个指示灯,如图 2-1-15 所示。通过按钮可以完成“取消当前作业”(Job Cancel)、“测试”(Test)操作;而指示灯用来指示“错误”(ERROR)、“数据”(DATA)、“准备”(READY)等操作信息。

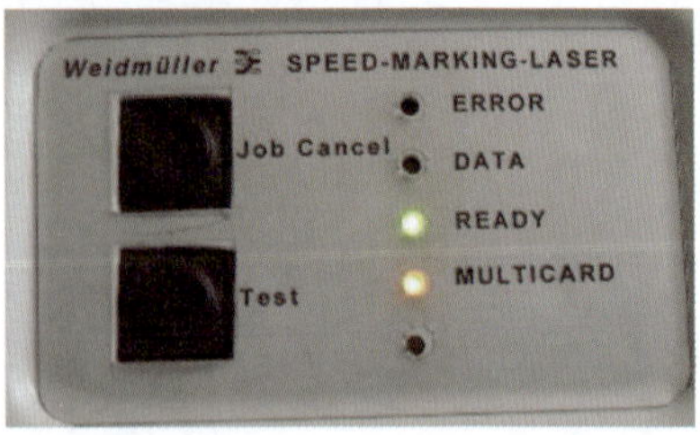

图 2-1-15　打印机的操作按钮

六、线号打印标准

线号要采用专用的打印机来打印,字号大小按导线所套的套管来选用，字体颜色为黑色。正面打印线号/色标，背面打印本端位置号，具体细化到针脚。

1. 字高要求

电缆使用的线号管的长度及大小详见各个项目的技术条件，表2-1-2为某城铁项目“布线技术条件”中对热缩管直径和字高的要求。

表2-1-2　热缩管直径和字高的要求

导线截面/mm^2	电缆		热缩管直径/mm	字高规格
	电压规格	外径/mm		
单芯屏蔽线			3	3
薄壁电缆0.5～1	750 V	1.5～2.0	3	3
薄壁电缆1.5	750 V	2.4	4	3
1.0～1.5	750 V	3.3～3.6	5	3
2.5 4	750～1 500 V 750 V	4.2～5.0 5.0	6	3
同轴电缆		5	6	3
8芯屏蔽电缆CAT5E		5.2	8	4
4 6	1 500～3 000 V 750 V	5.9～6.3 5.7	8	4
信号以太网电缆		6.5	10	4
以太网电缆		6.7	10	4
制动CAN BUS电缆1×2×0.5+1×0.5		6.8	10	4
6 10	1 500～3 000 V 750～3 000 V	6.6～7.0 7.7～8.5	10	4
MVB电缆2×2×0.5		8.3	10	4
16	750～3 000 V	9.0～9.8	12	6
2PH934-信号以太网电缆		9.7	12	6
25 35	750～3 000 V	10.5～11.3 11.8～12.6	16	6
编码里程计车内电缆		13	16	6
RF电缆		13.5	16	6
50 70	750～3 000 V	13.9～15.2 16.5～17.4	20	6
95	750～3 000 V	18.6～19.8	25	6
信标天线车内电缆		19	25	6
120	1 500～3 000 V	21～21.8	30	6

2. 附着力要求

线号打印前，应确认用于标识的热缩管是否有清晰牢固的线号，对热缩管的附着力有这样的试验要求：

(1)膨胀状态和自由恢复状态的样品均放置在平直的支撑物上，然后用软铅笔橡皮进行摩擦。

(2)摩擦时，将橡皮紧紧压在标记上，并对整个标记长度从头到尾进行摩擦。实验时应使用可能的最大的人力。

(3)标记应能承受 10 次橡皮的摩擦，每次摩擦的时间为 2 s 或 3 s。

在样品经过试验后，标记应在正常光线下清晰易读。

七、线号打印方法

1. 打印线号

(1)准备设备

检查电脑是否能够正常运行、线号打印机与电脑连接是否正常、打印机墨粉是否准备完毕，按照清单领取物料，选择所要打印车型的线号套表。

(2)准备物料

准备线号板、线号套，如图 2-1-16 所示。

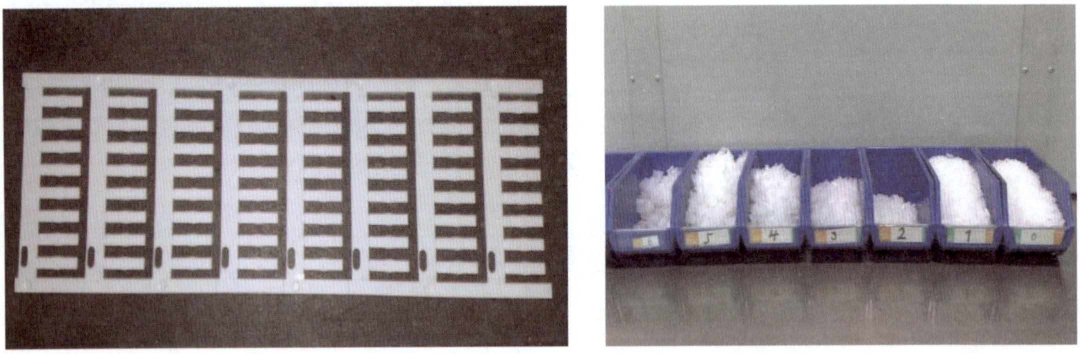

图 2-1-16　线号板及线号套

(3)打印线号按照线的形状选择合适型号的线号板，同时选择线号打印模板，如图 2-1-17 所示。

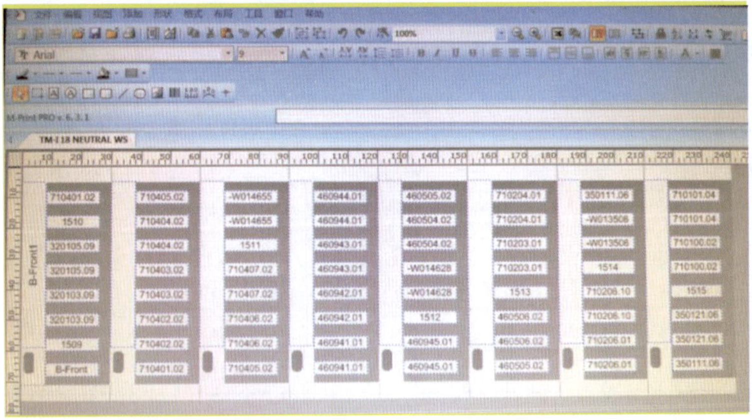

图 2-1-17　选择打印模板

(4)将线号表的内容按照部位信息(如 UL，CR，B-BACK 等)输入到打印模板中并核对信息。确认完全正确后开始打印线号，并将打印完成的线号分部位装到盒子中，在盒子的表面标明部位号(如 UL,CR,B-BACK 等),如图 2-1-18(a)、(b)、(c)所示。

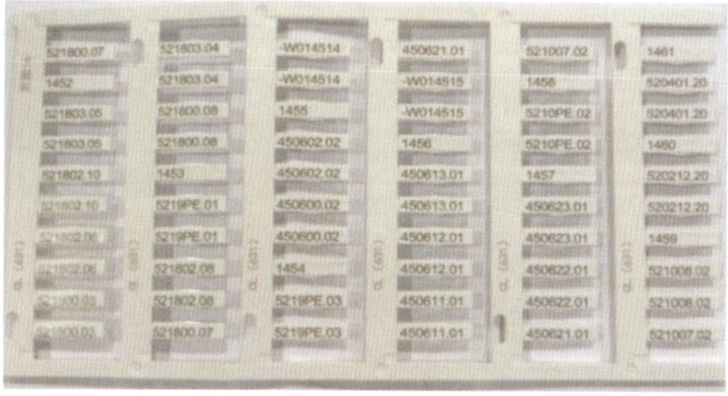

(a) 打印好的线号

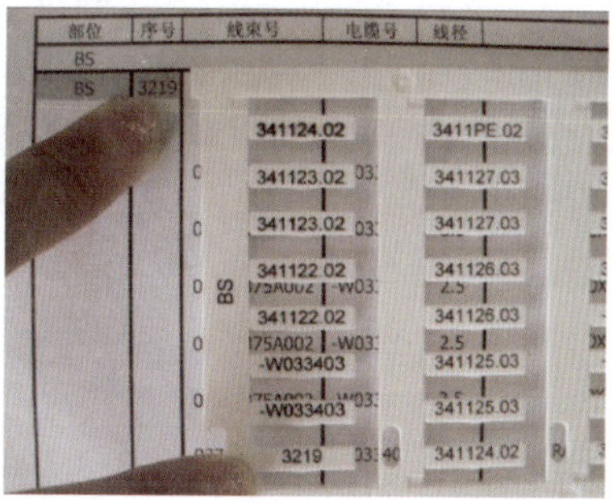

(b) 对照线号表查找线号

(c) 根据线号表线号套

图 2-1-18　线号的配置

2. 制作线号板

在线束粘贴板左侧粘贴灰色胶带,再将双面胶胶带粘贴在 12 mm×350 mm×450 mm(厚×长×宽)的线束粘贴板的一面,并用线号板的边缘粘成 36 mm 宽的垂直竖直条,如图 2-1-19 所示,最后将打印好的线号按照车型、部位粘贴到线号板上,供剪线工序使用。

图 2-1-19　将线号粘贴到线号板上

八、线号管使用对照表

标识热缩管规格与线缆外径对照,见表 2-1-3。

表 2-1-3 标识热缩管规格(单位:mm)

规格	收缩前尺寸		收缩后的尺寸		适用线缆外径范围
	内径	壁厚	内径	壁厚	
MT-0.5/0.25	0.80±0.2	0.18±0.05	≤0.30	0.33±0.10	0.3～0.6
MT-0.6/0.3	0.9±0.2	0.18±0.05	≤0.40	0.33±0.10	0.4～0.7
MT-0.8/0.4	1.1±0.2	0.18±0.05	≤0.50	0.33±0.10	0.6～0.8
MT-1.0/0.5	1.5±0.2	0.20±0.05	≤0.65	0.36±0.10	0.75～0.9
MT-1.5/0.75	2.0±0.2	0.20±0.05	≤0.85	0.36±0.10	0.95～1.4
MT-2.0/1.0	2.5±0.2	0.20±0.05	≤1.00	0.45±0.10	1.1～1.8
MT-2.5/1.25	3.0±0.2	0.20±0.05	≤1.30	0.45±0.10	1.35～2.3
MT-3.0/1.5	3.5±0.2	0.20±0.05	≤1.50	0.45±0.10	1.6～2.7
MT-3.5/1.75	4.0±0.2	0.23±0.05	≤1.80	0.45±0.10	1.85～3.2
MT-4.0/2	4.7±0.2	0.25±0.05	≤2.00	0.45±0.10	2.1～3.6
MT-4.5/2.25	5.0±0.2	0.28±0.05	≤2.30	0.56±0.10	2.35～4.0
MT-5.0/2.5	5.5±0.2	0.28±0.05	≤2.50	0.56±0.10	2.6～4.5
MT-5.5/2.75	6.0±0.2	0.28±0.05	≤2.80	0.56±0.10	2.9～5.0
MT-6.0/3	6.5±0.2	0.28±0.05	≤3.00	0.56±0.10	3.1～5.4
MT-7.0/3.5	7.5±0.3	0.30±0.05	≤3.50	0.56±0.10	3.7～6.3
MT-8.0/4	8.5±0.3	0.30±0.08	≤4.00	0.56±0.10	4.2～7.2
MT-9.0/4.5	9.5±0.3	0.30±0.08	≤4.50	0.56±0.10	4.7～8.0
MT-10/5	10.5±0.3	0.30±0.08	≤5.00	0.56±0.10	5.2～9.0
MT-11/5.5	11.5±0.3	0.30±0.08	≤5.50	0.56±0.10	5.7～10
MT-12/6	12.5±0.3	0.30±0.08	≤6.00	0.56±0.10	6.2～11
MT-13/6.5	13.5±0.3	0.35±0.08	≤6.50	0.56±0.10	6.7～12
MT-14/7	14.5±0.3	0.35±0.10	≤7.00	0.70±0.10	7.3～13
MT-15/7.5	15.5±0.3	0.35±0.10	≤7.50	0.70±0.10	7.8～14
MT-16/8	16.5±0.3	0.35±0.10	≤8.00	0.70±0.10	8.3～15
MT-17/8.5	17.5±0.3	0.35±0.10	≤8.50	0.70±0.10	8.8～16
MT-18/9	19.5±0.3	0.35±0.10	≤9.00	0.70±0.10	9.3～17
MT-20/10	22.0±0.5	0.40±0.10	≤10.00	0.83±0.10	10.4～19
MT-22/11	24.0±0.5	0.40±0.12	≤11.00	0.83±0.15	11.4～21
MT-25/12.5	26.0±0.5	0.40±0.12	≤12.50	0.90±0.15	12.8～24
MT-28/14	29.0±0.5	0.40±0.12	≤14.00	0.90±0.15	14.4～29
MT-30/15	31.5±1.0	0.45±0.12	≤15.00	1.00±0.15	16～29
MT-35/17.5	36.5±1.0	0.45±0.12	≤17.50	1.00±0.15	18～34
MT-40/20	41.5±1.0	0.50±0.12	≤20.00	1.00±0.15	21～39
MT-45/22.5	46.5±1.0	0.50±0.15	≤22.50	1.00±0.20	23.5～44
MT-50/25	≥50	0.50±0.15	≤25.00	1.10±0.20	26～29

注 1:在保证同心度的情况下,壁厚在规定范围内。
注 2:可以向用户提供特殊规格的产品。

九、线束标签

1. 线束标签简介

为方便操作者下线和布线，一般在编制“剪线表”和“布线表”时，需要将始终端设备相同的电缆合并成线束。为区分线束之间的差异，需要对线束进行定义，而线束标签上打印的信息就是线束的标识。

2. 线束标签打印信息

线束标签属于生产过程中产生的线束信息定义，不属于标准类料件，所以各制造厂在线束标签的使用要求上也存在差异。本文将其中一种线束标签使用要求进行介绍，如图 2-1-20 所示。

图 2-1-20　线束标签

线束标签包含的信息：

(1)线缆序号：对应剪线表里的线缆序号；

(2)车型：对应布线表适用的车型；

(3)始终端设备：对应剪线表和布线表里的始终端设备；

(4)线束号：对应布线表里的线束号。

3. 线束标签使用

(1)剪线过程中，由剪线操作者按“剪线表”将线束标识粘贴在线束的两端。

注意：始端设备和终端设备的标签不可混用。

(2)布线过程中，由布线操作者按“布线表”，根据线束号对应原则，查找准确走线路径进行布线。

(3)接线过程中，前期接线操作者可简单根据线束标签上的“始端设备”进行核线确认，确认无误后的接线过程，需要将线束标签剪除(辅助材料不保留在完工车辆中)。

巩固与练习

一、填空题

1. ________用于发送过来的物料暂存。

2. 下线过程中，读数允许误差为+1%，最高不得超过________ mm。

3. 线束标签打印信息应包括线缆序号、车型、________、线束号。

4. 热缩管按功能一般分为两种：标识热缩管和防护热缩管，线号管属于________热缩管。

二、判断题

1. PT1 类型的热缩管，是指标识热缩管。 (　　)

2. 线号打印后，附着力测试：标记应能承受 10 次橡皮的来回摩擦，每次摩擦的时间为 2 s 或 3 s。 (　　)

3. 线号要采用专用的打印机来打印，字号大小按导线所套的套管来选用，字体颜色为黑色。正面打印线号/色标，背面打印本端位置号，具体细化到针脚。 (　　)

4. 线号标志套管以安装在所有布线接头的附近为原则，配线后线号应明显、清晰可见。 (　　)

三、简答题

1. 使用自动下线机进行剪线时注意事项有哪些？

2. 线束标签应包含哪些信息？

学习任务二　线束布置

学习目标

1. 知识目标

(1)掌握电气布线通用工具的结构、种类、使用与注意事项。

(2)理解电气布线保护的种类与注意事项。

(3)掌握电气核线表的使用和要求。

2. 能力目标

(1)能根据实际现场情况，针对保护材料对线束进行防护。

(2)会正确地核实线束信息。

(3)会电气核线表的使用和要求。

3. 素质目标

(1)培养学生具有责任感和使命感。

(2)培养学生踏实肯干、吃苦耐劳精神。

(3)培养学生团队协作能力。

知识链接

一、布线工具介绍

1. 扎 带 枪

扎带枪(图 2-2-1)是车电布线、分线最常用到的工具之一，用于扎带捆扎后的尾部处理。

扎带枪在使用时，用扎带将固定架与被固定物体绑在一起，如图 2-2-2 中 A 所示。

根据扎带的大小选择不同型号的扎带枪，并调节好扎带枪的拉力，用扎带枪剪断扎带，如

图 2-2-2 中 B 所示。

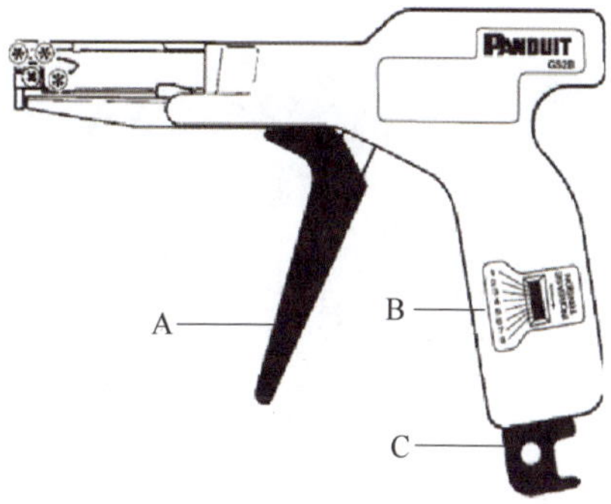

图 2-2-1　扎带枪

A—扎带枪拉紧栓；B—拉力调节显示窗；C—拉力调节器

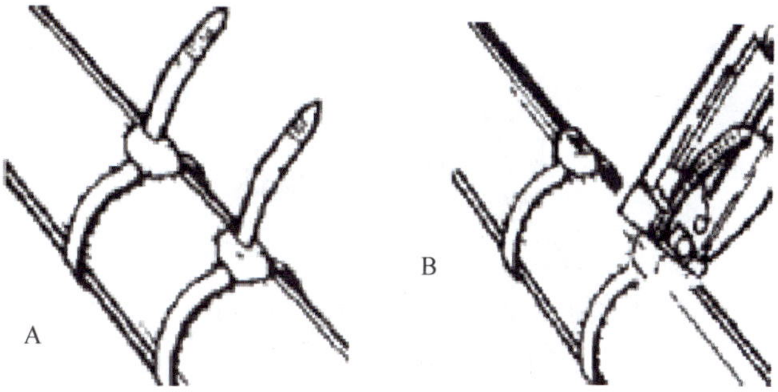

图 2-2-2　扎带枪的使用

注意：扎带大小与扎带枪型号及拉力挡位对应关系见具体扎带枪型号。

2. 编织网热切割机

编织网热切割机（图 2-2-3）是车电布线保护材料处理最常用到的工具之一，用于编织网的切割。

编织网量取需要的长度后，使用编织网热切割机的热熔原理，将编织网切断，如图 2-2-4 所示。

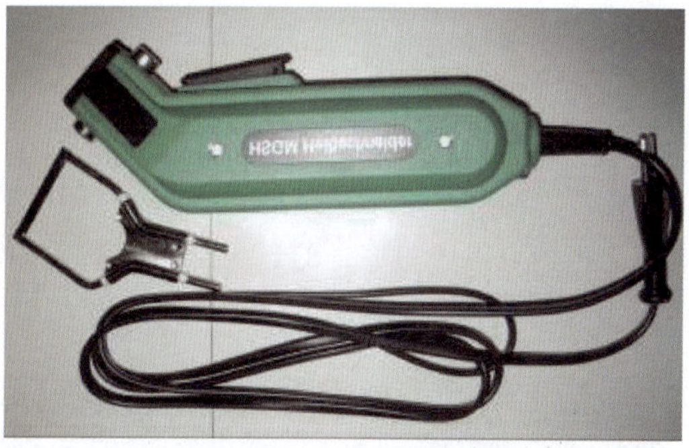

图 2-2-3　编织网热切割机

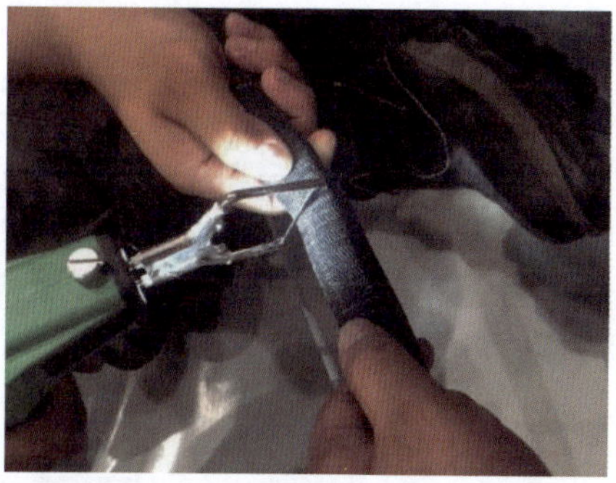

图 2-2-4　编织网热切割机的使用

使用编织网热切割机切割后的编织网，管口切面经过热熔后，产生轻微的粘连现象，从而保证网管不散股。

3. 尼龙软管切割机

尼龙软管切割机（图 2-2-5）是车电布线保护材料处理最常用到的工具之一，用于尼龙软管的切割。

尼龙软管量取需要的长度后，使用尼龙软管切割机，在尼龙软管凹点处进行切割。

使用尼龙软管切割机切割后的尼龙软管，管口切面平齐，软管无开裂，从而减小尼龙软管穿线时，管口对线束的损伤。

4. 电工剪刀

电工剪刀(图 2-2-6)是车电布线保护材料处理最常用到的工具之一,用于编织网的切割。

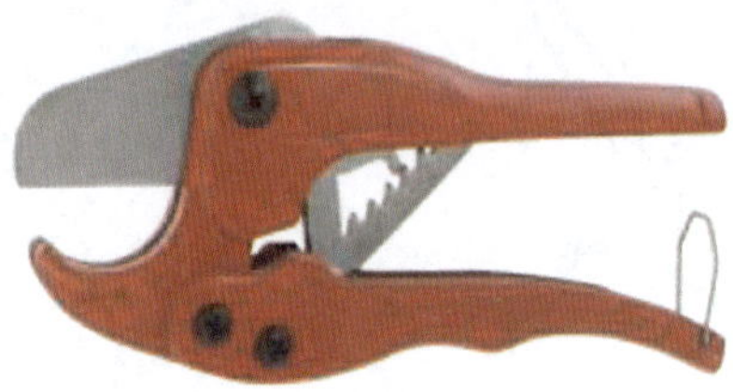

图 2-2-5　尼龙软管切割机

图 2-2-6　电工剪刀

将编织网穿套在线束上之后,需要接合线束长度取调整编织网的长度,可以使用电工剪刀来去除多余的编织网。

注意:使用电工剪刀在剪除编织网时,要避免损伤线束。

二、布线的标准

1. 常用标准

《轨道交通　机车车辆布线规则》(GB/T 34571—2017)。

《铁路应用　机车车辆　电气隐患防护的规定》(GB/T 21414—2008)。

《铁路客车配线布线规则》(TB/T 1759—2016)。

《铁路设施　机车车辆　电缆铺设的安装规则》(EN 50343)。

2. 布线方式

(1)编织网

编织网分为两种,套管型编织网(图 2-2-7)和缠绕型编织网(图 2-2-8),一般用于车辆内部布线防护。

图 2-2-7　套管型编织网

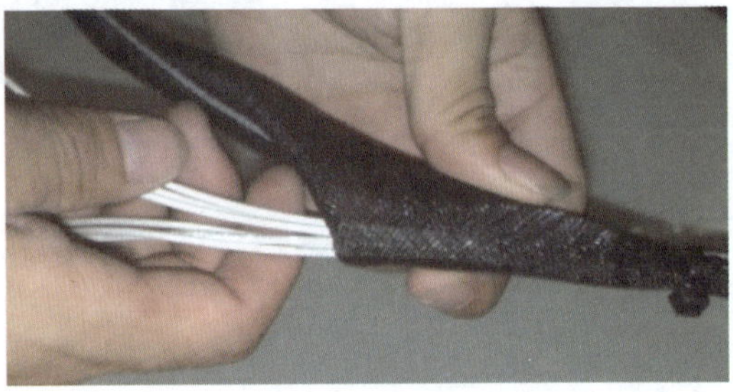

图 2-2-8　缠绕型编织网

套管型编织网在选择时,长度应符合图纸或其他技术要求,套管直径选择应以满足编织网紧贴线缆和连接器为宜。

缠绕型编织网选择必须按照图纸要求尺寸进行,当被保护线束直径小于编织网管规格尺寸时,编织网管长度至少为被保护线束的自然长度再加 100 mm,当被保护线束直径大于编织网管规格尺寸时，若线束直径是编织网管规格尺寸的 A 倍，则编织网管的长度至少为被保护线束长度的 A 倍加 100 mm。

(2)尼龙软管

尼龙软管一般用于车辆外部的控制线布线。

尼龙软管原则上应避免出现扭结、压痕、裂缝。如果存在轻微的压痕或扭结的现象但不会妨碍线束的安装，也是可以接受的。图 2-2-9 所示为合格的尼龙软管，图 2-2-10 所示为不合格的尼龙软管。

图 2-2-9　合格的尼龙软管

图 2-2-10　不合格的尼龙软管

(3)屏蔽网

不同的电缆之间会产生分布电容和分布电感，应防止电缆之间的电耦合、电容耦合和电感耦合。屏蔽网(图 2-2-11)一般用于不同电压等级的线束之间，平行布线时的屏蔽防护。根据屏蔽保护的目的可以选择两种防护方式：一是通过对电压等级为 A 的线束进行防护，从而减小电耦合、电容耦合和电感耦合；二是通过对电压等级为 C 的线束进行防护，从而增加抗电耦合、抗电容耦合和抗电感耦合能力。

图 2-2-11　屏蔽网

屏蔽网内部的屏蔽金属网，防护后的端部应接地。静态或低频信号的电线电缆防护应采用单端接地，高频信号电线电缆防护应采用双端接地。

(4)备用线处理

对于连接在轨道交通车辆内不同位置的电气元器件的电缆，在每个包含 10 根以上缆芯的多芯电缆或电缆集束中应提供 10%或至少 2 根备用线缆。应在连接器内提供对应数量的备用接点，或提供附加连接器的可用空间。

注意：此要求不适用于特定用途的电缆(例如开门按钮、照明控制布线、屏蔽母线或其他通信系统的电缆)。

备用绝缘线缆的数量应为轨道交通车辆最初组装完工时提供的数量。

备用缆芯的数量取决于电缆和连接器的构造，以及敷设电缆的方法。如果电缆敷设的路径不易于后期增加电缆，应增加备用缆芯的数量。

如果没有特殊的要求，备用缆芯的终端应进行绝缘处理，并固定在可接近的位置。

注意：为了安全考虑或电磁兼容性目的，可以协商决定备用缆芯的其他处理方式。这些方式包括终端绝缘或将其接地。

(5)接地线

接地线是一根和大地连接在一起的线，它有防止漏电的作用，又被称为安全回路线。按作用分类，一般分为保护接地、工作接地和屏蔽接地。

保护接地主要是对电气设备的短路保护，保护接地应符合 GB/T 21413.1—2018 和 GB/T 21414—2008 的要求。

工作接地线应汇聚一点，以避免共地干扰。工作接地线和保护接地线不应混接和相互代替。

屏蔽接地主要是用于电磁防护，防止电器设备之间的相互干扰。屏蔽接地可以分为单点接地、两点接地和混合接地三种：

①单点接地能够消除公共阻抗耦合和低频地环路。地线上其他部分的电流不会耦合进电路。对于频率 1 MHz 以下的低频电路，屏蔽层单点接地能起到很好的效果。

②两点接地。对于频率高于 1 MHz 的高频电路，屏蔽层两端接地，不论对电场还是对磁场都能起到屏蔽作用。

③混合接地，混合接地就是一端直接接地，另一端通过一个小电容接地。小电容接地端在低频时相当于开路，在高频时电容阻抗很低，相当于屏蔽层两端接地。此种接地方法适用频率范围宽的电路。

(6)光纤

①运用中不应切割或撕破光缆外皮，光缆的插头、插座应配有塑料保护盖，防止脏东西或异物进入，降低传递的光信号。在非连接的状态下光缆和装置上必须加装保护盖。

②当安装或搬运时，应将光缆完全卷起来搬运，不能在地上拖动。当安装或维护光缆时，应临时定位光缆，以防止光缆落在工作地面上，严禁踩踏。

③所有线槽应在布置光缆之前清理干净。光缆线束在线槽内应理顺、理直，不得交叉、对折、挤压缠绕，无明显的松散、多余弯曲。

④不能在光缆上直接加扎带受力，而是加在保护光缆的防护套管上，并且应用扎带轻轻地捆绑光缆，不能在光缆转弯处绑扎，至少在转弯前 20 mm 以上位置绑扎，以免变形受力。

⑤光缆应经扎线杆固定，应避免与其他电缆或安装光缆的表面摩擦。

⑥光缆布置应尽量远离发热器件(如发热电阻)，热风枪和电烙铁不能靠近光缆使用，焊接操作应远离光缆。

三、线束保护

1. 来料保护

电缆来料后应对电缆的线轴进行检查，保证电缆线轴内侧无破损，如不符合要求，如图 2-2-12 所示，应放弃使用该轴电缆，以免后续下料过程中损伤电缆。

图 2-2-12　破损的电缆线轴

电缆存放时，切勿堆积过高，造成挤压损伤或倒塌。电缆应摆放在场地指定位置，防止叉车、运输过程中对其造成损伤。

2. 施工保护

(1)下料完成的电缆等其他料件在各个工序间周转时，需要加强保护，避免料件在运输过程中造成损伤。

(2)布线人员领取线束后，将线束整齐有序存放在车的一侧，不能直接放在地板上，要放在保护材料上，如橡胶保护板、水晶板。

(3)车辆布线前应认真检查电缆型号、规格、线号和电缆外皮无缺陷、破损等情况，在确认无误后方可布线。

(4)车辆布线过程中，施工现场应保持整洁，线束应理顺，不得凌乱放置在施工现场。

(5)施工人员应注意线束的保护，严禁有踩、踏、挤压线束的现象。

(6)布线过程中，所有线束不能直接放到地板上，要放在橡胶保护板上，避免划伤。

(7)在布线时如有临时将线束放置在可能踩、踏位置的情况，应在线束周围做好标识，避免损伤线束的现象发生。

(8)车辆在布线时，如需要临时中断施工，施工人员应将未完成布线的线束妥善保管、做好保护、合理摆放，避免线束损坏。

(9)在牵车前要确认所有电缆捆扎牢固，连接器保护到位，牵车时应缓慢行驶，避免牵车时车辆大幅震动造成电缆及连接器损伤。

(10)穿线时进线口应加以保护，并有专人送线，送线时电线不得绞劲。各操作场地要加强保护导线，布线前后严禁压线、砸线和行人踩线。(线口保护材料为夹布胶管、橡胶板或无毛刺棱角铁皮。)

(11)穿线时用力平稳，检查门处要设有专人监护。

(12)穿线时根据设计结构而定，一般一个线槽一次穿完为宜，如一次不能穿完，可适当增加次数。

3. 线束保护

(1)线槽内的线束每间隔 200～300 mm 或按图纸要求尺寸扎一道扎带，以保证线束的规整和防止振动磨线。

(2)布线完毕后，在线槽出线接头处使用橡胶护套或橡胶板将线束包扎好。绝缘橡胶板厚

1 mm 宽 50 mm,其长度视线束粗细而定,将线束包扎不小于一周半,并用扎带扎好。

(3)扎线杆上扎线处理方法分两种情况:第一种导线固定在扎线杆后进行分线的情况,必须对扎线杆进行处理,通常采用塑料管对扎线杆保护,并用扎带扎牢,再进行分线,扎线杆上绑扎导线的扎带不得少于两处(根据实际情况定);第二种导线在扎线杆上走线,必须对导线进行处理,通常采用尼龙编织网、夹布胶管、胶皮或塑料管等对导线进行保护。

(4)需要防震的电线必须使用电线卡子或支撑件(如铁绑线、线夹板或喉箍等)加以固定,电线支撑件的表面要光滑,要仔细处理掉异状毛刺,使其不能损伤电线的外皮。

(5)导线过梁、过孔时,梁、孔处必须加护口或电线保护条进行保护。过铁梁、木梁、圆头板或金属导筒等时,需用夹布胶管、橡胶管、塑料管、编制网、热缩管或橡胶板等做绝缘保护。线卡与导线之间应垫大于线卡宽度 3～5 mm 的橡胶板,穿管的电线除外。如导线束较粗,可将夹布胶管剖开或用其他方法将导线整体包扎保护。

(6)光缆布线时避免受较大的应力,避免弯曲半径小于 150 mm,避免脚踏光缆。固定光缆应使用尼龙扎带。在接入装置时,其两端变细的部分要全部置于箱内。

(7)导线走线位置必须按照设计规定的走线位置进行布置,避开需安装件或螺钉的位置,防止骨架、墙板及其他后续件安装或紧固螺钉时损伤导线。

(8)线槽或线管的端部及中间接头处,在施工中应认真清除毛刺和锐棱,以防穿线时损伤导线的绝缘。

(9)配线管端头或接线盒的进出口处的锁紧螺母应紧固良好。

(10)车下大线穿线前应打开所有线槽检查门进行检查,如有毛刺应做处理,防止导线划伤。

(11)线槽、线管、墙板和箱体的电线进出口处要装有护套、夹布胶管、胶管或尼龙软管对导线保护。

(12)车下各种钢管及配线软管的接头安装牢固到位,紧固完毕后涂打防松标记。

(13)电气设备进线孔的护套,穿线时不得损坏或欠装,如无护套不得穿线,采取措施后方可穿线。

(14)在铝型材行腔内布线,在布线前应检查确保行腔内无杂物和尖角;电线有电线槽或接线箱进入行腔时套夹布胶管或橡胶板保护。

四、线束核对

1. 下线时线束核对

(1)剪线表介绍

剪线表(图 2-2-13)包括部位、序号、线束号、线长、线根数、线径、线型号、线型、起始位置、终止位置、单根线号、颜色、电缆号、生产厂家、批次/轴号、操作者、巡检员等内容,且剪线表页眉标明列份、车型及打印日期,页脚标明所使用工艺守则名称及文件编号、剪线表版本等信息。

(2)剪线表使用

部位:标明线束所在的布线位置。

序号:由技术部门进行定义的工艺序号,与线束号一一对应,便于查找线束。

线束号:由线束表中自动生成。

部位	序号	线束号	线长	线根数	线径	线型号	线型	起始位置	终止位置	单根线号	颜色	电缆号	生产厂家	批号/轴号	操作者	巡检员	装箱标记
BS	4058	04420474A001	20	3	70.0	83	4 GKW-EN FR	+0442.24	+0474.10	310521.00	BK						
							4 GKW-EN FR	+0442.24	+0474.10	310523.00	BK						
							4 GKW-EN FR	+0442.24	+0474.10	310522.00	BK						
BS	4059	04520474B003	20	4	50.0	82b	RADOX 4 GKW-AX	+0452.14	+0474.10	320300.02	BK						
							RADOX 4 GKW-AX	+0452.14	+0474.10	320201.02	BK						
							RADOX 4 GKW-AX	+0452.14	+0474.10	320200.02	BK						
							RADOX 4 GKW-AX	+0452.14	+0474.10	320301.02	BK						
BS	4060	04520474B004	20	2	16	26a	RADOX 3 GKW	+0452.14	+0474.10	320341.03	GY						
							RADOX 3 GKW	+0452.14	+0474.10	320340.03	GY						
BS	4061	04710473A001	17	2	240	88a	RADOX 9 GKW-AX	+0471.10	+0473.20	100203.02	BK						
							RADOX 9 GKW-AX	+0471.10	+0473.20	100203.01	BK						
BS	4062	04710473A003	17	2	240	88a	RADOX 9 GKW-AX	+0471.10	+0473.20	100204.01	BK						
							RADOX 9 GKW-AX	+0471.10	+0473.20	100204.02	BK						

图 2-2-13　剪线表

线长：标明线束所应剪切的长度。

线根数：标明此线束有多少根线缆。

线径：标明所剪切线缆的线径。

线型号：标明所剪切线缆的类型。

起始位置、终止位置：标明该线束两端的位置。

单根线号：标明每根线缆的线号，每根线缆的线号是唯一的。

颜色：标明绝缘层的颜色。

电缆号：标明所剪切线缆的电缆号。

生产厂家：需要操作者进行填写，表明此根线缆是哪个生产厂家生产的。

批次/轴号：需要操作者进行填写，表明此根线缆是哪个批次、哪个线轴的线缆。

操作者：每剪切完一束线，要填写操作者的姓名和剪切日期。

巡检员：巡检完毕后，在“巡检员”栏中填写姓名和日期，表明此线束由该巡检员校验。

(3)下线核对

①做标记：剪线前，用黑色中性笔在待剪切线缆的序号前及线号后做“—”标记，代表正要剪切的线束，如图 2-2-14 所示。

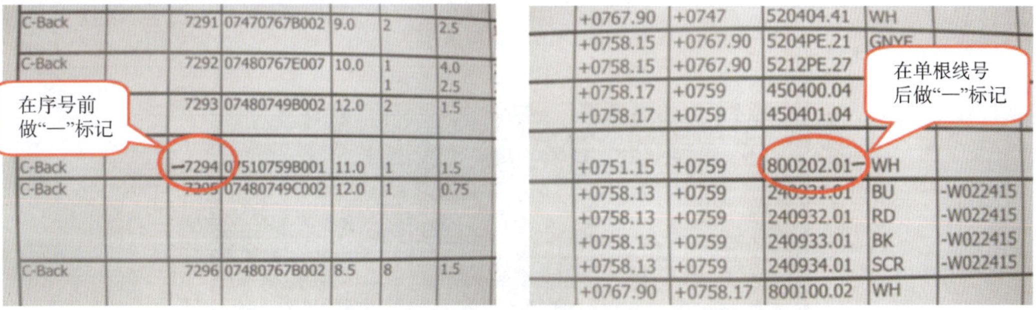

图 2-2-14　做“—”标记

剪线完成后，用黑色中性笔在“—”上画“｜”成“＋”标记，表示该线束剪切完毕，如图 2-2-15 所示。如若发现没有“＋”标记的线束，代表该线束未剪切，从而避免操作者漏剪线束的情况发生。

②填写剪线表：操作者每剪切完一束线，要用黑色中性笔在剪线表相应位置处填写生产厂家、批次/轴号等信息，同时填写操作者姓名及剪线日期。巡检员检查完毕后，在“巡检员”栏中

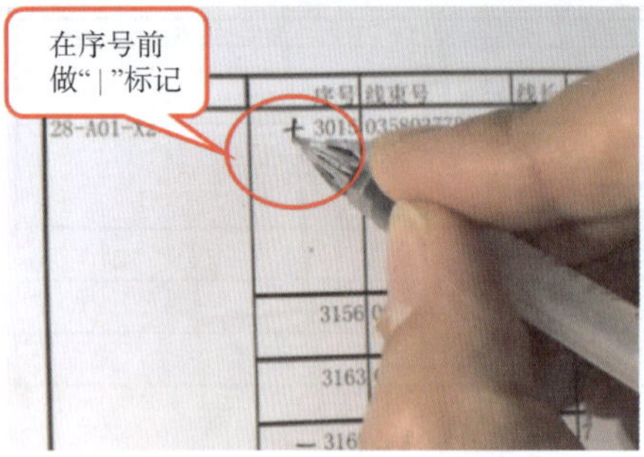

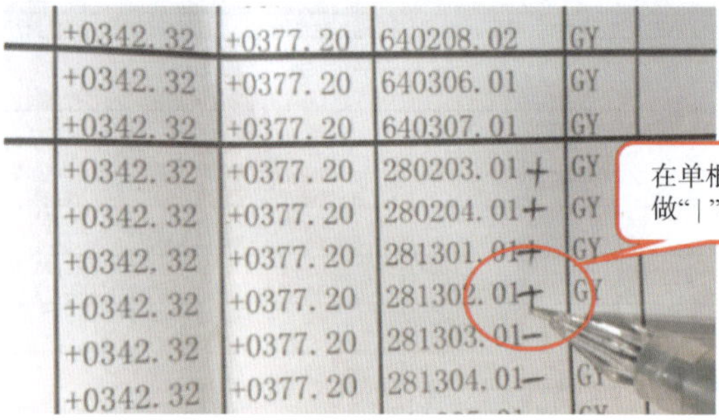

图 2-2-15　做“|”标记

填写巡检员姓名和检查日期，表明此线束的剪线已由该巡检员校验。

2. 布线时线束核对

(1)布线表介绍

布线表包括部位、序号、线束号、电缆号、线束长度、起始位置、起始设备点、终止位置、终止设备点、出口预留长度、走线路径、是否布置、操作者、巡检员等内容，且布线表页眉标明列份、车型及打印日期，页脚标明所使用工艺守则名称及文件编号、布线表版本等信息。

(2)布线表使用

在布线表中，根据线束部位找到线束大概位置。例如图 2-2-16 中线束的部位是 C-Back，在二位端天花板处。再找到线束的起始路径 CC5/B1，对照“06 车设备位置定义图”即可找到线束“3046”在车上的起始位置，在起始位置处预留 1.5 m 后，将线束布设到 CC5 线槽的电压等级 B 槽中，根据布线表路径 CC5/B3、CL3/B3、CL3/B1 布设后，将线束固定到出线口，路径如图 2-2-17 所示。

1	部位	序号	线束	线根数	线缆名称	线束长度	起始位置	起始设备	Designation_1	出口位置	入口长度	路径1	路径2	路径3	路径4	路径5	路径6	路径7	路径8	路径9	路径10	出口位置	出口长度	终止位置	终止设备	Designation_2	操作者	巡检员
44	C-Back	3046	34wAf	1		8	+VX4	90XMBP(A)	VX4端子排	CC5/B1	1.5	CC5/B1	CC5/B3	CL3/B3	CL3/B1									+YSA	-30S03	制动手柄		

图 2-2-16　设备位置定义图

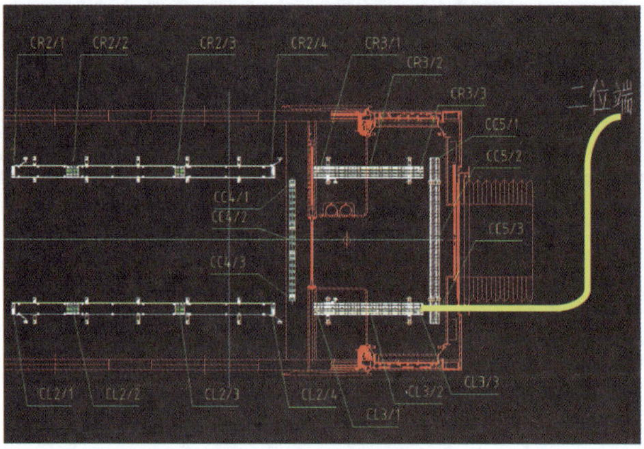

图 2-2-17　路径图

(3)布线核对

①做标记:布线前,用黑色中性笔在待布置线缆的序号前及线号后做“—”标记,代表正要布置的线束。

布置完成后,用黑色中性笔在“—”上画“｜”成“+”,表示该线束已布置完毕。如若发现没有“+”标记的线束,代表该线束未布置,从而避免操作者漏布置线束的情况发生。

②填写布线表:操作者每布置完一束线,要用黑色中性笔在布线表的“是否布置”处填写等信息,同时填写操作者姓名及布线日期。巡检员检查完毕后,在“巡检员”栏中填写巡检员姓名和检查日期,表明此线束的布线已由该巡检员校验。

3. 接线时线束核对

(1)接线表介绍

接线表主要包含如下几个内容:起始位置、起始设备、连接点、单根线号、线型、线径、颜色、电缆号、线束号、终止位置、终止设备、连接点、操作者、互检员、巡检员、压接工具型号(序号)等信息。且接线表页眉标明列份、车型及打印日期,页脚标明所使用工艺守则名称及文件编号、接线表版本等信息。

(2)接线表使用

在接线工作进行前,操作者首先要对线束的正确性进行检验,对照接线表检查线束中单芯和电缆线号等信息是否与接线表相符,检查无误后,在接线表起始端子列左半格用绿色荧光笔做标记,电缆号处绿色荧光笔做标记。

按照接线表的信息和电缆内部定义的序号将电缆线芯的单个线号套在每根线芯上。线号方向为末位数字远离线端,套线号时要求按接线表的顺序套,套一个标记一个,不允许多个并行。用绿色荧光笔在接线表“颜色”列用绿色荧光笔涂标记。

在压完插针后,操作者对照接线表中单根线号接线位置,每插入一根导线,在接线位置右半格用笔打对号做标记。压接完毕后,将所用压接工具的型号、序号填写在接线表相应位置处。

(3)接线核对

①在插针全部插入到插头绝缘体后,再次对照接线表接线位置进行自检,无误后,用绿色荧光笔在空白列做标记,都确认完毕后,操作者在空白处写上姓名和操作时间。

②巡检员填写说明。

自检完成后,车间巡检员对连接器进行检查,按照接线表中的接线位置,每检查完一个位置后,用黄色荧光笔在单根线号列做标记,并在巡检员处填写姓名和检查时间。

巩固与练习

一、填空题

1. ________是车电布线、分线最常用到的工具之一,用于扎带捆扎后的尾部处理。

2. 编织网分为两种,________编织网和________编织网,一般用于车辆内部布线。

3. ________是一根和大地连接在一起的线,它有防止漏电的作用,又被称为安全回路线。

4. 线束核对分为三个阶段:下线时线束核对、________时线束核对、接线时线束核对。

二、判断题

1. 尼龙软管原则上可以出现扭结，应避免出现压痕、裂缝。（　　）

2. 屏蔽网内部的屏蔽金属网，防护后的端部不用接地。（　　）

3. 线槽内的线束每间隔 400 mm 左右或按图纸要求尺寸扎一道扎带，以保证线束的规整和防止振动磨线。（　　）

4. 布线完毕后，在线槽出线接头处使用橡胶护套或橡胶板将线束包扎好，绝缘橡胶板厚 1 mm 宽 50 mm，其长度视线束粗细而定，将线束包扎不小于一周半，并用扎带扎好。（　　）

三、简答题

1. 简述布线核对的步骤。

2. 简述屏蔽保护使用的两种防护方式。

学习任务三　城轨车辆电气设备

学习目标

1. 知识目标

(1)理解不同种类城轨车辆各部位车电设备种类、安装方式、注意事项。

(2)熟悉不同种类城轨车辆各部位车电设备安装的特殊注意事项。

(3)掌握不锈钢城轨车辆各部位电气设备的安装方式及特点。

(4)掌握铝合金城轨车辆各部位电气设备的安装方式及特点。

(5)掌握低地板城轨车辆各部位车电设备的安装方式及特点。

2. 能力目标

(1)能正确识别双螺母结构的力矩施加方法。

(2)会城轨车辆电气设备防松标记涂打方法及标准。

3. 素质目标

(1)培养学生规则意识和纪律性。

(2)培养学生严谨细致的工作作风。

知识链接

一、车内电气设备

车内部位包括司机室和客室。司机室主要电气设备有司机台、司机室屏柜、司机室电气小件(一般包括摄像头、照明灯具、扬声器、终点站显示器等)、侧部按钮板、天线等，司机室布置效果如图 2-3-1 所示。

客室主要电气设备有扬声器、LCD 显示器、动态地图、摄像头、端部显示器、灯带、贯通道灯、门指示灯、电热器、USB 端口、紧急报警器、门端子排、门控器、电气柜等，客室布置效果如

图 2-3-2 所示。

图 2-3-1　司机室布置效果

图 2-3-2　客室布置效果

二、车外电气设备

车外部位包括前端外部、车顶和车下。这个区域的电气设备大致包括下述组件：前端外部有刮雨器、前照灯（安装在车外，但是隶属于司机室电气小件）、天线（安装在车外，但是隶属于客室电气小件），一些铝合金城轨车辆的车下还需要安装线槽和主横梁。车顶主要电气设备有车顶分线箱、受电弓、避雷器、绝缘子、熔断器箱、空调；低地板城轨车辆的车顶部位可能涵盖更多的电气设备，如牵引逆变器、辅助逆变器、蓄电池、应急通风逆变器、高低压接线箱等。车下主要电气设备有牵引逆变器、辅助逆变器、高速断路器、滤波电抗器、蓄电池、应急通风逆变器、车端高低压接线箱、制动电阻、高压电器箱、避雷器等，车下布置效果如图 2-3-3 所示。

图 2-3-3　车下布置效果

三、工装和设备

大体积、大重量的电气设备安装一般采用天车吊运，举升平台辅助的安装方式，一般根据设备的重量来确定使用天车的吨位。切忌不可超载吊运。

设备安装工装一般多适用于城轨车辆的车下，主要因为结构限制，而需要特制工装辅助安装，以下简要介绍两种常见装置和一种设备。

1. 线槽翻转装置（图 2-3-4）

此工装的功能是将布置完毕的线束和线槽整体反转，可以有效降低工作强度，施工更符合人体工程学。

图 2-3-4　线槽翻转装置

2. 车下模块举升装置（图 2-3-5）

铝合金车辆底架的主横梁是铆接在车体上的，底架的线槽固定在主横梁的上方，底架设备固定在主横梁的下方，因此，对各个主横梁之间的距离精度要求很高，模块举升装置可以有效确保主横梁之间的距离精度，同时其举升功能又可以满足线槽和主横梁整体安装。

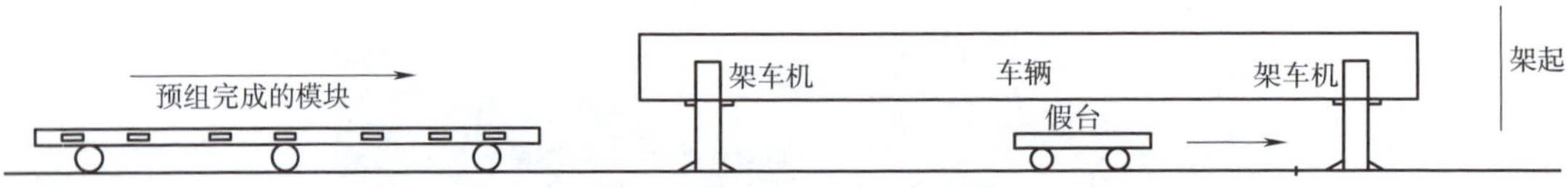

图 2-3-5　车下模块举升装置

3. 升降平台（图 2-3-6）

升降平台主要用于车下大型设备的移动和举升。该设备是使用遥控器操控的，开机后，遥控器挂在身上，用遥控器操作升降平台工作。

升降平台上层平台经历微调后，如还有需要可拨动升降平台四角处的微调按钮对升降平台进行最后的微调（注意：每个微调按钮仅能对某一特定角调高 20 mm）。

另外注意在操作过程中，操作人员应尽量避免站在升降平台的纵向移动位置，且要与升降平台保持一定距离。如遇前方有人可进行鸣笛警示，也可立即按住遥控器上的紧急制动。

四、安装方式介绍

1. 不锈钢、铝合金、低地板城轨车辆车内电气设备安装方式

客室、司机室电气小件生根在侧顶活门、顶板、侧墙等内装饰板上。其中司机室部位的照

图 2-3-6　升降平台

明灯、扬声器、摄像头(图 2-3-7)等一般安装在司机室顶板活门上，且多数顶板已提前开孔，也有个别情况，需要现车钻孔攻丝；终点站显示器安装在前端活门内，利用钢结构滑槽，配合六角头螺栓或止转块加螺栓的形式进行安装。因车内电气小件普遍与内装件存在关联，需要注意电气件安装与内装之间先后顺序。

贯通道灯(图 2-3-8)安装在车辆两端贯通道处顶板活门或端墙顶部活门上，一般采用筒灯，安装时依靠螺栓紧固在内装上，安装孔一般提前开好。

图 2-3-7　客室摄像头

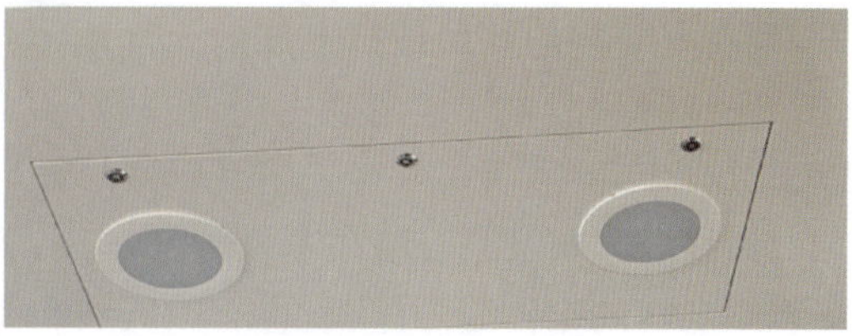

图 2-3-8　客室贯通道灯

电热器(图 2-3-9)一般安装在座椅下方，部分城轨车辆的电热器固定于座椅框架上，部分直接生根在地板上，需要现车攻丝。

图 2-3-9　客室电热器

客室屏柜安装一般有两种结构，一是安装在地板上的四点；二是安装在端墙和侧墙的紧固点。

司机台安装一般有两种结构，第一种结构是一个整体司机台；二是两个司机台（分为主副）。两种情况均是在司机台底座设有安装点，与车体底座的安装点用紧固件紧固即可，安装点数量根据项目结构而定。

2. 不锈钢城轨车辆车外电气设备安装方式

前照灯（图 2-3-10）安装在司机室前端外部，其中前照灯灯体安装在玻璃钢头罩预置槽内，安装定位需要注意灯体和周围凹槽内一周保持缝隙均匀，一般需要现车攻丝。根据图纸结构的要求和灯体自身密封程度，确定施胶范围，一般为灯体四周。

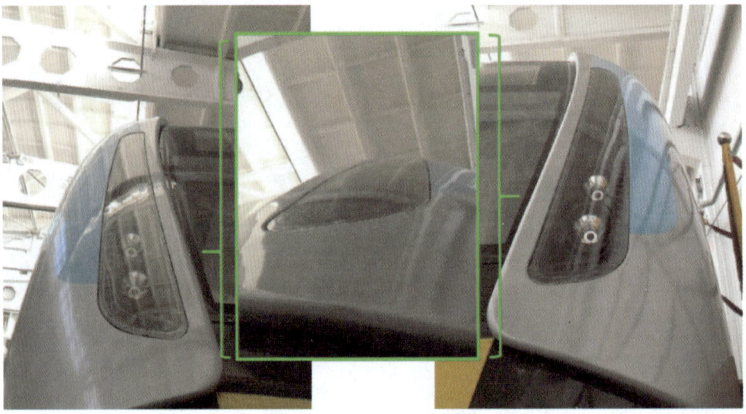

图 2-3-10　前照灯

刮雨器（图 2-3-11）安装在司机室前端外部，根据项目结构不同，有安装在前挡风玻璃下方，也有安装与前挡风玻璃上部的。刮雨器包含刮雨器机构（电机）、雨刷、刮壁、刮刀等组成部分。安装时一般先安装雨刷机构，在司机室内部安装座固定，将机构轴伸出玻璃钢头罩孔（一般头罩自带开孔）。

天线（图 2-3-12）安装在车辆外部车顶，天线的密封会在图纸中做特殊要求，有的在天线与安装座之间的车体缝隙施胶，也有的天线自带防水胶垫的结构，无论如何操作，均是以防漏雨为标准。

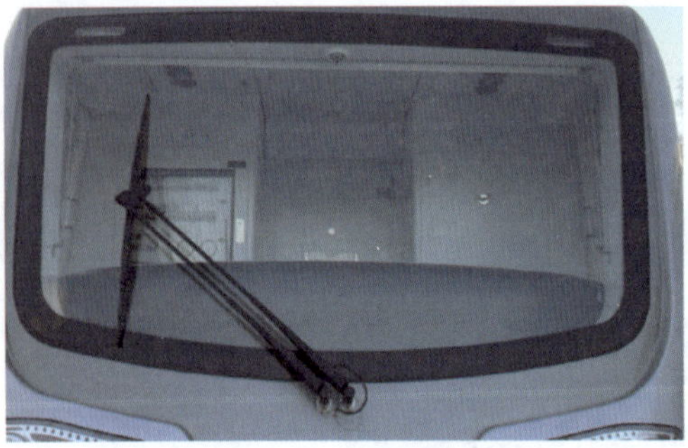

图 2-3-11　刮雨器

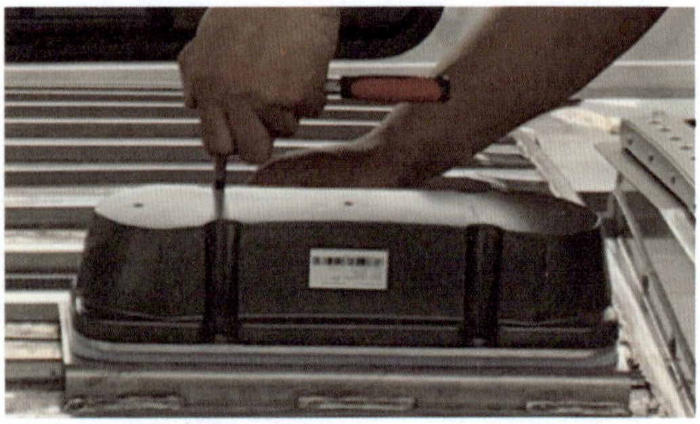

图 2-3-12　车顶天线

车下电气设备则在钢结构横梁上设置了安装座、吊板等作为安装点。常用的安装方式是挂装和吊装。挂装结构的设备，在钢结构上有焊接好的安装座，安装时使用升降平台(图 2-3-13)举升、平移设备，使设备吊耳平面高于安装座上平面，再使之移动至安装座上方，对好孔后落下。在各个安装孔穿入紧固件，并紧固，再使用力矩校紧即可。

图 2-3-13　使用升降平台举升设备

吊装结构的设备，钢结构横梁上会有开好的安装孔，安装时安装紧固件，安装时举升、平移设备，使吊耳孔和横梁安装孔对好后，穿入紧固件。预紧固后落入举升设备，再使用力矩扳手进行紧固。车下设备进入方向示意如图 2-3-14 所示。

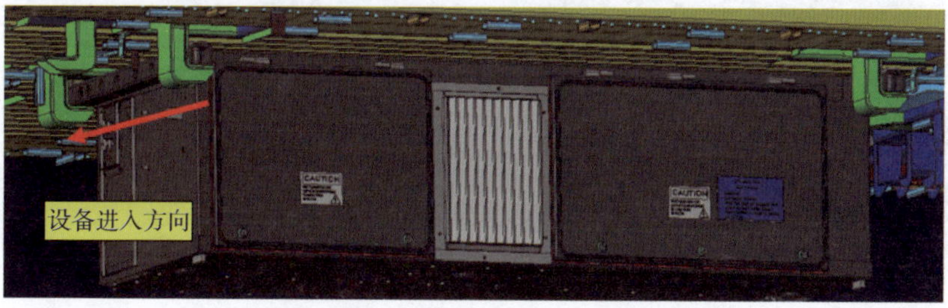

图 2-3-14　车下设备进入方向示意

3. 铝合金城轨辆车下电气设备安装方式

铝合金城轨车辆车下电气结构通常称之为"主横梁铆接"结构，区别于钢结构车辆主横梁焊接在车体的情况，铝合金车体主横梁上方要布置底架线槽，因此需要在装配阶段将线槽先与主横梁连接，然后再将主横梁通过铆接的方式与车体连接。由于底架大型电气设备的安装点也设置在主横梁上，所以各个主横梁之间的安装尺寸要严格保证，如图 2-3-15 所示。

底架电气设备安装时，还需要特别注意设备箱上的接地点位置，避免底架设备全部安装后，个别接地点无操作空间的情况发生。如有类似情况，可提前将接地线箱体侧一端先连接紧固。

部分转向架上的电气设备需要在装配阶段安装，如转向架轴端的传感器及其组件，先将车体底架与转向架之间的线缆和速度传感器进行连接，再在轴端处使用紧固螺栓和软铁丝、压紧片等紧固传感器，如图 2-3-16 所示。

图 2-3-15　车下设备安装后示意

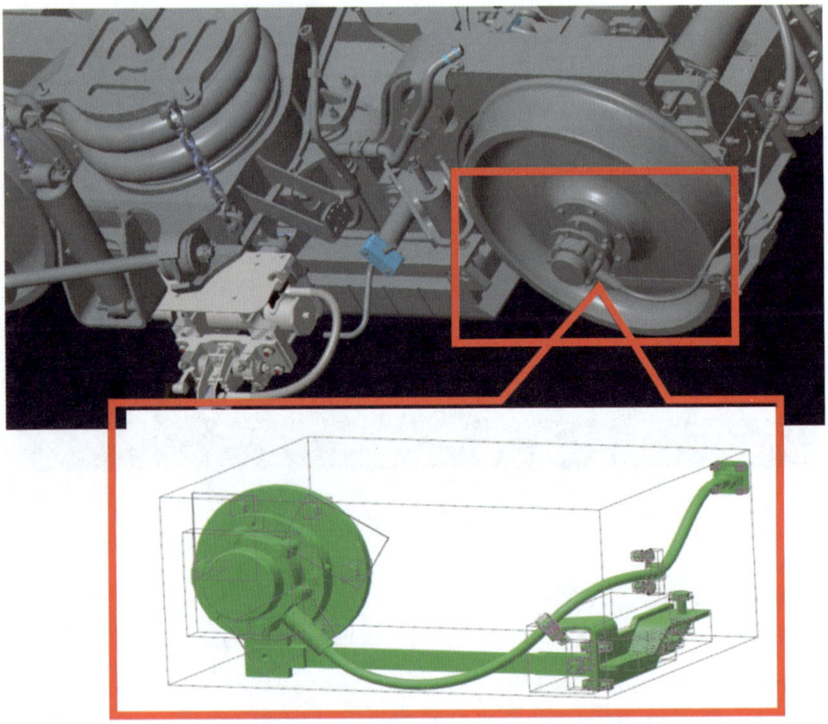

图 2-3-16　速度传感器安装示意

4. 低地板城轨车辆车顶电气设备安装方式

低地板城轨车辆将传统的 A、B 型车辆放置在底架的电气设备都布置在车顶，但制动管路和传统车型一样都布置在底架。车顶电气设备安装均采用车体滑槽内预埋滑块或反穿螺栓的方式，将设备安装在图纸指定位置，安装方式与不锈钢车型相似。

5. 低地板城轨车辆车下电气设备安装方式

低地板城轨车辆由于电气设备多集中于车顶，车下电气设备较少，一般较普通不锈钢和铝合金城轨车辆增加了一些传感器和撒沙箱等设备，转向架电气的安装结构和方式与不锈钢车型和铝合金车型相似。

五、防松标记涂打

1. 防松标记的意义

涂打防松标记是为了易于观察紧固件是否产生松动，并且表明该紧固件已经按要求紧固，以便和未做紧固的紧固件区分开，避免紧固件在安装时存在漏紧的现象。

2. 一般要求

使用油漆笔或油漆膏（个别项目有特殊单独要求）涂打防松标记，保证防松标记干燥后不易被擦掉。防松标记的颜色遵循图纸的技术要求，如无特殊要求，车辆装配使用红色油漆笔，转向架使用带荧光剂的油漆膏，如图 2-3-17 所示。

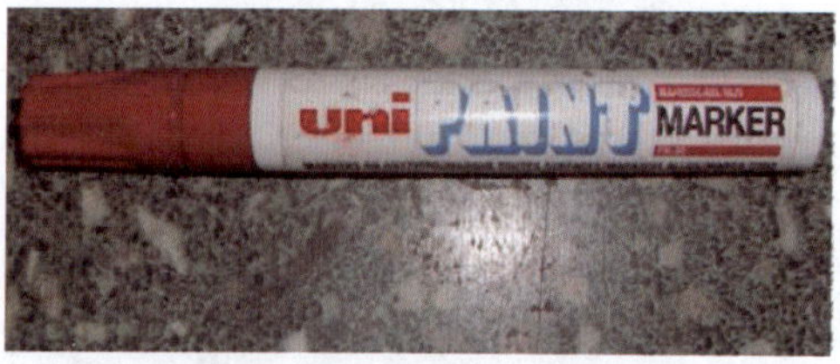

(a) 油漆笔

(b) 油漆膏

图 2-3-17　防松标记涂打用料

防松标记涂打范围：①对于客室内设备相应的防松标记涂打，除了小于等于 M8 且没有紧固力矩要求的紧固件可以不涂打防松标记，其余所有装配用紧固件、电线接头及管接件紧固后都必须涂打防松标记；②对于车下和车顶设备相应的防松标记涂打，目前，城轨项目的要求大致分为两种情况，一是除了小于等于 M6 且没有紧固力矩要求的紧固件可以不涂打防松标记，其余装配用紧固件、电线接头及管接件紧固后都必须涂打防松标记。二是所有车外紧固件无论是否有力矩要求都必须涂打防松标记。所有接线点紧固后都必须涂打防松标记。

防松标记涂打位置的基本要求：防松标记要涂打在利于观察的位置上。

防松标记涂打的宽度根据紧固件和被连接件的大小规格而定。对于涂打防松标记处的紧固件小于 10 mm 的防松标记宽度 W 应为 1.5～3 mm；对于划防松标记处的紧固件大于等于 10 mm 的，宽度 W 应为 2.5～4 mm。

底架一些箱柜的盖板由于在调试过程中需要打开，所以这些盖板恢复紧固后的防松标记在调试工作完成之后，走车之前进行涂打。

具体要求：

（1）螺栓和螺母组成的紧固件防松标记

防松标记应垂直划在螺母和被连接件。划在被连接件表面上的长度 H^2 应为 4～10 mm，如图 2-3-18 所示。

（2）螺钉组成的紧固件防松标记

此处以六角螺钉为例（还包括圆头螺钉），防松标记沿螺钉帽、螺钉帽立面、被连接体表面

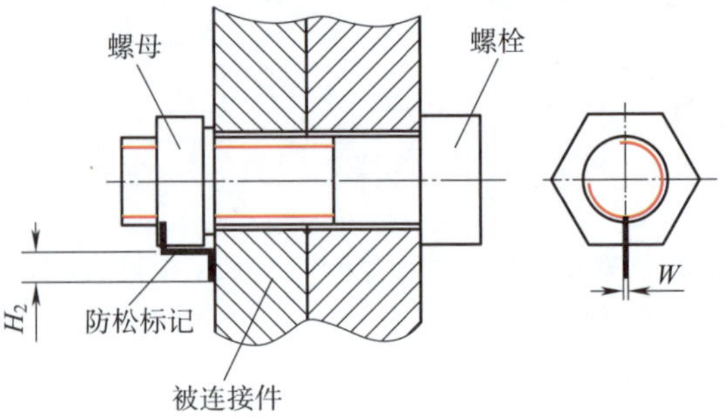

图 2-3-18　防松标记涂打标准示意

涂打，如图 2-3-19 所示。

防松标记在螺帽上的长度 H_1 应为 4～10 mm，若螺帽中心到一边的距离（圆头螺钉螺帽的半径）在 4～10 mm 之间，则涂打防松标记的起点从螺帽的中心开始；若此距离大于 10 mm，则标记线在螺帽上的长度为 10 mm。划在被连接件表面上的长度 H_2 应为 4～10 mm。

注意：由于紧固件的垫圈处间隙较小，允许防松标记在垫圈缝隙处断开，但必须保证防松标记是在一条直线上。

图 2-3-19　防松标记涂打示例

六、安装接口控制

1. 设备安装后缝隙控制

各处设备安装后，会与周边接口部件产生缝隙接口，这时需要遵照美观度的标准对这些缝隙进行控制和要求，具体如下：

以司机台、车内电气小件、车下电气设备等主要设备为例，如图 2-3-20～图 2-3-23 所示。

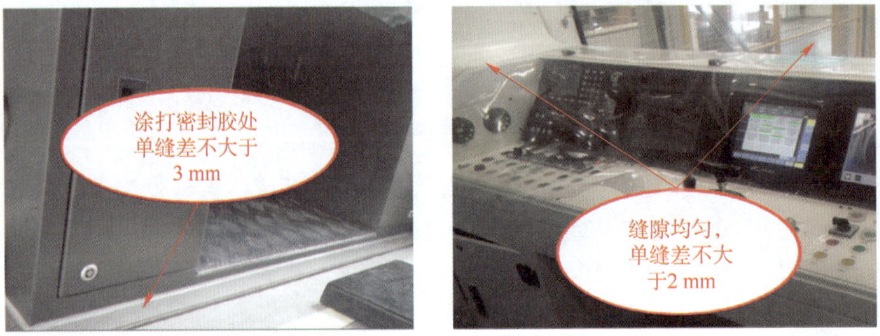

图 2-3-20　司机台缝隙要求

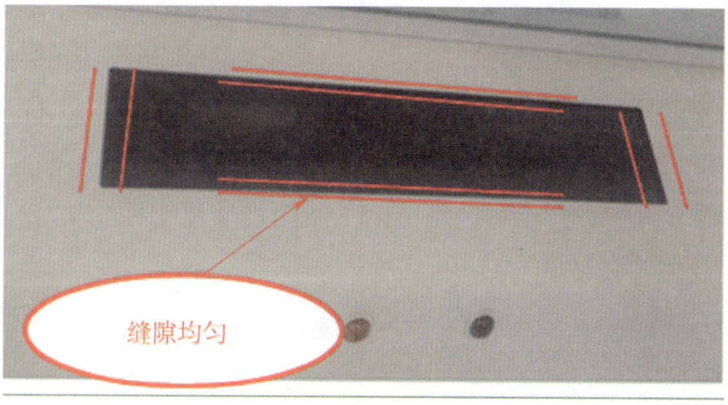

图 2-3-21　动态地图缝隙要求

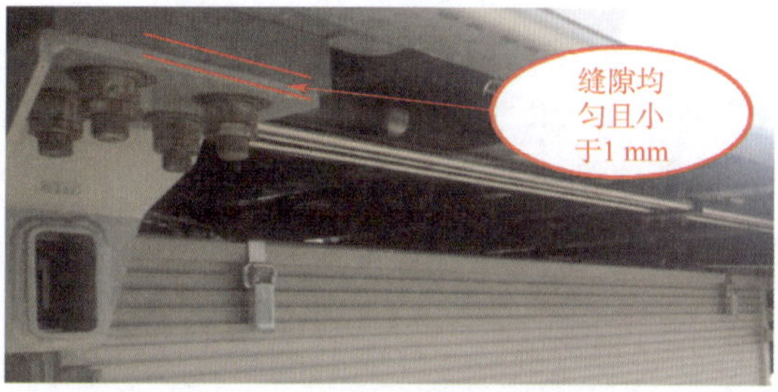

图 2-3-22　车下设备缝隙要求

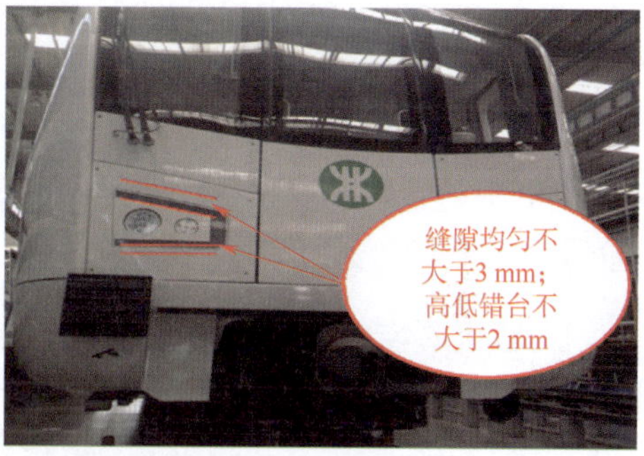

图 2-3-23　前照灯缝隙要求

2. 设备安装尺寸接口

一般电气设备生根在车体或内饰件上，对于接口尺寸，仅需要满足与相邻内饰件之间的配合要求即可。而转向架上安装的设备则经常会有特殊的安装尺寸需求，如车下天线安装，有距离标准轨面的高度要求，这将直接影响车辆运行期间天线信号传输，因此需要特别注意，车下天线安装效果如图 2-3-24 所示。

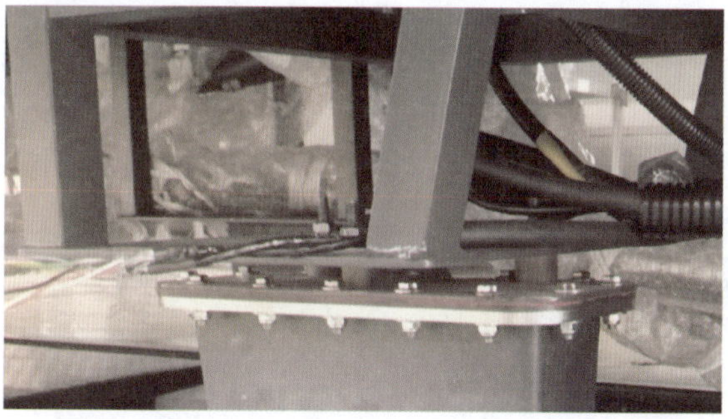

图 2-3-24　车下天线安装效果

3. 设备安装顺序接口

城轨车辆安装工序复杂，工序彼此存在相互制约的情况，因此需要结合整车结构，合理安排设备与其他部件的安装顺序才能保证电气设备的顺利安装，本书列举几例典型工序顺序实例：

(1)客室电气小件需要客室内装(侧墙板、顶板、侧顶活门等)安装完毕后，才可以安装。

(2)电热器需要等客室侧墙、座椅安装完毕后才可以安装。

(3)屏柜上方安装吊耳与车体安装吊的前后位置决定直间壁是否可以先于司机室电气屏柜安装。当屏柜吊耳在客室侧，直间壁使用的车体吊在司机室侧，屏柜安装是由客室侧推向司机室侧时，直间壁后于电气屏柜安装；当屏柜吊耳在司机室侧，直间壁使用的车体吊在客室侧，电气屏柜安装是由司机室侧推向客室侧，直间壁先于电气屏柜安装。

(4)地板布及各部位布线完毕后方可进行客室电气屏柜安装。

(5)前风挡玻璃安装后可进行雨刷器的安装，前照灯不受其影响，因考虑未来操作空间和便利性，可在司机台安装前进行前照灯的安装即可。

(6)司机室电气小件需要等司机室内装(侧墙板、顶板、侧顶活门等)安装完毕后，才可以安装。

(7)客室灯带一般在通风格栅与客室侧顶活门之间，应先将这两种内装件安装完毕，再进行灯带安装。

(8)车下大型设备通常在布线完毕后进行安装，铝合金车型则需要额外注意，待主横梁铆接和车下制动管路安装完毕后才可安装车下电气设备。安装时需要检查设备的接地线是否在设备正上方，若正好在设备上方，则需要在安装前，将车体侧接地线连接到位。

七、城轨车辆电气设备安装总体施工要求

(1)施工前熟识图纸中各设备接口关系与安装顺序，确定前道工序安装完毕。

(2)施工前掌握图纸技术要求、设备结构、安装方式及相关安装尺寸。

(3)按照图纸明细领料。

(4)施工前按工艺文件要求取用相应工装、工具、样板。

(5)吊装注意事项：

①吊装时应照明充分。

②非工作人员远离现场，工作人员禁止置于被吊装设备及吊具下方。

③在车顶作业需佩戴好安全带，吊装时注意观察周围及脚下环境，确保安全，谨防意外发生。

④按照工艺文件要求选择合适承重的吊装设备，禁止盲目使用，确保不因吊装设备承重不足造成吊装风险。

⑤充分利用设备自带吊装孔、吊装环进行吊装。在设备已自带吊装设施前提下，禁止不加利用而擅自改变吊装位置，造成吊装风险。

⑥选择好吊点，安装好吊装带后，必须保证吊装带与设备间可靠连接，禁止出现因相对滑动或其他原因导致吊装带与设备脱离情况发生，确保生产安全。必要时应使用吊装环、吊装钩等设备。

⑦吊装时，应考虑设备质量均匀程度后调节吊装带至合适长度，保证吊装过程中设备平稳、安全、避免倾斜、倒伏。

(6)电气设备和电器安装要位置正确，牢固可靠，符合设计要求。

(7)各电气件开箱或上车安装时，严禁碰伤，损坏箱体或车体油漆。

(8)安装各种电气柜体和电器时，不准压砸导线，以免损伤导线绝缘层。

(9)紧固件不允许欠装和代用，钻头引孔时规格应符合规定。

(10)车下各电气箱体吊装必须处于自由垂直状态,不得倾斜;吊装方向必须与图纸相符。

(11)各电气箱体的吊装螺栓不得有倾斜、别劲现象。

(12)紧固件必须满足产品图样和技术文件要求的性能等级和技术规格,并严格按要求的螺栓穿入方向进行装配。

(13)各电气箱体的吊装紧固件紧固时,按指定力矩值要求执行。

(14)各电气箱体的吊装紧固件紧固时,应按对角方向进行,保证紧固力均匀,防止箱体变形,以车端箱安装为例,如图 2-3-25 所示标注号码顺序依次完成紧固。

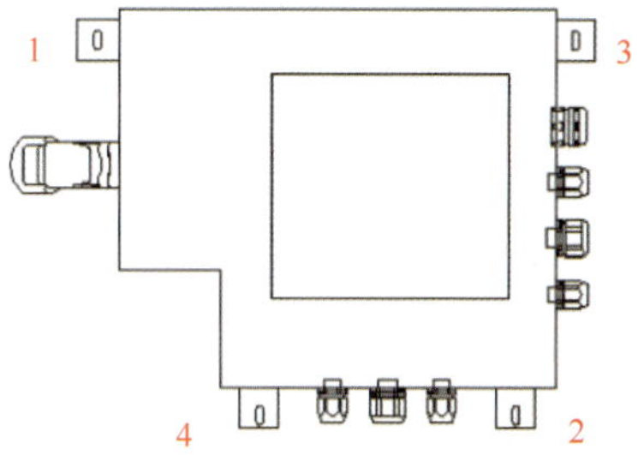

图 2-3-25　车端箱紧固顺序示意

(15)各电气箱体吊装紧固件紧固完成后,螺栓超出螺母部分长度要不小于 2 个完整螺纹。

(16)各电气箱体吊装时,严禁随意拆卸箱体上的零部件,严禁随意打开箱门。

(17)紧固件安装过程中,如图纸中有特殊要求,需按照图纸中的要求涂抹化学类物品。

(18)所有紧固件紧固后根据防松标记涂打基本原则和项目要求涂打防松标记。

(19)如有扭矩要求,必须采用扭矩扳手(需定购提验合格)按规定的扭矩要求进行紧固。紧固力矩值最大偏差一般不超过±5%。

(20)紧固件在安装前,须保证紧固件表面、待安装件表面和螺纹孔足够清洁,不能有飞边、毛刺、切屑和污物等。

(21)安装配电柜、司机台等设备,均需使用调整垫进行调平,以免妨碍接口设备的安装。

(22)安装接地线时,应清除接地点表面油漆或胶等涂层,使接地点露出本金属光泽,确保接地良好。

巩固与练习

一、单选题

1. 车下设备安装后螺纹外露的通用要求,螺栓超出螺母部分长度(　　)

A. 不少于 2 个完整螺纹　　B. 不多于 2 个完整螺纹

C. 不少于 1 个完整螺纹　　D. 不少于 3 个完整螺纹

2. 由于紧固件的垫圈处间隙较小,允许防松标记在垫圈缝隙处断开,但必须保证防松标记是(　　)。

A. 在一条直线上　　B. 在一条弧线上

C. 在一个平面上　　D. 在一个点上即可

3. 客室屏柜安装一般有两种结构,一是安装在(　　);二是安装在端墙和侧墙上。

A. 横梁上　　B. 地板上　　C. 底架上　　D. 顶板上

4. 紧固件拧紧是有扭矩要求的,必须采用扭矩扳手(需定购提验合格)按规定的扭矩要求进行紧固。紧固力矩值最大偏差一般(　　)。

A. 不超过±5%　　B. 不超过±3%　　C. 不超过±2%　　D. 不超过±8%

二、判断题

1. 铝合金城铁车辆车下带暖气是以主横梁铆接为主的结构。（　　）

2. 防松标记涂打的基本要求是涂打在便于操作的位置上。（　　）

3. 前风挡玻璃安装后可以进行刮雨器的安装，前照灯等会受其影响，因考虑未来操作空间和便利性，需要进车后立刻安装前照灯。（　　）

4. 客室电气小件需要等客室内装(侧墙板、顶板、侧顶活门等)安装完毕后，才可以安装。（　　）

三、简答题

主横梁是什么，请简要说明。

学习任务四　接 线 工 艺

学习目标

1. 知识目标

(1)熟悉断线工具、断线方法、断线标准和应用场合。

(2)熟悉剥线工具、剥线方法、剥线标准和应用场合。

(3)掌握送针工具的使用和应用场合。

(4)掌握退针工具的使用和应用场合。

(5)掌握连接器外观标准。

2. 能力目标

(1)会压接工具的选择及使用。

(2)会屏蔽层的处理方式及方法。

3. 素质目标

(1)培养学生行业基本职业素养。

(2)增强学生责任和担当意识。

知识链接

一、断　　线

1. 断线工具定义

断线工具是用于将电缆切割断裂的工具总称，具有断线用刀刃。依据线缆截面积大小，分为大线断线工具及小线断线工具；依据动力源，分为手动式断线工具及电动式断线工具或设备。

2. 断线技术要求

断线前，应按照接线位置，核对线束与接线端子和插头的距离逐根剪断多余长度的导线。

断线应选用线缆切割专用工具，且钳口适用于多股细软铜绞线。通常，小线经线缆选用电缆切割钳(俗称月牙钳),大线径线缆选用棘轮式手动电缆切割钳或电动电缆切割钳。

3. 断线方法

断线方法及使用的工具取决于导线的型号及外径。在目标长度处用断线工具刀刃与导线贴紧,保证电缆与刀刃面垂直,操作断线工具,使导线完全截断,如图 2-4-1 所示。

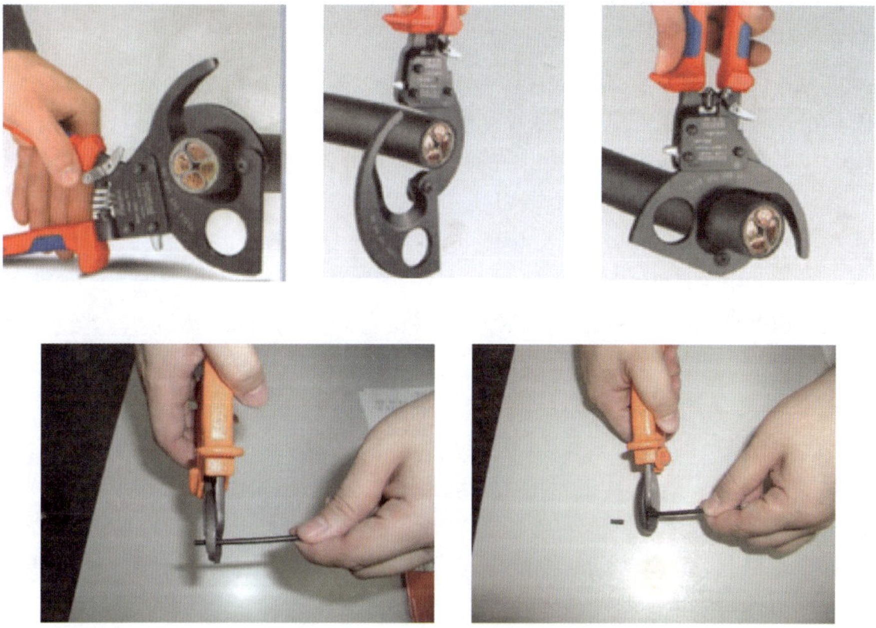

图 2-4-1　电缆断线

4. 断线标准

断线作业过程中断线工具钳口应与导线垂直,断线后绝缘皮的切口应光滑整齐、不应有绝缘皮毛边,导线线芯应断面平齐、清洁整齐、无残余。

良好的断线状态,如图 2-4-2 所示。不应出现导线芯被折断(图 2-4-3)、导线芯被拔出(图 2-4-4)或导线被挤压(图 2-4-5)。

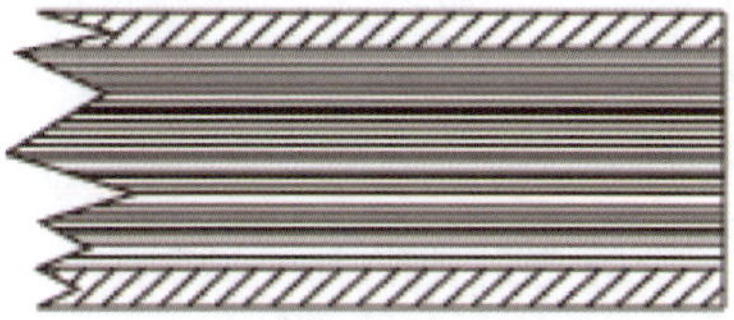

图 2-4-2　良好的断线状态

图 2-4-3　导线芯被折断

图 2-4-4　导线芯被拔出

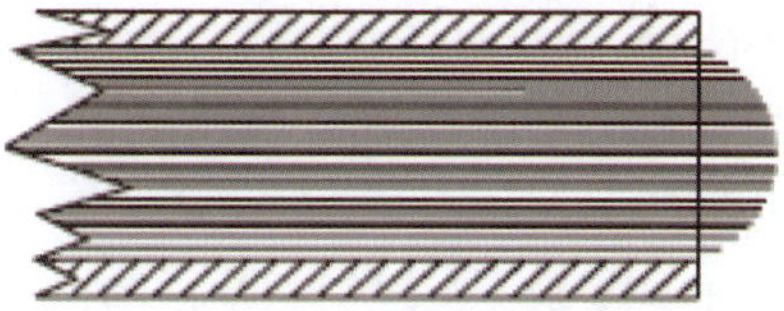

图 2-4-5　导线被挤压

二、剥　　线

1. 剥线定义及总体要求

剥线指在不对导线线芯形成压痕、损伤或破坏而且不对剩下的绝缘线皮造成影响的前提下切割线览绝缘层并将绝缘层移除的操作。剥线作业应采用专业的剥线工具或设备,禁止使用裁纸刀等非电工专业工具,以免损伤电缆线芯。

2. 剥线工具(设备)使用要求

剥线工具分为手动剥线工具、自动剥线工具、剥线设备。

手动剥线工具分为有固定剥线钳口的剥线工具、可调剥线深度和长度且带有剥线尺寸刻度的剥线工具、圆周旋转式剥线工具、剥刀式工具等。

剥线工具(设备)使用要求:

①剥线工具(设备)的使用应符合其制造商的操作说明。

②剥线工具(设备)与电缆的外径、剥线工具(设备)与导体标称截面积、剥线工具(设备)与电缆的绝缘层应配套。剥线工具不得超出适用范围使用。

3. 手动剥线工具使用及剥线方法

(1)有固定剥线钳口的剥线工具

有固定剥线钳口的剥线工具主要由刀口、压线口、钳柄三部分组成。

剥线方法如下:

①根据所需剥线长度,调节剥线并固定工具定位器,无定位器的剥线工具不涉及此项。

②根据所剥电缆导体标称截面积大小,将电缆放置在相应的剥线位置(注意:如果位置不正确,将无法剥除绝缘层或损坏导线线芯)。

③握住剥线工具手柄,将电缆夹住,确认钳口在电缆上的剥线位置后,继续按压手柄使电缆绝缘层剥落。

④松开工具手柄,取出电缆,剥线完成。

(2)可调剥线深度和长度且带有剥线尺寸刻度的剥线工具

剥线方法如下:

①根据所需剥线长度,按照剥线工具钳口处的刻度,调节滑块或相应旋钮选定剥线长度(注意:剥线长度的设定必须正确),如图 2-4-6(a)所示。

②根据所剥电缆绝缘层厚度,调节剥线工具的滑块或相应旋钮(注意:如果位置不正确,将无法剥除绝缘皮或损坏导线线芯),如图 2-4-6(b)所示。

③将电缆一端伸进钳口,并顶至已设定长度滑块位置,按动手柄,剥线完成,如图 2-4-6(c)、(d)所示。

(3)圆周旋转式剥线工具

圆周旋转式剥线工具可分为:可调节刀口的圆周旋转式剥线工具及固定刀口的圆周旋转式剥线工具两种,剥线时,根据线缆绝缘护套的厚度调节刀口的位置,保证剥除绝缘护套后不损伤线芯及屏蔽层。

剥线方法如下:

①剥线前,测量被剥电缆护套厚度,调整工具上的各个旋钮,实现工具对各种电缆外径的适应和对切割绝缘层深度的调节,一般剥线深度调节至绝缘护套厚度的 70%～90%,即保证剥线后电缆外绝缘层还存在细微的连接,不损伤线芯或线芯的绝缘层和屏蔽层,如图 2-4-7(a)、图 2-4-8(a)所示。

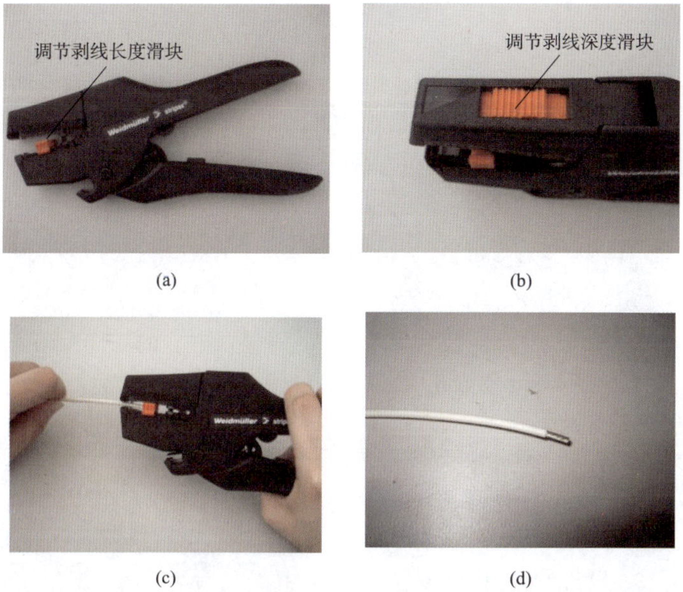

图 2-4-6　可调剥线深度和长度且带有剥线尺寸刻度的剥线工具使用图示

②将剥线工具夹在剥线适当位置，然后沿圆周方向转动工具，转动时要尽量保证刀刃切割的切口始末端重合，即要求线缆沿长度方向不与工具发生位移，如图 2-4-7(b)、图 2-4-8(b)所示。

③工具转动超过一周后，将工具从电缆上移出，如图 2-4-7(c)、图 2-4-8(c)所示。

④轻折弯曲剥裂部位护套，如图 2-4-7(d)所示，使护套完全断裂后取下被剥除部分，去除内部填充物，剥线完成，如图 2-4-7(d)、图 2-4-8(e)所示。

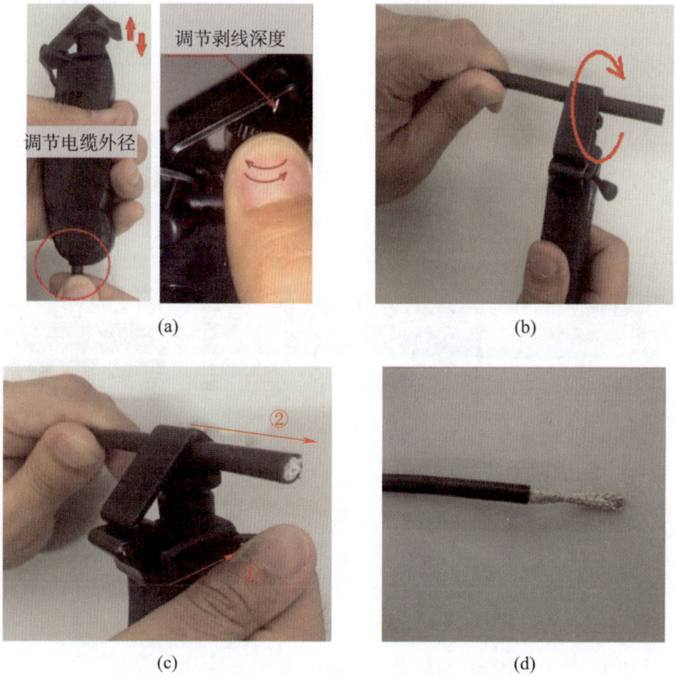

图 2-4-7　可调节刀口的圆周旋转式剥线工具使用图示

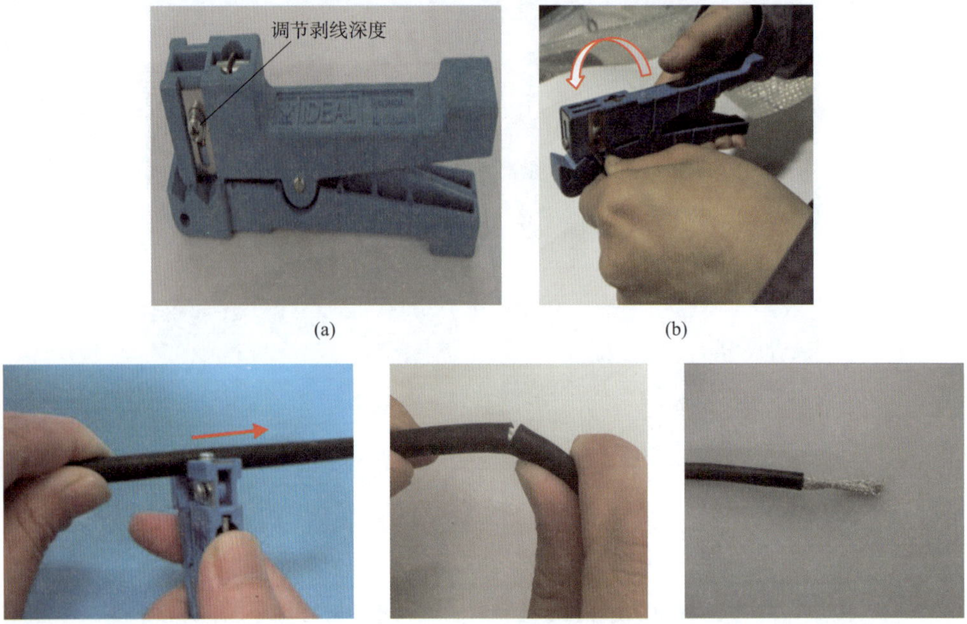

(a) (b)

(c) (d) (e)

图 2-4-8　固定刀口的圆周旋转式剥线工具使用图示

(4)剥刀式剥线工具

剥刀式剥线工具剥线方法如下：

①剥线时刀刃应垂直电线，沿圆周方向转动刀刃，用力要适度，确保不切伤内部线芯，并保证绝缘皮的切口要平整，如图 2-4-9(a)所示。

②如果需要，切割完圆周后，以圆周切口为始端，对绝缘皮进行纵向切割，同样确保不切伤内部线芯，如图 2-4-9(b)所示。

③用手将绝缘层去除，如电缆内部存在填充物，则需使用斜口钳或剪刀对填充物进行去除并在剥线处修剪整齐。剥线完成后绝缘层断面平整，无线芯损伤，如图 2-4-9(c)所示。

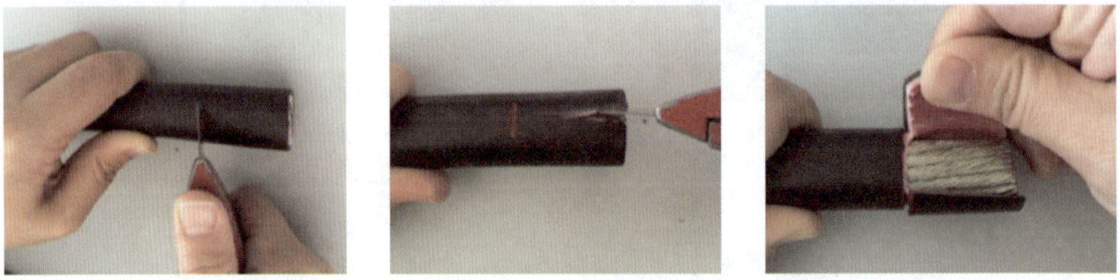

(a) (b) (c)

图 2-4-9　剥刀式剥线工具使用图示

4. 自动剥线工具、剥线设备

(1)自动剥线工具使用及剥线方法如下：

①根据所需剥线线径，调节自动剥线机的剥线线径选择旋钮。

②根据所需剥线长度，调节自动剥线机的剥线长度旋钮与线皮剥离长度旋钮。

③将待剥电缆插入剥线口，自动剥线机将自动进行剥线。

④及时清理线皮收集盒。

(2)自动剥线设备使用及剥线方法如下：

①操作人员按照规定要求进行点检工作，并做好相应记录。

②启动设备前，要对其附件等进行全面仔细检查。

③张紧力或压紧力应调整好，既不使电缆变形，又能使电缆顺利输送。

④设置电缆剥皮长度，装入电缆，设备开始运行。

⑤剥线完成后，对产品质量等方面进行检查，是否符合工艺要求。如果符合，就继续运行，否则应进行调整。

⑥生产过程中如出现异常，应立即停机断电，由专业维修人员进行处理。

⑦要遵循剥线设备的使用说明书，不应超出相应范围，以免损坏设备。

5. 剥线标准

线芯不得有毛刺、弯曲、断股或者由于不正规使用断线设备及使用损坏的剥线工具带来的损伤的情况。在绝缘层的切口处导体不允许有划痕和刀具的划伤。绝缘层的断面平整。

(1)完美状态

电缆完美剥线如图 2-4-10 所示。

(2)可接受状态

①电缆绝缘皮有轻微压痕，如图 2-4-11 所示，可接受。

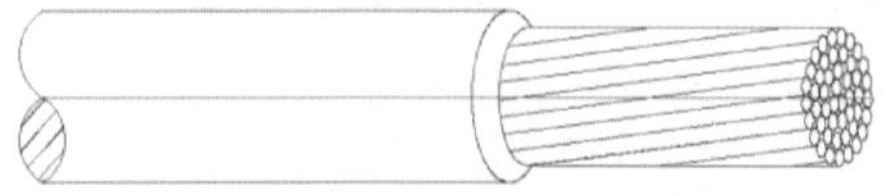

图 2-4-10　完美剥线效果图

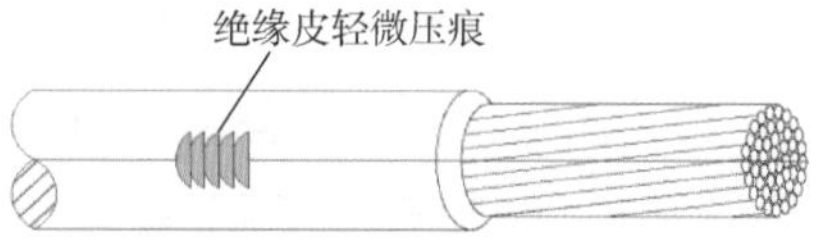

图 2-4-11　绝缘皮轻微压痕

②电缆绝缘皮切口轻微不齐，如图 2-4-12 所示，可接受。

(3)不合格状态

①电缆铜芯上留有残余的绝缘皮及线缆填充物，如图 2-4-13 所示，不可接受。

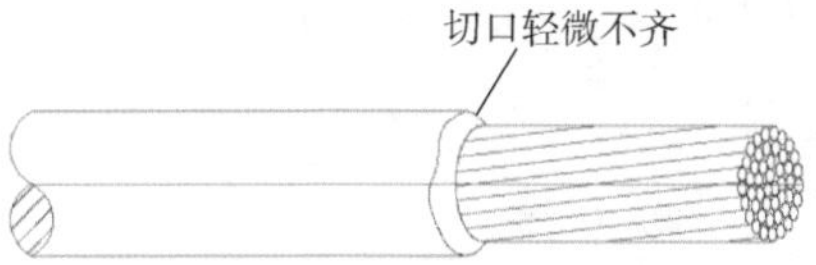

图 2-4-12　绝缘皮切口轻微不齐

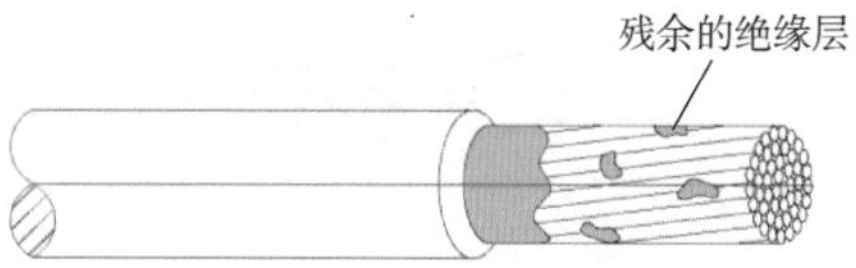

图 2-4-13　铜芯上残留绝缘皮

②电缆铜芯部分割伤、划伤及铜芯断股，如图 2-4-14 所示，不可接受。

③电缆绝缘皮损伤，如图 2-4-15 所示，不可接受。

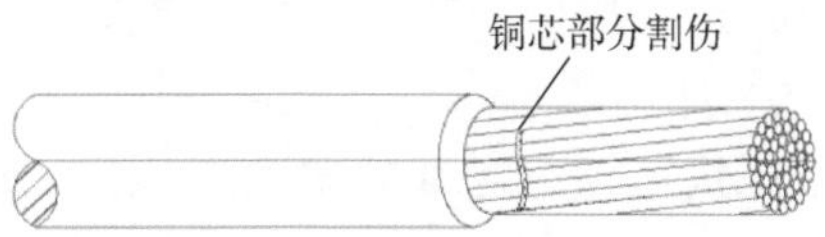

图 2-4-14　铜芯割伤、划伤及断股

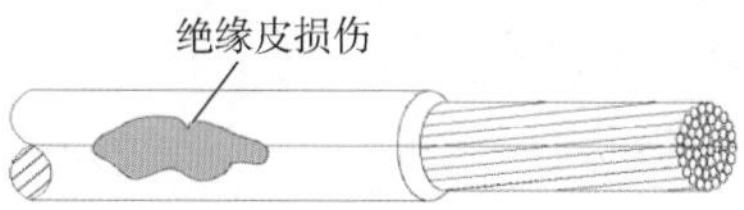

图 2-4-15　绝缘皮损伤

④电缆铜芯过度纠结，如图 2-4-16 所示，不可接受。

⑤电缆绝缘皮切口残留绝缘皮，如图 2-4-17 所示，不可接受。

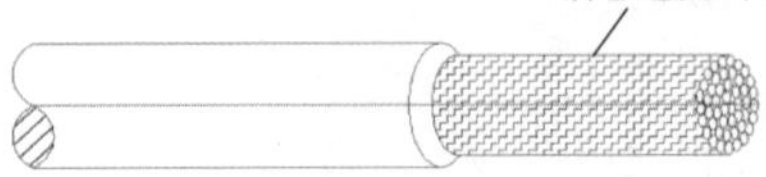

图 2-4-16　铜芯过度纠结

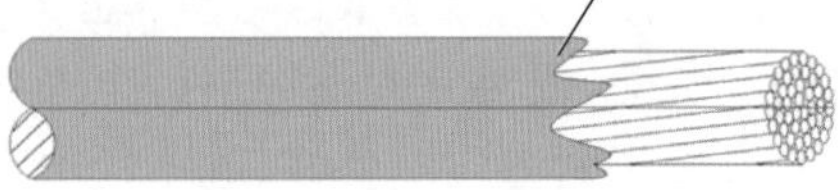

图 2-4-17　切口残留绝缘皮

⑥自然状态下，线芯应保持扭绞，若线芯无扭绞，如图 2-4-18 所示，不可接受。

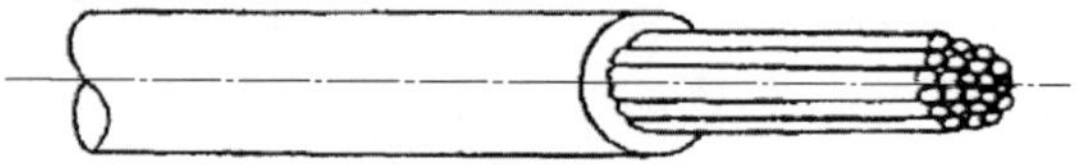

图 2-4-18　线芯无扭绞

三、压　　接

1. 压接工具选择总体要求

压接工具主要有手动、电动及气动三种动力形式，可根据需要灵活选用及配置。

压接工具钳口形式的选择应与端子压接腔形式匹配，常见的压接腔形式包括：车制/冲制闭式压接腔、开式压接腔、预绝缘压接腔、管式压接腔、焊制式压接腔等几种主要形式。

手动机械式压接工具应具备全周期机构，即压接操作必须一次成型，中间过程无法自动弹开，只有压接到位后，才能自动弹开。手动液压、气动及电动式压接工具，应具备自泄压功能。

压接方式的选择如图 2-4-19 所示。小线经线缆（6 mm^2 及以下）压接工具钳口形式推荐采用四轴点压、六方压接、四方压接等方式，大线经线缆（10 mm^2 及以上）压接工具钳口形式推荐采用四轴点压、六方压接、点坑压接等方式。

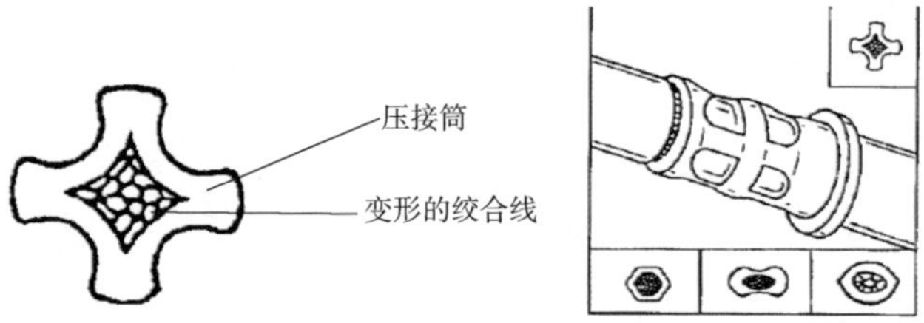

图 2-4-19　压接方式的选择

2. 开式压接腔压接工具的选择

压接工具钳口形式推荐采用"B"型，带抗震绝缘支撑的压接腔，压接工具应一次完成所有压接操作，如图 2-4-20 所示。

3. 预绝缘压接腔压接工具的选择

压接工具钳口形式推荐采用压接腔部分“C 型压接”，预绝缘部分扁菱形压接，如图 2-4-21 所示。

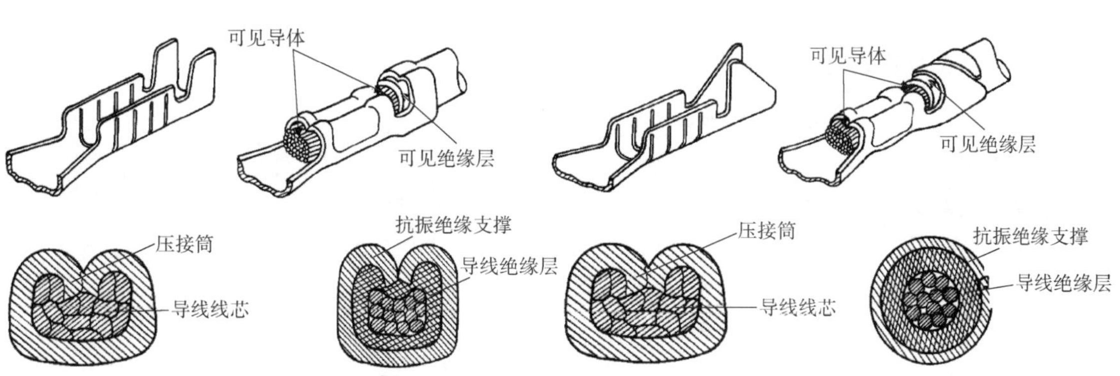

(a) 压接前　(b) 压接后　(a) 压接前　(b) 压接后

图 2-4-20　开式压接箱压接工作的选择

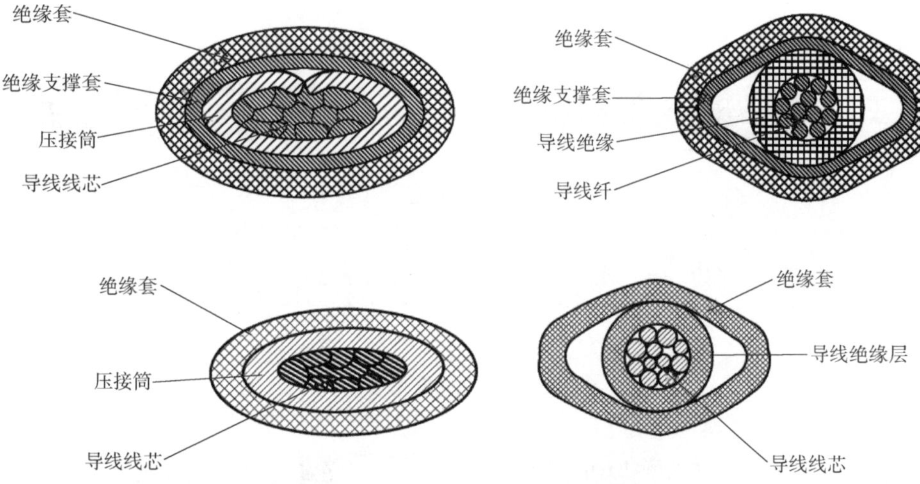

(a) 压接筒压接部位截面　(b) 预绝缘压紧部位截面

图 2-4-21　预绝缘压接腔压接工具的选择

4. 管式压接腔压接工具的选择

压接工具钳口形式推荐采用四方压接，如图 2-4-22 所示。

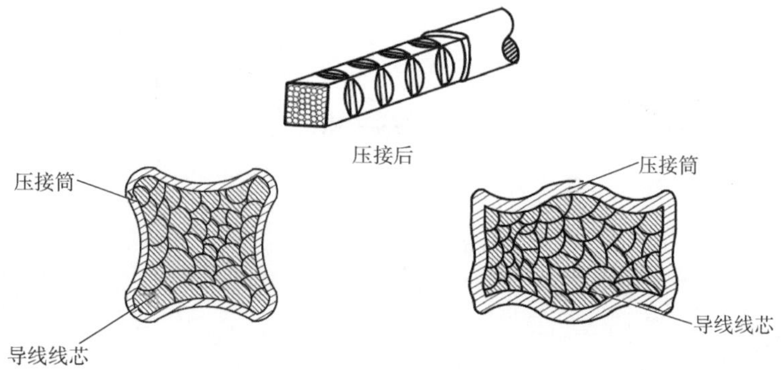

压接部位截面

图 2-4-22　管式压接腔压接工具的选择

四、送针工具和退针工具的使用

送针工具应使用连接器制造商指定或推荐的型号，使用时，应将线缆滑入送针器线缆导槽内，沿线缆轴向下滑动，直至接触针子尾部，施加送针力，使针子滑入锁定位置，取出送针器。送针器在使用过程中，不得损伤线缆或线芯，不得损伤插针。

退针工具根据退针形式，分为前退式和后退式两种，前退式退针器用于自带倒刺的接触体，后退式退针器用于倒刺在绝缘体内的接触体。退针工具应使用连接器制造商指定或推荐的型号。下面介绍退针工具的使用。

1. 前退式退针工具的使用

前退式退针工具(图 2-4-23)，应从接触体正面，将其倒刺收缩，后按压推柄或外拉线缆，使针子退出。根据针子倒刺的数量及针子结构，前退式退针器包括圆形、单个或多个窄板式等结构。

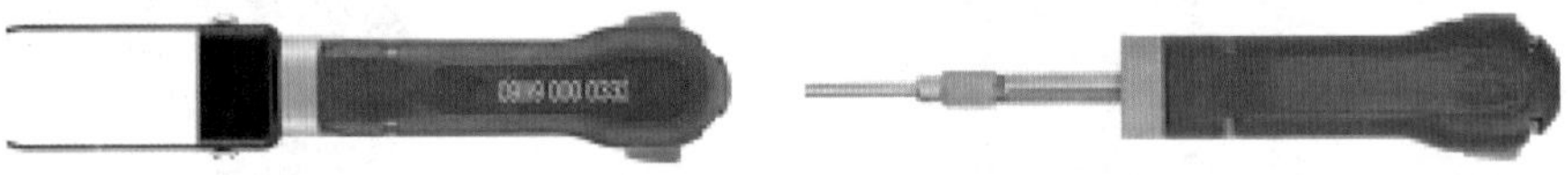

图 2-4-23　前退式退针工具

2. 后退式退针工具的使用

后退式退针工具(图 2-4-24)，从接触体背面，沿连接器绝缘体孔位的退针槽滑入绝缘体，进入绝缘体倒刺与针子之间，将绝缘体倒刺收缩后，外拉线缆，针子退出。通常，退针器为单个或多个非闭式圆弧结构。退针原理图如图 2-4-25 所示。

图 2-4-24　后退式退针工具

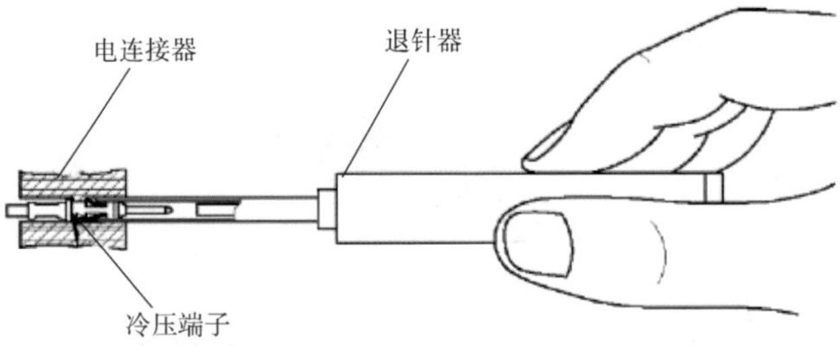

图 2-4-25　退针原理

五、屏蔽层处理

1. 屏蔽层连接使用方式分类

线缆屏蔽层的连接使用方式主要包括以下几类：

(1)屏蔽层封堵。

(2)屏蔽层接点位。

(3)屏蔽层接连接器外壳。

(4)屏蔽层接负或接地。

与之对应的屏蔽层处理工艺方式包括：

(1)屏蔽层封堵。

(2)屏蔽层挑出或解绞(pig tail 接法)。

(3)屏蔽层自动焊接。

(4)屏蔽层压接。

(5)屏蔽层不锈钢卡箍捆扎连接。

(6)屏蔽层外翻。

(7)屏蔽层法兰压接。

(8)屏蔽层端部直接。

2. 屏蔽层处理工艺方案

(1)屏蔽层封堵

用剥线工具或设备，在规定长度，切割线缆外绝缘层并去除，用电工剪刀齐剥线绝缘层根部将屏蔽层及填充物去除，露出内部线缆。通常，为确保屏蔽层彻底绝缘，消除与周围设备、支架、线缆等金属部件的接触及短路，会在修剪后的屏蔽层末端进行绝缘防护，常见方式如增加热缩管。

注：剥线及修剪过程，不得损伤内部线缆绝缘层，屏蔽层修剪应整齐，彻底。

(2)屏蔽层挑出或解绞(pig tail 接法)

挑出：用剥线工具或设备，在规定长度，切割线缆外绝缘层并去除，在剥线绝缘层根部，用屏蔽层挑针或专用工装，挑开一个窗口，并将内部线缆从窗口中抽出。通常，为防护屏蔽层，在屏蔽层外增加防护材料，如热缩套管，如图 2-4-26 所示。

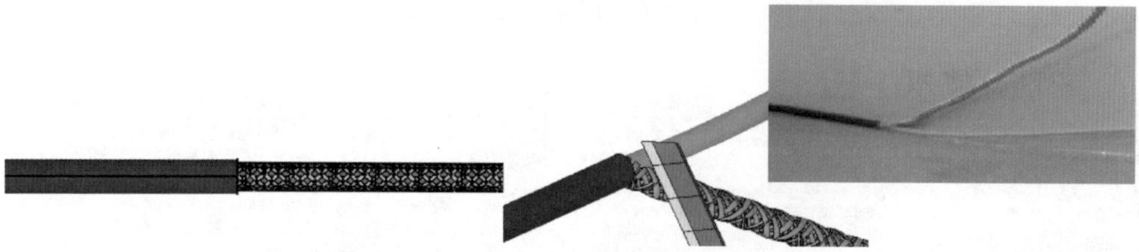

图 2-4-26　屏蔽层挑出

解绞：用剥线工具或设备，在规定长度，切割线缆外绝缘层并去除，将线缆屏蔽层解除其原有编制状态，直至剥线绝缘层端部。将屏蔽层拧成一股，通常，为防护屏蔽层，在屏蔽层外增加防护材料，如热缩套管。

注：剥线、解绞及挑出过程，不得损伤内部线缆绝缘层，不得使屏蔽层股线断裂。

(3)屏蔽层焊接

屏蔽层焊接根据焊接位置和方式的不同，通常有屏蔽层端部安装和屏蔽层窗式安装两种方式：

①屏蔽层端部安装

用剥线工具或设备，在规定长度，切割线缆外绝缘层并去除；修剪并留取一定长度的屏蔽层；采用保持其原有编织状态和结构的方式一（图 2-4-27），以及打散拧成辫状的方式二（图 2-4-28）；采用自焊套管焊接引出线的方式或引出脚（图 2-4-29）。

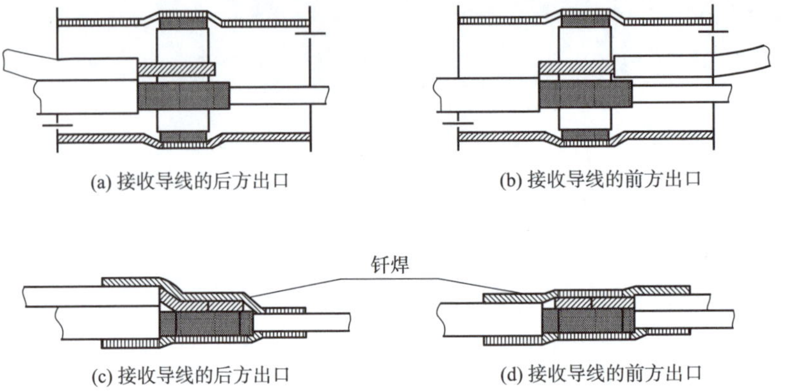

图 2-4-27　屏蔽层端部安装（方式一）

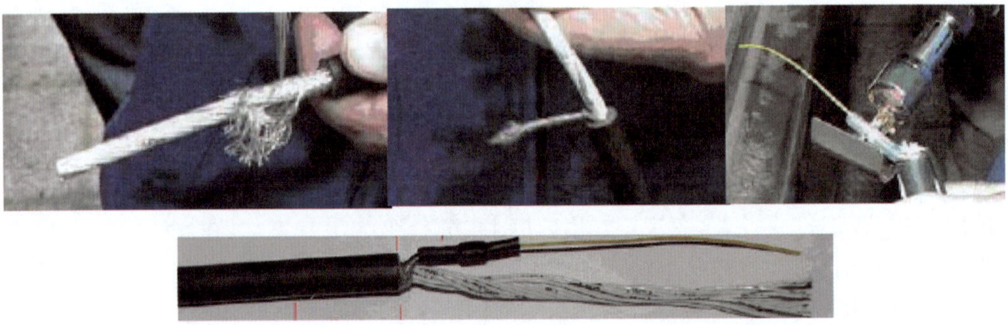

图 2-4-28　屏蔽层端部安装（方式二）

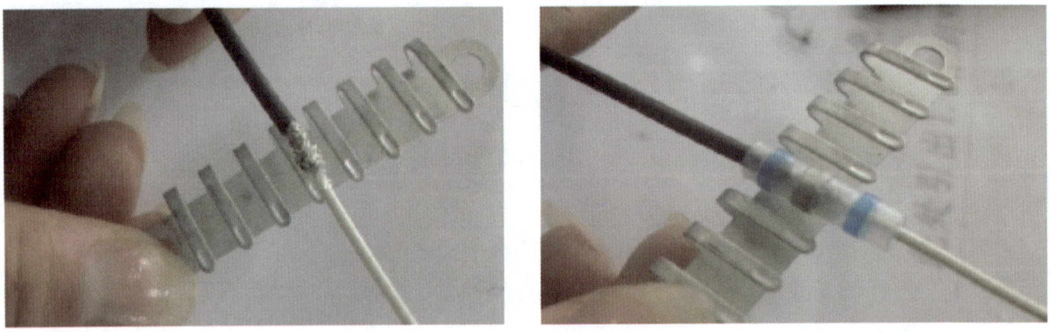

图 2-4-29　屏蔽层端部安装（方式三）

②屏蔽层窗式安装

用剥线工具或设备在规定长度切割线缆外绝缘层并去除，形成一个窗口，用自焊套管焊接引出线，如图 2-4-30 所示。

注意：剥线应确保外绝缘层剔除干净，不应伤及隔离层和屏蔽层，切口应平整，锡环应位于缺口区域的中央位置，自焊套管应先热缩两端，以形成端部密封，均匀加热至焊锡熔化、流动，充满绝缘套管与电缆绝缘层之间的空间，使引出线线芯和电缆屏蔽层通过焊锡可靠完全地连接在一起，绝缘热缩套管缩紧套在电缆护套上，密封圈热熔紧缩。

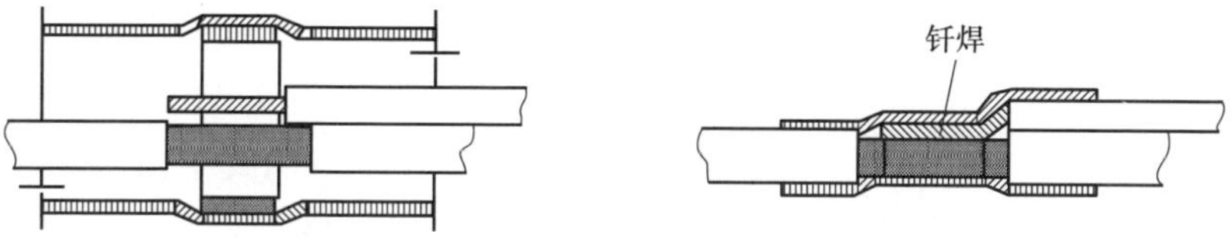

(a) 缩口之前　　(b) 缩口之后

图 2-4-30　窗式安装

特殊情况：如果绝缘导线或电缆的各项性能在自动焊接套管的钎焊过程中都可能受到破坏的话，那么可以在辫状线下方使用一个保护屏障或在绝缘导线或电缆的包覆层上设置卷起的辫状线。

(4)屏蔽层压接

使用压接接头连接屏蔽层与引出导线。该接头由一个在压接之前已打开，预绝缘并已成形的导电元件构成，如图 2-4-31 所示。根据图纸上注明的绝缘层颜色即可定义屏蔽辫状线上的每一个直径范围。

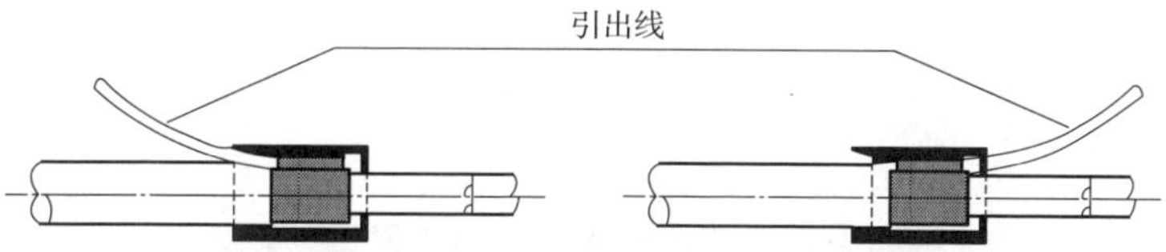

(a) 接收导线的后方出口　　(b) 接收导线的前方出口

图 2-4-31　屏蔽层压接(端部安装)

特殊情况：如果在绝缘导线和电缆的包覆层上设置了卷起的辫状线，那么必须参照图 2-4-32 的指示完成这些绝缘导线和电缆的使用。

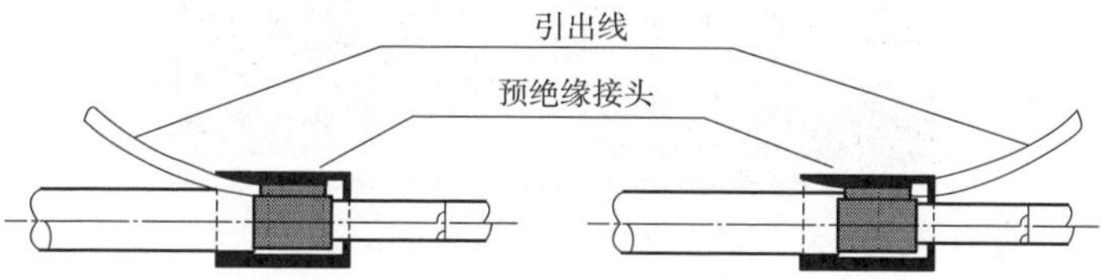

(a) 接收导线的后方出口　　(b) 接收导线的前方出口

图 2-4-32　预绝缘单体接头在卷起辫状线上的安装

(5)不锈钢卡箍捆扎连接

卡箍由一个配有紧固系统的不锈钢带构成。

可通过以下装置完成安装：一个在辫状线下方滑动的垫圈，可用作一根或多根绝缘导线的力学保护层；一个不锈钢卡箍，可用于护套辫状线上接收导线芯线的组装。

(6)屏蔽层外翻

用剥线工具或设备在规定长度切割线缆外绝缘层并去除，根据实际需要的长度对屏蔽层进行修剪，将屏蔽层向后翻至线缆外绝缘层上，外翻过程中，应尽可能保持屏蔽层原有编制状态，即实现环形覆盖。当屏蔽层编制密度较高，无法外翻时，可采用先解绞，后修剪长度，再外翻的方式。通常，为避免外翻的屏蔽层解绞及散乱，屏蔽层末端采用热缩胶皮或胶带缠绕的方式予以固定，如图 2-4-33 所示。

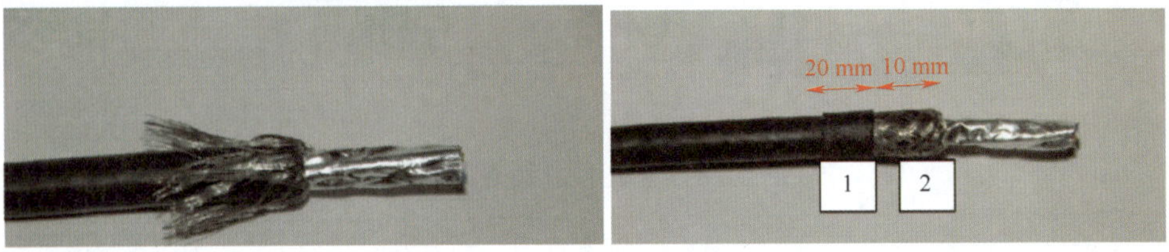

图 2-4-33　热缩胶皮方式

(7)屏蔽层法兰压接

用电工刀将电缆的绝缘层外剥一定长度，将屏蔽层修剪至末端并保留一定长度，推荐 2 mm，外翻至屏蔽层上，金属环套入电缆，法兰轻轻旋转压入屏蔽层下方，屏蔽环完全包裹到法兰上方，用压接工具进行压接。

(8)屏蔽层直接

屏蔽层直接，即屏蔽层无需通过外部附件或额外预处理，直接与外壳或接地部件连接的一种方式。具体可分为屏蔽卡压紧式连接(图 2-4-34)、屏蔽卡爪或弹簧等屏蔽附件接触式连接等方式(图 2-4-35)。

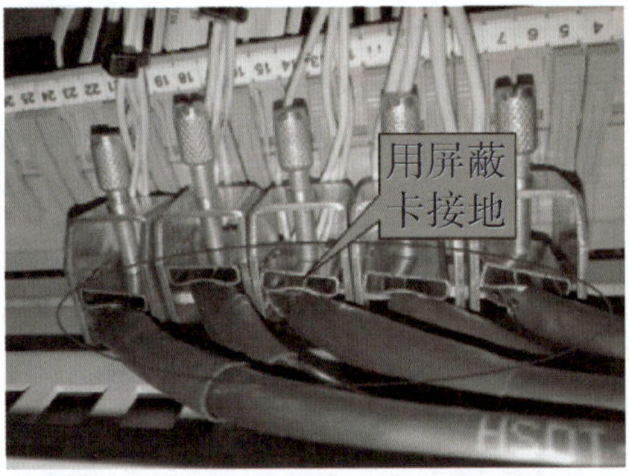

图 2-4-34　屏蔽卡压紧式连接

(a) 窗口直连接　　(b) 端式直连接　　(c) 铜箔预处理连接

图 2-4-35　屏蔽卡爪或弹簧等屏蔽附件接触式连接

六、连接器外观标准

1. 连接器的外壳和构件不许有裂纹和其他机械损伤，在易触及的表面应无毛刺、锐边。标记清晰、牢固。

2. 连接器表面的防锈涂覆层应光洁平整、无锈蚀和脱落等缺陷。

3. 连接器接触体无生锈、氧化、镀层脱落、弯曲形变、烧灼、污染等影响使用的损坏。

4. 连接器部件完整，无脱落遗失。

5. 连接器各部件紧固可靠，各螺栓紧固良好，无松动。

6. 连接器密封圈(如有)位置准确，无老化、龟裂、破损、丢失等。

7. 连接器绝缘体无变形、烧灼、开裂、破损等缺陷。

8. 具有线夹的连接器，线夹应可靠夹紧线缆，线缆与外壳无相对转动。

9. 屏蔽层与外壳可靠连接，无松动、虚接、脱落等风险。

10. 线束的捆扎、固定，应符合线缆最小弯曲半径要求，且线束美观，弧度一致。

11. 数据类连接器，如 M12、M16、DB 类等连接器，线缆与外壳紧固可靠，无相对转动，无屏蔽层直接裸露(屏蔽层外翻至线缆外绝缘层上的部分除外)。

12. 连接器针孔内部不得有异物残留及被污染。

13. 连接器各同型号接触体，在接触体中的安装高度应基本一致，不得有缩针或明显凸出。

14. 连接器尾部使用管接头、格兰头时，管接头及格兰头应与外壳可靠紧固，密封件可靠压紧，密封性能良好。

技能训练

技能训练 1　断线、剥线

根据线缆线径，选用大小线径两种电缆进行断线练习，小线径使用月牙钳，大线径选用棘轮剪或电动电缆切割钳。用断线工具刀刃与导线贴紧，保证电缆与刀刃面垂直，操作断线工具，使导线完全截断。

根据线缆线径，选用大小线径两种电缆进行剥线练习，小线径使用固定钳口的剥线钳，大线径选用剥线刀及圆周旋转式剥线工具分别剥线。

一、固定剥线钳口的剥线

根据所需剥线长度，调节剥线并固定工具定位器，根据所剥电缆导体标称截面积大小，将电缆放置在相应的剥线位置，握住剥线工具手柄，将电缆夹住，确认钳口在电缆上的剥线位置后，继续按压手柄使电缆绝缘层剥落，松开工具手柄，取出电缆，剥线完成。

二、圆周旋转式剥线工具剥线

剥线前，测量被剥电缆护套厚度，调整工具上的各个旋钮，实现工具对各种电缆外径的适应和对切割绝缘层深度的调节，一般剥线深度调节至绝缘护套厚度的 70%～90%，即保证剥线后电缆外绝缘层还存在细微的连接，不损伤线芯或线芯的绝缘层和屏蔽层，将剥线工具夹在剥线适当位置，然后沿圆周方向转动工具，转动时要尽量保证刀刃切割的切口始末端重合，即要求线缆沿长度方向不与工具发生位移，工具转动超过一周后，将工具从电缆上移出，轻折弯曲剥裂部位护套，使护套完全断裂后取下被剥除部分，去除内部填充物，剥线完成。

三、剥刀式工具剥线

剥线时刀刃应垂直电线，沿圆周方向转动刀刃，用力要适度，确保不切伤内部线芯，并保证绝缘皮的切口要平整，如图 2-4-36(a)所示。如果需要，切割完圆周后，以圆周切口为始端，对绝缘皮进行纵向切割，同样确保不切伤内部线芯，如图 2-4-36(b)所示。用手将绝缘层去除，如电缆内部存在填充物，则需使用斜口钳或剪刀对填充物进行去除并在剥线处修剪整齐。剥线完成后绝缘层断面平整，无线芯损伤，如图 2-4-36(c)所示。

(a) (b) (c)

图 2-4-36　剥刀式剥线工具使用图示

技能训练 2　压　　接

一、车制闭式压接腔压接

选用小线经线缆(0.5～2.5 mm^2)，四轴点压压接钳，与所选择线缆线径相符的连接器插针进行压接练习。根据线缆线径，调整压接钳挡位与之匹配，空压一次，将连接器插针预先固定在压接钳钳口内，要求固定位置位于压接腔中部，轻轻按压压线钳手柄，使钳口轻轻固定住针子即可，不得过分预紧，造成压接腔形变，线芯无法插入，如图 2-4-37(a)所示。再将剥好的线缆线芯插入连接器插针压接腔内，直至底部，如图 2-4-37(b)所示。按压手柄至底部，压接钳自动弹开，取出插针，压接完成，如图 2-4-37(c)所示。

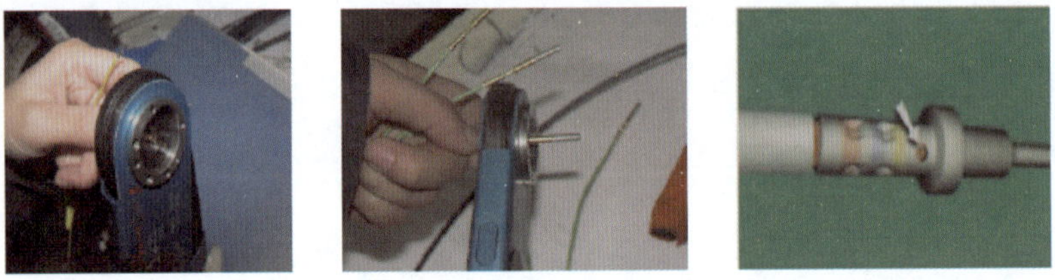

(a) (b) (c)

图 2-4-37　车制闭式压接腔压接

二、开式压接腔压接

选用小线经线缆(0.5 mm^2 及以下)，开口针压接钳(与插针匹配)，与所选择线缆线径相符的连接器插针进行压接练习。根据线缆线径，将连接器插针预先固定在压接钳对应线径的钳口内，要求压接腔亚膜固定压接腔，绝缘紧套亚膜固定绝缘紧套，轻轻按压压线钳手柄，使钳口轻轻固定住针子即可，不得过分预紧，造成压接腔形变，线芯无法插入，再将剥好的线缆线芯插入连接器插针压接腔内，至线芯伸出压接腔且小于 1 mm，如图 2-4-38 所示，按压手柄至底部，压接钳自动弹开，取出插针，压接完成。

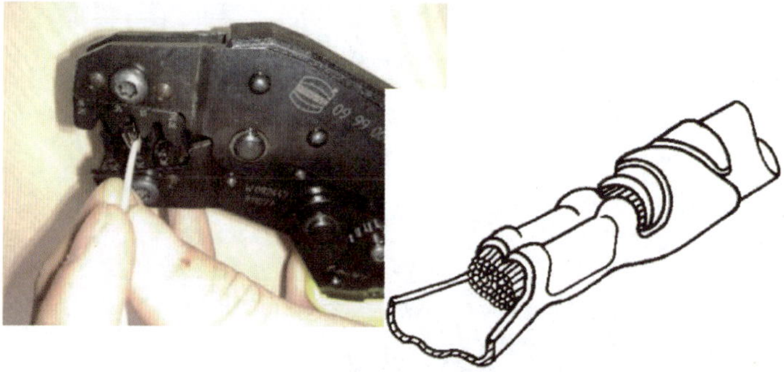

图 2-4-38　开式压接腔压接

三、预绝缘压接腔压接

选用小线经线缆(0.5～1.5 mm²)，红色预绝缘端子压接工具 TH1，红色预绝缘端子进行压接练习。将红色预绝缘端子预先固定在压接钳钳口内，要求将端子推入钳口底部，直至与止挡接触，轻轻按压压线钳手柄，使钳口轻轻固定住端子即可，不得过分预紧，造成压接腔形变，线芯无法插入，如图 2-4-39a)所示。再将剥好的线缆线芯插入端子压接腔内，至线芯伸出压接腔且小于 1 mm，如图 2-4-39(b)所示，按压手柄至底部，压接钳自动弹开，取出端子，压接完成，如图 2-4-39(c)、(d)所示。

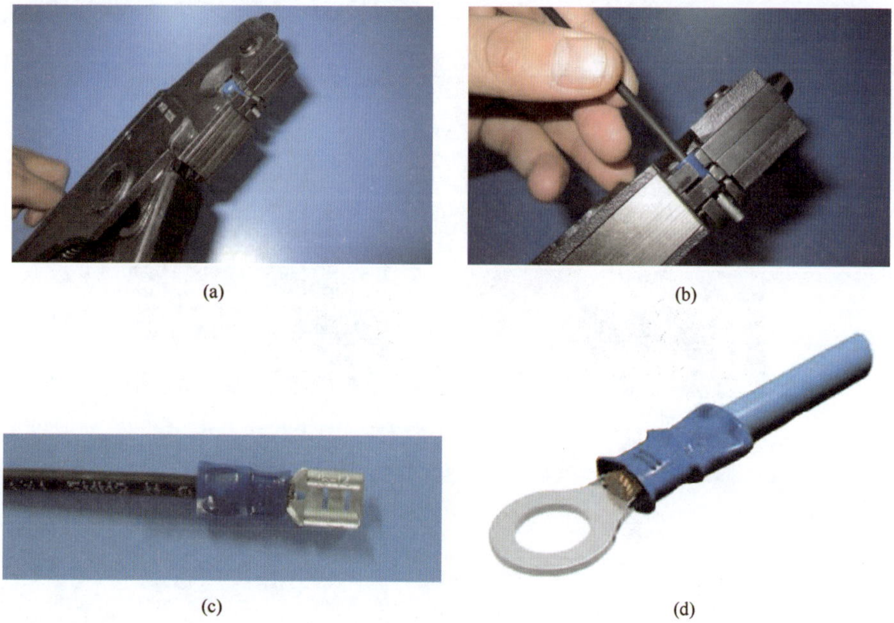

(a)　(b)　(c)　(d)

图 2-4-39　预绝缘压接腔压接

四、管式压接腔压接

选用小线经线缆(6 mm^2 及以下),管式端子压接工具,与所选线缆线径匹配的管式端子进行压接练习。将剥好的线缆线芯插入端子压接腔内,至线芯伸出压接腔且小于 1 mm,将端子插入压接钳钳口内,要求端子金属管部分全部进入钳口内,预绝缘部分不得进入钳口,按压手柄至底部,压接钳自动弹开,取出端子,压接完成,如图 2-4-40 所示。

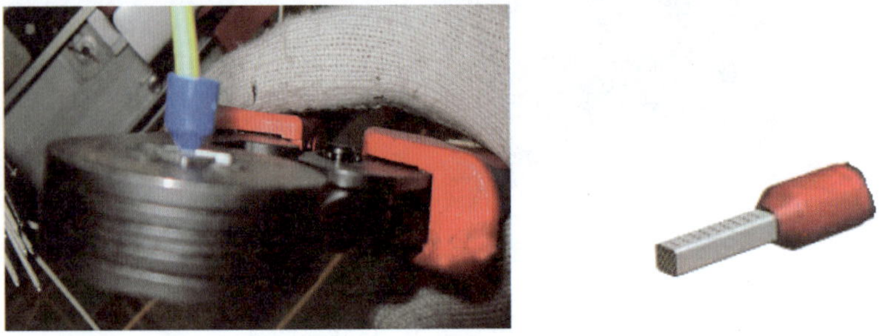

(a)　　(b)

图 2-4-40　管式压接腔压接

技能训练 3　送针、退针

一、送　针

选用压接好的连接器插针,与之匹配的连接器绝缘体及送针工具,进行送针练习,手动将开口针送入连接器绝缘体孔位内,至无法继续插入,此时,插针未完全进入,使用送针工具从插针尾部,向内顶住插针,并做送入操作,至听到“咔哒”声,针子彻底插入,轻用力外拉线缆不缩针,如图 2-4-41 所示。

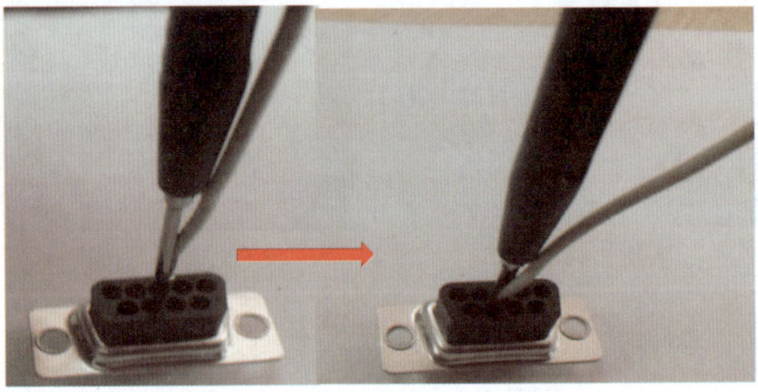

图 2-4-41　送针

二、退　针

1. 前退式退针工具退针

选用压接好的连接器插针,与之匹配的连接器绝缘体及退针工具,进行退针练习,将针子插入连接器绝缘体孔位内,确认插接到位,外拉不缩针。使用退针工具从插针前端插入,使插针进入退针器内，向前做送入操作，其插针倒刺收缩后，按压推柄或外拉线缆，使针子退出，如图 2-4-42 所示。

2. *后退式退针工具退针*

选用压接好的连接器插针，与之匹配的连接器绝缘体及退针工具，进行退针练习，将针子插入连接器绝缘体孔位内，确认插接到位，使用较小的力，轻微外拉不缩针。使用后退式退针工具，从插针背面，沿连接器绝缘体孔位的退针槽滑入绝缘体，进入绝缘体倒刺与针子之间，将绝缘体倒刺收缩，如图 2-4-43 的步骤①，同时外拉线缆与退针器，针子与退针器一同退出，如图 2-4-43 的步骤②。

图 2-4-42　前退式退针

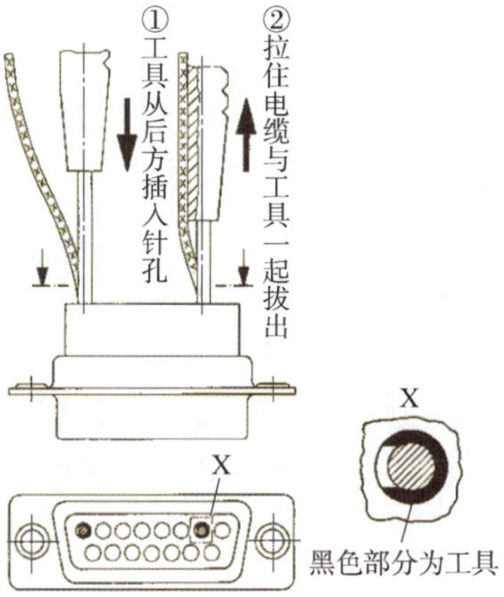

图 2-4-43　后退式退针

巩固与练习

一、单选题

1. 以下断线示例正确的是（　　）。

A. 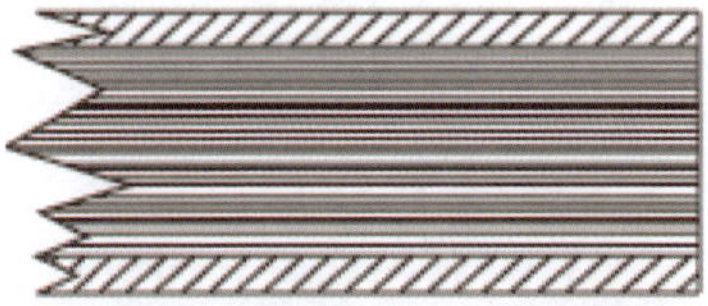

B. 

C. 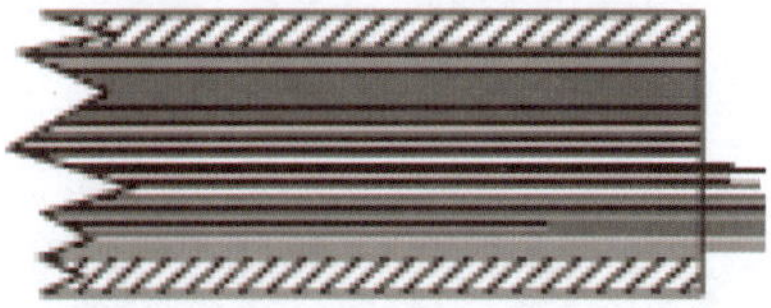

D. 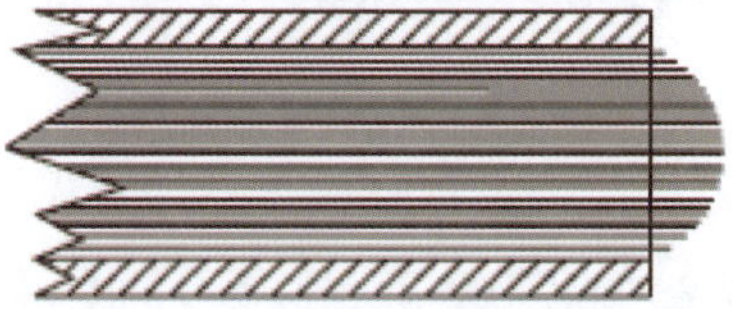

2. 关于线缆剥线说法错误的是（　　）。

A. 剥线不得损伤内线芯　　B. 剥线切口应整齐

C. 不得对解绞的线芯轻捻复原　　D. 剥线不得损伤外绝缘层

3. 以下正确的压接是(　　)。

A. 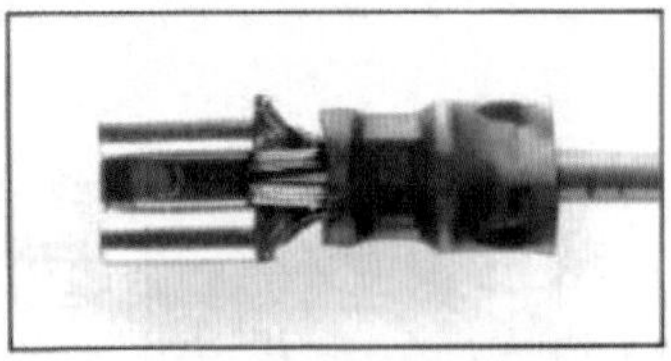

B. 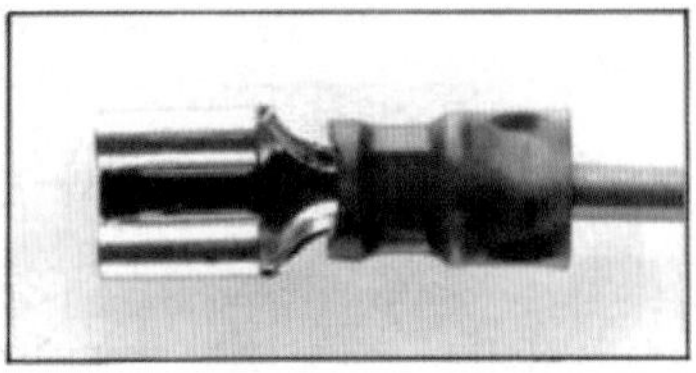

C. 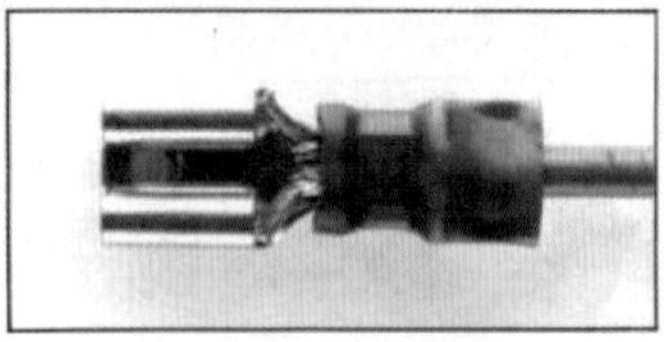

4. 关于连接器外观标准的描述错误的是(　　)。

A. 连接器的外壳和构件不许有裂纹和其他机械损伤,在易触及的表面应无毛刺、锐边

B. 连接器表面的防锈涂覆层应光洁平整、无锈蚀和脱落等缺陷

C. 连接器接触体无生锈、氧化、镀层脱落、弯曲形变、烧灼、污染等影响使用的损坏

D. 具有线夹的连接器,线夹应可靠加紧线缆,线缆与外壳无相对转动

E. 屏蔽层与外壳可靠连接,无松动、虚接、脱落等风险

F. 连接器各同型号接触体,在接触体中的安装高度可不一致,但不得有缩针

二、判断题

1. 端子压接后形态异常的可重复压接修正。(　　)
2. 接线端子压接前应根据经验判断线径大小,避免端子错用。(　　)
3. 线芯剥线时,允许不超过 3%的断股或损伤。(　　)
4. 管状端子压接,压接后界面应呈方形,不得有飞边及空头现象。(　　)

三、简答题

1. 简述连接器退针工具的具体使用方法及注意事项。
2. 简述屏蔽层挑出技术要求及注意事项。

学习任务五　车 辆 密 封

学习目标

1. 知识目标

(1)熟悉车辆电气密封方式、操作与注意事项。

(2)掌握车辆不同密封方式的特点、技术参数和应用场合。

(3)掌握方形、圆形密封夹块的安装方法和操作步骤。

(4)掌握电缆接头密封的安装方法和操作步骤。

2. 能力目标

(1)能根据实际现场密封方案情况选用合适的操作方法。

(2)能正确地使用工艺参数确保密封性能。

3. 素质目标

(1)增强良好的协调与沟通能力。

(2)培养敬业爱岗的工作作风。

(3)培养内化基础知识的能力和实践操作能力。

知识链接

一、密封系统

1. 方形框架夹块密封系统

(1)方形框架夹块密封系统介绍

方形框架夹块密封系统是一种多电缆和管道穿隔系统,用于单开孔或多种组合开孔。其穿隔框架采用 10 mm 厚的金属制成,可通过焊接的方式安装到结构上。其密封模块可适配各种规格的电缆和管道,并可在穿隔系统内提供备用容量。通过锁紧楔形压紧块使得密封模块与电缆及框架贴合,起到密封作用。框架夹块示意如图 2-5-1 所示。

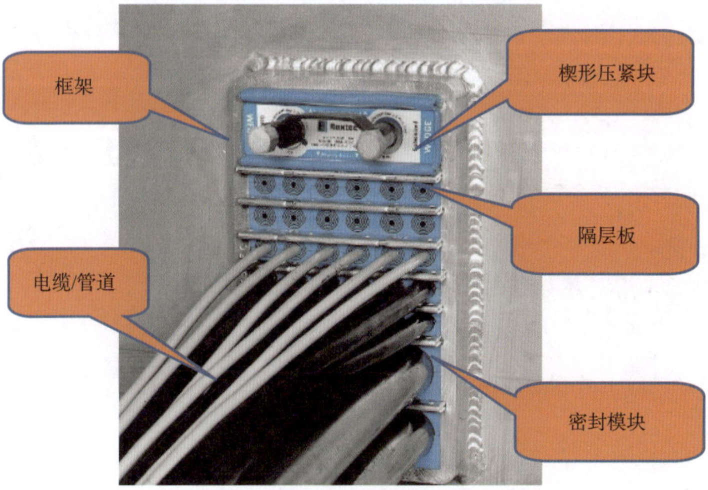

图 2-5-1　框架夹块示意

(2)方形框架

方形框架(图 2-5-2)是一种带有精确开孔的焊接金属框架。它以不同的材料提供,并且在宽度或高度方向上有单个开孔或多个开孔组合。与相应的 Roxtec 组件搭配使用可形成一套完整的密封解决方案。

(3)隔层板

隔层板(图 2-5-3)用于对电缆和管道中的力形成拉拔阻力。该隔层板将插入框架内的每层模块之间,这些框架带有矩形密封空间和独立的压紧装置。与相应的 Roxtec 组件搭配使用可形成一套完整的密封解决方案。

图 2-5-2 方形框架

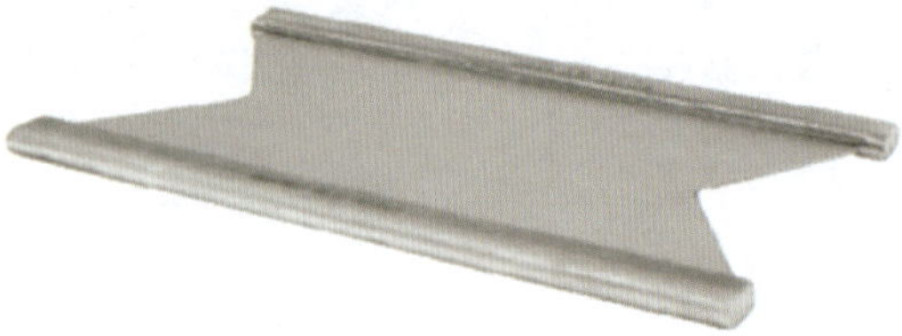

图 2-5-3 隔层板

(4)密封模块

RM 密封模块(图 2-5-4)深度为 60 mm(2.362 英寸),可轻松适配不同尺寸的电缆和管道。在与实心模块配合使用时,该模块可作为备用模块以满足未来的容量需求。

(5)盲堵模块

RM 盲堵模块(图 2-5-5)的深度为 60 mm(2.362 英寸)。RC 版本用于采用圆角设计的 Roxtec SRC 框架。与相应的 Roxtec 组件搭配使用可形成一套完整的密封解决方案。

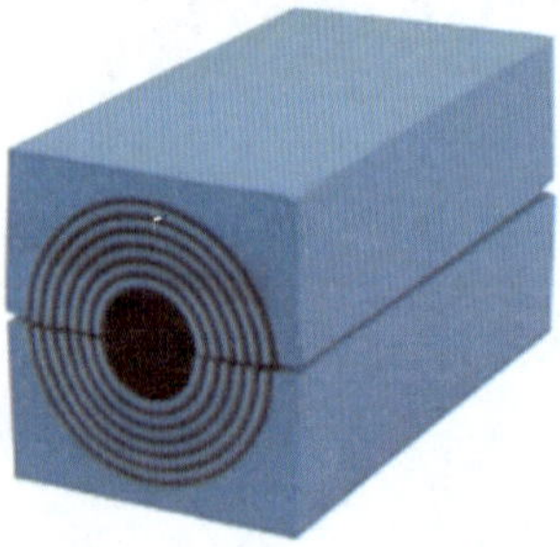

图 2-5-4 RM 密封模块

图 2-5-5 RM 盲堵模块

(6)润滑脂

润滑剂(图 2-5-6)是一种天然油脂,用于对密封模块、Roxtec 楔形件和框架内部进行润滑,可确保正确压紧和安全密封。

(7)楔形压紧件

楔形压紧件(图 2-5-7)在带有矩形密封空间的框架中使用,可密封安装电缆、管道、模块和隔层板。Roxtec 楔形压紧套件包括用于压紧系统的所有必备组件。

2. RS 圆形框架夹块密封系统(图 2-5-8、图 2-5-9)

(1)RS 圆形框架夹块密封系统介绍

圆形密封系统用于密封金属套筒或现有开孔内的单根电缆或管道。其入口密封系统由两半可剥离芯层组成,可灵活适配各种规格的电缆和管道。其穿隔系统的设计使其易于在现有的电缆或管道周围安装。

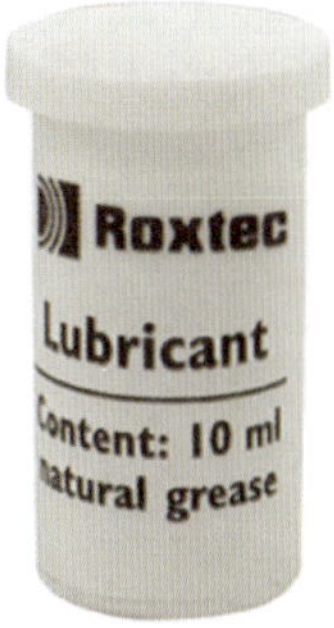

图 2-5-6　润滑剂

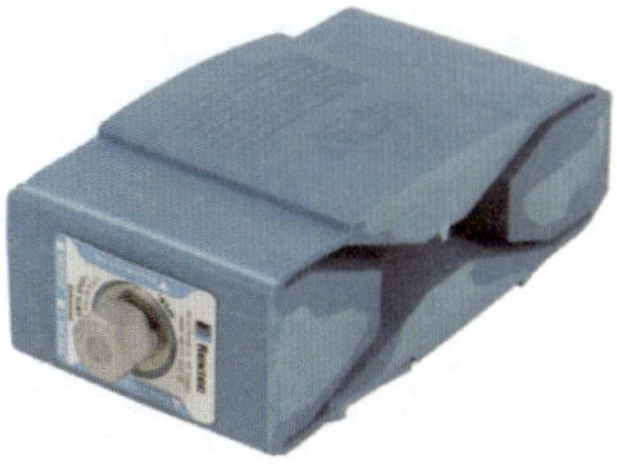

图 2-5-7　楔形压紧件

(2)密封件

圆形入口密封件,由两半可剥芯层组成。压紧件集成在密封件中。可安装在现有电缆或管道周围。

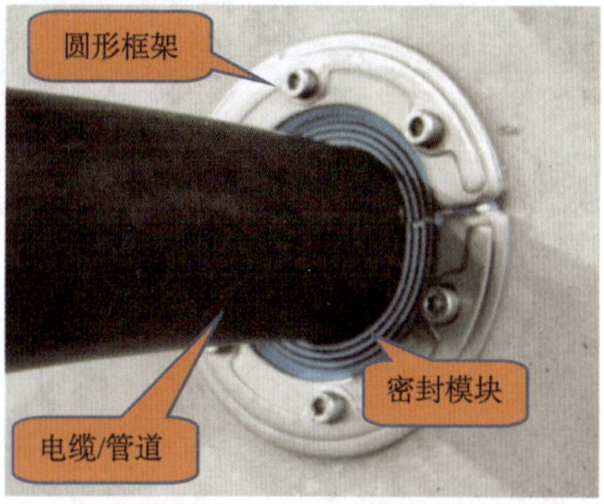

图 2-5-8　RS 框架夹块示意

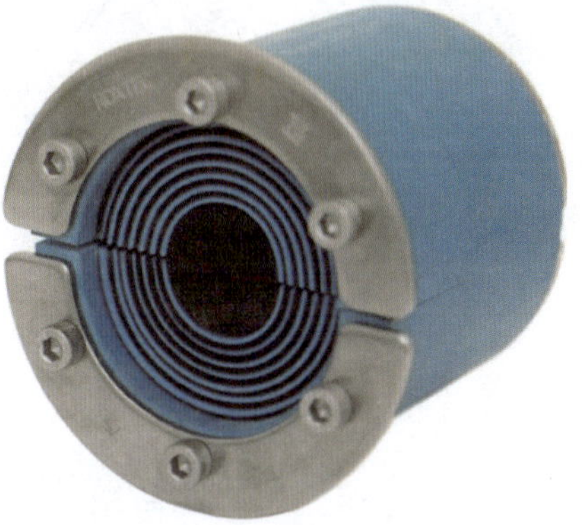

图 2-5-9　RS 密封盲堵

二、电缆接头密封

1. 电缆接头密封系统

电缆接头密封系统,通过电缆接头将单根电缆夹紧密封。主要由螺帽、橡胶件、塑料芯体、主体、O 形密封圈组成。主体通过密封圈与箱体进行密封,电缆通过橡胶件与电缆接头贴合起到密封效果。

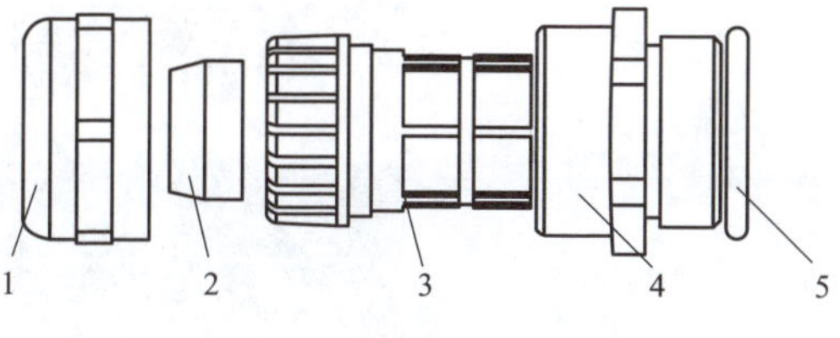

图 2-5-10　电缆接头示意图

1—螺帽;2—橡胶件;3—塑料芯体;4—主体;5—O 形密封圈

2. 电缆接头专用工具

电缆接头专用工具，在电缆接头穿入电缆后，无法使用套筒类紧固工具进行紧固，部分空间较小开口扳手无法使用，必须使用图 2-5-11 所示专用工具进行安装及拆卸，专用工具缺口可满足电缆自由进出。

三、软管接头密封

1. 软管接头密封系统

软管接头密封系统是车辆外部主要密封方式，采用软管接头连接箱体，使用波纹管防护电缆，如图 2-5-12 所示。软管接头与箱体螺纹连接，通过密封垫保证与箱体密封性能，波纹管与软管接头紧密接触确保波纹管与软管接头密封性能。

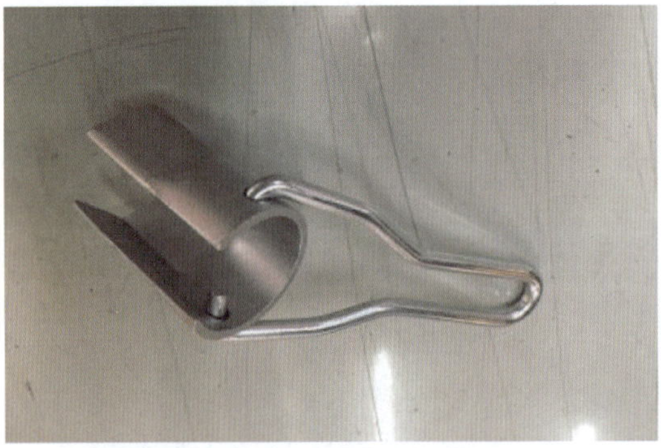

图 2-5-11　电缆接头特殊工具

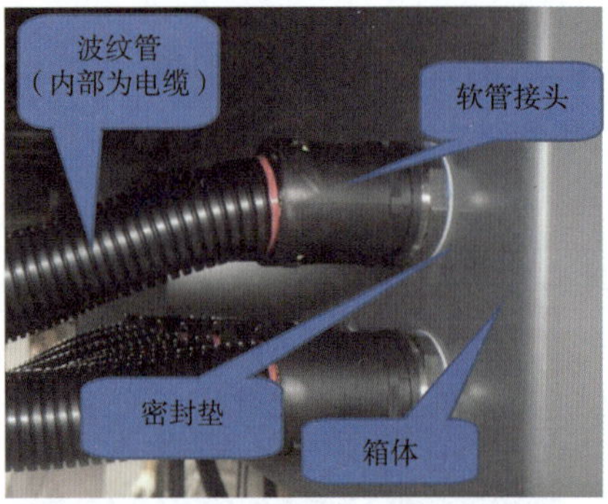

图 2-5-12　软管接头密封示意图

2. 软管接头

软管接头(图 2-5-13)用于连接箱体与波纹管，通过螺纹及并帽将软管接头安装在箱体上，密封垫位于箱体外表面，施加扭矩后确保密封垫与箱体挤压变形，达到密封性能。软管接头上卡扣用于与波纹管连接，卡住波纹管凹槽，确保安装可靠，不松脱。

3. 波纹管

波纹管(图 2-5-14)是类似波纹状尼龙软管，用于保护电缆线束，主要用于车辆外部布线，如车顶空调布线、车下设备布线。根据螺纹尺寸不同，可分为粗螺纹及细螺纹，螺纹越细弯曲半径越小。

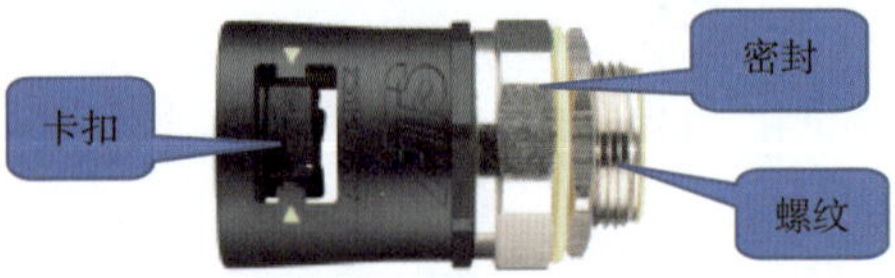

图 2-5-13　软管接头

图 2-5-14　波纹管

技能训练

技能训练 1　方形密封夹块安装

一、框架密封系统安装

(1)使用毛刷、白布等物品清洁框架夹块,如图 2-5-15 所示,确保框架内壁无污垢或灰尘。

(2)使用烙克赛克润滑油脂润滑框架内壁,特别是角落位置,如图 2-5-16 所示。

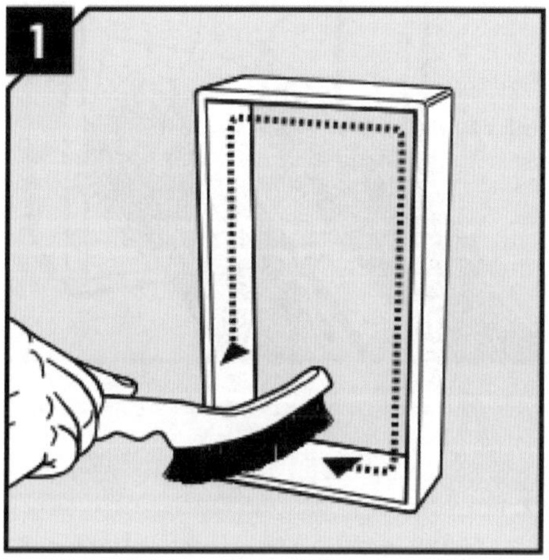

图 2-5-15　框架清洁

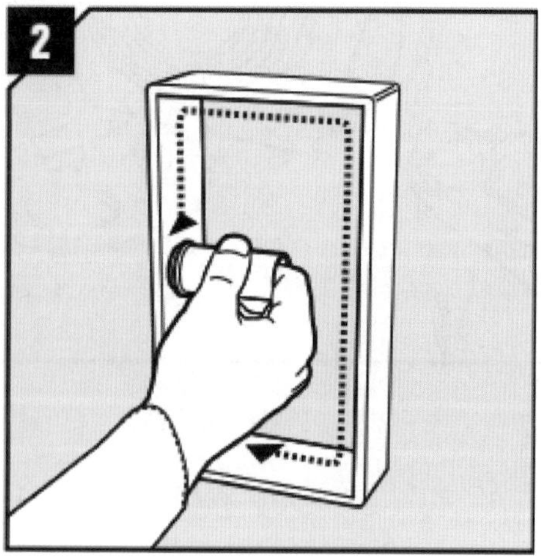

图 2-5-16　框架涂润滑脂

(3)剥离芯层,如图 2-5-17 所示调整用于容纳电缆或管道的模块,直至达到步骤(4)所示的间隙。契合的两部分的相异不得超过一层。

(4)置入电缆(图 2-5-18)或管道后,使与其接触的两部分之间保留 0.1～1.0 mm 的间隙。

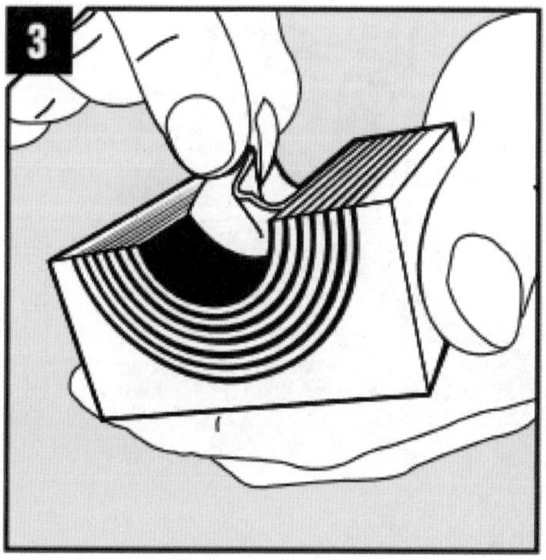

图 2-5-17　剥离芯层

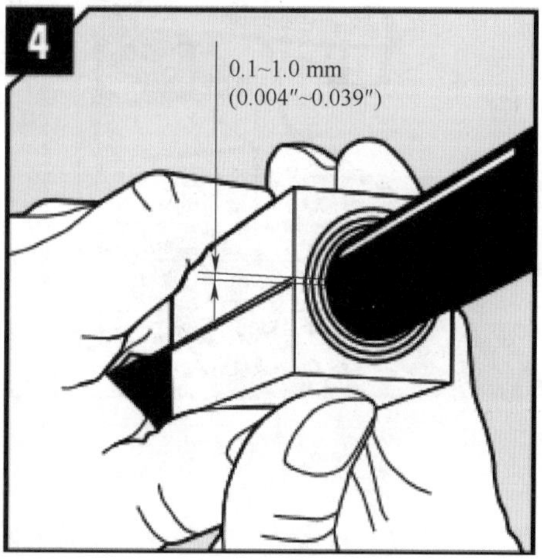

图 2-5-18　置入电缆

(5)将框架中的每一个模块都涂上润滑油脂,包括内表面和侧面,如图 2-5-19 所示。

(6)根据安装图纸(模块排布图纸)插入模块,如图 2-5-20 所示。建议在框架底部密封电缆或管道,并在上部区域留出备用模块。

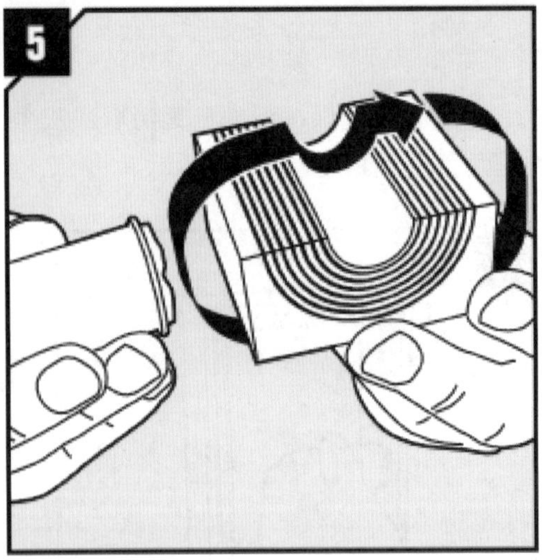

图 2-5-19　模块涂润滑脂

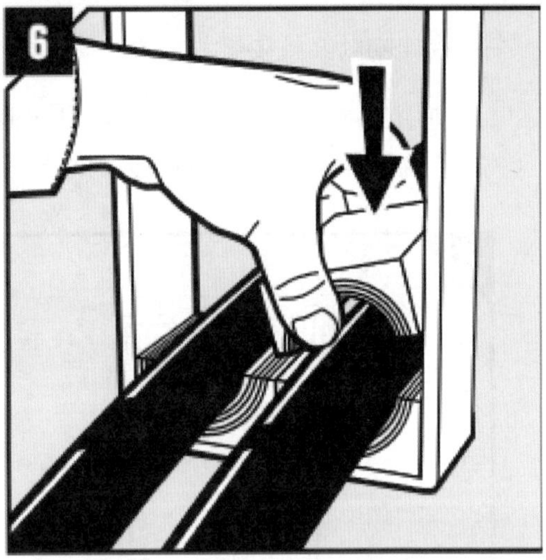

图 2-5-20　模块安装

(7)在完成安装的每一行模块顶部装入一块隔层板,如图 2-5-21 所示。

(8)继续填补框架的填密空间,直至剩下最后一行,如图 2-5-22 所示。有关安装空间的实际大小,请参见“填密空间”图示。

图 2-5-21　隔板安装

图 2-5-22　空余夹块安装

(9)插入最后一行模块前,先插入两块隔层板,如图 2-5-23 所示。

(10)将两块隔层板分开,然后在两块隔层板间插入最后一行模块,如图 2-5-24 所示。

图 2-5-23　隔板安装

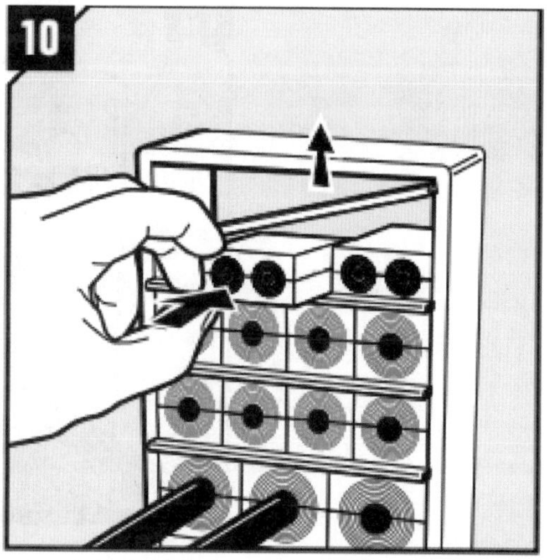

图 2-5-24　隔板间夹块安装

(11)将上面那块隔层板置于模块顶部,如图 2-5-25 所示。

(12)除了正面和背面,在楔形压紧件的所有面上涂上润滑油脂。在标有“面向框架或模块”的区域略涂润滑油脂。根据标示转动楔形压紧件,并将其插入框架顶部(标准位置)。标有“面向隔层板”的一面必须始终面向隔层板,如图 2-5-26 所示。

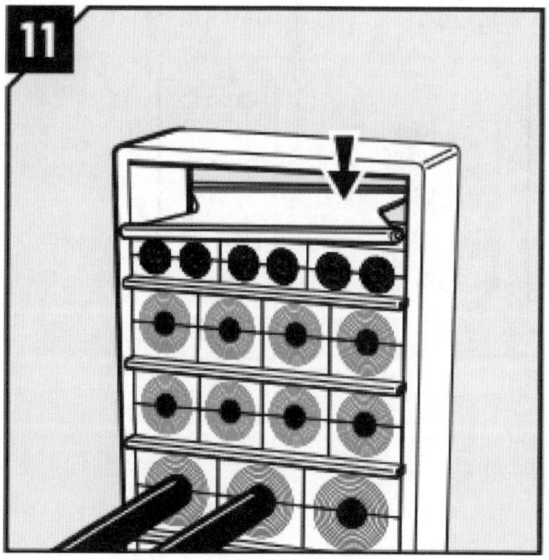

图 2-5-25　上层隔板布置

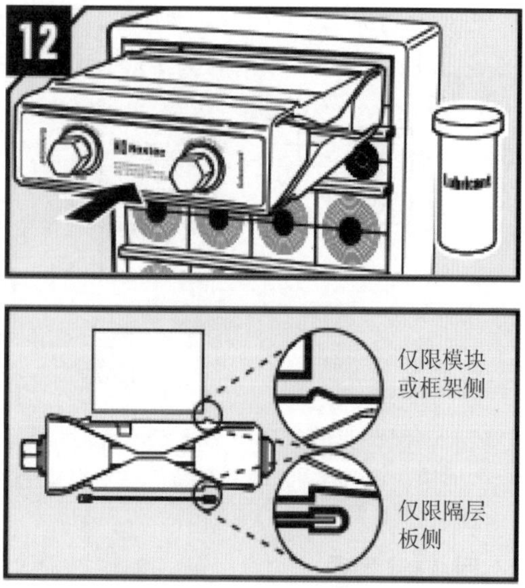

图 2-5-26　楔形压紧件放置

(13)将螺钉完全拧紧,约 20 N · m,如图 2-5-27 所示。

图 2-5-27　楔形压紧件紧固

二、框架密封系统拆卸

按照框架密封系统安装相反顺序拆卸。

三、填密空间

框架尺寸为 2、4、6 和 8，分别可容纳以下高度的模块：60 mm、120 mm、180 mm 和 240 mm。图 2-5-28 所示的框架为 6，适用于 180 mm 的模块，因此，可容纳 4 行 RM40 和一行 RM20。

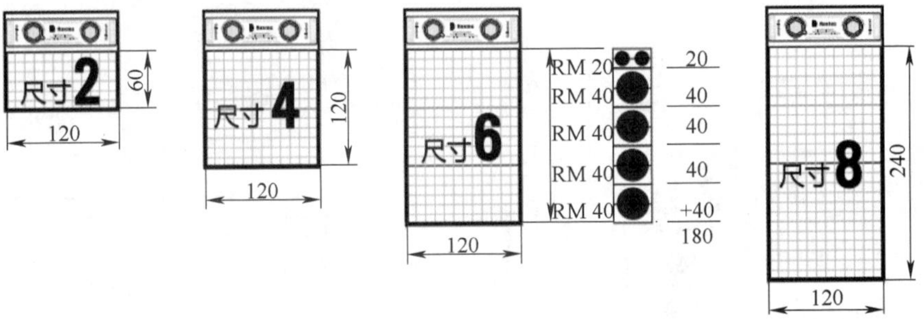

图 2-5-28　填密空间示意(单位：mm)

四、注意事项

1. 安装后须等待 24 h 或以上方可对电缆/管道施加压力。
2. 楔形压紧件需与 RM 组件一起使用。
3. 为了简化框架安装，楔形压紧件拧紧前应填充所有缝隙。
4. 电缆需在框架内拉直。

技能训练 2　圆形密封夹块安装

一、圆形框架密封系统安装

(1)去除套筒/孔内的污物,如图 2-5-29 所示。

(2)在框架外部略涂润滑油脂,如图 2-5-30 所示。

图 2-5-29　套筒/孔内清洁

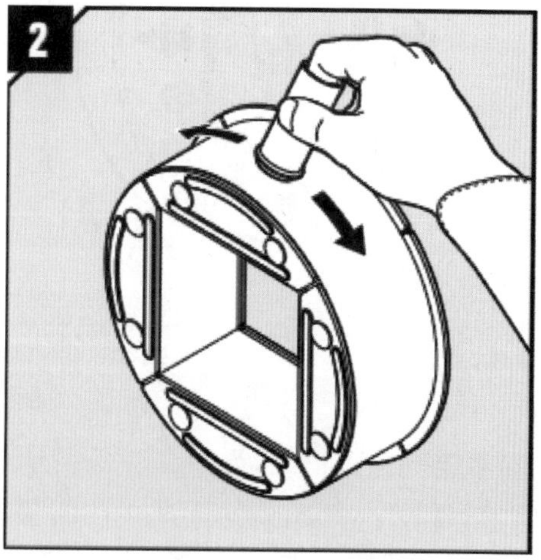

图 2-5-30　涂抹润滑脂

(3)将框架插入套筒/孔中,如图 2-5-31 所示。

(4)如果管道/电缆为预先布线,可用锋利的工具剖开 R 型框架。剖开螺钉间的长边部分。对于 R100,剖开螺钉和角之间的部分,如图 2-5-32 所示。

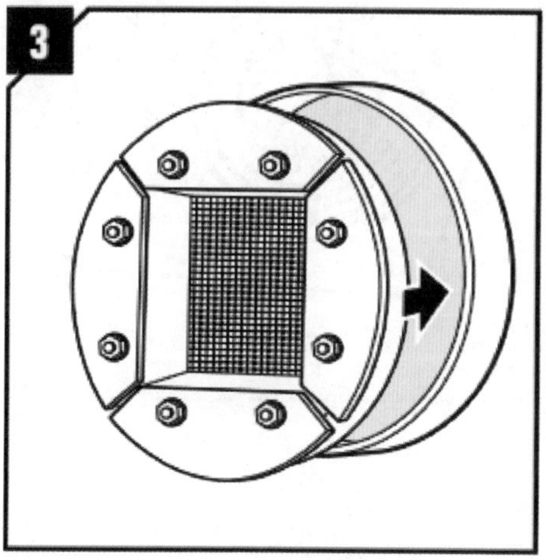

图 2-5-31　框架安装

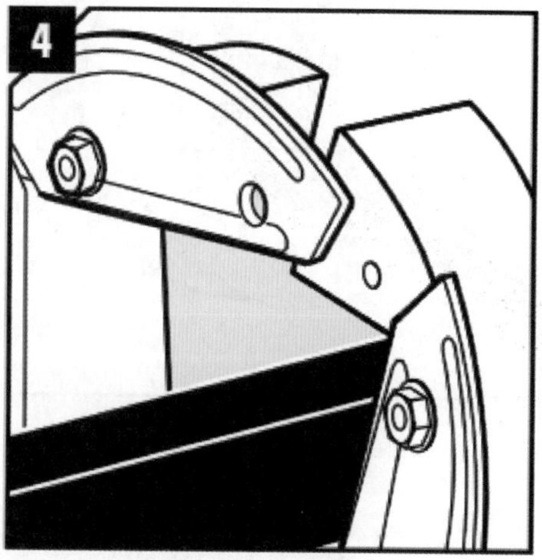

图 2-5-32　框架安装

(5)将正面紧固部件推向两侧。彻底润滑框架内壁,特别是角落位置,如图 2-5-33 所示。

(6)如果框架具有网格,用锋利工具或手指剖开或压弯网格,使电缆/管道穿过其在框架中的位置,如图 2-5-34 所示。

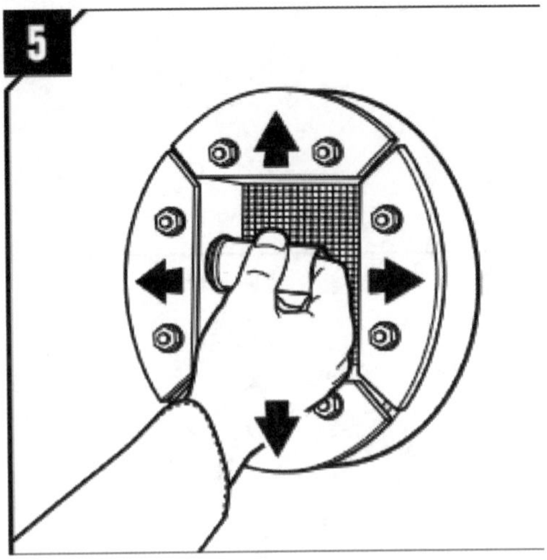

图 2-5-33　框架涂润滑脂

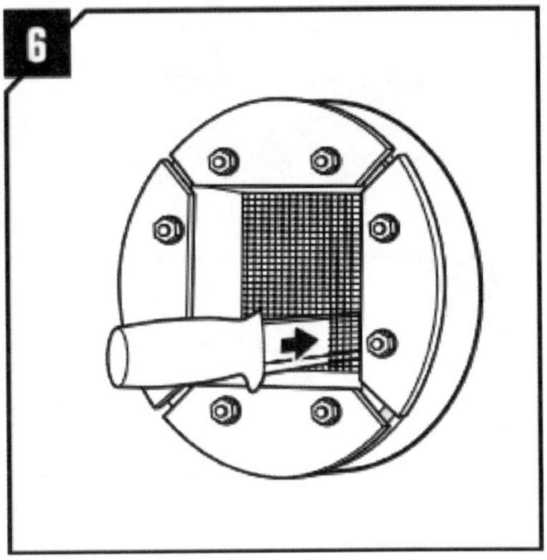

图 2-5-34　框架处理

(7)将电缆穿过框架,如图 2-5-35 所示。

(8)剥离芯层,如图 2-5-36 所示。调整用于密封电缆或管道的模块,直至达到步骤(9)中要求的间隙。契合的两部分的相异不得超过一片撕层。

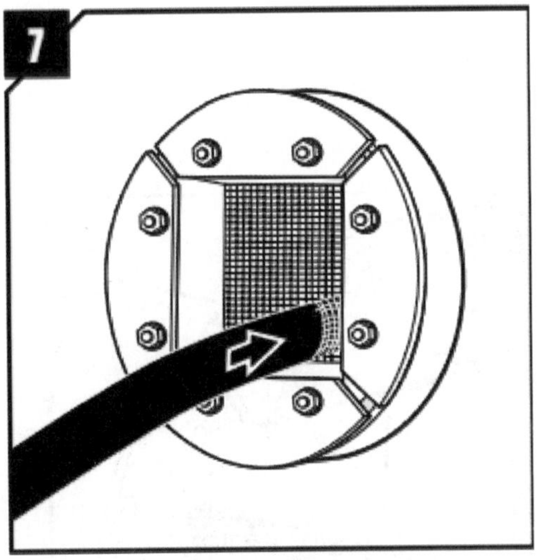

图 2-5-35　电缆安装

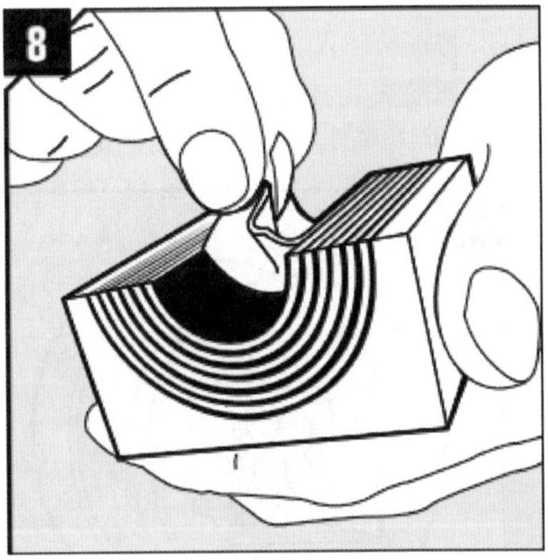

图 2-5-36　芯层处理

(9)置入电缆/管道后,使与其接触的两部分之间保留 0.1～1.0 mm 的间隙,如图 2-5-37 所示。

(10)彻底润滑框架的所有模块,包括内外部的表面,如图 2-5-38 所示。

(11)根据安装图纸安装电缆及模块,如图 2-5-39 所示。

(12)将正面紧固部件推回中间,如图 2-5-40 所示。

(13)交叉拧紧螺母,框架将受到压缩直至密封,如图 2-5-41 所示。具体扭力根据产品具体要求而定。

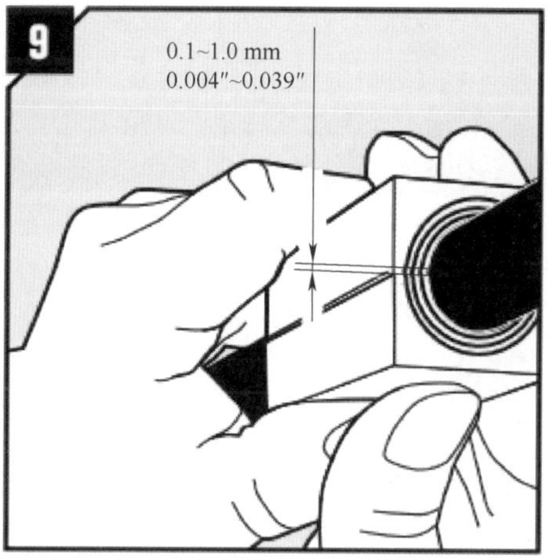

图 2-5-37　电缆安装

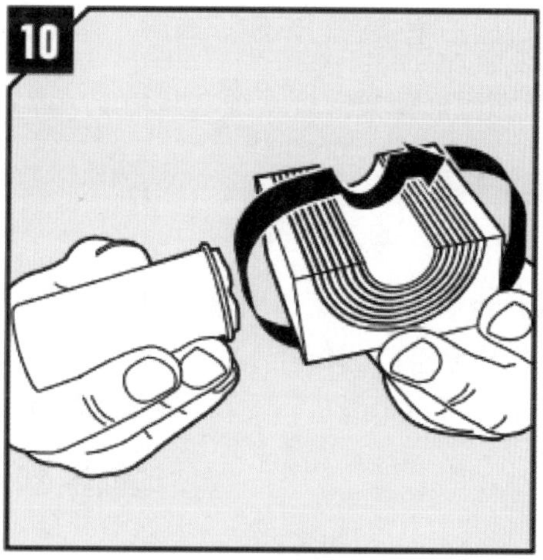

图 2-5-38　润滑剂涂抹

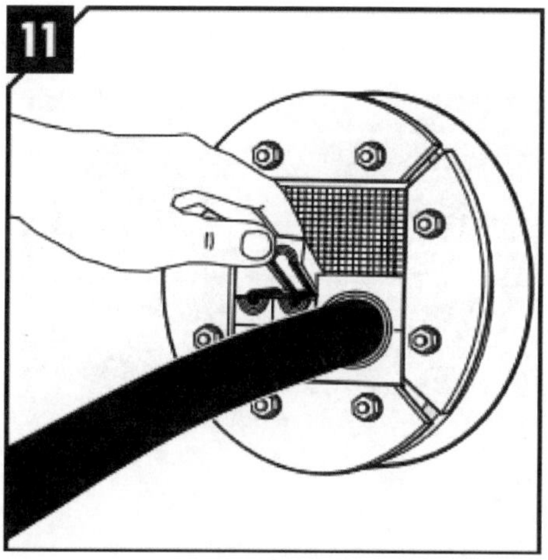

图 2-5-39　电缆及模块安装

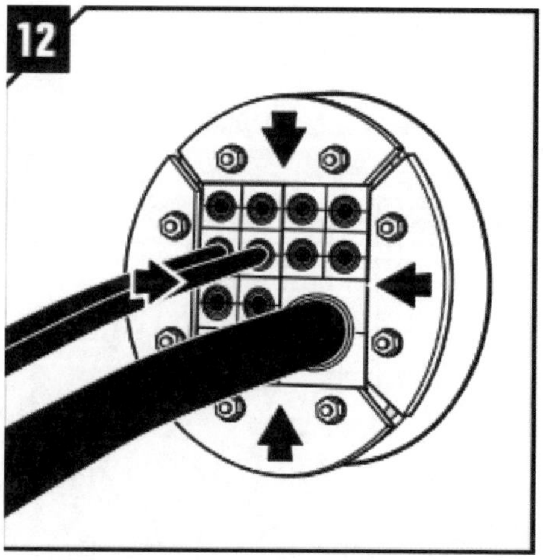

图 2-5-40　紧固部件安装

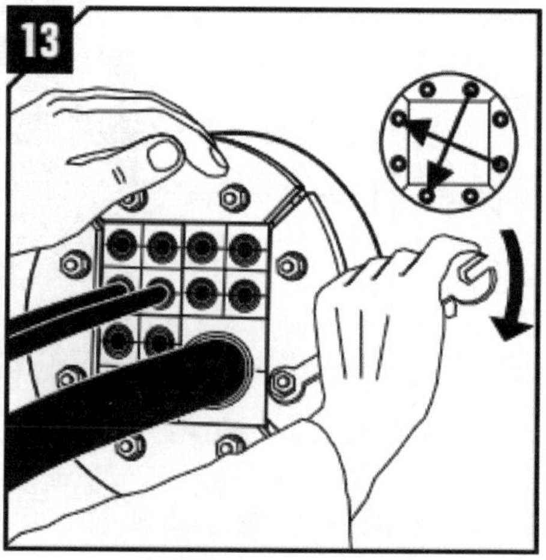

图 2-5-41　紧固部件安装

二、圆形框架密封系统拆卸

按照圆形框架密封系统安装相反顺序拆卸。

三、注意事项

(1)安装后须等待 24 h 或以上方可对电缆/管道施加压力。
(2)楔形压紧件需与 RM 组件一起使用。
(3)电缆应与套筒孔平行。
(4)对过重电缆进行支撑,确保密封件不受损坏。

技能训练 3　电缆接头密封安装

一、电缆接头密封系统安装

(1)线缆从右到左依次套入,如图 2-5-42 所示。注意:产品可以轻松套入,请不要使用蛮力,以免破坏线缆。

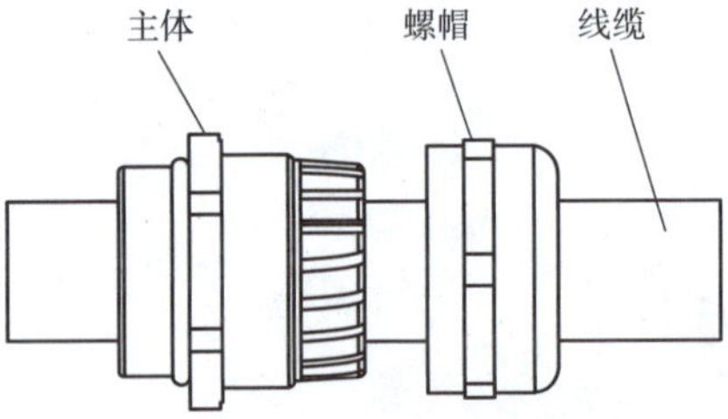

图 2-5-42　线缆穿入图

(2)将接头的外螺纹穿过面板安装孔,然后旋入锁紧螺母,再使用扳手拧紧螺母。如图 2-5-43 所示。注意:锁紧螺母安装扭矩按照各厂家推荐值执行。

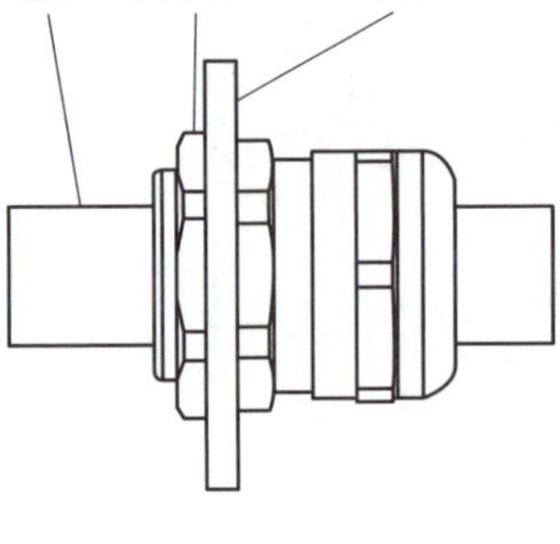

图 2-5-43　接头安装

(3)将螺帽旋入接头主体,再用扳手拧紧螺帽,一直拧到与主体端面接触,并用颜色标识,防止应用中接头出现窜动现象,如图 2-5-44 所示。

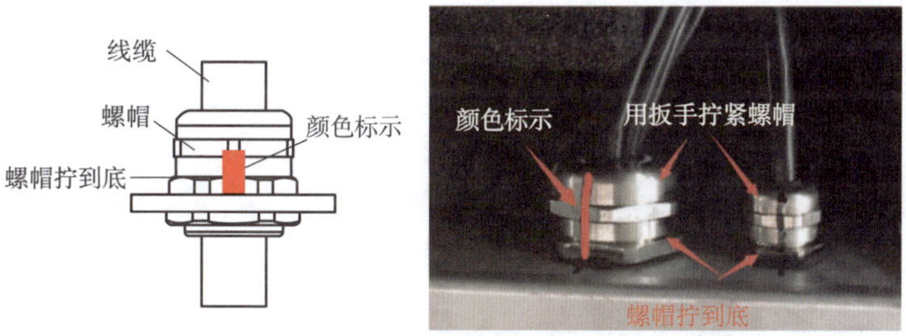

图 2-5-44　螺帽锁紧

技能训练 4　软管接头安装

一、软管接头密封系统安装

(1)金属防水接头安装在面板上并用螺母锁紧，并施加扭紧力矩，确保 O 形圈在箱体外侧，并挤压变形，确保密封性能。

(2)用美工刀从波纹管凹槽垂直截断波纹管(图 2-5-45)，并将截面修切整齐，如图 2-5-46 所示，截面整齐无毛刺。截断波纹管留有使波纹管能够延轴向插入管接头压缩后的余量，以便波纹管固定后，管接头处不受弯曲应力。

图 2-5-45　波纹管切割

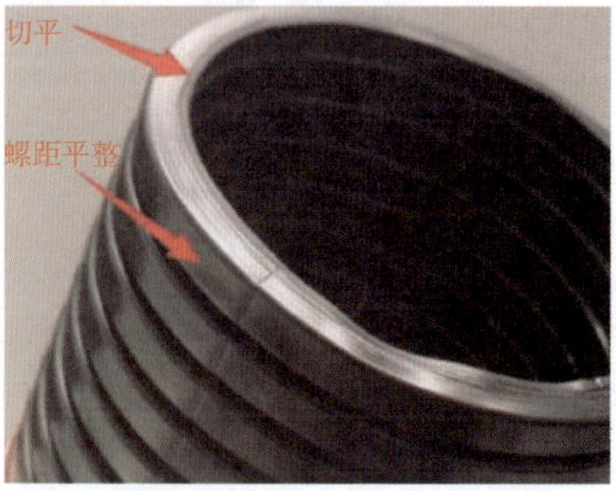

图 2-5-46　波纹管切割外观

(3)标记螺牙数，用白色油漆笔沿相应波纹管螺纹凸起处画一圈白色标记，标出最小螺纹数(最小螺纹数根据不同厂家推荐值确定)。白色标记须清晰可见完整，并且标记位于波纹管凸起处，如图 2-5-47 所示。

图 2-5-47　波纹管标记

(4)波纹管安装(图 2-5-48)。波纹管插入管接头,双手保证波纹管与管接头沿相反方向旋推,直至白色标记进入管接头尾部并平齐。

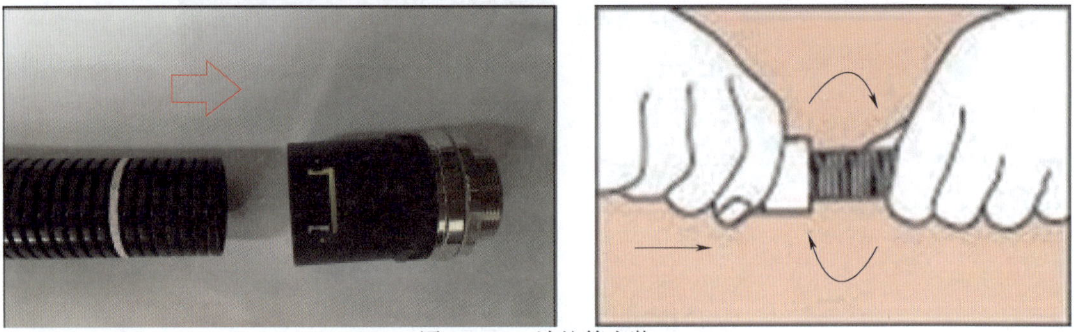

图 2-5-48　波纹管安装

(5)安装到位后,将管接头两边卡爪按入波纹管凹槽,两边卡扣应卡住波纹管凹槽,如图 2-5-49 所示。

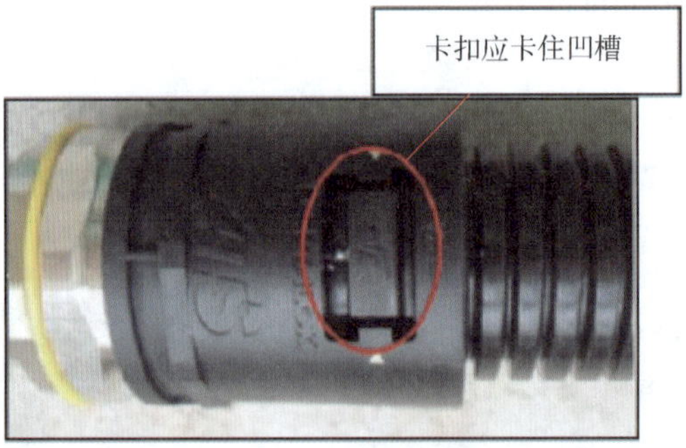

图 2-5-49　波纹管安装

(6)波纹管与管接头安装牢固后用红色记号笔在贴近管接头尾部的波纹管螺纹凸起处画一圈标记,如图 2-5-50 所示。

图 2-5-50　安装后标记

(7)安装后检查,①卡爪必须卡在波纹管的波纹凹槽内不回弹,卡爪与管接头外壁平齐;②用力回拉波纹管,管接头卡爪凹陷,波纹管不脱落。安装完成后,轻旋波纹管,波纹管不转动;③白色标记位于管接头尾部里侧,红色标记与管接头尾部平齐清晰可视,红色、白色都要标记并画在正确位置,如图 2-5-51 所示。错误标识如图 2-5-52 所示。

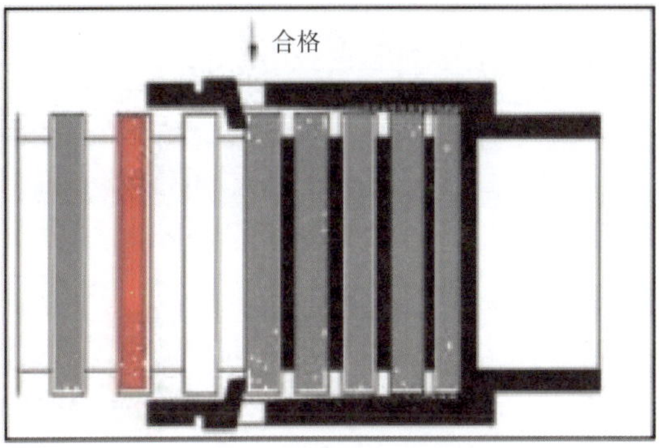

图 2-5-51　正确标识

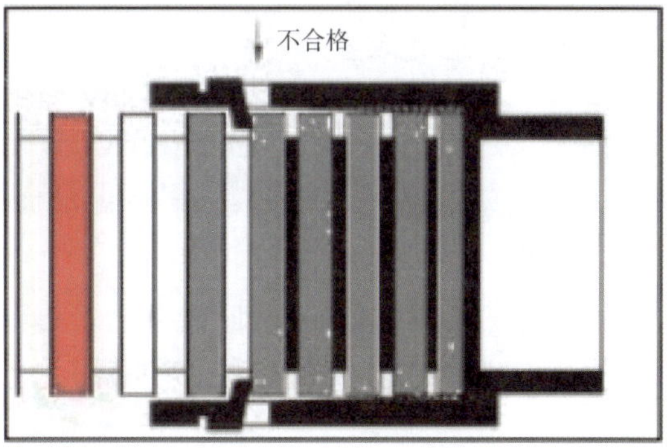

图 2-5-52　错误标识

(8)软管安装时弯曲半径不宜过小,如图 2-5-53 所示,否则产生的应力过大,会降低软管的使用寿命。

二、安装工具

(1)扳手。为了避免对产品造成损伤,保障产品的良好使用性能;需使用无牙扳手,如图 2-5-54 所示。卡口包裹胶带,避免格兰头造成损伤。

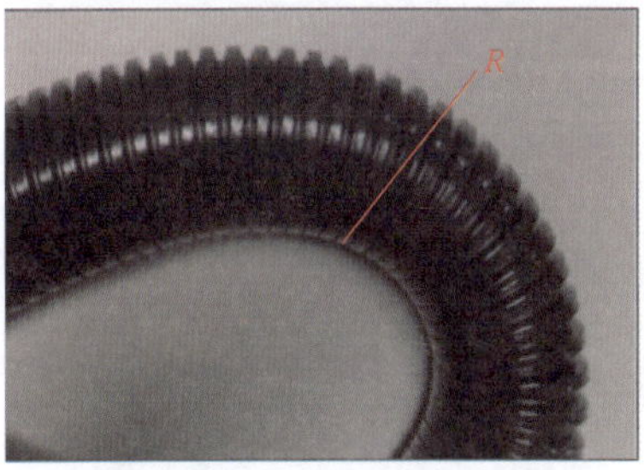

图 2-5-53　波纹管弯曲半径

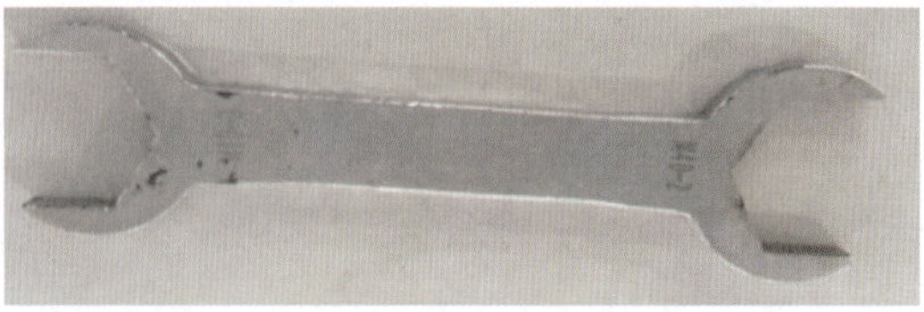

图 2-5-54　无牙扳手

(2)开口扭力扳手。软管接头与箱体/连接器等连接时使用开口扭力扳手施加扭紧力矩,如图 2-5-55 所示。

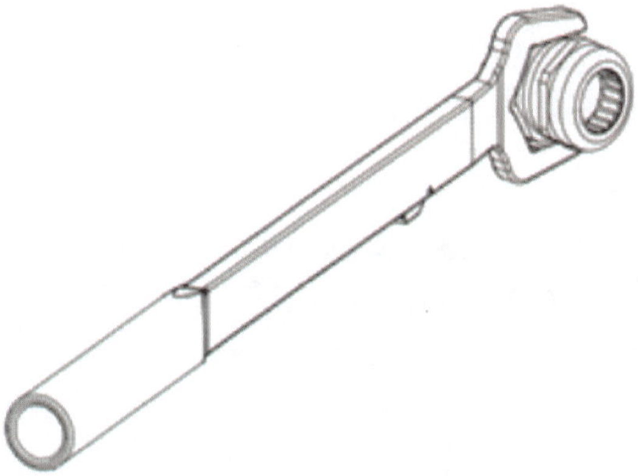

图 2-5-55　开口扭力扳手

巩固与练习

一、选择题

1. 夹块密封系统置入电缆后，接触的两部分间隙为(　　)。

   A. 0.1～1 mm　　B. 0　　C. 1～2 mm　　D. 0～1 mm

2. 电缆接头O形圈安装位置是(　　)。

   A. 电缆接头与箱体连接内表面

   B. 无需安装

   C. 电缆接头与箱体连接内表面及外表面

   D. 电气接头与箱体连接外表面

3. (多选)软管接头与波纹管连接要求是(　　)。

   A. 软管接头卡扣卡在波纹管凹槽内

   B. 软管接头卡扣卡在波纹管凸台上

   C. 卡爪与管接头外壁平齐

   D. 轻旋波纹管，波纹管不转动

二、判断题

1. 夹块密封系统夹紧后电缆可抽动。(　　)
2. 电缆接头O形圈位于箱体内部，起到密封作用。(　　)
3. 夹块密封系统剥离芯层时需保证两边剥离数量一致。(　　)
4. 电缆接头及软管接头安装时需施加扭紧力矩。(　　)

三、简答题

1. 简述软管接头密封操作步骤及注意事项。
2. 简述圆形密封夹块安装的注意事项。

学习任务六　电 气 测 试

学习目标

1. 知识目标

(1)了解车辆通用的电气测试基本内容。

(2)熟悉车辆测试专用工具、设备的使用方法及注意事项。

(3)掌握车辆通用的电气测试的验收要求。

(4)掌握布线连续性试验、绝缘耐压试验的流程和方法。

2. 能力目标

(1)能熟练使用绝缘耐压试验所需专用设备、工具。

(2)会布线连续性试验的操作步骤和注意事项。

3. 素质目标

(1)培养责任风险意识和细致严谨的工作作风。

(2)培养行业所需的基本职业能力和职业素养。

知识链接

一、布线连续性试验

1. 基本概念

(1)布线连续性试验:也可称连通性测试,目的是用来检验车辆点与点之间的电气连接是否符合装配图、接线表或原理图要求。操作者要按照“校线记录单”上的信息,逐条进行核对,已确认无误的信息在相应的标记栏进行标记确认。

(2)布线连续性试验的范围为:所有车辆侧配线,不包含第三方供应商提供的电气设备内部的配线,设备内的配线由供应商在出厂前独立测试,其测试报告也要随物料发送时一起提交。同样,该试验是单车试验,只针对一节车进行测试,所以测试的车辆不应该与任何其他车辆有电气连接。

(3)布线连续性试验前提条件:所有的线束必须根据制造文件和车辆接线电路和图表装配完成并安装在测试车辆中。在测试之前,为避免测试过程中发生短路,需要将所有车辆插头和所有与设备终端连接的线路断开。

2. 注意事项

布线连续性试验不仅仅是为了检验电气连接的准确性,在此环节同样可以验证电缆端接的质量。测试前要对车辆状态进行检查,具体事项如下:

(1)外观检查。各个配线箱柜要开盖检查,查看是否有缺件、损坏情况,需手动操作的手柄、按钮、断路器要确认动作是否良好,电器屏、门机构内是否有缺件和损坏现象。

(2)连接器组装检查。要注意检查电器设备的连接插的插针、插座是否有损坏、是否有弯针、缩针、屏蔽处理不良等现象,如图 2-6-1 所示。

(3)端子压接检查。测试前要检查电气设备接线(插、接)有无毛刺,设备紧固是否牢固。

(4)电缆绝缘层检查。测试前要对所校验的线仔细检查外观防止有的线绝缘层破损而引起短路。

(5)工具检查。将万用表调至蜂鸣挡,将正极与负极对接,判断万用表蜂鸣器的声音是否正常,声音应响亮持续。万用表响声微弱时,可能是电池等原因导致,需要及时更换电池。

3. 操作步骤

连续性测试应由两名操作者进行。一个作为记录人员,另一个作为测试人员。每个点对点布线将根据以下示例进行测试:

(1)将万用表设置为导通模式,接触导线两端确认设备正常工作。

(2)两名操作者之间应该有有效的通话设备、沟通测试位置线号等必要的试验信息。

(3)一位技术人员使用万用表连接线缆的一端,另一名技术人员连接线缆的另一端。万用表必须连接在线缆的端子或者连接点上,不要移动电缆,除非要求电缆与测试端子断开。

(4)如果测试通过,进行第二遍测试(每根线测两次导通)。如果测试失败,调查故障原因并纠正故障。记录所有故障及故障处理过程和结果。

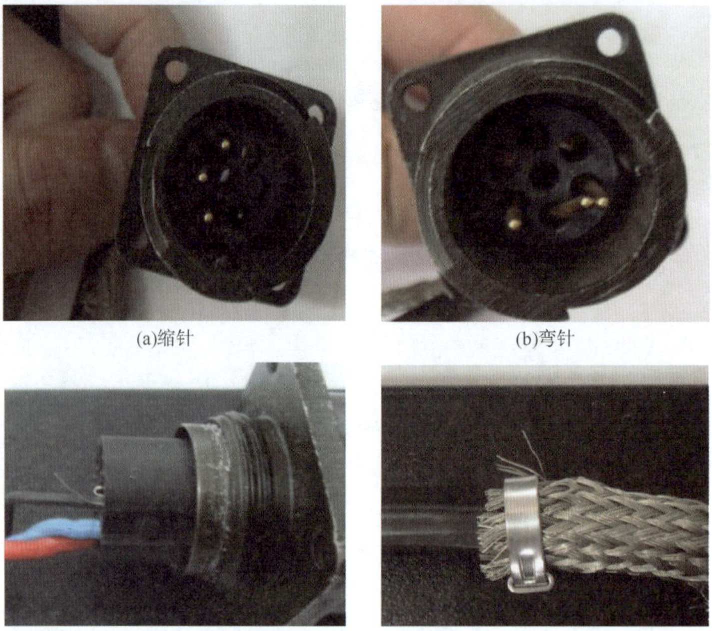

(a)缩针　(b)弯针

(c)毛刺　(d)屏蔽层有毛刺

图 2-6-1　插针损坏现象

在测试过程中,由于连续测试失败而采取的任何纠正措施都必须记录下来,并留存记录方便后续跟踪处理。

端子排接线校验时要看清线号及端子排号,尤其注意左右或上下端子排的线号是否相同以免因线号穿错而引起错误。同时要确认检查上下口的线号是否一致;相同的线号是否用短连片或短环线连接在一起,需要和图纸端子排接线相符。

箱体内部接线校验时,不要触碰内部关键器件,如内部电路板、电路接线等(特殊需要校验的器件内部线路需要带防静电手腕带)。

校线完成后对确认无误的线路要将拆下的线、插头按照图纸明确的位置恢复,有力矩要求的要按照要求执行,并涂打好防松标记。

二、绝缘耐压试验

1. 基本概念

(1)绝缘试验(Insulation Resistance Routine Test):用来验证电缆(完成端部处理)之间的电阻。当在测试电压下测试的电阻值高于规定值,表明合格。绝缘试验是一种高压试验。

(2)耐压试验(High Potential Routine Test):用来验证电缆(完成端部处理)能否在额定电压下安全地工作,并且承受由于开关、电涌等现象产生的瞬间尖峰电压,该试验可以确认元件之间的绝缘材料和间距是否满足要求。耐压试验是一种高压试验,分直流和交流两种。

(3)泄漏电流(leakage current):试制在没有故障施加电压的情况下,电气中相互绝缘的金属零件之间,或带电零件和接地零件之间,通过其周围介质或绝缘表面所形成的电流称为泄漏电流。

2. 分类及试验范围、条件

(1)绝缘耐压试验分为绝缘试验和耐压试验。通过测试车辆配线的绝缘电阻值和所能承受的试验电压值，确认线路耐压、绝缘性能是否完好，可排查车辆装配过程中存在的隐患，以保证使用时设备正常工作。

一般来讲，绝缘耐压试验的主要目的是检查绝缘耐受工作电压或过电压的能力，进而检验产品设备的绝缘性能是否符合安全标准。把一个高于正常工作的电压加在被测设备的绝缘体上，并持续一段规定的时间，如果其间的绝缘性足够好，加在上面的电压就只会产生很小的漏电流。如果一个被测设备绝缘体在规定的时间内，其漏电电流保持在规定的范围内，就可以确定这个被测设备可以在正常的运行条件下安全运行。

(2)试验范围：所有车辆布线，包含备用线，但不包含成品线。

(3)试验条件：试验前各种影响车电绝缘和耐压试验的工序应完工(即有可能碰线、压线、磨线等影响绝缘耐压试验的工序)；根据电气接线图及原理图对配线的线号、线型和路径进行校对、确认准确无误；所有隔离开关、接地开关和断路器要处在“断开”状态、转换开关打到“0”位；拆除电气设备接线端子排的接线，断开电气设备的连接器插头，并将连接器悬空，或者选用绝缘材料将其包好，做绝缘保护；试验中需使用的万用表、耐压器、兆欧表等检测设备均应计检合格，并在有效检测周期内，确保测试安全、准确；耐压试验应在绝缘试验合格后进行，否则禁止进行耐压试验。

3. 使用设备、工具

(1)耐压测试仪

工作原理：把一个高于正常工作的电压加在被测设备的绝缘体上，持续一段规定的时间，加在上面的电压就只会产生很小的漏电流，则绝缘性较好。实际测试时，在电流互感器二次侧设计了过流保护电路，当有过流情况出现时，例如被测设备被击穿或者被测设备绝缘缺陷，电源迅速被切断，测试被终止以保护测试系统不被损坏。

选用耐压测试仪最重要的是两个指标，即最大输出电压值及最大报警电流值一定要大于所需要的电压值和报警电流值。如果施加的电压越高，报警判定电流越大，那么需要耐压测试仪升压变压器功率就越大，一般耐压测试仪升压变压器功率有 0.2 kV·A、0.5 kV·A、1 kV·A、2 kV·A、3 kV·A 等。最高电压可以到几万伏。最大报警电流 500～1 000 mA 等。所以在选择耐压测试仪时一定要注意这两个指标。功率选太大会造成浪费，反之耐压试验不能正确判断合格与否。

(2)绝缘电阻表：又称兆欧表、摇表、梅格表，绝缘电阻表主要是由三部分组成；第一是直流高压发生器，用以产生直流高压；第二是测量回路；第三是显示。

规定兆欧表的电压等级应高于被测物的绝缘电压等级。所以测量额定电压在 500 V 以下的设备或线路的绝缘电阻时，可选用 500 V 或 1 000 V 兆欧表；测量额定电压在 500 V 以上的设备或线路的绝缘电阻时，应选用 1 000～2 500 V 兆欧表；测量绝缘子时，应选用 2 500～5 000 V 兆欧表。一般情况下，测量低压电气设备绝缘电阻时可选用 0～200 MΩ 量程的兆欧表。

4. 安全注意事项

(1)耐压车辆应禁止其他人员进行施工。

(2)耐压车辆两端应安插小红旗作为示意标志。

(3)耐压时应严禁其他人员上车或靠近耐压检测的车辆。

(4)耐压试验人员应严格按照仪器的操作规范进行，防止发生危险事故。

(5)耐压试验人员应穿戴好劳保用品，将耐压器壳体接地线连好。耐压试验时耐压人员应站在干燥的地方。

技能训练

绝缘耐压试验

一、绝缘耐压试验准备

1. 文件和设备准备

准备技术文件(绝缘耐压试验大纲和耐压环线表)，并确认使用的文件版本正确。

准备试验用的工具和设备，包括数字万用表、耐压测试仪、500 V 和 1 000 V 的绝缘表、用于环线的铁丝、温湿度计，其中测量设备要在检测合格期内。

使用耐压仪时将电源插头连接在 220 V 电源上，如图 2-6-2 所示。打开绝缘耐压仪。

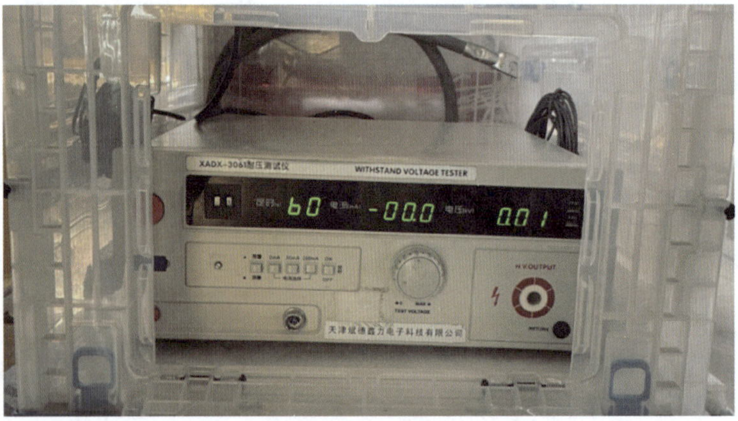

图 2-6-2　连接电源

可以按照按钮标示，选择不同的漏电流值，如图 2-6-3 所示。

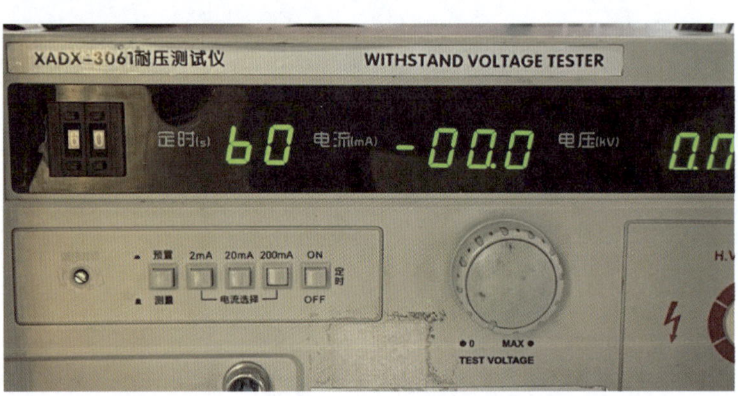

图 2-6-3　漏电流值设置

通过旋转旋钮可以根据需求提高或降低输出电压，如图 2-6-4 所示。

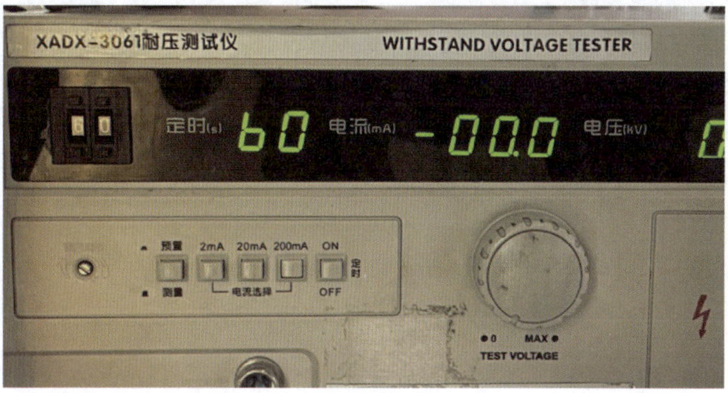

图 2-6-4　输出电压设置

2. 注意事项

由于耐压测试仪是高压电气设备，使用时应正确操作，相关安全注意事项如下：

(1)操作者脚下垫绝缘橡皮垫，穿绝缘鞋，戴绝缘手套，以防高压电击造成生命危险。

(2)仪器必须可靠接地，保证测试系统机箱外壳良好地接地。

(3)在连接被测体时，必须保证高压输出“0”及在“复位”状态。

(4)测试时，仪器接地端与被测体要可靠相接，严禁开路。

(5)切勿将输出地线与交流电源线短路，以免外壳带有高压，造成危险。

(6)尽可能避免高压输出端与地线短路，以防发生意外。

(7)测试灯、超漏灯一旦损坏，必须立即更换，以防造成误判。

(8)排除故障时，必须切断电源。

(9)仪器避免阳光正面直射，不要在高温潮湿多尘的环境中使用或存放。

3. 车辆检查

为了确保试验的安全环境，只有相关经过培训的工作人员才能出现在工作场地，无关人员不得靠近；要确保车辆处于静止状态，同时在试验车辆四周范围内张贴警戒标志；最重要的一点，要确保整个车辆处于接地状态。

4. 环境测量

使用温湿度计(图 2-6-5)测量并记录试验的温度和湿度，需要将数值写到数据记录单中。空气湿度会直接影响空气中截止的导电性，对泄漏电流的参数影响较大。

5. 环　　线

环线(图 2-6-6)是绝缘耐压试验的重要环节，环线的质量关系到耐压试验的质量。首先，环线要确保准确性，不要将不同电压等级的电缆环在一起；第二，环线要确保连接牢固、不脱落、不虚接、不会搭接到其他电压等级的电缆上，并且不要与包括车体在内的其他金属接触。

在环线开始前，将各个部位的电缆与设备断开，然后，对照耐压环线表中的信息，在各个部位的电缆按照电压等级进行环接

使用数字万用表来确认同一电压等级的电缆环接在一起，如图 2-6-7 所示，不同电压等级的电缆需要保持大于 32 mm(1.25 英寸)的绝缘距离，如果空间过小，可以使用绝缘隔板。

图 2-6-5　温湿度计

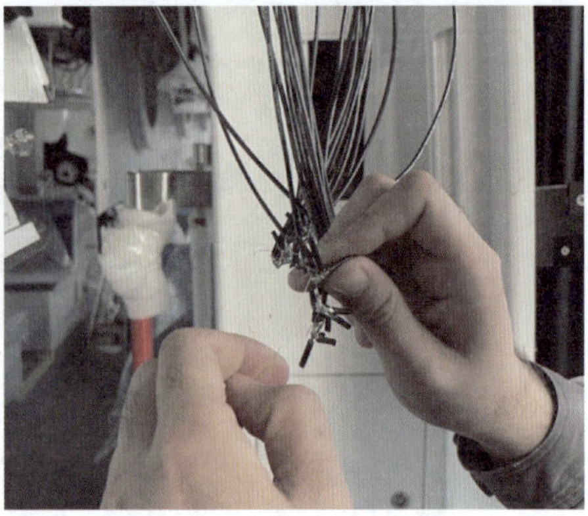

图 2-6-6　环线

对于连接器插头的环线，可以购买插座一侧的物料用来制作环线的工装，提高批量车辆环线的质量和效率。

6. 环线接地确认

要确保各个电压等级的电缆都要接地，如图 2-6-8 所示，并使用万用表逐个电压等级进行检查确认，环线接地确认同时也可以作为一种检查环线准确性的方法。特别是在同一设备内，可以将某一点电压等级的电缆与地断开，然后测量该等级的电缆是否与其他不同电压等级的电缆是否导通，来确保准确性。

图 2-6-7　数字万用表检测

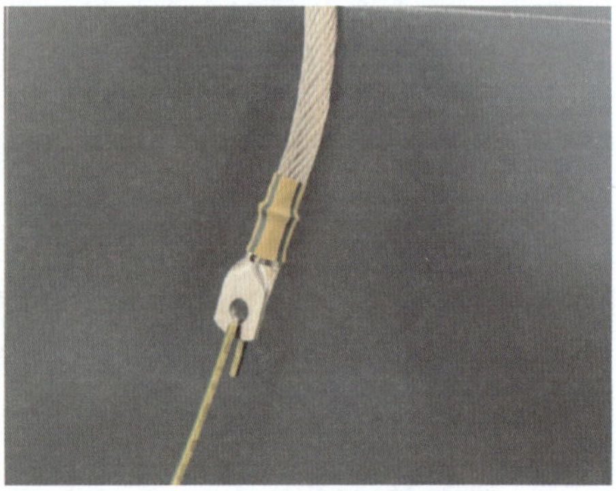

图 2-6-8　环线接地的确认

二、绝缘耐压试验过程及要求

1. 绝缘试验(图 2-6-9)

将被测试的电压等级的接地线与地断开，并确保其他电压等级的接地线仍是与地连接的状态。

使用绝缘表进行测量，将绝缘表的两个输出端分别接在车体和待测的金属裸线上。如果是手动的绝缘表，需要稳定匀速摇动兆欧表，转速大约 120 次/min，之后观察绝缘表显示的被测配线阻值。如果是数字绝缘表，所读取的数字必须待数字稳定 30～60 s 后开始，然后将数值记录在数据记录单上。

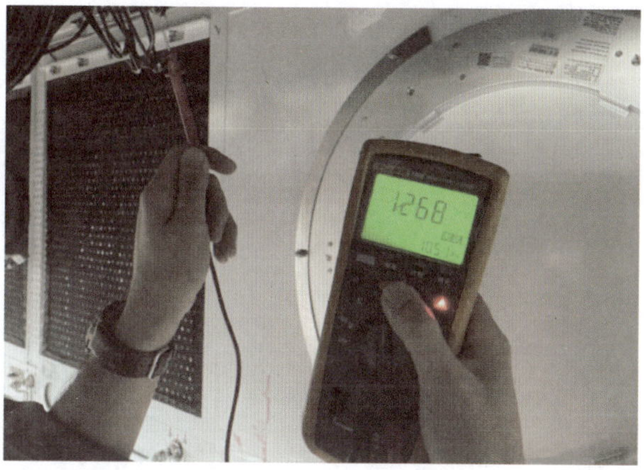

图 2-6-9　绝缘试验

一般情况下，绝缘电阻试验应满足下表 2-6-1 中要求，对于具体车型，其操作要求和参数还需参照相关具体工艺文件。

表 2-6-1　绝缘电阻满足条件

电压等级	测量对象	兆欧表规格	允许阻值
DC 1 500 V	DC 1 500 V 电路对车体	1 000 V 兆欧表	≥5 MΩ
DC 750 V	DC 750 V 电路对车体	500 V 兆欧表	≥5 MΩ
DC 110 V	DC 110 V 电路对车体		≥1 MΩ
DC 24 V	DC 24 V 电路对车体		≥1 MΩ
AC 220 V	AC 220 V 电路对车体		≥5 MΩ
AC 380 V	AC 380 V 电路对车体		≥5 MΩ
信号电路	信号电路对车体		≥1 MΩ

注：如果试验在高湿环境下进行，则低于 1 MΩ 的绝缘电阻是被允许的。此外，如果任何测量的较低电阻值是由于一些部件造成的话，例如，电路中的铠装电缆，则低于 1 MΩ 的绝缘电阻值是被允许的。

2. 耐压试验

耐压试验分为直流耐压试验与交流耐压试验两种，通常城轨车辆的耐压试验使用的是交流耐压试验。

(1)直流耐压试验：能有效地发现绝缘受潮、脏污等整体缺陷，并能通过电流与泄漏电流的关系曲线发现绝缘的局部缺陷。由于直流电压下按绝缘电阻分压，所以，能比交流更有效地发现端部绝缘缺陷。同时，因直流电压下绝缘基本上不产生介质损失，因此，直流耐压对绝缘的破坏性小。另外，由于直流耐压只需供给很小的泄漏电流，因而所需试验设备容量小，携带方便。

(2)交流耐压试验：在被测试设备电压的 2.5 倍及以上进行，从介质损失的热击穿点出发，可以有效地发现局部游离性缺陷及绝缘老化的弱点。由于在交变电压下主要按电容分压，故能够有效地暴露设备绝缘缺陷。但是，交流耐压对绝缘的破坏性比直流大，而且由于试验电流为电容电流，所以需要大容量的试验设备。

综上所述，直流耐压试验和工频交流耐压试验都能有效地发现绝缘缺陷，但各有特点，因此两种方法不能相互代替，必要时，应同时进行，相互补充。

在正式耐压试验前，用试验大纲中所示的电压进行预测试 10 s。如预测试无异常，漏电流值随着电压的增加成正比增长，则可以进行正式测试了。

预耐压试验的电压值的设置，会高于该电路工作的正常电压值，但是低于电缆正常工作范围内的最高电压值，这样即使重复测试也不会对电缆造成破坏性损伤。预耐压试验是正式耐压试验前，排除电缆以外的其他原因对耐压试验干扰的重要方法。

一般情况下，耐压试验应满足表 2-6-2 中要求，对于具体车型，其操作要求和参数还需参照相关具体技术文件。

表 2-6-2　耐压满足条件

测量对象	耐压器规格	允许耐压值	要　　求
DC 1 500 V 电路对车体	5 000 V 耐压器	AC 4 250 V，50 Hz	保持 1 min，无击穿、闪络现象
DC 750 V 电路对车体		AC 3 000 V，50 Hz	
DC 110 V 电路对车体		AC 1 275 V，50 Hz	
DC 24 V 电路对车体		AC 637.5 V，50 Hz	
AC 220 V 电路对车体		AC 2 150 V，50 Hz	
AC 380 V 电路对车体、相间、线间		AC 2 150 V，50 Hz	

在正式耐压试验时，通过耐压测试仪上的旋钮或按钮平缓地进行升压和降压操作，试验电压应从零开始逐步增加，一般在 5 s 到达正式的测试电压，维持 60 s，然后将电压逐步减小至零。突然地增压或降压都会对试验造成影响，很容易对电缆造成损伤。

如果试验中出现闪络，则应立即切断电压停止试验。对耐压时保持不住电压的导线应认真排除故障点，即分批逐步地找出故障点。耐压试验查找故障中，不准重复正式耐压，应使用绝缘表或预耐压值去查找故障点。在因用户有要求和耐压后工序修改危机到车电绝缘时，允许按照规定耐压值的 80％重复耐压。在此两种情况下，仅对危机处及相连处局部耐压。如果重做耐受电压试验，为了不破坏绝缘，试验电压应比初次试验的值减小 20％。最多可减至初始试验电压的 60％。

当试验中没有检测到绝缘击穿、闪络、漏电流明显增大或电压突然下降等现象，本试验通过。在正式耐压试验结束后，记录该组电缆的漏电流值。

然后，用绝缘表进行第二次绝缘试验，并记录绝缘电阻值，测试和读数方法与第一次相同。要求第二次的测试结果不小于第一次的 90％。

该组电压等级的电缆测试结束后，将该组电缆的接地线重新与地连接，然后按照上述方法，进行其他电压等级电缆的绝缘耐压试验。各电压等级的电缆默认的试验顺序为从高压到低压。

当所有电压等级的电缆绝缘耐压试验都结束后，拆除各种短连线，恢复原配线状态。

3. 填写试验记录

填写试验记录并应在记录内反映以下内容：

受试车型及车号；试验时间、地点、环境温度、湿度；测试结果的绝缘电阻值耐压部位、耐压值、耐压保持时间、耐压泄漏值(对有要求者)、有无闪络；测试说明及结论。

巩固与练习

一、填空题

1. 布线连续性试验前提条件:________________。

2. 据电气接线图及原理图对配线的线号、线型和路径进行校对、确认准确无误;所有隔离开关、接地开关和断路器要处在________状态、转换开关打到________位。

3. 测量额定电压在 500 V 以下的设备或线路的绝缘电阻时,可选用________兆欧表;测量额定电压在 500 V 以上的设备或线路的绝缘电阻时,应选用________兆欧表;测量绝缘子时,应选用________兆欧表。一般情况下,测量低压电气设备绝缘电阻时可选用________量程的兆欧表。

4. 使用数字万用表来确认同一电压等级的电缆环接在一起,不同电压等级的电缆需要保持大于________的绝缘距离,如果空间过小,可以使用________。

5. 耐压分为________与________两种,通常城轨车辆的耐压试验使用的是________。

二、判断题

1. 布线连续性试验之前,无需断开车辆插头和与设备终端连接的线路。 (　　)

2. 端子排接线校验时要看清线号及端子排号,尤其左右或上下端子排的线号是否相同以免因线号穿错而引起的错误。 (　　)

3. 直流耐压试验和工频交流耐压试验都能有效地发现绝缘缺陷,但各有特点,因此两种方法不能相互代替,必要时,应同时进行,相互补充。 (　　)

二、简答题

1. 布线连续性试验前提条件是什么?
2. 耐压试验主要目的是什么?
3. 选用耐压测试仪最重要的两个指标是什么?
4. 为什么要在绝缘耐压试验前进行接地测试?
5. 为什么要在耐压试验前进行预耐压试验?
6. 为什么要在耐压试验后进行二次绝缘试验?
7. 在所有试验结束后,需要做哪些工作?

项目三　成品线束预制

学习指南

成品线束预制可以大大缩短车辆布线的周期，进而提高生产效率，同时线束的预制也可以避免车辆上相对恶劣的施工环境，进而降低劳动强度，提高产品的质量。本项目对成品线束预制的设计和制作方法进行详细阐述，通过本项目的学习，可以培养预组化、结构模块化的思维方式，进而在今后的工作中，能更好地提质、提能、提效。

学习任务一　电 缆 下 线

学习目标

1. 知识目标

(1)知道车辆电气线束产品下线、成束的工艺方法及要求。

(2)掌握线束两端线号的套装要求。

2. 能力目标

(1)会线束预制过程中，电缆切割工具、蜂鸣器等工具的使用方法。

(2)会根据实际状况对下线成束的电缆盘圈半径做出合理性判断。

(3)会电缆预制的基本流程及工艺要求。

3. 素质目标

(1)培养学生树立"文明生产，安全第一"的职业意识。

(2)培养学生严谨、节约的从业理念。

知识链接

线束预制包括将原材料电缆按照文件进行电缆下线、线束成束、接插件制作三大基本加工制作工序。通过三道工序，将电缆由原材料转变为满足车辆电气性能传输控制的电线束。根据车辆的实际需求也会包含第四个工序：线束预线槽的预组，以便减少车上的作业时间及空间限制。

电缆下线，主要是把原材料电缆，根据下线文件的要求，逐一将下线文件所涉及电缆按照一定的长度进行切割、标记(如线号信息、线束路径信息)，电缆下线前，须核对线型与下线文件的一致性，电缆切割时，须再次核对电缆型号、长度信息等与下线文件的一致性，以免造成不必要的浪费。

电缆下线的方式，常见的主要分为三种：切割平台下线、下线机下线、模板 1∶1 下线。切割平台下线和下线机下线，下线方式基本一致。下线机主要借助下线机械设备，替代切割平台下线的部分靠人力完成的工序，下线机根据人工输入的电缆长度信息后，将满足下线文件要求型号的电缆按照要求长度切割并标记。本书重点介绍切割平台下线和模板下线。

一、切割平台下线

切割平台下线是一种较为传统的下线作业方式，其过程是：将电缆放在带有刻度的下线台上，从下线台上标记为"零"的起始端开始，下线至满足电缆下线表中要求的长度后切断电缆。切割平台下线分为以下几个步骤：

1. 套管及线束标签准备

结合线号套管与电缆的匹配关系，选择每种电缆合适的线号套管，根据下线文件，完成线缆两端的线号打印，以及线束的路径信息的标签打印。注意线号的两端应平齐，保证线号的完整性，严禁线号不清晰或破损线号上车，注意线号穿套的方向，确保其个位数远离线缆端头。线号的基本规则如图 3-1-1 所示。

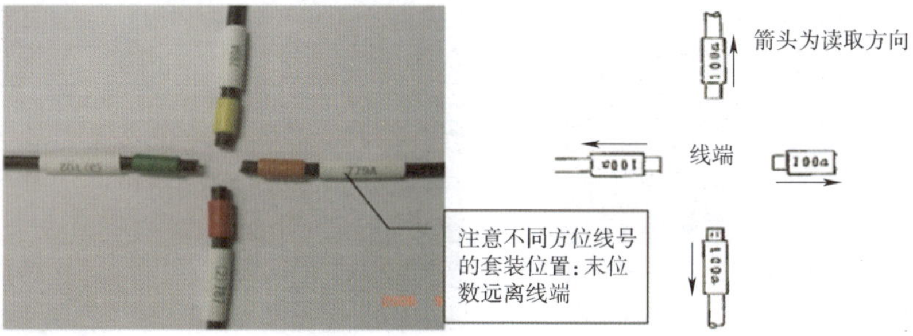

图 3-1-1　线号的基本规则

根据线束文件的下线顺序，找出相应的线号标识带，核对好首个线号后，将线号套管按照线号包件号分类，并用自封袋将线号打包。

2. 安装线盘

根据下线表上的电缆信息，将要施工电缆安装在放线工装上，如图 3-1-2、图 3-1-3 所示。在安装过程中要注意保护电缆线头，防止散落的电缆线头卡在转轴上，或是拖在地面上而造成对电缆的损害。

图 3-1-2　线束上架

图 3-1-3　线束上架

3. 线缆下线

在下线工作台上完成线缆下线，下线工作台上标注有刻度，方便准确快速获取电缆的长度信息。下线工作台如图 3-1-4 所示。

(1)起端处理(图 3-1-5)：将电缆的一头从线盘上取下，并根据下线表上线缆信息套上相应的线号标识，注意线号正向的左侧靠近电缆的端部，不要套反。为防止线号套管掉落，可用保鲜膜及分色胶带防护包裹线号 3 圈，使之不滑落。若线缆端头可能伤及电缆的状况，下线时需在电缆外端缠绕纸保鲜膜进行防护。

图 3-1-4　下线工作台

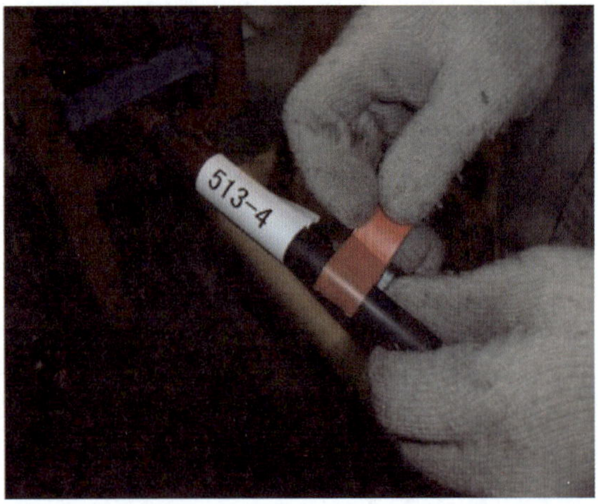

图 3-1-5　线缆端头处理

(2)末端处理(图 3-1-6)：将电缆的端头处理好后，沿着下线台前进，走到下线表中要求的长度后停止，实际下线长度允许较下线表尺寸偏差范围为 0～100 mm，核对长度信息确认无误后，用剪线钳将电缆剪断，并注意切口平齐无毛刺。按照下线的信息，套上电缆另一端的线号，确保线号与电线始端对应。同样，若线缆端头可能伤及电缆的状况，下线时需在电缆外端缠绕纸保鲜膜进行防护。

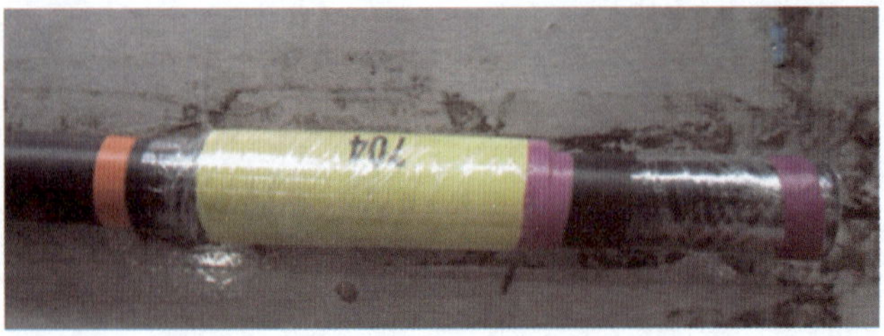

图 3-1-6　线缆末端处理

(3)校对线路：根据下线表上线缆信息，将下线表上的一小线束下完后，用蜂鸣器校对线路，防止线号套错，严格按照配线尺寸表上的电缆信息，逐根对线束进行校对，保证不漏检、错检。

(4)设备名称标注(图 3-1-7)：将接到同一设备终端的线束用黄色胶带捆扎，设备名称的标注采取打印方式，然后粘贴在标签胶带纸上。同一线束以设备名称(如 CN1/CN2/CN3)为最小单位从下线表最后一个标记点开始分束，用黑色绝缘胶带或扎带捆扎，间距约 400 mm。

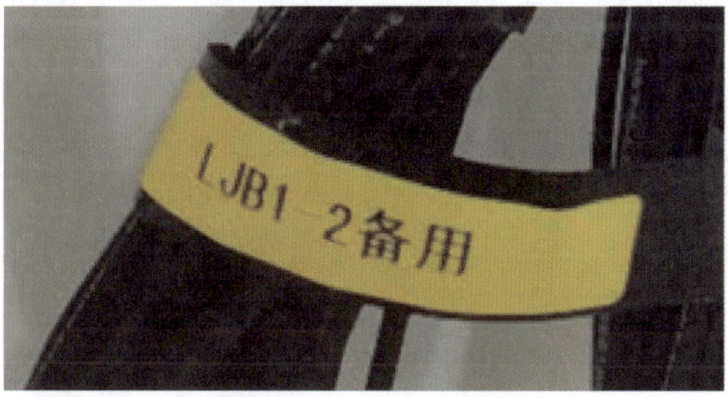

图 3-1-7　标签纸粘贴

4. 线束存放

整理并检查完所有该线束的电缆后，将线束盘成线圈，盘圈直径不小于 800 mm(具体盘圈直接视线缆情况而定)，分 3 点用白布条或白色绝缘胶带捆扎，并写上线束回路说明的标签进行存放，线束临时摆放、成品线束存储分别如图 3-1-8、图 3-1-9 所示。

图 3-1-8　线束临时摆放

图 3-1-9　成品线束存储

二、模板 1∶1 下线

模板 1∶1 下线，主要是结合 1∶1 模板完成电缆的下线的一种方式，电线束下线作业使用 1∶1 下线图板，组成线束进行模块化配线，从而节省在现车散线配线作业上的时间，促进作业的简单化，同时实现电线的材料利用率，保证质量。相较于切割平台下线和下线机下线两种方式来讲，具有线束的预组成束能力，而切割平台下线和下线机下线后，众多单根电缆须结合下线文件的要求规则，进行一定的线束成束。

1. 模板图绘制

由专业技术人员根据车辆实际布线规则及走线路径，绘制 1∶1 模板图，线束的路径真实体现在 1∶1 模板图上。

2. 模板装订

将 1∶1 模板图用双面胶带固定于 1∶1 线束下线板上，并按照图纸中注释的要求，在规定位置装订图板电线束所用夹工具，如走线托架(图 3-1-10)、各种 L 形支架、夹具(图 3-1-11)、长螺钉等。

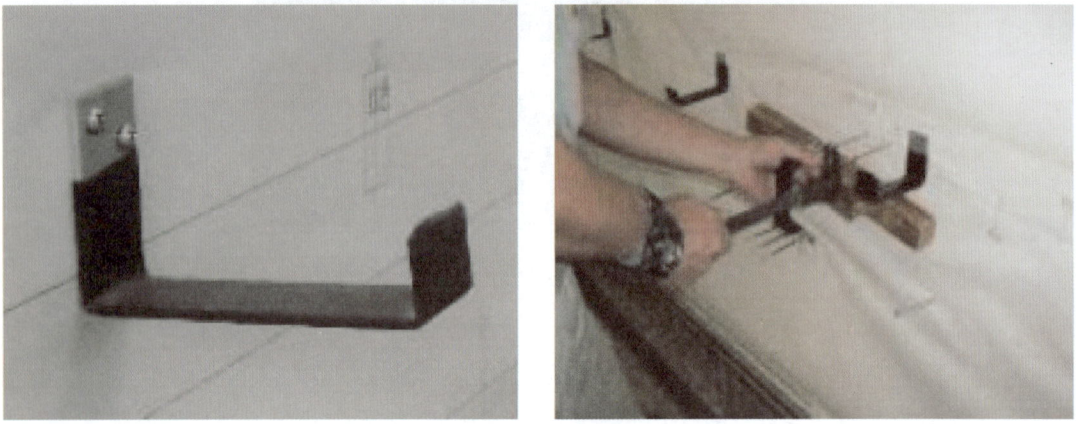

图 3-1-10　走线托架

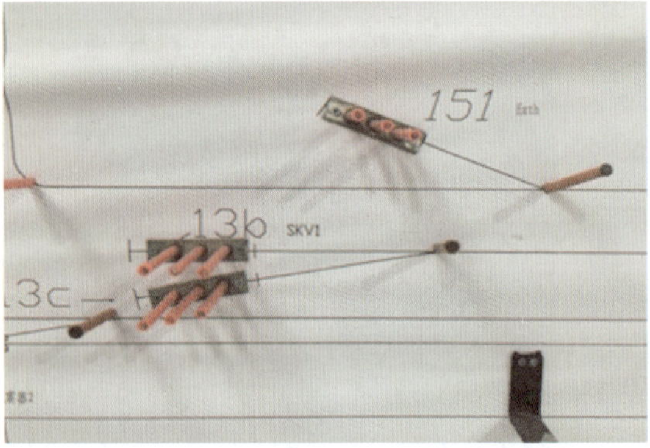

图 3-1-11　端部夹具

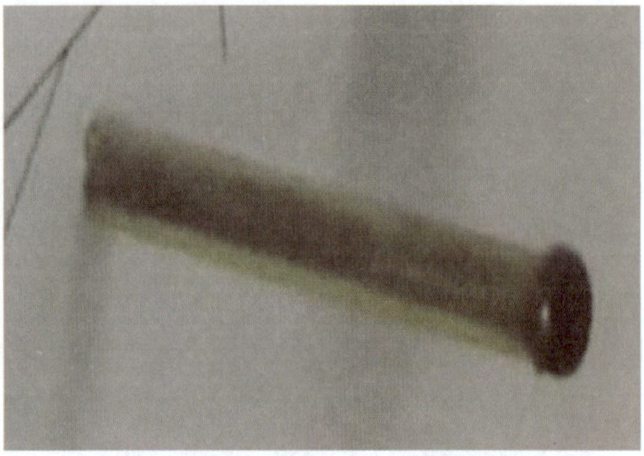

图 3-1-12　中部拐点

待上述线束固定工具装配完毕后，1∶1 模板图已基本形成，如图 3-1-13 所示。为了模板走线更加醒目，也可以端部线束固定夹具、中部线束托架作颜色区分，如图 3-1-14 所示。

图 3-1-13　挂板图一

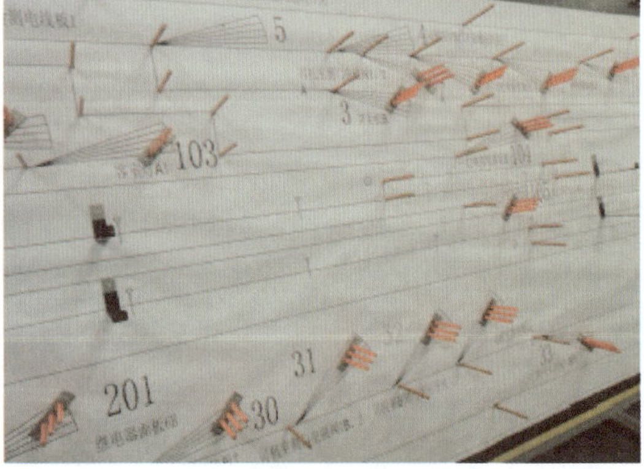

图 3-1-14　挂板图二

3. 模板下线

固定起端(图 3-1-15):按照下线表及 1∶1 下线模板,将电缆的一头拉至 1∶1 模板相应的位置处,并固定在电线夹具中,保证将线端卡紧,不滑动,在起端留出 100 mm 左右的余量。

模板走线(图 3-1-16):根据下线表上的电缆走向信息,结合布线模板上的路径信息,拉线至模板图中相对应的设备处,注意拉线时要求电线平顺,无交叉、缠绕,一次最多只能拉拽 1 根电缆。另外在拉线过程中注意脚下,防止踩踏电缆。

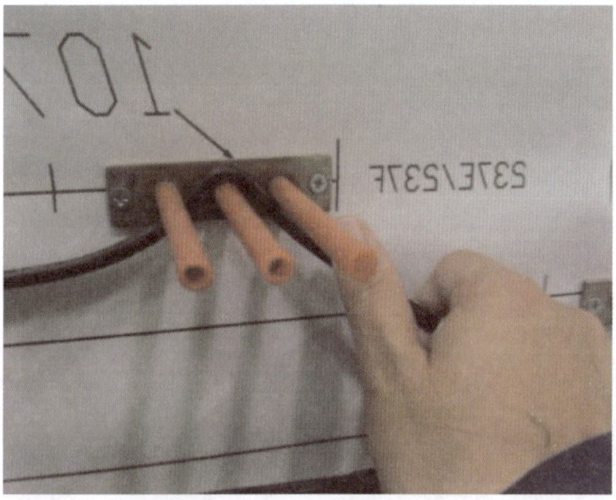

图 3-1-15　起端固定

图 3-1-16　模板走线

固定终端(图 3-1-17):根据下线表的走线情况,沿着模板的走向将电缆拉拽到对应的终端设备处后,为了减少工作量,对于这部分可以连续拉线的布线,可先不剪断,留出余量(如图 3-1-17 中的 U 型弯),电缆两端的相对位置不能出错,不能出现重叠,交叉的情况。

剪断 U 形弯(图 3-1-18):按照 1∶1 线束布线表上的信息,将一束线下好后,用断线钳将线端的 U 形弯剪断,注意剪断作业不要误剪其他电缆。

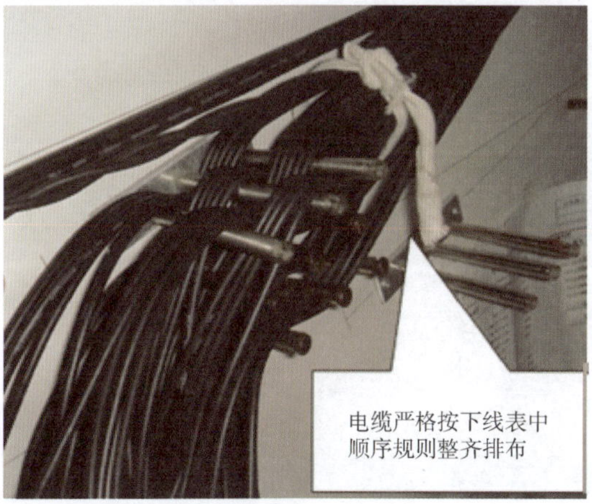

图 3-1-17　终端固定

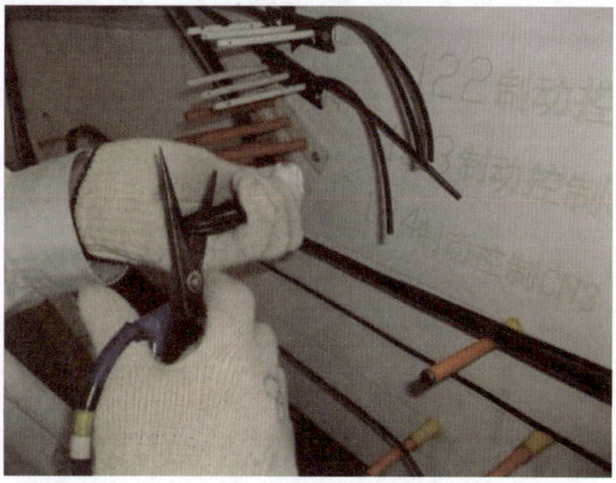

图 3-1-18　电缆剪切

端头处理(图 3-1-19):核实线束完成后,按照下线表上的顺序,依次在每个设备对应处的线端套上线号。线号末位数远离线端,为防止线号脱落及便于分线,可用不同颜色的胶带缠绕在线束末端。

校对线路(图 3-1-20):两人一组使用蜂鸣器,其中一人将蜂鸣器的其中一端连接待校对线路的始端,另一端连接模板不锈钢框架或导体;另一人用导线将不锈钢框架与待测回路另一线端相连,两端线号一致,为同一根导线时,蜂鸣器发出“嘀嘀”声并伴有指示灯发光。

按照下线表的顺序逐一校核电线的起始端及线号、线端标记颜色等。操作过程中由一人手持布线表负责起端点位,另一个人听从指挥负责终端点位。发现有问题应及时找出原因,并更正。

图 3-1-19　线缆端头处理

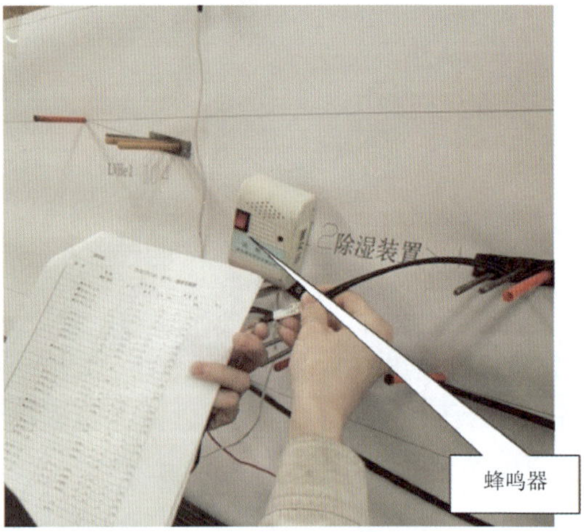

图 3-1-20　导通测试

整理线束(图 3-1-21):对下好料的线束进行整理。线束整齐美观,所有电线不得交叉,尽量使线束横平竖直,线与线之间不绞合,出线口的线束层次分明,弯曲一致。

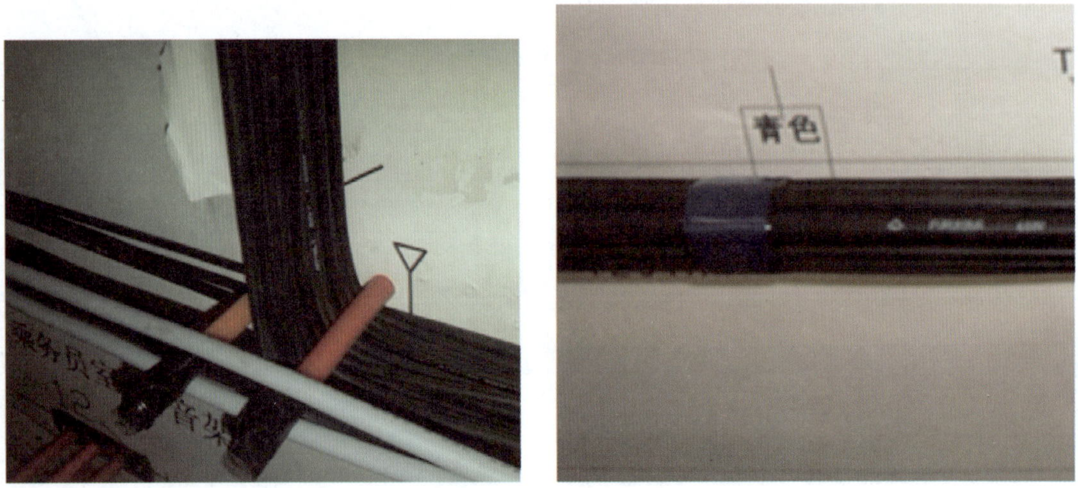

图 3-1-21　线束整理

设备名标注(图 3-1-22):将接到同一设备终端的线束用黄色胶带捆扎,设备名称的标注采取打印方式,然后粘贴在黄色胶带纸上,定位点采用白色标签纸。

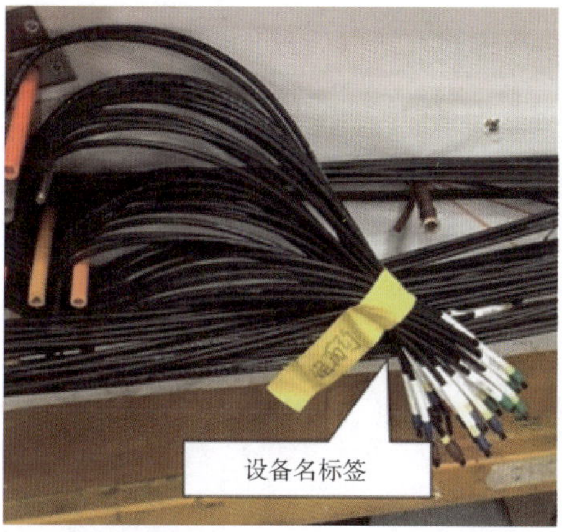

图 3-1-22　标签标注

4. 线束存放

与切割平台下线方式以下，将成束的电缆从 1∶1 模板上取下来，将线束盘成线圈，盘圈直径不小于 800 mm(具体盘圈直接视线缆情况而定)，分 3 点用白布条捆扎，并写上线束回路说明的标签。

巩固与练习

一、选择题

1. 套取线号时，线号(　　)远离线缆端头。

A. 字母　　B. 数字　　C. 个位数　　D. 起始端

2. 电缆切割时，实际下线长度允许较下线表尺寸偏差范围为(　　) mm。

A. －100～＋100　　B. 0～＋100

C. －50～＋50　　D. －30～＋30

3. 模板走线时，原则上每次只拉取(　　)根线束。

A. 2　　B. 1　　C. 3　　D. 4

4. 线束存放时，盘圈直径不小于(　　) mm。

A. 800　　B. 600　　C. 500　　D. 400

5. 相较于切割平台下线和下线机下线两种方式来讲，模板下线具有一定的(　　)能力。

A. 线缆排布　　B. 预组成束　　C. 线束捆扎　　D. 连接器制作

二、填空题

1. 在电缆下线末端处置时将电缆的端头处理好后，沿着下线台前进，走到下线表中要求的长度后停止，实际下线长度允许较下线表尺寸偏差范围为________。

2. 在使用模板 1∶1 下线时，在起端须留出________左右的余量。

3. 对下好料的线束进行整理，尽量使线束________，线与线之间________，出线口的线束层次分明，弯曲一致。

学习任务二　线束成束及预组

学习目标

1. 知识目标

(1)掌握线束成束的基本规则。

(2)了解电缆电压等级的基本知识。

(3)掌握线槽与线束的预组流程。

2. 能力目标

(1)能根据文件要求进行插接件制作。

(2)能在车下完成线束和线槽预组布线。

3. 素质目标

(1)培养学生吃苦耐劳的敬业精神、遵守安全操作规程与文明生产的品德。

(2)培养学生严谨、节约的从业理念。

知识链接

一、插接件制作规则

线束成束,主要是将已经切割完成的单根电缆,按照一定的规则进行成束,常用的成束规则主要的规则有以下几个:

1. 电压等级规则

为了尽可能的降低电磁干扰,线缆的成束须按照线缆传输的电信息加以区分,以便合理的完成车辆布线及电性能的传输,从而引入电缆电压等级的概念。常见的电压等级有音视频信号电压等级、网络电缆、低压控制电压等级、高压电源电压等级等。不同电压等级的线缆,须分开成束。

2. 路径规则

为了合理地完成车辆上线缆的铺设,连接车辆上两个电气设备的电缆,在空间允许的情况下,可将相同电压等级、相同路径的电缆做成束处理,以方便车辆布线。

3. 其他规则

根据电缆的载流量、车辆布线线槽空间、电缆散热要求等因素,决定电缆的成束根数限制,以免电缆成束后过粗,车辆上线槽放不下,或影响电缆自身的散热量等影响车辆运行的因素。

电缆下线文件中一般会结合上述几个原则,对电缆做成束要求,根据下线文件要求,将相同电压等级、相同路径的电缆在切割后做成线束。

二、插接件制作

线束成束后线缆的两端制作可根据相应的文件要求,在线缆的两端完成端子的压接或连接器的制作,以便与车辆上相应的设备插接,实现电气性能的传输。各类型插接件的制作参照对应的插接件作业指导书,如 M12 连接器制作,插接件的制作可以在以下几个阶段完成:

1. 下线时制作

在电缆下线切割时，可以完成线缆两端的端子或针子等接插接件的压接，选择在此时压接的，多为单根大线，或者自动下线机下线的方式。线束两端压接完毕后，在线束成束时完成连接器等插接件的组装工作。此种作业方式，一般将插接件制作分为几个部分，如下线时的端子压接、成束时的连接器组装。

2. 成束时制作

在线束成束后，对到同一设备同一接插接件的线束进行核对，确认不少线时，可一次性完成接插接件的制作，并组装连接器；同一连接器中存在不同电压等级线束时，此种情况下连接器将无法完成制作。

3. 线束预组时制作

线束在线槽上完成布线后，完成连接器的制作及组装作业。此时，线束和线槽合成一个整体，不会存在同一连接器因电压等级不同，或下线成束手段不同而导致无法完成连接器制作的情况，减少线束上车后的作业时间和空间限制，可有效地提高作业效率和产品质量。

三、线束线槽预组

对于非焊接在车体上的线槽接口，为了尽可能地减少线束上车后的作业时间和空间限制，条件允许的情况下，线束和线槽可在车下完成预组布线，并完成部分连接器的制作，完成线束线槽的预组，将线槽与线束整体模块化后上车，从而提高产品的效率和质量。线束线槽大致分为以下：

1. 线槽的拼装

根据线槽的安装图纸完成线槽的拼装，根据图纸完成线槽上定位点及出线口的信息标注，以便线束布线。

2. 线束的布线

在拼装完毕的线槽上，对线束经过的棱角处防护，根据线束自身路径信息、结合线槽上的出线口及定位点信息，完成线束的布线及防护作业。

3. 线束连接器制作

对线槽上已完成布线及防护的各出线口线束，确认线束信息无误的前提下，按照对应设备插接件的制作规程，完成插接件的压接及组装，此举减少线束上车后的作业时间和空间限制，可有效地提高作业效率和产品质量。

4. 线缆导通测试

用蜂鸣器对已预组的线槽线束做导通测试，提前暴露故障的线缆或连接器制作问题，确保连接器的制作准确性，避免上车后返工。

5. 线束的打包防护

对完工的线槽线束，做运输前的打包防护，以便整体上车安装。

巩固与练习

一、选择题

1.(多选)常见的电压等级有(　　)等。

A. 音视频信号电压等级　　B. 低压控制电压等级
C. 高压电源电压等级　　D. 网络电缆

2.(多选)线缆预组的几个原则有(　　)。
A. 电压等级　　B. 路径　　C. 线束长短　　D. 线束粗细

3.(多选)线束预制对生产组织的益处是(　　)。
A. 节省车上的作业时间　　B. 减少车上作业空间的限制
C. 提高产品的质量　　D. 可以减少连接器制作数量

4. 简述线束预组的基本流程

二、填空题

1. 在电缆下线文件中,对电缆做成束要求时,将相同________和相同________的电缆在切割后做成线束。

2. 用对已预组的线槽线束做________,提前暴露故障的________或________制作问题,确保连接器的制作准确性,避免上车后返工。

三、简答题

1. 线缆预组的原则有哪些?

2. 线束线槽预组大致分为哪些?

项目四　车 辆 布 线

学习指南

我们可以把车辆上的线束想象成人体的神经网络，可见其重要性。在车辆高速运行的环境下，车辆布线的质量关系着车辆运营的稳定性，本项目结合车辆实际的布线环境，对不同结构的布线方法和要求进行了详细的讲述，包括车内布线，车外布线，车辆活动部位布线等。车辆布线工序是一个非常重要的工序，也是一个城轨车辆电气工作者必须要学习掌握的关键工序。

学习任务一　车辆图表的认知

学习目标

1. 知识目标

(1)熟悉布线表信息，熟知布线表中各项代表的意义。

(2)熟悉电气设备位置的定义，了解如何查看设备位置图纸。

2. 能力目标

(1)会一、二位端的判别。

(2)会将布线表与设备位置图相对应使用。

3. 素质目标

(1)培养学生良好的自学能力和计划组织能力。

(2)培养学生爱岗敬业和团结协作的职业精神。

知识链接

一、布线表的应用

1. 布线表要点

(1)熟知区域位置的英文代号

CL:左侧天花板

CR:右侧天花板

CM:中部天花板

CC:横向天花板

VL:左侧垂直线槽

VR:右侧垂直线槽

WL:左侧侧墙

WR:右侧侧墙

RPL:左侧车顶型材

RPR:右侧车顶型材

WPL:左侧侧墙型材

WPR:右侧侧墙型材

BL:左侧地板线槽

BR:右侧地板线槽

BLS:左侧地板专用线槽

BRS:右侧地板专用线槽

BM:中间地板线槽

BC:横向地板线槽

SPL:左侧座椅型材

SPR:右侧座椅型材

PH:防护软管

FPH:防火软管

CG:电缆适配器

BA:通过孔上侧

BB:通过孔下侧

CE1:一位端

CE2:二位端

(2)熟知各路径的实际意义

应熟知各路径的实际意义,防止布线时路径错误,简单举例如下:

①CL1/A1

CL1 表示从一位端开始左侧顶板位置的第一个线槽;A1 表示 A 电压等级的第一个出口。这个路径的意义就是:左侧天花板第一个线槽中 A 电压等级线槽的第一个出口,如图 4-1-1 所示。

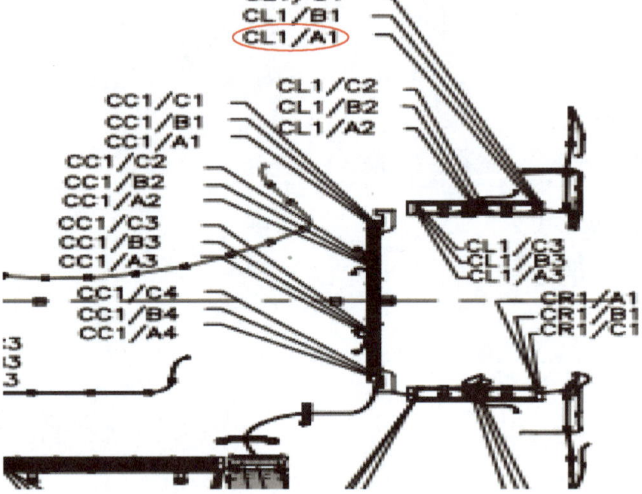

图 4-1-1　线槽出口

②CG0648/1

在 Ic06 车 48 位置处安装的第一个电缆适配器，如图 4-1-2 所示。

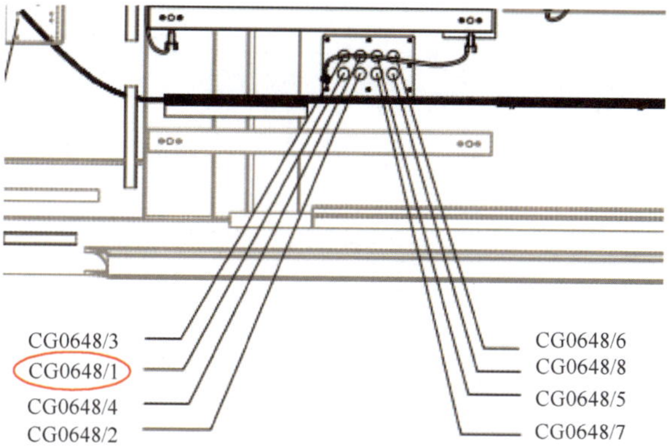

图 4-1-2　电缆适配器的安装位置

(3)熟知区域位置

应熟知区域位置，必须能根据区域位置判断导线的基本走向，区域位置举例如下：

0848：08 代表 Ic08 车，48 代表二位端一位侧控制柜区域。

0679：06 代表 Ic06 车，79 代表底架二位端区域。

(4)熟知电气设备位置图

图 4-1-3 为电气设备位置，能结合区域布置和设备位置图准确判断出导线的起始、终止点，能判断出线束预留长度是否能满足接线要求，若不满足接线的长度要求，必须及时做出调整，防止反复拆卸。

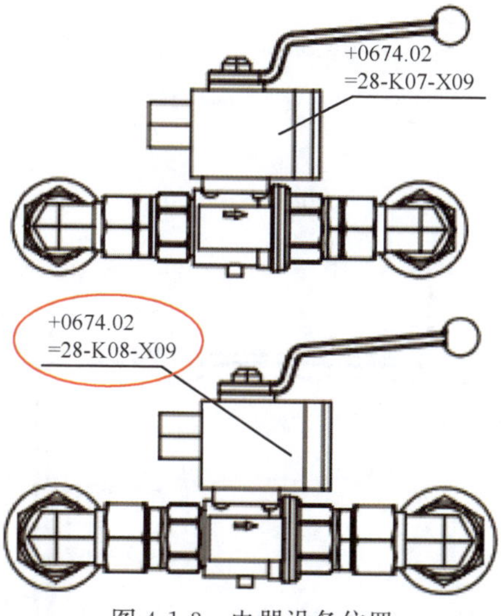

图 4-1-3　电器设备位置

(5)熟知布线表中各列代表的意义

应熟知布线表中各列代表的意义，其中“部位”代表线束的布置区域，如 CL 代表天花板左侧线槽；“序号”是工艺流水号，无实际意义，它与设计线束号是一一对应的，方便操作者读取；“线束号”是设计提供的每束线的代号；“线束长度”指此线束的实际剪线长度；“线根数”指每个线束中导线的根数，便于操作者进行核实；“起始位置”“起始设备点”“名称”代表线束从哪个位置开始布置，此位置的代号及中文描述；“出口”“出口长度”代表线束布置的出线位置及出线长度；“路径 1”代表线束经过的位置代号；“终止位置”“终止设备”“名称”代表线束末端所在的位置的代号及中文描述。

熟知以上知识后，可以根据布线表进行布线：首先找到线束预留长度的出口，然后依据走线路径布置导线，布线过程中要尽量避免线束交叉，布置完成后，需将导线悬挂在支架上，防止导线拖地，布线表见图 4-1-4。

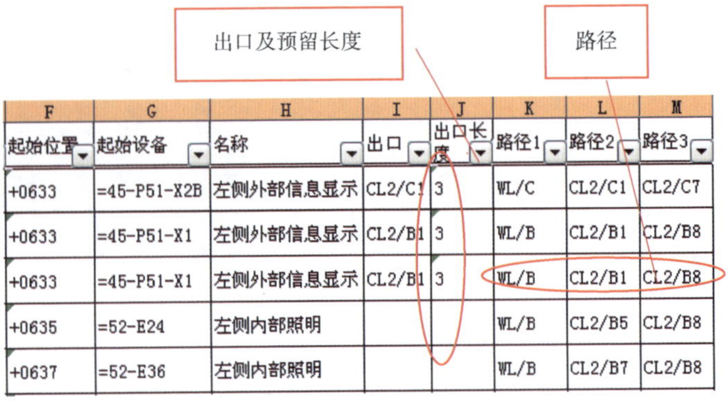

F	G	H	I	J	K	L	M
起始位置	起始设备	名称	出口	出口长度	路径1	路径2	路径3
+0633	=45-P51-X2B	左侧外部信息显示	CL2/C1	3	WL/C	CL2/C1	CL2/C7
+0633	=45-P51-X1	左侧外部信息显示	CL2/B1	3	WL/B	CL2/B1	CL2/B8
+0633	=45-P51-X1	左侧外部信息显示	CL2/B1	3	WL/B	CL2/B1	CL2/B8
+0635	=52-E24	左侧内部照明			WL/B	CL2/B5	CL2/B8
+0637	=52-E36	左侧内部照明			WL/B	CL2/B7	CL2/B8

图 4-1-4　布线表截图

二、电气设备点位置图的应用

在生产中依据电气设备点位置图以及布线表和接线表查找布线及接线的位置从而进行电气布线和设备接线工作。

1. 一、二位端及左右侧的定义

Ec01/16 车车头一端为一位端，其余车型空调所在一端为一位端。站在二位端面向一位端左手边为左侧，右手边为右侧。站在一位端面向二位端左手侧为一位侧，右手侧为二位侧。

2. 设备点位置定义

在电气设备点布置图中每个设备点都对应相应的位置，如图 4-1-5 所示，“+0575.27”为区域位置，“=97-X267.01”为设备点。

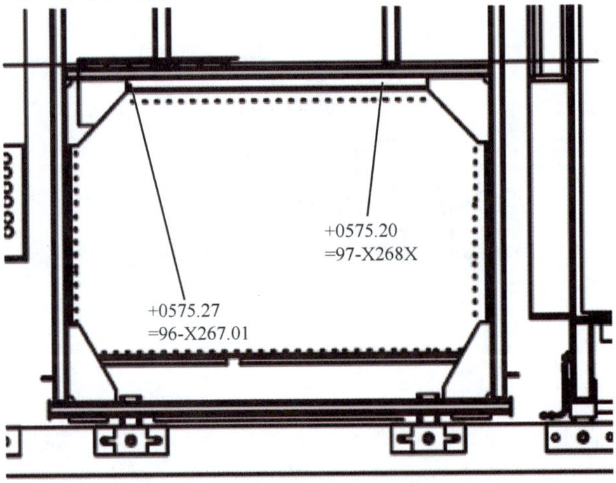

图 4-1-5　电气设备点布置图

区域位置号的前两位数字表示车型的编号，例如“＋0575.27”代表编号“05”的车型的区域位置、当其他车型图纸借用此车型图纸时那么也使用此车型的区域号码。例如，当“06”车借用“05”此图纸的时候，“06”车的区域位置号也为“＋0575.27”。

区域位置的第三位数字表示设备点的平面位置，各数字定义如下：0—顶板、1—司机室、2—右侧室外、3—左侧室外、4—右侧室内、5—左侧室内、6—顶板、7—车底、8—预留、9—转向架。

区域位置的第四位数字表示细化的子系统编号。

区域位置小数点后两位表示子系统安装地址。

根据上述区域位置的定义方式即可大致找到此设备点所处位置。

3. 线槽位置定义

布线时电压等级分为A、B、C三个等级。所以线槽也分为A、B、C三个隔段。线槽的定义方式为：线槽＋线槽序号/电压等级＋出线口序号。

图4-1-6所示为天花板线槽位置定义。CL为天花板左，CR为天花板右，CC为天花板横向。CL2/C2意思是为从一位起天花板左侧第二个线槽中电压等级为C的线槽第二个出线孔。

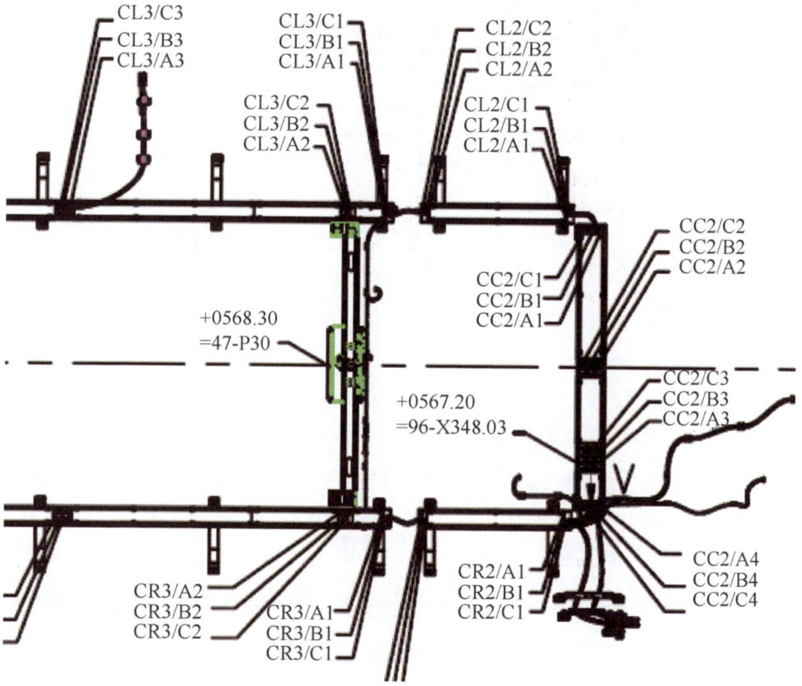

图4-1-6　天花板线槽位置定义图

4. 电气设备位置定义

(1)接线表的应用

根据图4-1-7，接线表上起始位置＋0677.20中第3位数字“7”得知此设备点在“车下”。此时可以找到“06车设备位置定义图”车下部位，第四位数字“7”是车下的子系统编号，一般是由“1”开始从一位端到二位端进行排序，所以判定“＝10-T10-X11”设备点的位置在车下靠近二位端的位置。在图纸中可以找到，如图 4-1-8 所示。

					6783(A2V00001414432)牵引变流器								
+0677.20	=10-T10-X11	10		100113.01	RADOX GKW-LW/S EMC 2x2,5	2.5	2	S	-W061043	06770679C001	+0679.10	=97-X580.14A	1A
		9		221206.01	RADOX GKW-LW/S EMC 2x2,5	2.5	1	S	-W061043	06770679C001	+0679.10	=97-X580.14A	2A
		SCRB3		221207.01	RADOX GKW-LW/S EMC 2x2,5		SCR		-W061043	06770679C001	+0679.10	=97-X580.14A	SCRB2A
		11		100215.24	RADOX GKW-LW/S EMC 2x2,5	2.5	1	S	-W061045	06770679C001	+0679.10	=97-X580.14A	16A
		12		100216.24	RADOX GKW-LW/S EMC 2x2,5	2.5	2	S	-W061045	06770679C001	+0679.10	=97-X580.14A	17A
		SCRB4		100217.24	RADOX GKW-LW/S EMC 2x2,5		SCR		-W061045	06770679C001	+0679.10	=97-X580.14A	SCRB5A
		20		230356.01	RADOX GKW-LW/S EMC 4x0,75	0.75	1	S	-W062311	06770679C001	+0679.10	=97-X580.14A	7A
		21		230357.01	RADOX GKW-LW/S EMC 4x0,75	0.75	2	S	-W062311	06770679C001	+0679.10	=97-X580.14A	8A
		22		230358.01	RADOX GKW-LW/S EMC 4x0,75	0.75	3	S	-W062311	06770679C001	+0679.10	=97-X580.14A	9A
		SCRB7		230359.01	RADOX GKW-LW/S EMC 4x0,75		SCR		-W062311	06770679C001	+0679.10	=97-X580.14A	SCRB7A
		OPEN		991832.01	RADOX GKW-LW/S EMC 4x0,75	0.75	1		-W069913	06770679C001	+0679.10	=97-X580.14A	OPEN
		OPEN		991833.01	RADOX GKW-LW/S EMC 4x0,75	0.75	2		-W069913	06770679C001	+0679.10	=97-X580.14A	OPEN
		OPEN		991834.01	RADOX GKW-LW/S EMC 4x0,75	0.75	3		-W069913	06770679C001	+0679.10	=97-X580.14A	OPEN
		OPEN		991835.01	RADOX GKW-LW/S EMC 4x0,75	0.75	4		-W069913	06770679C001	+0679.10	=97-X580.14A	OPEN
		OPEN		991836.01	RADOX GKW-LW/S EMC 4x0,75		SCR		-W069913	06770679C001	+0679.10	=97-X580.14A	OPEN
		16		230432.02	RADOX GKW-LW/S EMC 4x0,75	0.75	1	S	-W062310	06770678C004	+0678.14	=10-M0X-X1A	2A
		17		230433.02	RADOX GKW-LW/S EMC 4x0,75	0.75	2	S	-W062310	06770678C004	+0678.14	=10-M0X-X1A	1A

图 4-1-7　接线表截图

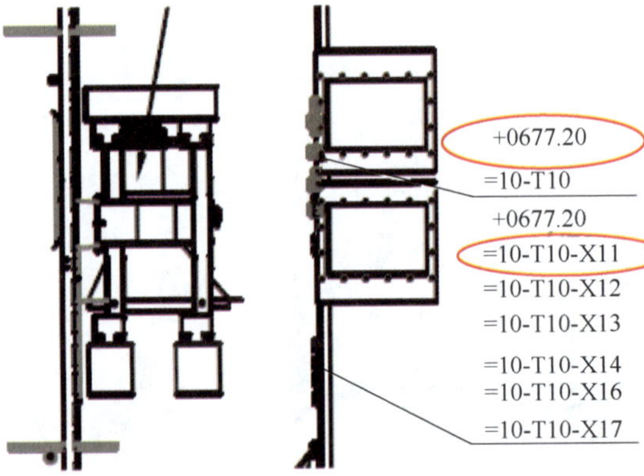

图 4-1-8　设备点位置查找

（2）布线表的应用

在图 4-1-9 所示布线表中，根据所划部位找到线束大概位置。例如上表中第一束线的部位是 C—Back，在二位端天花板处。再找到线束的起始路径如出口 VR3/B 或 CR4/B3。对照“06 车设备位置定义图”即可找到线束“6162”在车上的位置，如图 4-1-10 所示。

部位	序号	线束号	线根数	线束长度	起始位置	起始设备	名称	出口	出口长度	路径1	路径2	路径3	路径4	路径5	路径6	出口	出口长度	终止位置	终止设备	名称
C-Back	6162	06480649B001	1	10	+0648.14	=96-X242.06	电气柜			VR3/B	CR4/B1	CR4/B3	自由铺设（B类）			CR4/B3	1.50	+0649	=80-A14-X11	门控制装置
C-Back	6163	06480649C001	1	10.00	+0648.13	=24-A03-X2	电气柜			VR3/C	CR4/C1	CR4/C3	自由铺设（C类）			CR4/C3	1.50	+0649	=80-A14-K1-X9	门控制装置
C-Back	6164	06480667B004	7	12.00	+0648.12	=97-X242.63B	电气柜			VR3/B	CR4/B1	CR4/B3	CC4/B4	CC4/B2		CC4/B2	1.50	+0667.90	=96-X348.01	内顶板端子排
C-Back	6165	06480667E002	2	12.00	+0648.14	=96-X242.06	电气柜			VR3/B	CR4/B1	CR4/B3	CC4/B4	CC4/B2		CC4/B2	1.50	+0667.90	=96-X348.01	内顶板端子排
C-Back	6169	06590667B001	10	4.0	+0659	=80-A13-X11	门控制装置			CC4/B1	CC4/B2					CC4/B2	1.50	+0667.90	=96-X348.01	内顶板端子排
C-Back	6170	06670668B002	4	5.0	+0667.90	=96-X348.01	内顶板端子排	CC4/B2	1.5	CC4/B2	CC4/B1							+0668.90	=52-E53-X1	顶灯
C-Back	6212	06490659B001	1	7.00	+0649	=80-A14-X11	门控制装置	CR4/B2	1.50	CR4/B2	CR4/B3	CC4/B4	CC4/B1	CL3/B3	CL3/B2			+0659	=80-A13-X11	门控装置
C-Back	6213	06490659C001	1	7.0	+0649	=80-A14-K1-X7	门控制装置	CR4/C2	1.50	CR4/C2	CR4/C3	CC4/C4	CC4/C1	CL3/C3	CL3/C2			+0659	=80-A13-K2-X6	门控装置
C-Back	6214	06490667B001	9	6.0	+0649	=80-A14-X11	门控制装置			CR4/B2	CR4/B3	CC4/B4	CC4/B2			CC4/B2	1.5	+0667.90	=96-X348.01	内顶板端子排
C-Back	6215	06490667B004	1	6.0	+0649	=80-A14-X11	门控制装置			CR4/B2	CR4/B3	CC4/B4	CC4/B2			CC4/B2	1.5	+0667.90	=96-X348.01	内顶板端子排

图 4-1-9　布线表截图

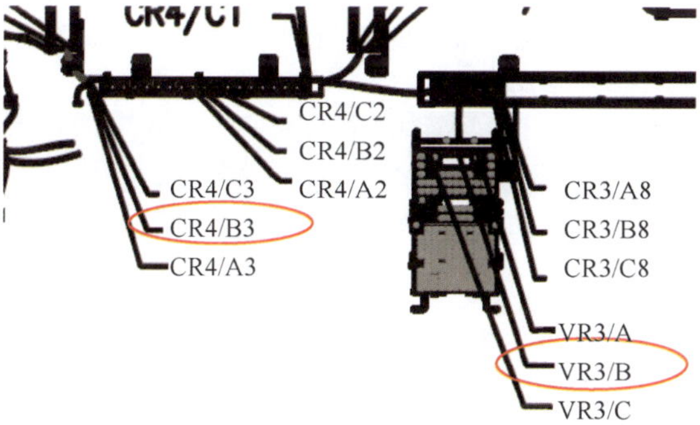

图 4-1-10　设备位置定义图

巩固与练习

一、判断题

1. "CL"代表的是左侧天花板。（　　）

2. "+0575.27"为区域位置。（　　）

3. 路径代码"CL1/A1"，CL1 表示从一位端开始左侧顶板位置的第一个线槽；A1 表示 A 电压等级的第一个出口。（　　）

4. 站在一位端面向二位端右手侧为一位侧，左手侧为二位侧。（　　）

5. 布线时电压等级分为 A、B、C 三个等级，所以线槽也分为 A、B、C 三个隔段。（　　）

二、填空题

1. 线槽的定义方式为线槽________、________、________。

2. 一、二位端判断：站在二位端面向一位端左手边为左侧，右手边为右侧。站在一位端面向二位端左手侧为________，右手侧为________。

学习任务二　车内布线

学习目标

1. 知识目标

(1)熟悉车内布线环境。

(2)掌握车内布线特点。

(3)掌握车内布线防护种类特点。

2. 能力目标

(1)会车辆内部布线的操作方法。

(2)具备根据技术资料完成车内线束布置的能力。

3. 素质目标

(1)培养学生爱岗敬业和团结协作的职业精神。

(2)培养学生动手能力和创新能力。

知识链接

一、车上布线

1. 概　　要

依区域,看表格,查序号,核线束;
位置图,要牢记,标电压,明等级;
找出口,留长度,循路径,抵终端;
线铺设,免交叉,施工时,禁踩踏;
端防护,须到位,C 槽处,屏蔽护;
屏蔽线,必接地,保美观,需谨记;
温感器,客室灯,扬声器,外显线,
预组装,甩到位,一次外,二次内;
软风道,得避让,顶板架,尽量绕;
横线槽,保尺寸,内端门,防干涉。

2. 内容诠释

(1)车上线槽布线之前,必须根据位置图在每个线槽隔段处标明电压等级 A、B、C 及线槽出口位置,避免布线过程中不同电压等级的导线布置在相同的线槽隔断内,如图 4-2-1 所示。

(2)根据区域核实布线表及此区域的线束,依照线束出口预留长度布置导线,如图 4-2-2 所示。

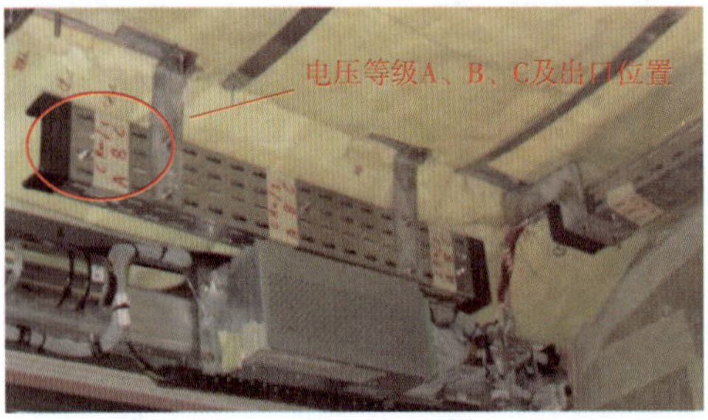

图 4-2-1　标明电压等级 A、B、C 及线槽出口位置

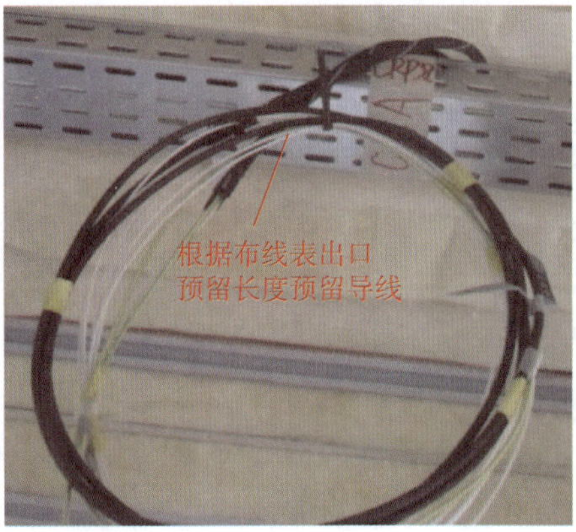

图 4-2-2　预留长度布置导线

(3)因为线槽内空间比较小,在铺设导线过程中应该尽量避免导线交叉,最大可能的降低线槽内线束的高度,防止扣盖时挤伤导线,如图 4-2-3 所示。

(4)严禁踩踏线束,为防止线束损伤,用扣板将布完线束的线槽隔离,这样可以有效防止人为或其他因素磕碰导线,如图 4-2-4 所示。

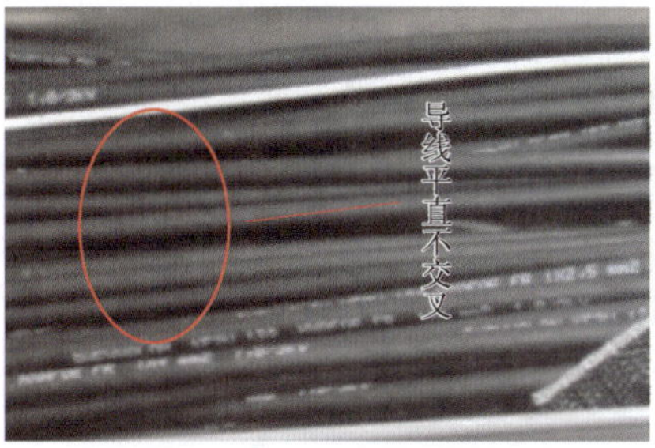

图 4-2-3 线槽导线布置

图 4-2-4 扣板隔离线槽

(5)将所有导线布置完成后,需要对线槽外部的导线进行防护,特别需要注意的是:从 C 槽出来的导线要用具有屏蔽功能的网管进行防护,并且必须将屏蔽线接地,如图 4-2-5 所示。

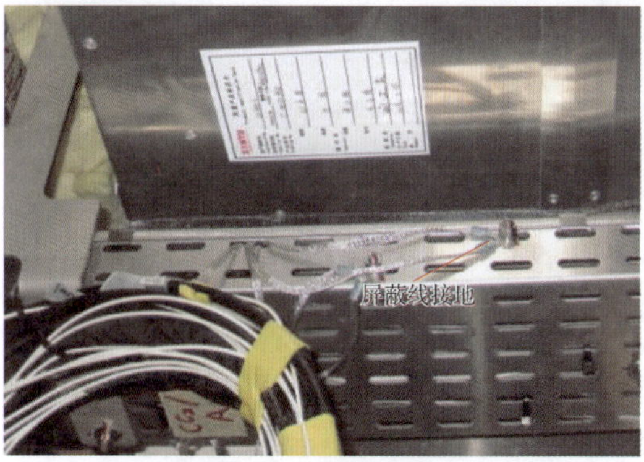

图 4-2-5 屏蔽线处理

(6)对于温度传感器、客室灯及扬声器、外部信息显示等车顶布置的电缆,必须在一次防寒工序完成后、二次防寒工序前进行铺设,如图 4-2-6 所示。

图 4-2-6 课室温度传感器、外显等导线布置

(7)在混合空气箱软风道区域布线时,必须使导线尽量平铺,同时尽量向车顶弯梁处靠拢,避免导线压坏风道,如图 4-2-7 所示。

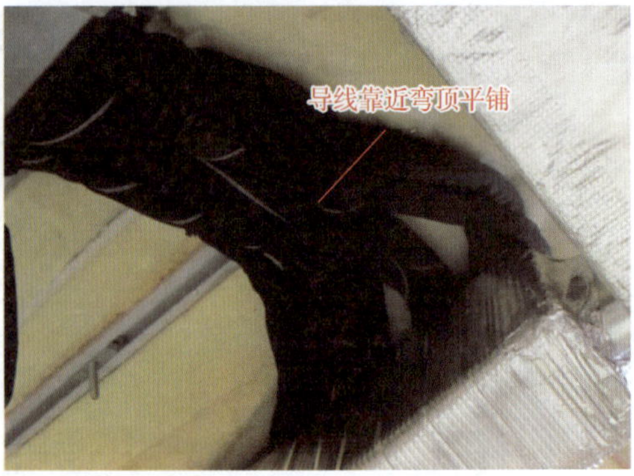

图 4-2-7 软风道区域布线

(8)线槽安装时必须使用激光墨线仪对线槽进行定位,禁止定位尺寸出现大的偏差,防止内端门、外端门、边顶板等安装时与线槽发生干涉。

(9)车顶天线、同轴电缆布线时必须满足电缆弯曲半径≥130 mm,以确保通信质量。

二、车内设备布线

1. 设备布线

车内设备布线按布线位置一般分为设备外布线和设备内布线。安装在内装结构或车体安装座上、质量不超过 5 kg 的电气设备上,例如:扬声器、动态地图、LCD 显示器等,一般采用设备外布线,如图 4-2-8 所示。

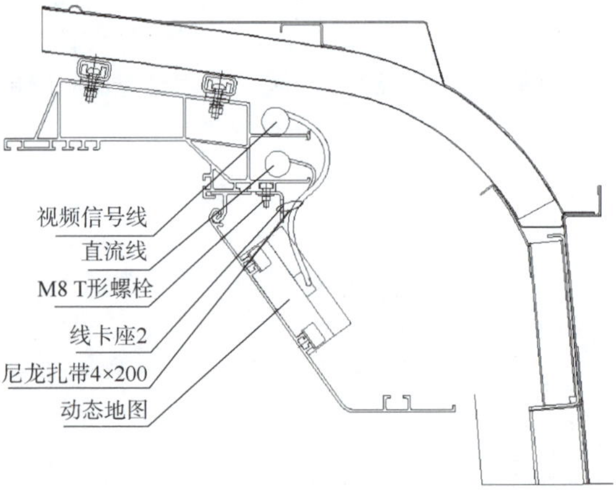

图 4-2-8 设备外布线示意图

控制柜、司机台、座椅下接线箱等大型电气设备,需要在设备内进行布线、分线,这一类,一般采用设备内布线,如图 4-2-9 所示。

2. 设备外布线

设备外布线的总体要求与车内布线一致,但有一些细节需要注意。

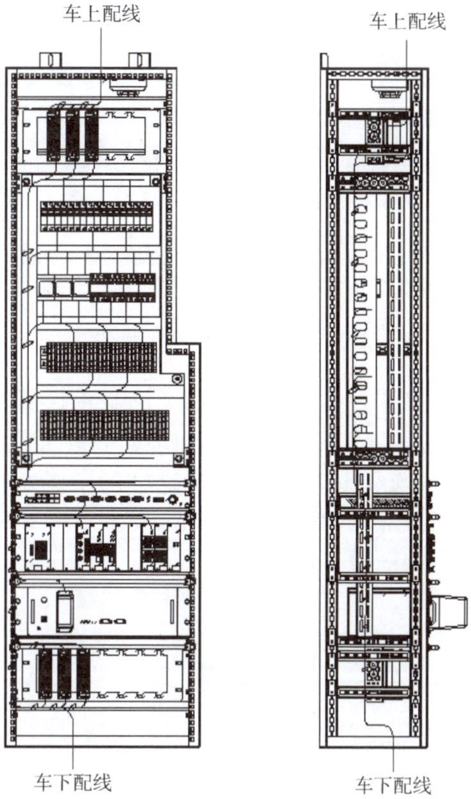

图 4-2-9　设备内布线示意图

经过折页类的结构的线束布线，需要在折页处附近设置线束固定点，以避免带折页的活动部件在打开和闭合时，对线束产生磨损。以图 4-2-10 为例，动态地图布线时，在侧顶板折页附近增加一线卡座，从而避免侧顶板在打开、闭合时，损伤线束。

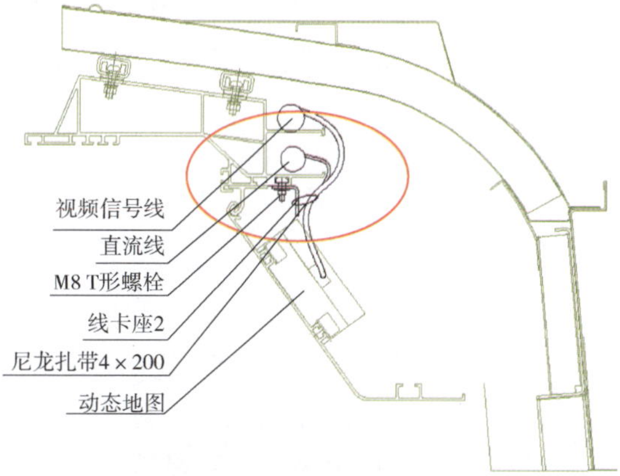

图 4-2-10　活动部位布线

(1)设备在接线点附近，设置一扎线固定点。避免车辆运行时，由于线束的颤动，导致连接器对接产生虚接现象，如图 4-2-11 所示。

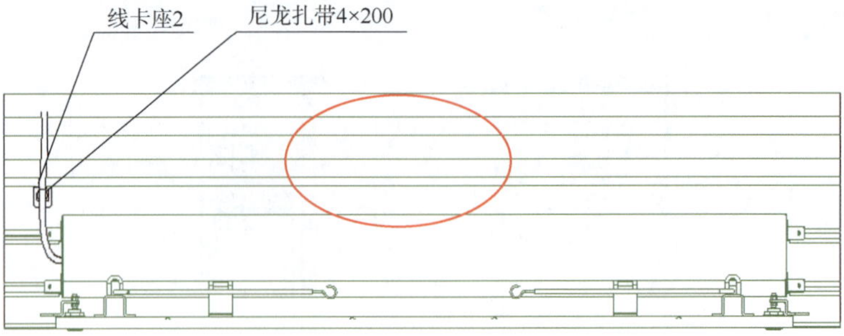

图 4-2-11　设备接线点附近布线

(2)设备接线时,需要预留线束余量的,由于接线空间狭小,造成预留线缆无处存放的,应按"反向布线法"进行线束固定。以安装在立罩板上的紧急报警器为例,接线时需要预留连接器在立罩板外对接的余量,而由于立罩板后有门板这样的活动部件,这样需要将接线余量上移,余量留在立罩板上方,如图 4-2-12 所示。

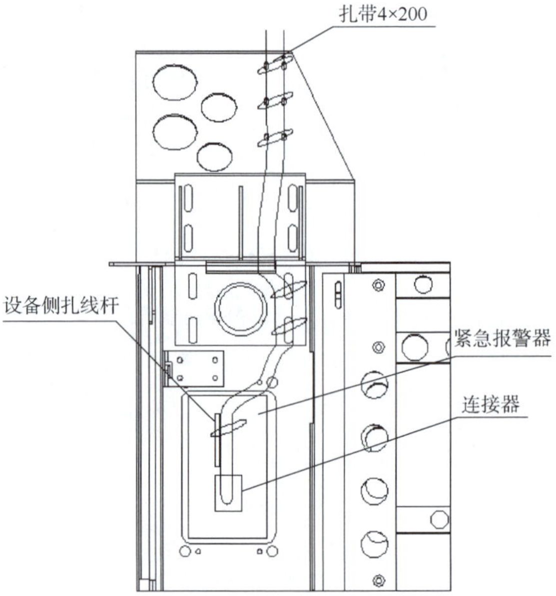

图 4-2-12　紧急报警器布线

"反向布线法"是先不固定线束,待连接器与设备对接完毕后,从设备侧开始逐一固定线束。以紧急报警器为例,先对接连接器,再安装设备,最后固定线束;固定线束的顺序是先固定设备侧扎线杆处的线束,再固定上部扎线处的线束。

3. 设备内布线

(1)核线和分束

将布到电器柜位置的线缆根据接线表进行核线,确定线缆的线型、线径是否正确,是否存在少线、短线的情况,如发现问题应及时处理,若实际线缆信息无误,则在接线表线号列右半格用笔打"√"做标记。

在核线的同时，根据线缆的接线位置，将相同设备、相同路径的线缆分成同一线束，根据分线线束的粗细使用相应规格的尼龙编织网管进行保护。如果线束过粗，可分几束进行捆扎保护。捆扎时，编织网管端部内翻，内翻长度不小于 50 mm，在端部用扎带进行锁紧，如图 4-2-13 所示。

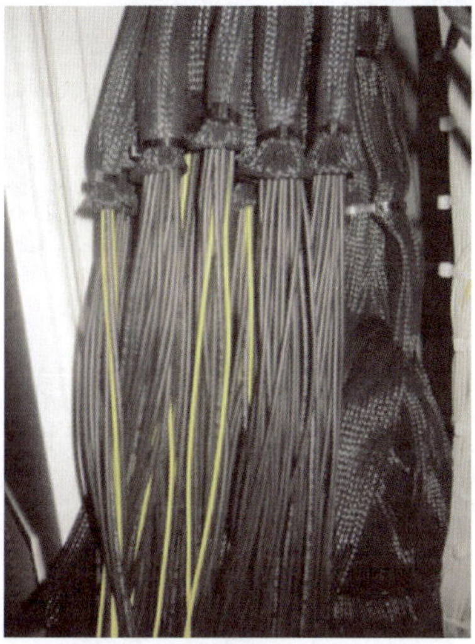

图 4-2-13　分线保护示意

(2)路径上线缆处理

将防护好的线束用扎带捆扎在走线位置上，每 100 mm 至少捆扎一次。交、直流单独走线，捆扎在不同的扎线杆上。屏柜内走线应整齐美观，线束转弯处弧度圆滑。作为线束保护使用的尼龙网管的长度应超出整个走线路径。线束路径中过梁及棱角处要使用橡胶板在网管外保护，并且要求捆扎橡胶板的扎带不少于两道，如图 4-2-14 所示。

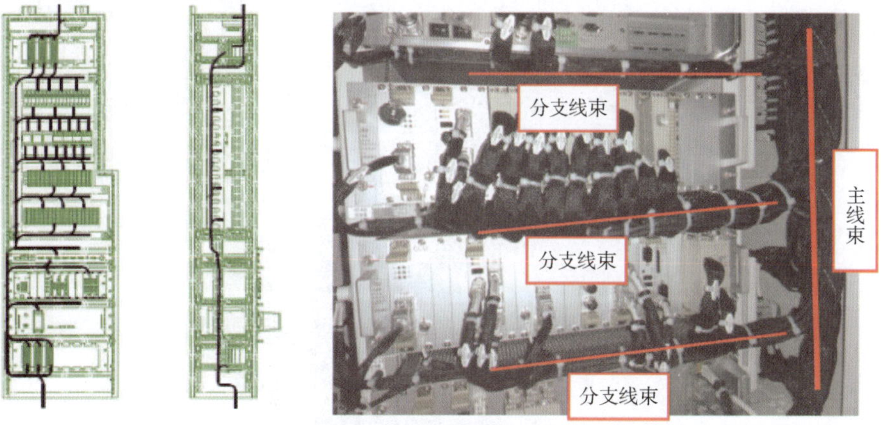

图 4-2-14　路径上线缆处理

①线槽内走线或者端子排分线扎线杆的位置不使用编织网管防护，但要求线槽外的线束进入线槽位置的尼龙网管进入线槽的长度不小于 20 mm。防护到线槽进口处尼龙网管在端部需内翻，并用扎带扎紧。任何位置不允许线束与其他物体存在刮蹭现象，如图 4-2-15 所示。

图 4-2-15　端子排分线示意

②线缆在接入设备前要设置固定点，用于保护线缆的尼龙编织网管长度应超出该固定点位置。根据设备接口与固定点之间的距离以及连接器的结构不同，线缆的预留长度也有所不同。总体要求从固定点到设备接口之间的线缆弧度圆滑，线缆本身与任何物体无刮蹭现象，如图 4-2-16 所示。

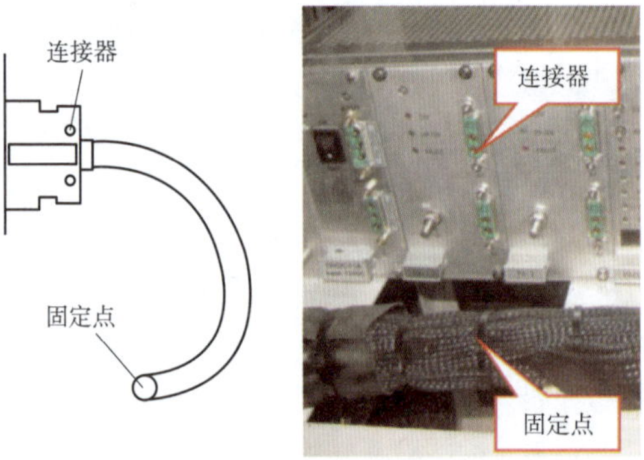

图 4-2-16　连接器分线示意

③备用线预留长度需要满足到达柜内最远终端的长度，将备用线捆扎到电气屏柜侧面扎线杆上，线号热缩整齐，端部绝缘处理良好，用扎带固定做好防护，预留位置便于校线。校线完成后在每根导线端部使用黄色热缩管缩封处理，如图 4-2-17 所示。

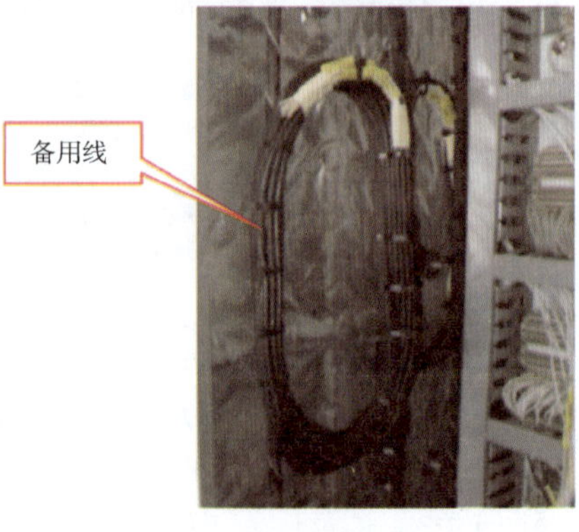

图 4-2-17　备用线处理示意

巩固与练习

一、填空题

1. 车上线槽布线之前，必须根据位置图，在每个线槽隔段处标明电压等级 A、________、C 及线槽出口位置。

2. 因为线槽内空间比较小，在铺设导线过程中应该尽量避免导线交叉，最大可能地降低线槽内线束的________，防止扣盖时挤伤导线。

3. 从 C 槽出来的导线要用具有屏蔽功能的网管进行防护，而且必须将屏蔽线________。

4. 车顶天线、同轴电缆布线时必须满足电缆弯曲半径≥________ mm，以确保通信质量。

5. 设备外布线时，经过折页类结构的线束布线，需要在折页处附近设置线束________，以避免带折页的活动部件在打开和闭合时，对线束产生磨损。

6. 备用线校线完成后在每根导线端部使用________色热缩管缩封处理。

学习任务三　车外布线

学习目标

1. 知识目标

(1)掌握车外布线总体要求与注意事项。

(2)掌握车外布线特点。

(3)掌握布线防护种类特点和操作方法。

2. 能力目标

(1)会布线工具的使用方法和应用场合。

(2)具备车外布线的能力。

3. 素质目标

(1)培养学生动手能力和社会责任心。

(2)培养学生质量意识、安全意识。

知识链接

一、线槽布线

1. 清理线槽

线槽布线前，需对线槽内部进行清洁处理。一般使用擦布配合工业酒精，将线槽内部整体擦拭一遍，从而避免易损伤线缆，绝缘层的铁屑、沙粒等在线槽内残留，如图 4-3-1 所示。

2. 线槽内防护

(1)将铆钉和焊缝处用铝箔胶带粘贴好，如图 4-3-2、图 4-3-3 所示。

(2)C 槽出线口的位置用边缘防护和铝箔胶带防护，如图 4-3-4 所示。

3. 出线位标注

在线槽上标注车型、电压等级、出线口位置，如图 4-3-5 所示。

图 4-3-1　清理线槽

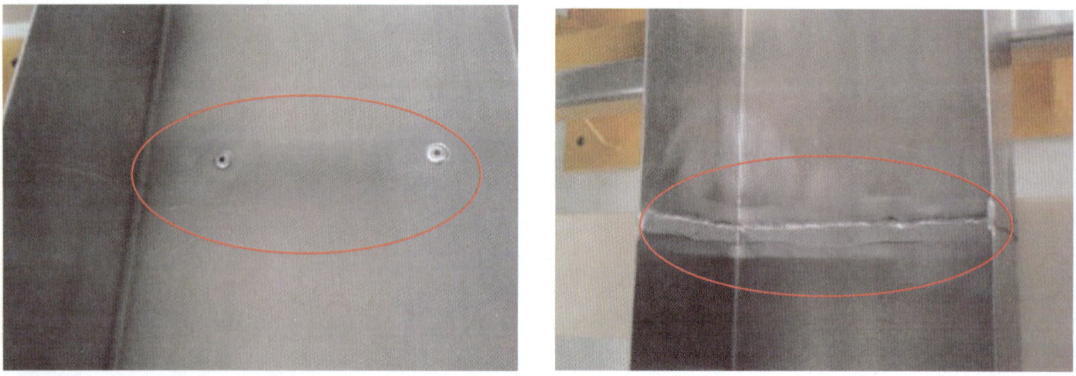

图 4-3-2　铆钉和焊缝

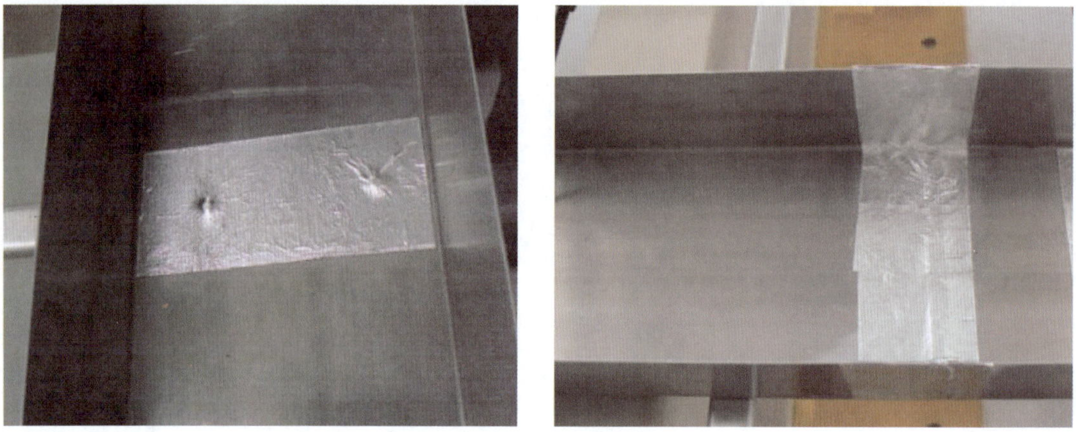

图 4-3-3　使用铝箔胶带粘好

4. 线槽内布线

(1)准备预组装连接器插头和线槽内线束,如图 4-3-6 所示。

(2)根据布线表,量取每处出线点的预留长度,并用黄色胶带做标记,如图 4-3-7 所示。

图 4-3-4　出线口防护

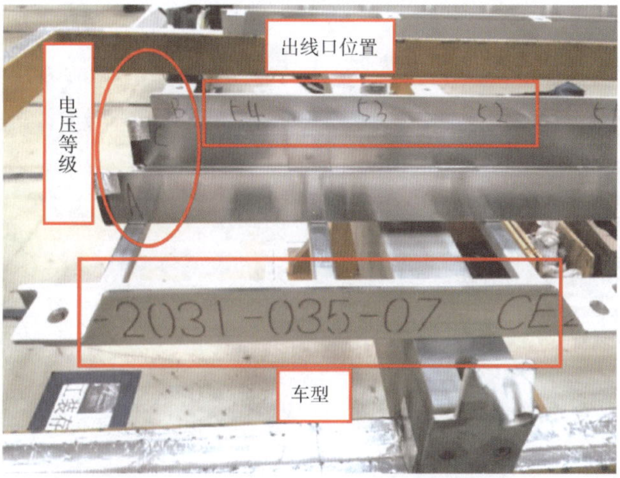

图 4-3-5　标注车型、电压等级、出线口位置

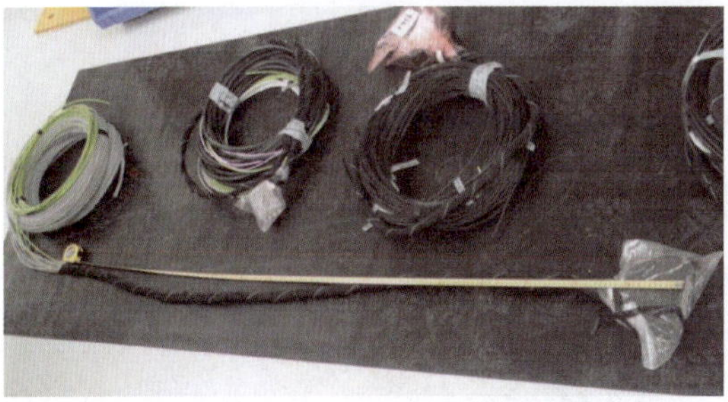

图 4-3-6　准备线槽内线束

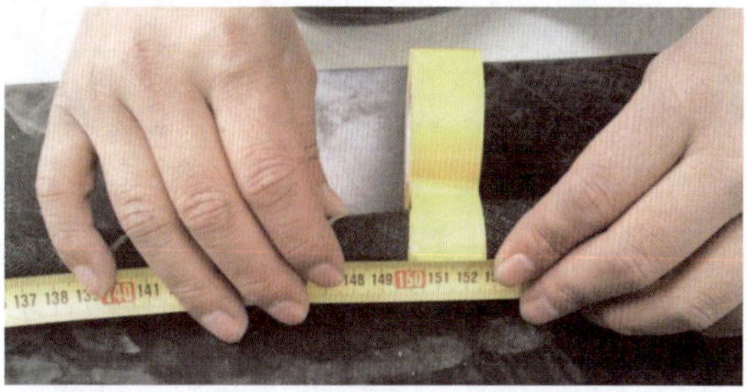

图 4-3-7　标记出线点预留长度

(3)将标记完出线点预留长度的线束，按布线表放置到线槽内。线槽内的线束要平顺，避免交叉，如图 4-3-8 所示。

(4)将另一端出口的线束盘成线圈放置在挂线钩上，如图 4-3-9 所示。

(5)将从出线口出去的线束用尼龙编织网进行防护，如图 4-3-10 所示。

图 4-3-8　线束步置到线槽内

图 4-3-9　线槽出口线束防护

(6)根据布线表核对线束,如图 4-3-11 所示。

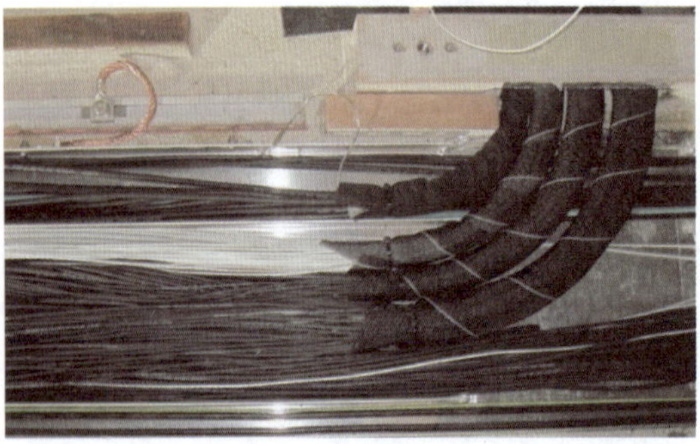

图 4-3-10　线束防护

图 4-3-11　核对线束

(7)用扎带将线束固定到线槽扎线板上,如图 4-3-12 所示。

(8)将布好线的线槽做整体防护,如图 4-3-13 所示。

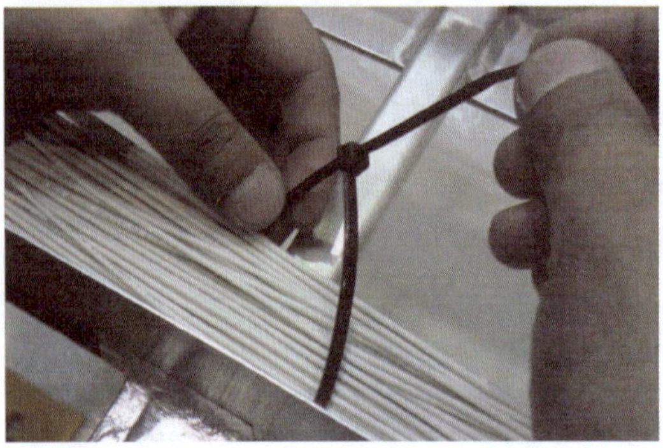

图 4-3-12　用扎带将线束固定

图 4-3-13　整体防护

二、型腔穿线

1. 检查型腔口是否光滑

检查每个型腔出线口,确保其边缘光滑无棱角,如图 4-3-14 所示。

图 4-3-14　检查型腔出线口

2. 穿入电缆引线,清理型腔

清理型腔时要按照顺序依次从左侧往右侧吹或从右侧往左侧吹。要求至少清理 3 遍直到腔内无杂物,如图 4-3-15 所示。

图 4-3-15　清理杂物

3. 布　　线

(1)在地面上铺设橡胶板,把线束展开。根据布线表将同一型腔的线束一起穿入型腔,如图 4-3-16 所示。

图 4-3-16　平铺橡胶板保护线束

(2)正三角形状的型腔称为正腔,形状为倒三角的型腔称为倒腔,穿线时要注意线束不能较劲。在往倒腔里穿线时注意线束绑扎形状与腔体一致。穿线前注意线束端部的防护,如图 4-3-17 所示。

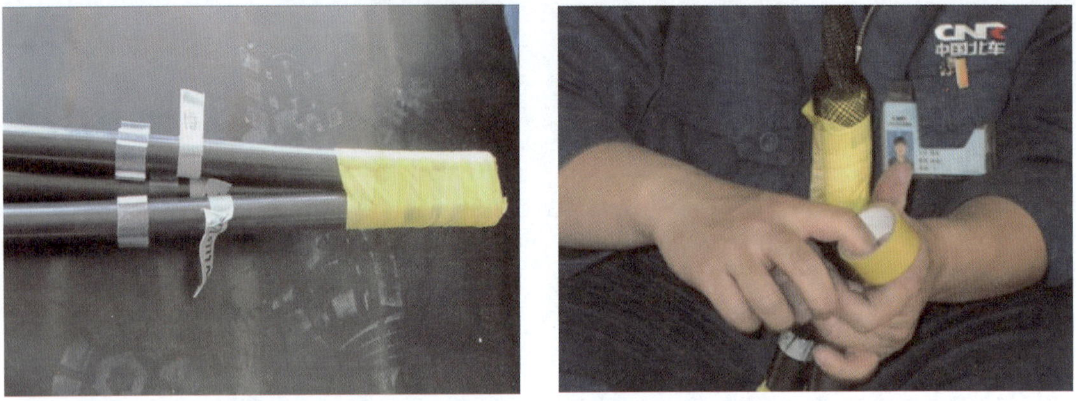

图 4-3-17　线束端部防护

(3)穿线时,为减小型腔内壁对线束的摩擦力,需要涂抹润滑脂,如图 4-3-18 所示。

图 4-3-18　涂抹润滑油

(4)线束穿入型腔后,要求在型腔出口处用尼龙编织网管对线束进行防护。防护长度要求:尼龙编织网管进入到型腔内部长度为 200～300 mm,并且要用铝纤维胶带将编织网缠绕在电线上,严禁使用扎带捆扎。露在型腔外的尼龙编织网管长度为 200～300 mm,要求用扎带固定,两个扎带距离 200 mm,如图 4-3-19 所示。

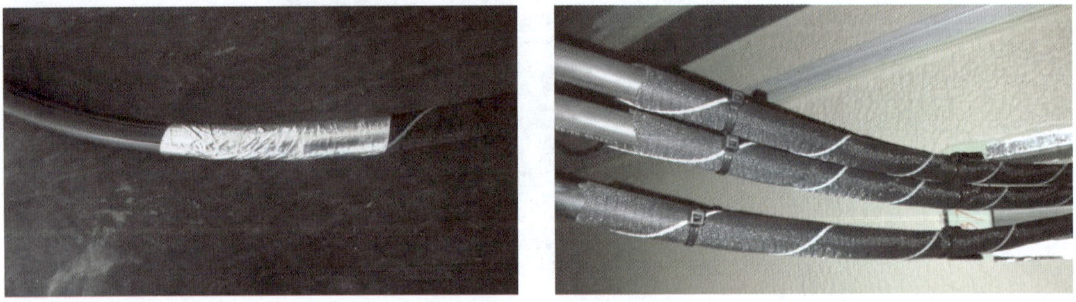

图 4-3-19　线束防护

注意：穿线过程中线束上固定尼龙编织网管的扎带要用厚壁胶带防护，以免划伤线束。腔外防护长度要一致，如图 4-3-20 所示。

图 4-3-20　厚壁胶带防护扎带处

4. 线束悬挂防护

布完线后用 J 型挂线工装将线束挂在车体下，以防止线束直接与地面接触，如图 4-3-21 所示。

图 4-3-21　线束悬挂防护

三、接头布线

1. 非屏蔽电线接头布线

(1)电线接头的安装。将螺母与电缆接头分解，使用可调扳手夹紧螺母，使用开口扳手在分线箱外侧进行紧固，如图 4-3-22 所示。

(2)电线接头线束固定。按布线表预留电缆长度后，使用开口扳手紧固金属电缆接头并涂打防松标记。

注意：在空间允许的情况下，线束进入接头方向应保证垂直；金属电缆接头白色密封件挤出 1～2 mm 为合格，如图 4-3-23 所示。

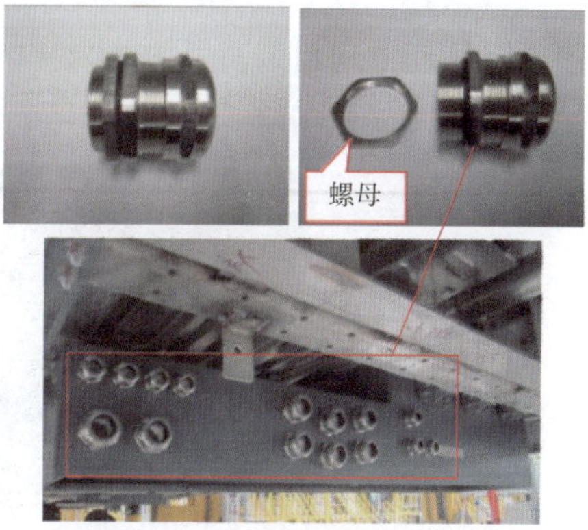

图 4-3-22　电线接头的安装

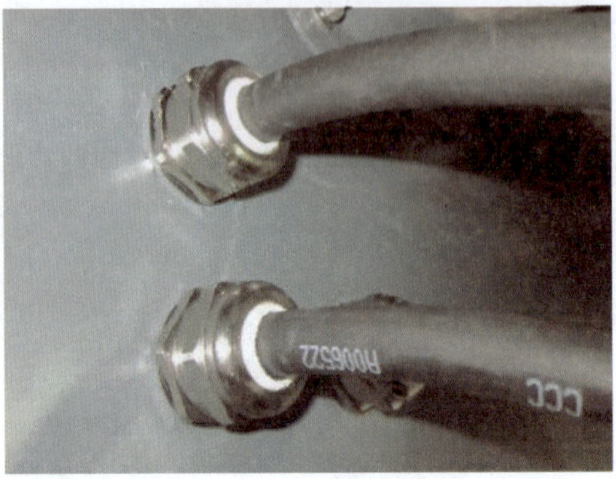

图 4-3-23　非屏蔽电线接头的线束固定

2. 屏蔽电线接头布线

(1)根据布线表,将需要屏蔽保护的线路穿到相应的屏蔽网内,如图 4-3-24 所示。

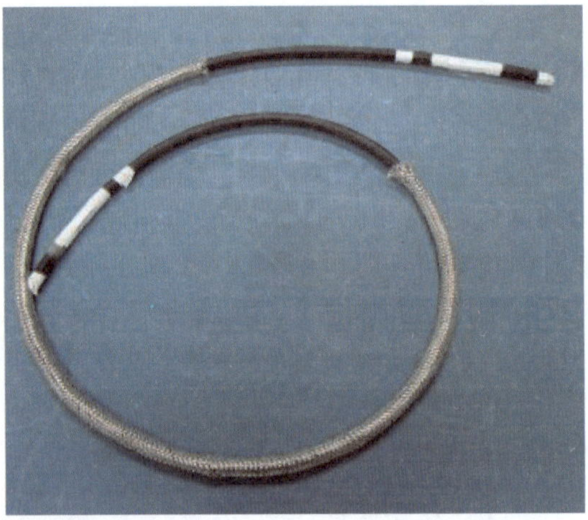

图 4-3-24　线缆穿屏蔽网保护

(2)将屏蔽网管夹在公环母环之间。使用电工剪刀修剪屏蔽网,使屏蔽网与屏蔽公环外沿平齐。使用开口扳手将电缆接头紧固后涂打防松标记。

注意:紧固时应保证屏蔽网管不转动,如图 4-3-25 所示。

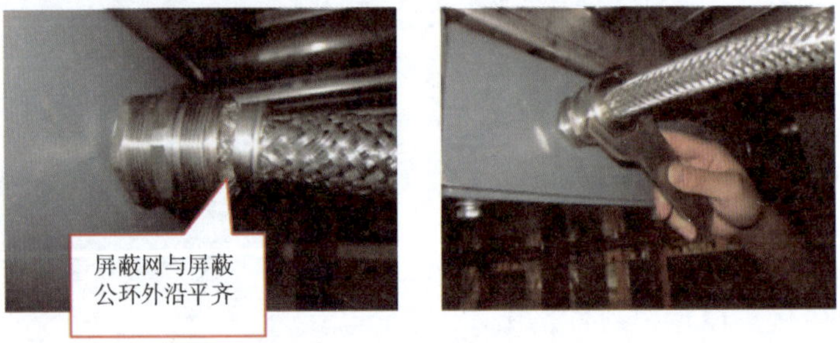

图 4-3-25　屏蔽电线接头的线束固定

3. 尼龙网管接头布线

(1)使用尼龙软管切割刀切割尼龙软管，将线管的两端修理平整防止穿线时伤线，如图 4-3-26 所示。

(2)将软管接头自带的密封帽充分包裹住软管的末端，确保安装面无缝隙，如图 4-3-27 所示。

图 4-3-26　尼龙网管端面处理

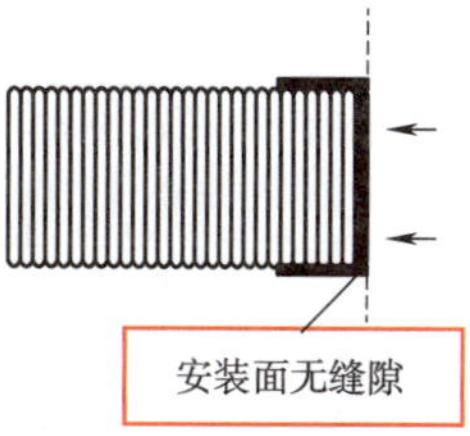

图 4-3-27　密封帽安装(一)

(3)将带有密封帽的软管连同线束充分地插入管接头内，直到在管接头的锁紧窗格中看不到密封帽为止，如图 4-3-28 所示。

(4)将椭圆型的夹子充分地插入到管接头中，确保管夹缺口部分位于软管一侧，如图 4-3-29 所示。

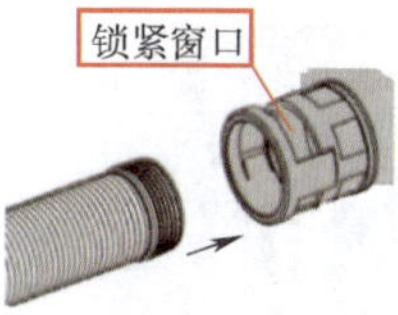

图 4-3-28　密封帽安装(二)

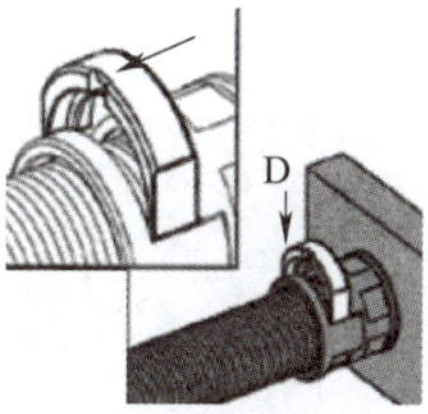

图 4-3-29　尼龙软管固定

四、接线箱内布线

1. 核线与分线

将从车下线槽铺设过来的线束、从车下通往车上电气柜的线束以及车端箱连接器到端子排之间的环线这三路线束分别理顺，根据接线表进行核线，确定线缆的线型、线径是否正确，是否存在少线、短线的情况，如发现问题应及时处理。

在核线的同时，根据线缆的接线位置，将相同设备点、相同路径的线缆分成同一线束，用扎带固定在扎线杆上。为了保护线缆不受磨损，线管出线口处使用橡胶垫将线束包裹，如图 4-3-30 所示。

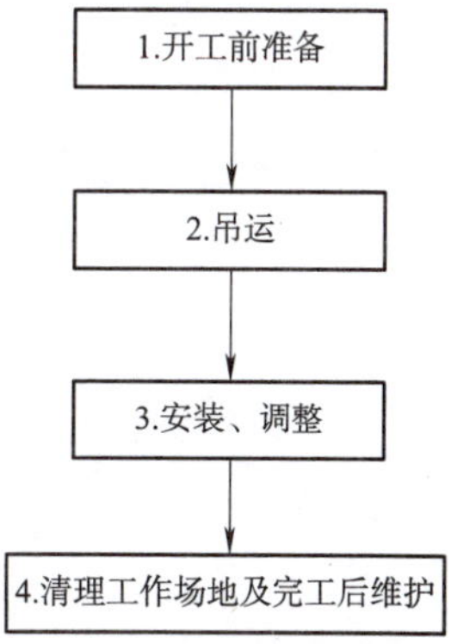

图 4-3-30　核线和分线

2. 端子排分线、打把

(1)根据接线表和端子排图纸，将每个端子排的线束分别从端子排的两侧扎线杆进行码线打把。注意应从一个端子排的一侧，且端子排两端向中心进行双向打把，如图 4-3-31 所示。

图 4-3-31　端子排分线、打把(一)

(2)扎线杆上的线缆要求捆扎顺畅，外观整齐，出线密集的地方每出 4～6 根线用扎带捆扎一次，出线稀少的地方平均每 50 mm 至少捆扎一次。当两端相向打把的线束汇集到端子排中间部位时，两路线束继续向前码线，将先前的扎带剪断，新增线束码到位置出线后，重新用扎带固定，固定方法仍遵循“出线密集的地方每出 4～6 根线用扎带捆扎一次，出线稀少的地方平均每 50 mm 至少捆扎一次”的规则。为了保证美观，扎带捆扎间隙应尽量均匀。按照此种方法将其他端子排线束进行打把，如图 4-3-32 所示。

注意：扎带头朝向略微向上，避免磨线。

图 4-3-32　端子排分线、打把(二)

3. 备用线处理

(1)剪取一段 20 mm 长热缩管，将热缩管一半套入备用线，另一半悬空。用热风机吹缩，悬空部分进行夹扁处理，如图 4-3-33 所示。

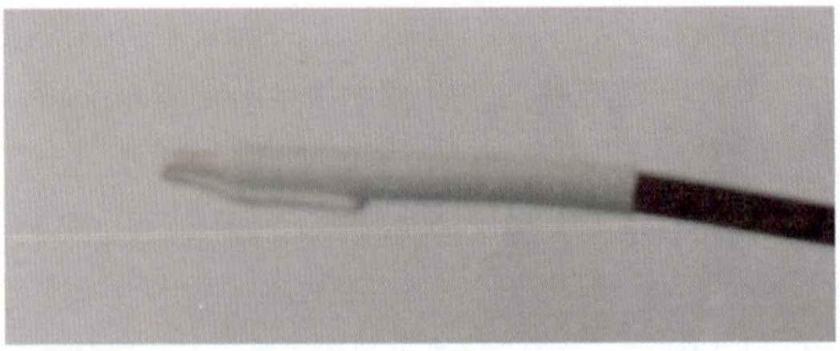

图 4-3-33　备用线端部处理

(2)将所有备用线捋顺后盘成直径 150 mm 左右的线圈，固定在扎线杆上，如图 4-3-34 所示。

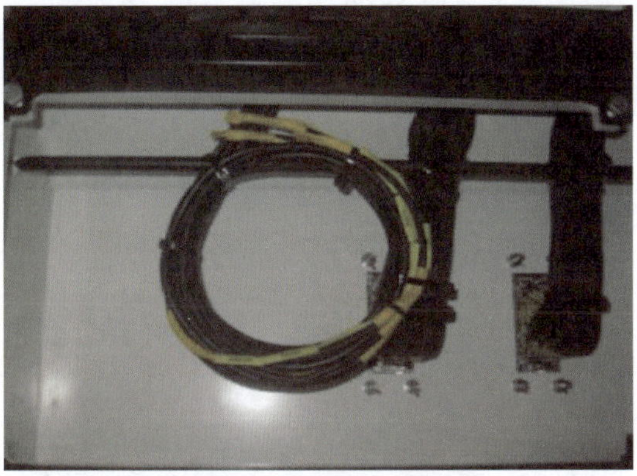

图 4-3-34　备用线固定

五、分线箱内布线

(1)剪取长、宽为 150～200 mm 的阻燃橡胶板在线管与分线箱线连接处进行防护，使用至少一根扎带进行固定。剪取宽度 50～70 mm 的阻燃橡胶板对扎线杆下方的线束进行防护。使用扎带采用十字交叉方式将线束固定在扎线杆上，如图 4-3-35 所示。

注意：

①阻燃橡胶板至少缠绕线束一周半。

②阻燃橡胶板保证绑扎牢固。

③扎带扣方向保持一致。

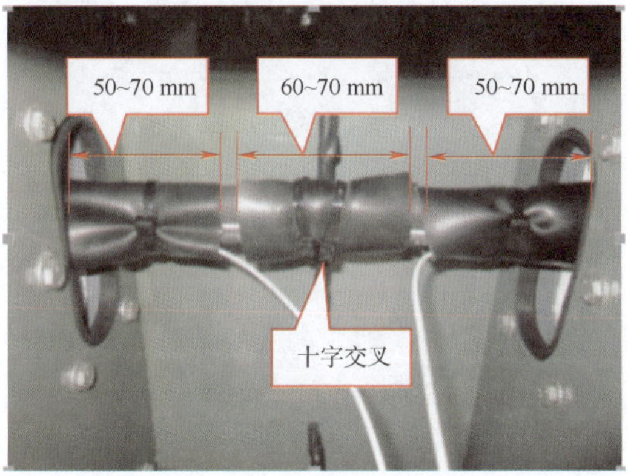

图 4-3-35　分线箱分线(一)

(2)根据分线箱出线口对应的设备点将线束穿过电缆接头。剪取 50～70 mm 长的阻燃橡胶板对电缆接头处的线束进行防护，使用扎带进行固定，如图 4-3-36 所示。

注意：

①橡胶板应缠绕线束一周半以上。

②对于塑料接头只需对分线箱外侧进行防护。

③线束内的单根线应理顺无交叉。

④分线箱内部线束使用扎带进行固定，间隔距离 200～300 mm。

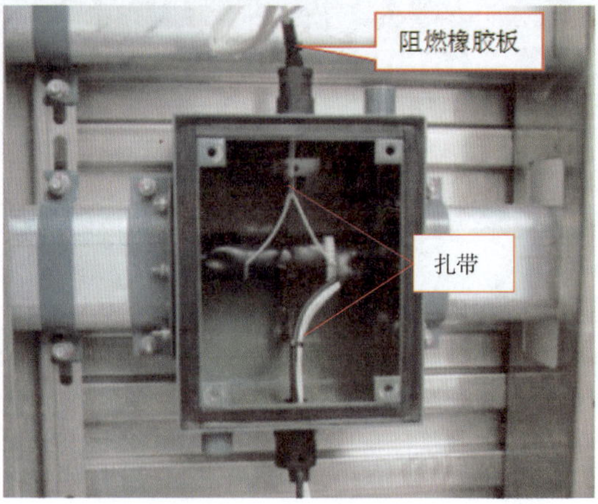

图 4-3-36　分线箱分线（二）

（3）大线在分线箱内穿线：对照图纸中分线箱各出线口的线号，将大线从相应的电缆接头中穿出。剪取 200～250 mm 长阻燃橡胶板将线束防护后绑扎在扎线杆上，如图 4-3-37 所示。

注意：

①吊在扎线杆上的线束使用 8 mm 扎带固定。

②大线之间禁止交叉。

③阻燃橡胶板包裹线束一周以上。

图 4-3-37　分线箱分线（三）

六、接地线布线

（1）准备地线安装所用物料，如图 4-3-38 所示。注意：地线紧固件采用双平垫、一弹垫。

（2）将安装螺栓螺纹表面均匀涂抹防锈膏，如图 4-3-39 所示。

（3）根据图纸将接地卡安装在线管上。使用棘轮扳手进行紧固，到弹垫拧平为止。涂打防松标记，如图 4-3-40 所示。

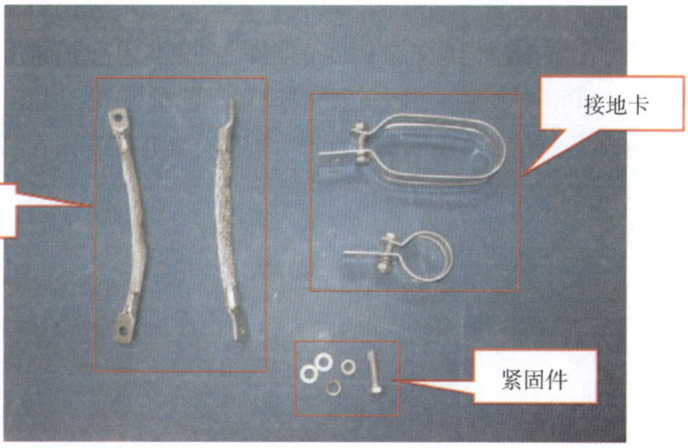

图 4-3-38　接地料件

注意：

①地线安装后保证不受力。

②地线卡上的螺母保证在同一侧。

③地线与接地卡连接处位于螺母一侧。

④地线与接地座连接处位于接地面一侧。

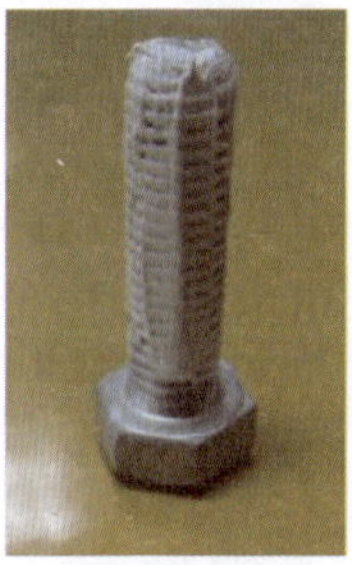

图 4-3-39　接地紧固件处理

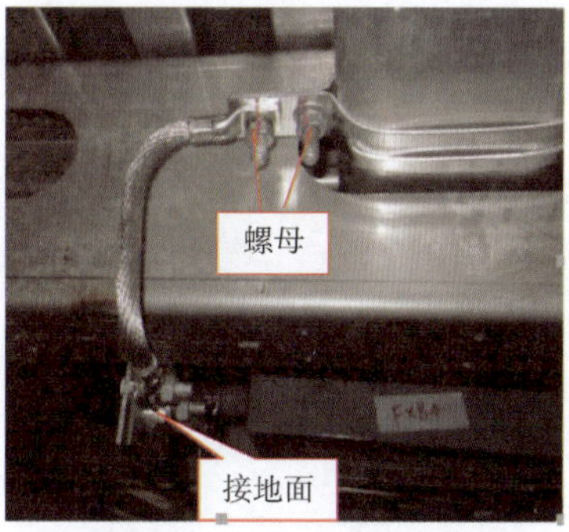

图 4-3-40　接地线处理

巩固与练习

一、填空题

1. 车外线槽布线前，需对线槽内部进行清洁处理，一般使用擦布配合________。

2. 车外线槽布线时，将铆钉和焊缝处用________粘贴好。

3. 型腔穿线：正三角形状的型腔称为________腔，形状为倒三角的型腔称为________，穿线时要注意线束不能较劲。

4. 接线箱内布线时，为了保护线缆不受磨损，线管出线口处使用________ 将线束包裹。

5. 分线箱内布线时，将所有备用线捋顺后盘成直径________ mm 左右的线圈，固定在扎线杆上。

二、判断题

1. 车外线槽布线时，将从出线口出去的线束用尼龙编织网进行防护。（　　）
2. 型腔穿线时，为减小型腔内壁对线束的摩擦力，需要涂抹润滑油。（　　）
3. 金属电缆接头白色密封件挤出 0～2 mm 为合格。（　　）
4. 接地线紧固后可不涂打防松标记。（　　）

学习任务四　转向架和活动电缆布线

学习目标

1. 知识目标

(1)掌握转向架布线特点。

(2)掌握转向架布线防护种类特点和操作方法。

(3)掌握布线工具、工装特点。

(4)掌握车辆活动部位电缆的连接的方式。

(5)熟练掌握“眼镜式捆扎法。

2. 能力目标

(1)会布线工具的使用方法和应用场合。

(2)具备转向架布线的能力。

(3)具备车辆活动部位电缆布线的能力。

3. 素质目标

(1)培养学生动手能力和社会责任心。

(2)培养学生质量意识、安全意识。

知识链接

一、构架接地

构架接地，一般采用非成品接地线，线缆长度由图纸明确。构架接地流程见图 4-4-1 所示。

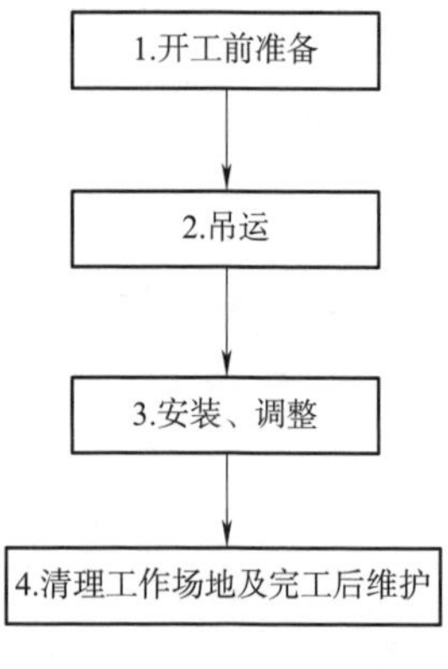

图 4-4-1　构架接地流程

注意：

(1)端子安装时的朝向符合图纸要求，避免与构架直接接触。

(2)保证车辆过曲线时，接地线不会与端子脱离。

(3)按图使用力矩扳手固定接地线，并涂打防松标记。

二、轴端接地

轴端接地，一般采用非成品接地线，线缆长度由图纸明确。在轴端接地点附近，一般使用线夹板固定线束，避免线缆的摆动对端子压接点的损伤，如图 4-4-2 所示。

注意：

(1)端子安装时的朝向符合图纸要求，避免与构架直接接触。

(2)保证车辆过曲线时，接地线不会与端子脱离。

(3)按图使用力矩扳手固定接地线，并涂打防松标记。

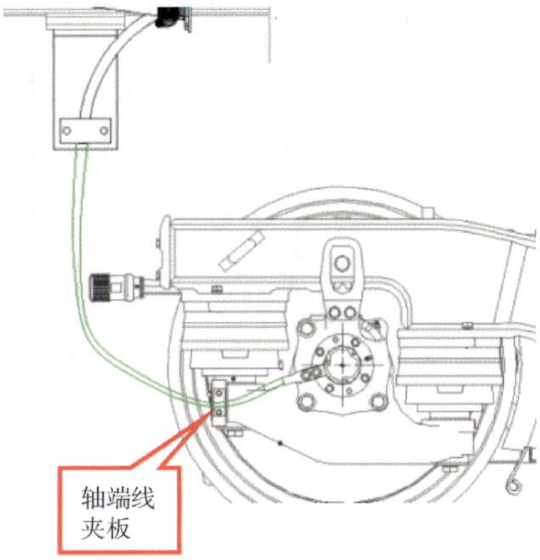

图 4-4-2　轴端接地

三、传感器布线

传感器布线，一般采用成品线，线缆长度由图纸明确。在传感器附近，一般使用线夹板固定线束，避免线缆的摆动对传感器接线点的损伤，如图 4-4-3 所示。

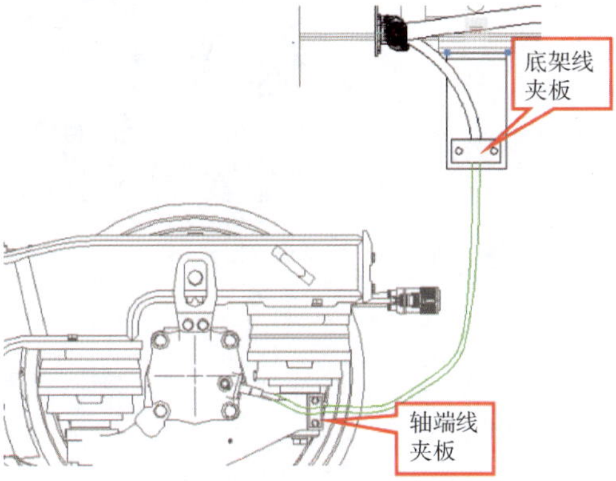

图 4-4-3　传感器布线

四、软管布线

软管在转向架上布线一般使用管卡固定，空间允许的情况下，也可使用线夹板固定。软管布线的要求与车下布线要求一致，如图 4-4-4 所示。

五、连挂线布线

1. 线夹板安装

为避免两车之间连挂线安装后，由于车辆运行的震动，造成连挂线从端部连接器脱离，一

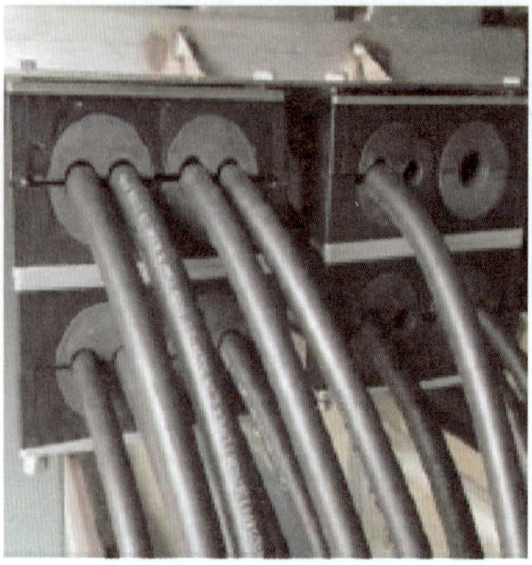

图 4-4-4　软管布线

般在车端接线箱外的车体上，安装固定连挂线的线夹板，如图 4-4-5 所示。

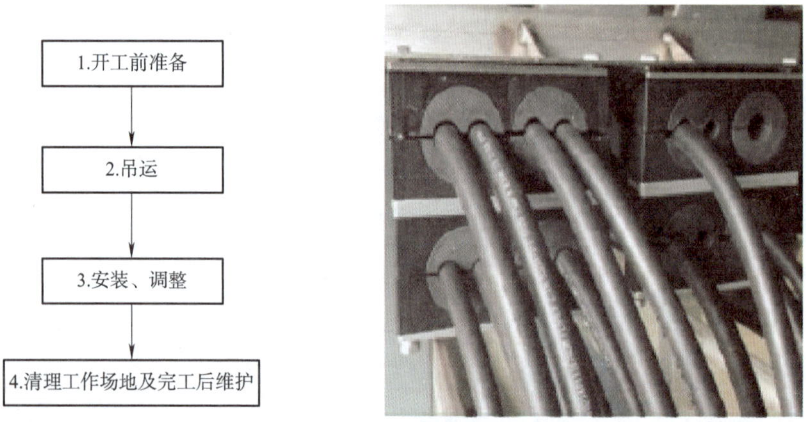

图 4-4-5　线夹板安装

2. 线束之间固定

为避免车辆运行时，连挂线的摆动造成连挂线之间的磨损，一般需要将连挂线两两之间固定。常见的固定方式有“眼镜式捆扎”和管卡连接。管卡连接属于机械连接，下面将主要介绍“眼镜式捆扎”。

“眼镜式捆扎”高压线缆的防护。在高压线缆下垂圆弧的中间部分，需要夹布胶管保护区域，使用黑色 3M 胶带缠绕 2～3 周；然后使用宽为 12～16 cm 夹布胶管包裹胶带缠绕区域，同样用夹布胶管缠绕 2～3 周，然后使用扎带捆扎，如图 4-4-6 所示。

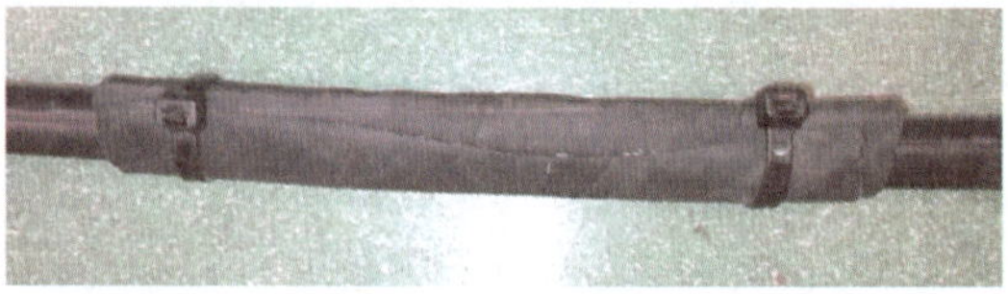

图 4-4-6　高压电缆防护

步骤一：用两根扎带首尾穿在一起，如图 4-4-7 所示。

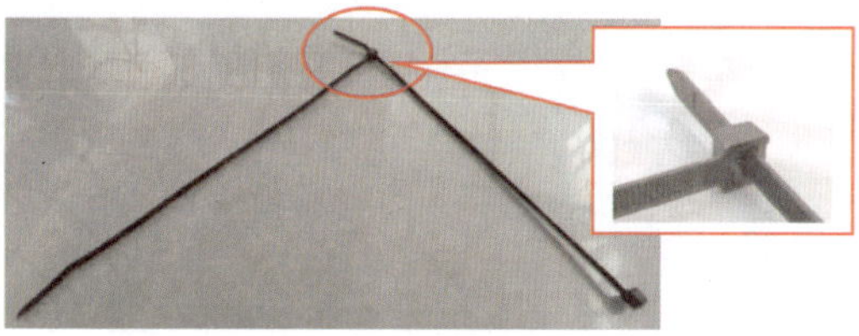

图 4-4-7　“眼镜式捆扎”步骤一

步骤二：使用上述首尾扎带好的扎带捆扎。要求不要捆扎太紧，软管之间距离控制在 3～8 cm，如图 4-4-8 所示。

步骤三：软管之间，都捆扎扎带，如图 4-4-9 所示。

图 4-4-8　“眼镜式捆扎”步骤二

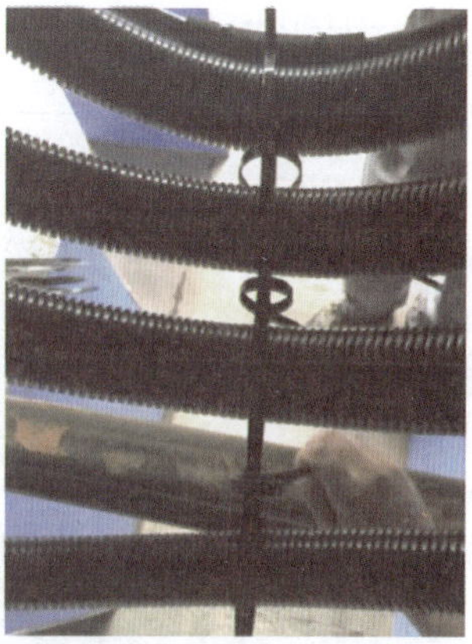

图 4-4-9　“眼镜式捆扎”步骤三

步骤四：将软管之间的扎带捆扎后，再将首尾扎带捆扎，如图 4-4-10 所示。

步骤五：使用扎带枪将扎带剪掉。要求软管左右晃动，软管之间不能单独窜动，如图 4-4-11 所示。

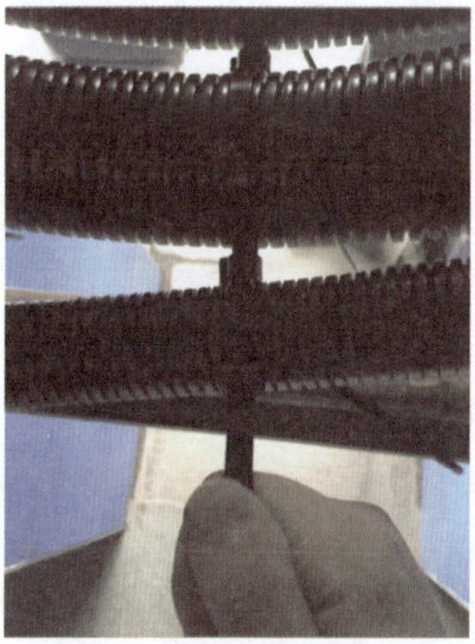

图 4-4-10　“眼镜式捆扎”步骤四

图 4-4-11　“眼镜式捆扎”步骤五

六、转向架电机线布线(主电动机布线)

(1)主电动机引出线(3根)使用薄壁夹布胶管对缠绕胶带的位置进行保护。在高压线缆下垂圆弧的中间部分,需要夹布胶管保护区域,使用黑色3M胶带缠绕2～3周;然后使用宽为12～16 cm夹布胶管包裹胶带缠绕区域,同样用夹布胶管缠绕2～3周,然后使用扎带如图4-4-12所示捆扎。

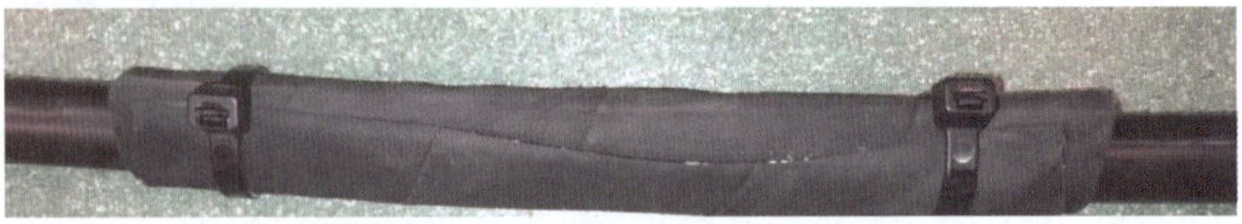

图4-4-12　主电动机引出线防护

(2)使用尼龙扎带或管卡(喉箍)进行"眼镜式捆扎",如图4-4-13所示。

图4-4-13　转向架电机布线

巩固与练习

一、判断题

1. 构架接地,一般采用成品接地线,线缆长度由图纸明确。 (　　)

2. 在轴端接地点附近,一般使用线夹板固定线束,避免线缆的摆动对端子压接点的损伤。 (　　)

3. 软管在转向架上布线一般使用管卡固定,空间允许的情况下,也可使用线夹板固定。(　　)

4. 活动电缆常见的固定方式有"眼镜式捆扎"和线夹板连接。 (　　)

5. 活动电缆的"眼镜式捆扎"方式,可不使用夹布胶管对线束进行防护,直接将扎带捆扎在线缆上。 (　　)

二、填空题

1. 电缆常见的固定方式有________和________。

2. 在高压线缆下垂圆弧的中间部分，使用黑色 3M 胶带缠绕________周；然后使用宽为________ cm 夹布胶管包裹胶带缠绕区域，再用夹布胶管缠绕________周。

3. 线束不要捆扎太紧，软管之间距离控制在________。

项目五　电气设备安装

学习指南

本项目内容是城轨车辆电气设备组装的实际例子，对各个重点电气设备的组装方式方法、使用的工具设备、安装的标准和要求进行详细讲解。本项目的实例具有一定的通用性，读者可以在今后的工作中进行借鉴。

学习任务一　司机台安装

学习目标

1. 知识目标

(1)掌握司机台的多种安装方式、注意事项。

(2)熟悉司机台吊运的特殊注意实项。

(3)掌握司机台安装后的通用缝隙标准。

(4)掌握司机台的安装一般流程及操作方法。

2. 能力目标

(1)会操作司机台安装的方法。

(2)具备司机台安装的能力。

3. 素质目标

(1)培养学生敬业乐业的工作作风。

(2)培养学生良好的团队合作精神。

知识链接

一、司机台安装结构

司机台安装于司机室前端，一般有两种结构，一种是单个司机台，另一种是两个司机台(分为主副司机台)，一般来讲一个司机台的结构较大，需要在车下将其分解后再分体上车，在车上将其组装后再进行安装(分解组装过程由供应商完成)。

两个司机台的结构，司机台本身较小，可以整体进入车内，需要电气与内装核对司机室侧门、间壁门、客室侧门以及端门的尺寸，核对从何处上车比较方便，在安装前确定好。

两种结构安装方式和工艺要求在不锈钢城车型和铝合金城车型基本相同，均为在地板上的司机台底座设有安装点与车体底座的安装点之间用紧固件紧固，如图 5-1-1、图 5-1-2 所示，也存在安装位置在侧面钢结构的特殊情况。

安装后要保证司机台与周围内饰结构之间的缝隙符合外观质量标准，一般通用标准为缝

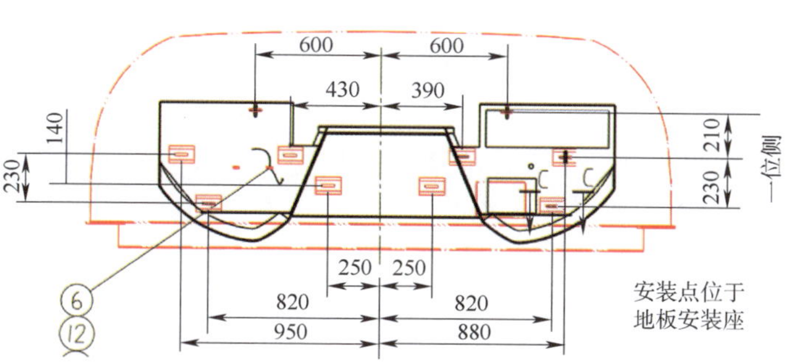

图 5-1-1　司机台地板安装示意(单位:mm)

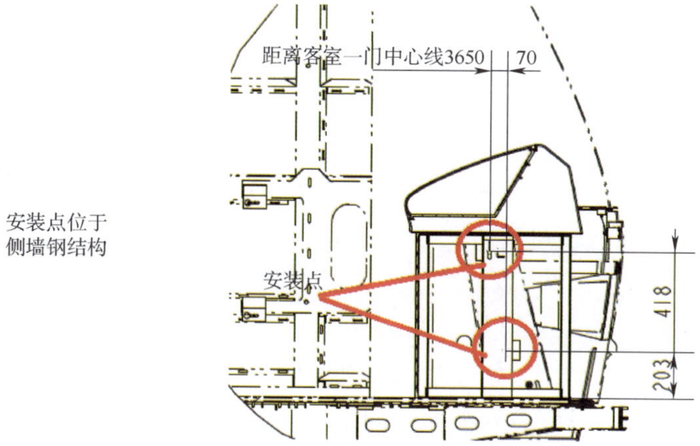

图 5-1-2　司机台侧墙安装示意(单位:mm)

隙均匀,不大于 5 mm;司机台与地板之间的缝隙要求在 0～3 mm 之间(根据项目实际情况而定)。司机台各处表面与司机室内装之间的接缝根据要求使用同色系密封胶填补。

无人驾驶和低地板城轨车的司机台安装结构较其他车型略有不同。采用倒 U 形结构,前至风挡玻璃,后至司机室直间壁,左右置于侧墙板下方。台体整体尺寸较大,无法整体进入司机室内部。直间壁在司机台后部有固定点,故需要先固定间壁后方可安装司机台。现阶段需由供应商拆除司机台台面与台体内部配线后,将台面摘除保护。再将台体拆分置于司机室内部,待直间壁安装后再进行司机台的组装。

考虑到司机台内空间紧张,部分司机台需要恢复台面前紧固安装点并施加扭矩,这点需要特别注意。

下面详细解析司机台的安装步骤、方法及注意事项。

二、司机台吊运

确定司机台在车上的安装位置,核对司机台的尺寸,对比客室侧门、司机室间壁门、端门大小,选择最佳的进入路径。

使用天车、吊带将司机台运送至选择的入口处,使柜体下框架与车体地板保持在一个高度,然后将电气柜抬到车内。

注意：

(1)要对客室门以及地板进行保护。不要刮伤柜体以及其他工序料件，司机台要轻抬轻放，避免磕碰划伤。

(2)天车在吊运司机台靠近车体时，开始拖拽时要求台体与车体的距离不大于 500 mm。

(3)在进行作业时，车内移动作业的人员不应少于 3 人，其中两人分别站在台体两侧扶住台体。

(4)不允许人员头部及上肢以外的肢体探出车外。

(5)进行向车内移动作业时，要求天车配合移动吊钩；并有专人指挥天车作业缓慢下放，司机台下放过程中操作人员不得将手或脚放在台体下方。

三、司机台安装

两个人将司机台抬至司机室，放在地板上的车体安装座上，使安装座上的安装孔与司机台的安装孔重合(两个安装孔均为长圆孔，放置时呈十字交叉状态)，并将之前预埋的紧固件露出，一般司机台安装紧固件为方螺母或六角头螺栓，在安装座中可以固定且防转。司机台方螺母安装示意如图 5-1-3 所示。

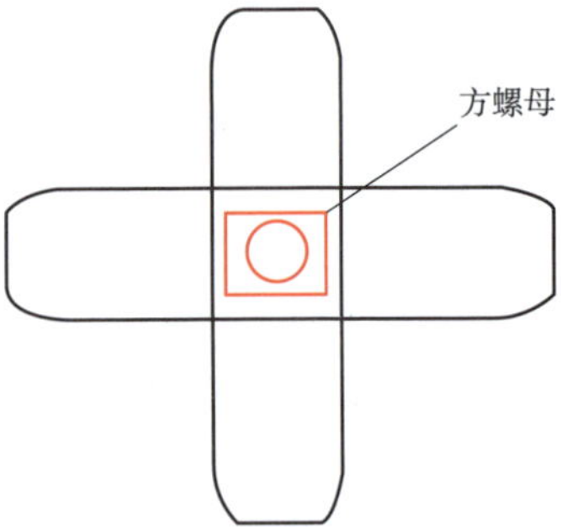

图 5-1-3　司机台方螺母安装示意

用手将紧固螺栓依次带上锁紧平垫、平垫由上到下由里向外穿过安装孔，并拧进预埋的安装螺母，如图 5-1-4 所示。

注意：不需要拧紧紧固件，方便调整司机台与内装的缝隙。调整司机台上表面与前端缝隙，保证四周缝隙均匀。

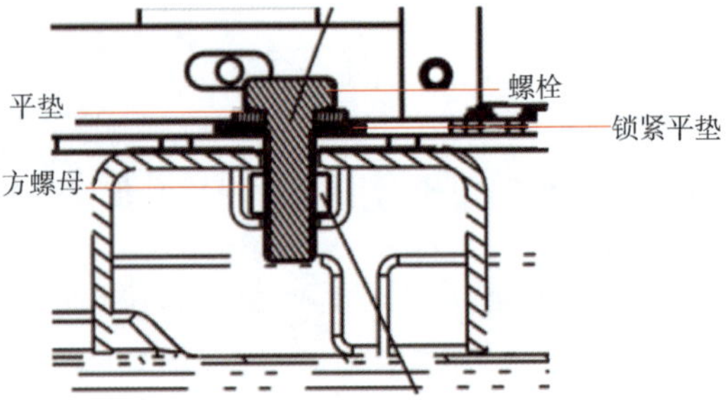

(a) 底部安装点

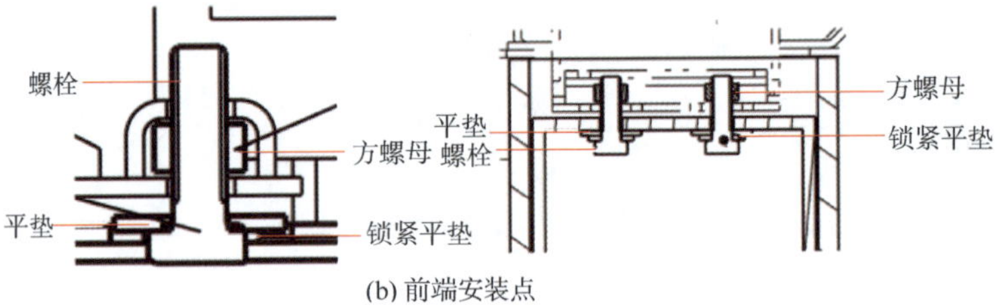

(b) 前端安装点

图 5-1-4　司机台紧固螺栓安装示意

使用棘轮扳手进行紧固，然后使用力矩扳手校紧(力矩值符合图纸要求)，安装完成后，涂打防松标记。

将司机台接地线进行安装，紧固完成后，使用力矩扳手进行校紧(力矩值符合图纸要求)，紧固完成后对涂打防松标记。

注意：司机台接地线一般不止一根，根据结构可以自由调配安装车体侧的时间，若结构空间有限，则提前紧固；若空间宽裕，可以待司机台到位后统一安装紧固。

四、打　　胶

待司机台安装完成以后，在司机台与地板布缝隙间打胶。施胶的具体效果如图 5-1-5、图 5-1-6 所示。

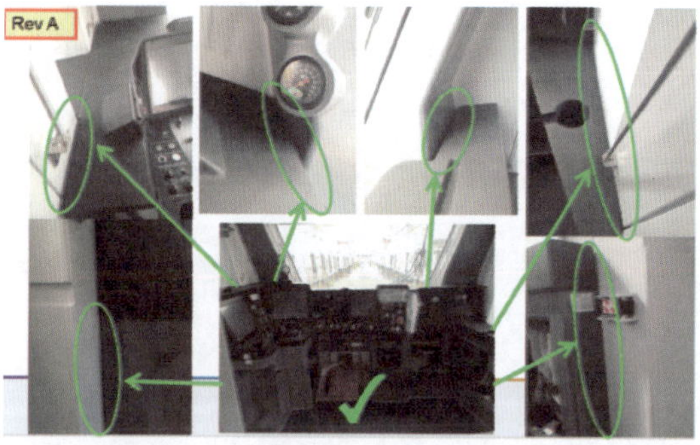

图 5-1-5　司机台与内装件施胶效果

图 5-1-6　司机台与地板布施胶效果

巩固与练习

一、单选题

1. 司机台安装于司机室前端，一般有两种结构，一种是单个司机台，另一种是两个司机台(　　)。

A. 分为主副司机台　B. 分为正副司机台　C. 分为大小司机台　D. 分为左右司机台

2. 均为地板上的司机台底座设有安装点与车体底座的安装点用紧固件紧固，也存在安装位置在(　　)的特殊情况。

A. 二位端墙钢结构　B. 侧面钢结构　C. 在端墙内装料件上

3. 安装后要保证司机台四周与其内容之间的缝隙符合外观质量标准，一般通用标准为缝隙均匀，不大于(　　)。

A. 5 mm　B. 4 mm　C. 3 mm　D. 2 mm

4. 司机台与地板之间的缝隙要求在(　　)之间，根据项目实际情况而定。

A. 0～2 mm　B. 1～3 mm　C. 0～3 mm　D. 1～2 mm

二、判断题

1. 两种司机台结构安装方式和工艺要求在不锈钢城铁车和铝合金城铁车上基本相同。(　　)

2. 考虑到司机台内空间紧张，部分司机台需要恢复台面前紧固安装点并施加扭矩。(　　)

3. 司机台接地线一般只有一根。(　　)

三、简答题

1. 部分司机台需要恢复台面前需要考虑什么操作？

2. 司机台安装的三个步骤是什么？

学习任务二　客室及司机室电气柜安装

学习目标

1. 知识目标

(1)熟悉客室部位电气柜的安装方式、注意事项。

(2)熟悉司机室部位电气柜的安装方式、注意事项。

(3)熟悉车辆各部位电气柜吊运的特殊注意事项。

(4)掌握各部位电气柜布置的通用位置。

(5)掌握各部位电气柜的安装一般流程及操作方法。

(6)掌握各部位电气柜的安装前准备细节。

2. 能力目标

(1)具备客室部位电气柜的安装的能力。

(2)具备司机室部位电气柜的安装的能力。

3. 素质目标

(1)培养学生严谨的工作作风。

(2)培养学生良好的团队合作精神。

(3)培养学生精益求精的工作态度。

知识链接

一、司机室电气柜及客室电气柜安装结构

司机室电气柜一般为 2 个，分别安装在司机室间壁后的左右两边，如图 5-2-1 所示。一位侧电气柜一般为实现辅助功能(电源、监控、广播等)，也叫控制屏柜；二位侧电气柜一般为实现网络和无线通信功能，也叫信号机柜(或综合屏柜)。

司机室电气柜安装在地板安装座上，定位尺寸可对司机室侧面、司机室间壁安装产生影响，如过于远离车体中心，则可能刮蹭侧门；如距离间壁较近，则可能影响间壁安装，因此定位调整时应注意。

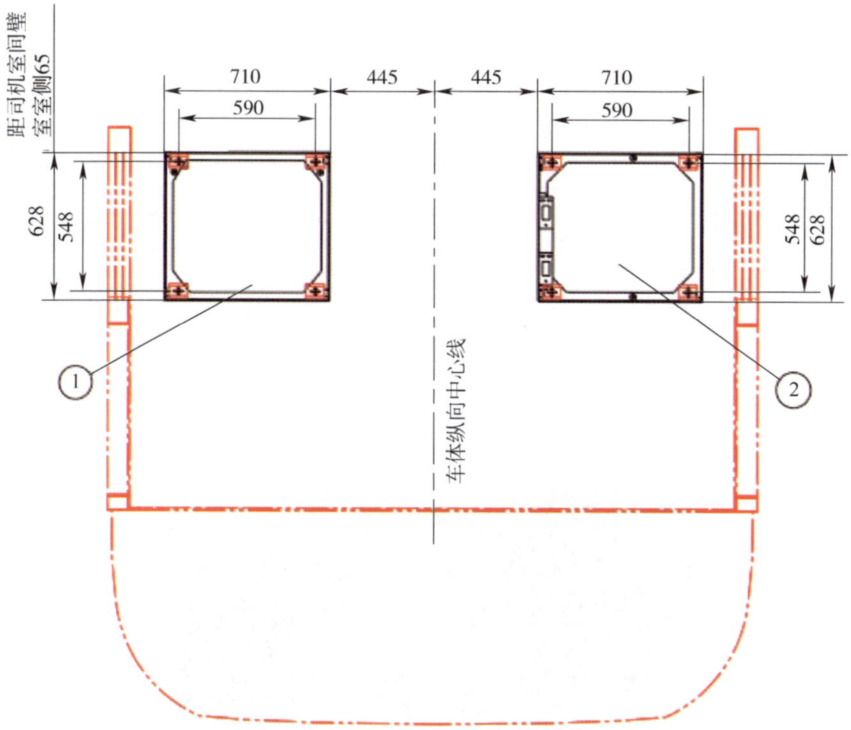

图 5-2-1 司机电气柜分布示意(单位：mm)

①—电气柜；②—电气柜

客室电气柜根据车型功能特性在数量上存在较大差异，数量 1～4 个不等。电气柜安装于车辆端部，B 型车一般布置 2 个电气柜，A 型车布置 3～4 个电气柜，如图 5-2-2 所示。

各部位电气柜安装前需要先确认以下三点：

(1)车下电缆需要从屏柜下方上线口全部布置到位；

(2)上线口是否已经做好防水密封工作；

(3)屏柜下的接地点是否已经预先连接好车体侧接地线。

确认好后方可进行电气屏柜安装。

电气屏柜安装前通常需要在安装位置上铺设一层阻燃橡胶板，橡胶板的形状根据安装位置的形状合理切割，但是需要保证将安装座、上线口露出，如图 5-2-3 所示。

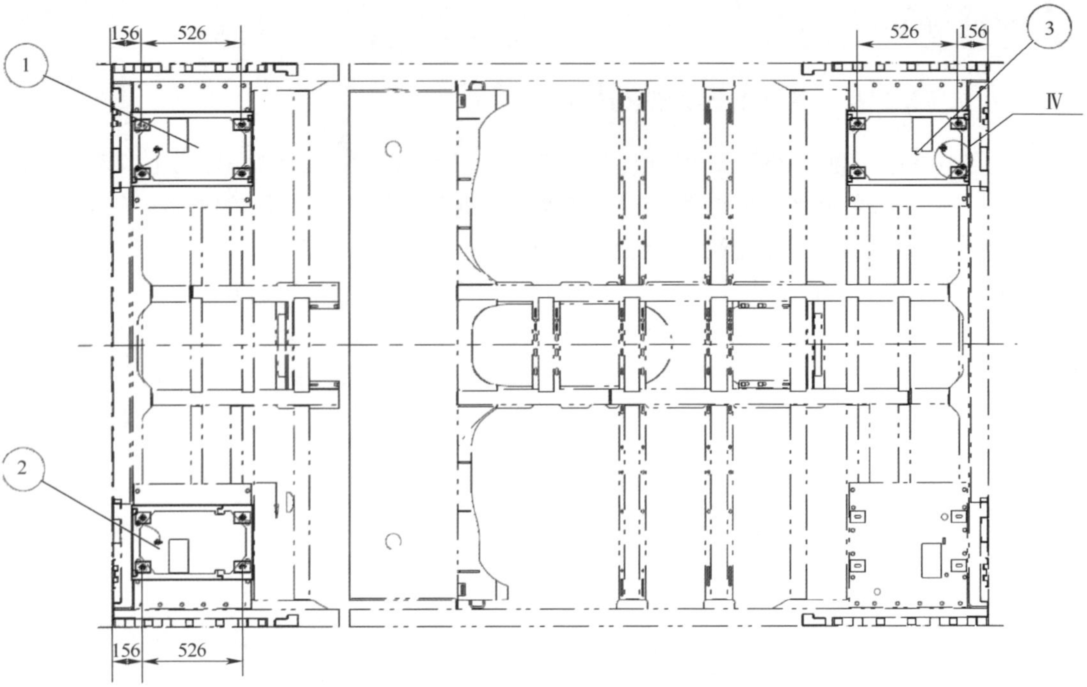

图 5-2-2　A 型车客室电气柜分布示意(单位:mm)

①—电气柜;②—电气柜;③—电气柜

但是根据不同项目可能会存在不同的工艺要求,如美国波士顿项目和洛杉矶项目,合同中明确车辆不可使用 1 mm 厚橡胶板,在安装电气柜时就需要特殊注意。

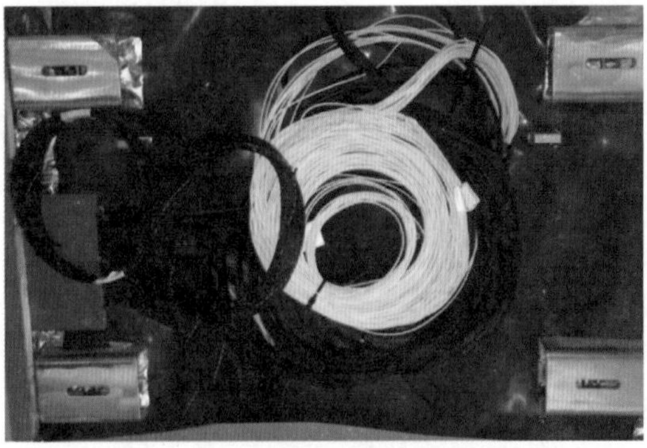

图 5-2-3　电气柜上线口

电气柜多采用框架结构,内部设置有各种电器元件或者主机机箱以及端子排、连接器接口。进线口位于电气柜下方,在电气柜安装前需要完成分线,按照连接器、端子排接线位置固定线束,电气柜安装过程中车电操作者需要配合穿线,以防柜体安装时对线束造成不可逆损伤。

电气屏柜安装点一般分为两种,一处是地板上的 4 个安装点,另一处在端墙或侧墙上的 2 个或 4 个安装点。用紧固件将电气柜的安装点与车体的安装点进行连接,并且根据图纸要求力矩值校打力矩。

经过上述简要介绍，下面首先详细解析客室电气柜的安装的步骤、方法及注意事项。

二、客室电气柜吊运

客室布线及线束保护完成后，将电气柜通过客室侧门或者端门送入客室端部，电气柜置入后恢复护栏保护，如图 5-2-4 所示。

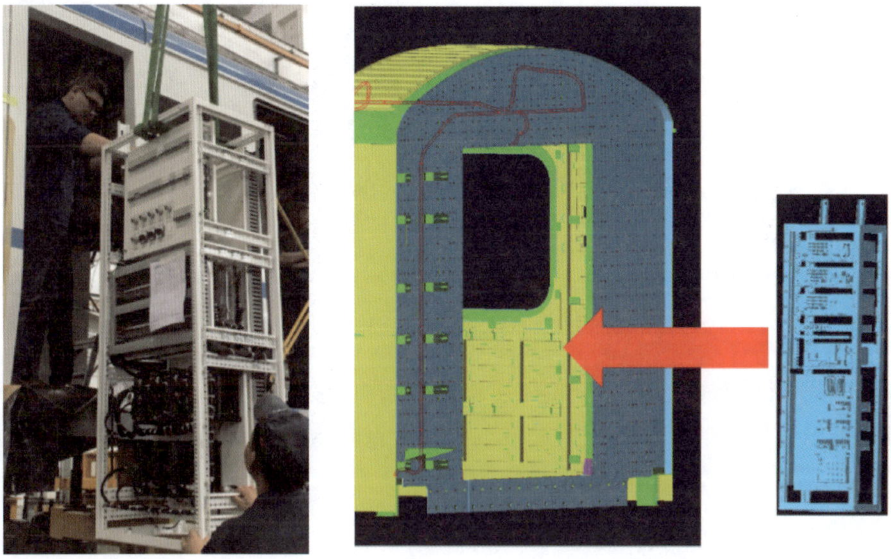

图 5-2-4　天车将柜体吊入车内

注意：

(1)天车吊运电气柜地面运输过程中，应有专人指挥天车作业，电气柜离地不得超过 200 mm，操作者站在电气柜侧面，防止电气柜脱落砸伤。

(2)电气柜通过端墙进入，电气柜上升过程中，电气柜下方不得站人，操作者站在客室内部将电气柜移入客室。站在客室内部的人员不得将身体探出车身，防止从车上掉落。电气柜倾斜不得超过垂直 30°，防止柜体过重倾倒。柜子下放过程中操作人员不得将手或脚等放在柜子下方。

(3)进行向车内移动作业时，要求天车配合移动吊钩。

(4)电气柜挪动过程中，操作者应站在倾斜反向，逐步将电气柜挪到对应车体安装位置。

(5)电气柜挪动过程中，使用保护革对施工区域地板布进行保护，避免划伤。

(6)吊运过程中，绑带及天车勾不得刮伤钢结构等部件。

(7)车间在进行作业时车内移动作业的人员不少于 3 人，两个扶柜人站在门口两侧。

三、客室电气柜安装、调整

(1)将柜体放置在图纸规定的定位区域，准备安装。注意：按照安装图纸中的定位尺寸和定位基准核对柜体位置。

使用棘轮扳手和套筒依次紧固电气柜底部位置的紧固螺栓，通常安装图纸中会提供用于调整平度的调整垫，根据实际情况使用，使电气柜平整坐在地板底座上，紧固过程中不得晃动电气柜，避免位置发生偏移。

根据图纸技术要求对安装位置的紧固件施加力矩。

按照标准涂打防松标记，完工后效果如图 5-2-5 所示：

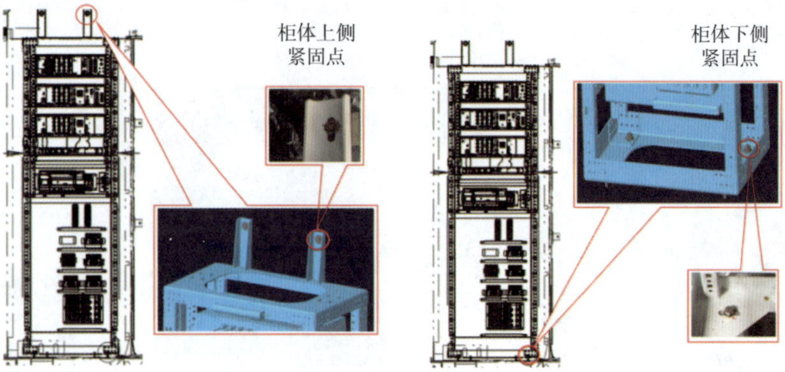

图 5-2-5　客室电气柜紧固点示意

(2)将接地线(无论成品地线还是自压接地线)两端安装在钢车体接地座和电气柜接地位置(图示接地标识位置)，根据图纸技术要求对安装位置的紧固件施加力矩，按照标准对接地位置紧固件涂打防松标记，完工后效果如图 5-2-6 所示。

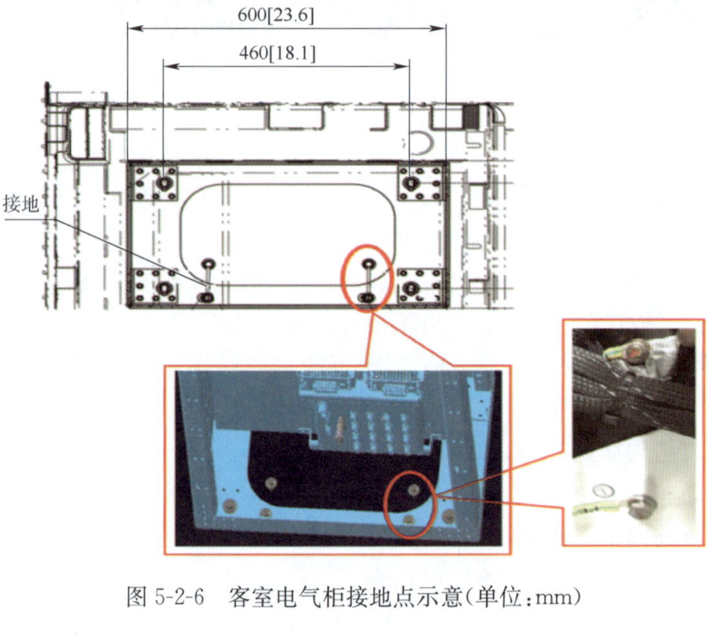

图 5-2-6　客室电气柜接地点示意(单位：mm)

(3)下面详细解析司机室电气柜的安装的步骤、方法及注意事项：

通常情况，电器柜在侧墙和地板上都设有安装点。司机室电气屏柜与客室电气屏柜的安装方式和要求基本相同，但是司机室屏柜安装要考虑与司机室弯间壁和直间壁的位置关系。当屏柜吊耳在客室侧，直间壁使用的车体吊在司机室侧，屏柜安装是由客室侧推向司机室侧时，直间壁后于电气屏柜安装；当屏柜吊耳在司机室侧，直间壁使用的车体吊在客室侧，电气屏柜安装是由司机室侧推向客室侧，直间壁先于电气屏柜安装。

(4)司机室电气柜安装、调整

将图纸所示紧固件预埋在地板上的安装座内，司机室电气柜安装示意如图 5-2-7 所示。

依据图纸确定电器柜的安装座位置。依据前文所述安装顺序，确定司机室屏柜安装与司机室直间壁安装的先后顺序，若直间壁先于电气柜安装，将电气柜从司机室一侧进行安装，如图 5-2-8 所示。

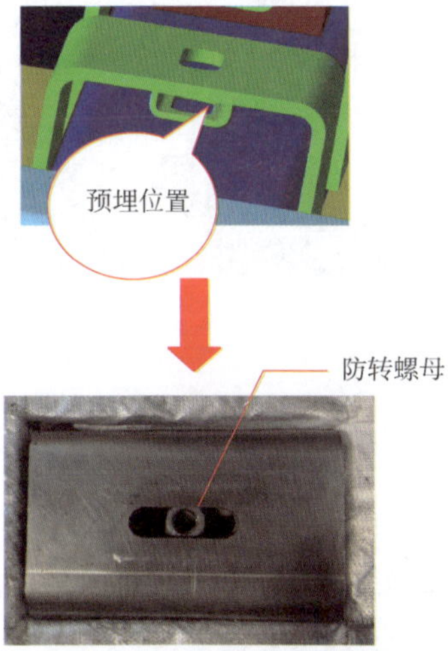

图 5-2-7 司机室电气柜安装座示意

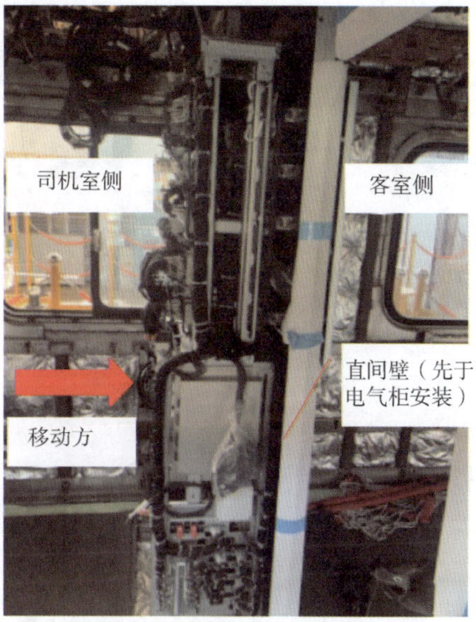

图 5-2-8 司机室电气柜安装

依照图纸的定位尺寸及定位基准调节(通常定位基准为两处)，当司机室电气柜的尺寸以车体中心向邻近门中心为定位基准时，如图 5-2-9 所示。

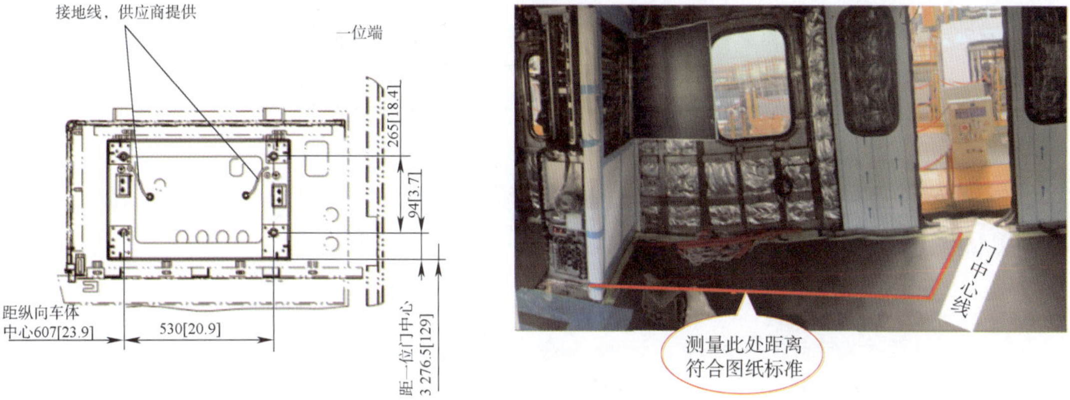

图 5-2-9 司机室电气柜安装定位

位置调整完毕后，使用棘轮扳手和套筒依次预紧固电气柜底部及顶部位置的紧固螺栓，如图 5-2-10 所示，通常安装图纸中会提供用于调整平度的调整垫，根据实际情况使用，使电气柜平整坐在地板底座上，紧固过程中不得晃动电气柜，避免位置发生偏移，紧固顺序先紧固地板上的紧固点，紧固顺序为对角紧固，再紧固顶端安装座的紧固点。

根据图纸技术要求对安装位置的紧固件施加力矩。按照标准将电气柜所有安装用紧固件涂打防松标记。

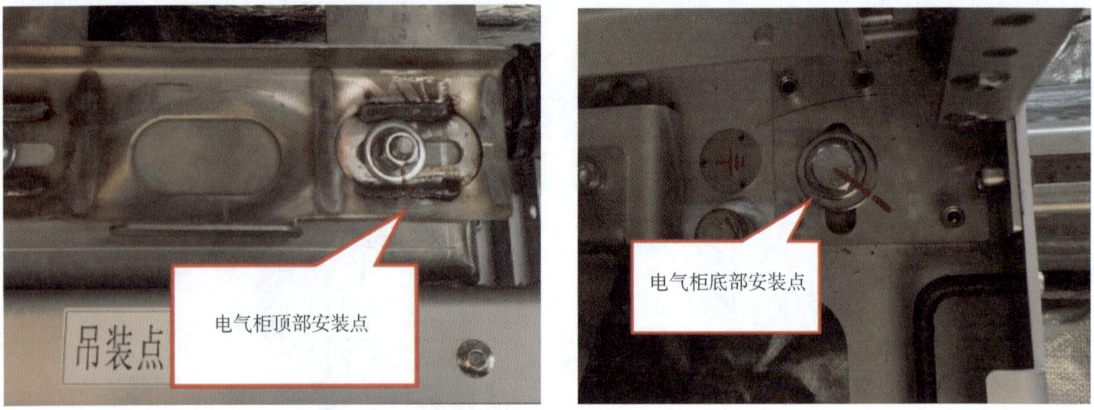

图 5-2-10　司机室电气柜安装点

将接地线(无论成品地线还是自制接地线)两端安装在钢车体接地座和电气柜接地位置(图 5-2-11 所示接地标识位置),根据图纸技术要求对安装位置的紧固件施加力矩,按照标准对接地位置紧固件涂打防松标记。

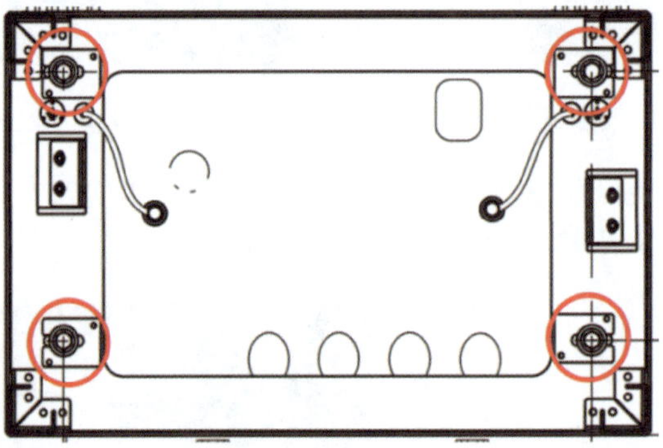

图 5-2-11　司机室电气柜接地线安装图示

巩固与练习

一、单选题

1. 司机室电气柜一般为 2 个,分别安装在司机室间壁后的左右两边。一位侧电气柜一般为实现辅助功能:电源、监控、广播等,也叫(　　);二位侧电气柜一般为实现网络和无线通信功能,也叫综合屏柜。

　A. 控制屏柜　　B. 信号机柜　　C. TMCS 屏柜　　D. 空调机柜

2. 客室电气柜根据需求或项目车型功能特性在数量上存在较大差异,数量 1～4 个不等。电气柜安装于车辆端部,B 型车一般布置两个电气柜,A 型车布置(　　)。

　A. 2～3 个电气柜　　B. 3～4 个电气柜　　C. 仅 1 个电气柜

3. 电气柜倾斜不得超过垂直(　　)，防止柜体过重倾倒。柜子下放过程中操作人员不得将手或脚等放在柜子下方。

A. 50°　　B. 20°　　C. 30°　　D. 90°

4. 车间在进行作业时车内移动作业的人员不少于(　　)，两个扶柜人站在门口两侧。

A. 5 人　　B. 4 人　　C. 2 人　　D. 3 人

二、判断题

1. 客室电气柜根据需求或项目车型功能特性在数量上存在较大差异，数量 1～4 个不等。电气柜安装于车辆端部，B 型车一般布置两个电气柜，A 型车布置 3～4 个电气柜。(　　)

2. 紧固电气柜的紧固件过程中不得晃动电气柜，避免位置发生偏移。(　　)

三、简答题

1. 如何判断先安装电气柜还是先按照司机室间壁?

2. 简述电气柜吊运的注意事项。

3. 各部位电气柜安装前需要先确认三点，具体包含哪三点?

学习任务三　车下枕内大型设备安装

学习目标

1. 知识目标

(1)熟悉车下枕内大型设备吊运的特殊注意事项。

(2)熟悉枕内大型设备的托装安装特点。

(3)掌握车下枕内大型设备的安装一般流程及操作方法。

(4)掌握车下枕内大型设备的安装方式、注意事项。

2. 能力目标

(1)具备车下大型设备吊运的能力。

(2)具备车下枕内大型设备安装的能力。

3. 素质目标

(1)培养学生理论联系实际，学以致用的优良学风。

(2)培养学生合作学习、自主学习、研究性学习的良好习惯。

知识链接

一、车下枕内大型设备安装结构预览

车下最典型的枕内大型设备主要包含牵引逆变器、制动电阻、隔离开关箱、高压电气箱、辅助逆变器箱、滤波电抗器、高速断路器箱、蓄电池、应急通风逆变器等。

由于各项目、各车型、设备分布形式各不相同，设备种类也不尽相同，结合举升设备所占空间大小需要合理安排安装顺序，保证举升设备便于进入，同时也便于撤出，不会因为其他设备安装完毕后无法操作。

原则是大型设备由一端依次向另一端安装，如图 5-3-1 所示。

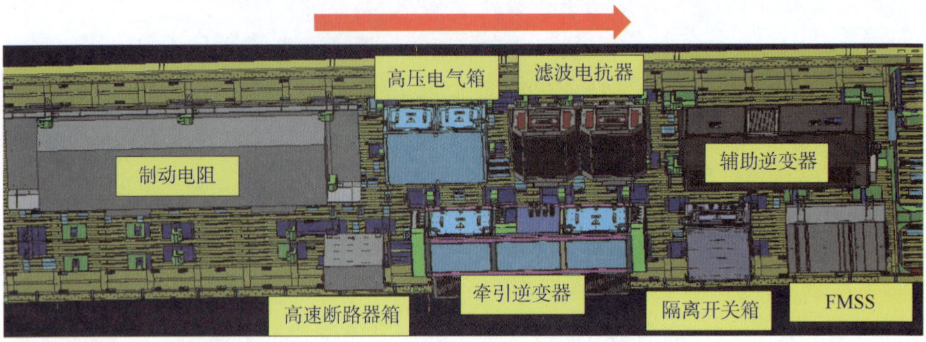

图 5-3-1　车下大设备安装方向示意

下面详细解析不锈钢车型车下枕内大型设备安装的步骤、方法及注意事项：

二、车下大型设备吊装

车下大型设备吊装前，需要与设备厂家核实设备中心位置及可用于吊装的承重点。设备吊运一般采用设备外侧的四角吊点，如图 5-3-2 所示。

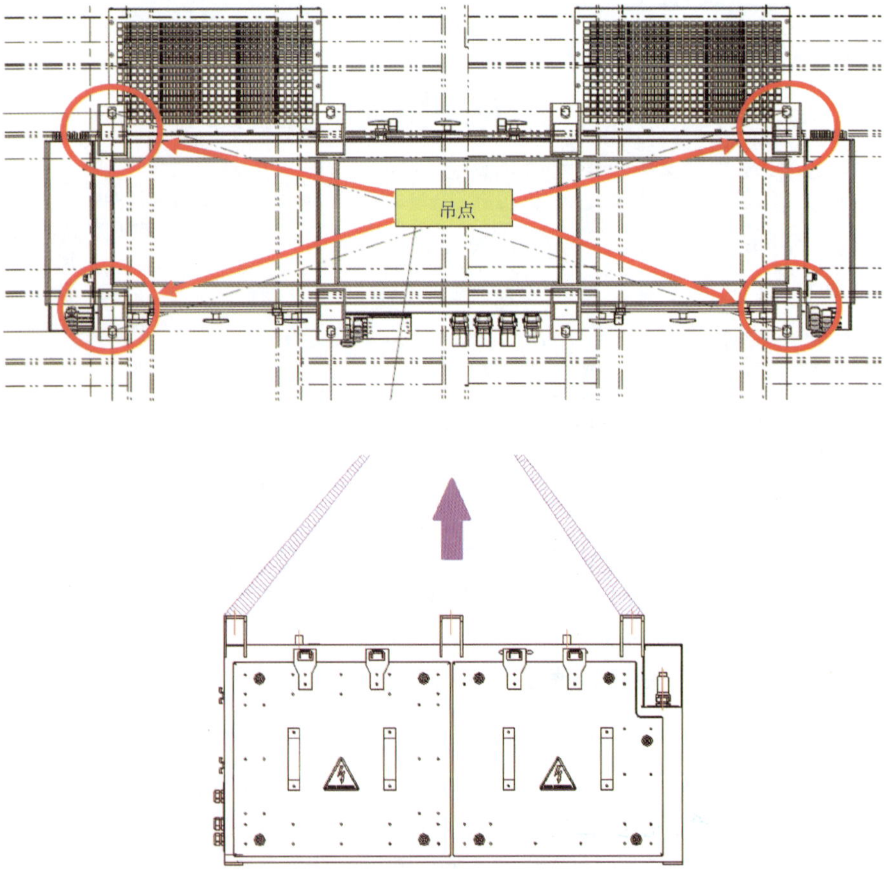

图 5-3-2　车下大设备吊装示意

在设备吊运点位置使用与螺栓规格相同的吊环用于吊带的连接，如图 5-3-3 所示，也可以使用相同规格的螺栓螺母用于固定吊带。

注意：将吊环套入安装座，下部使用螺母紧固至弹垫压平。

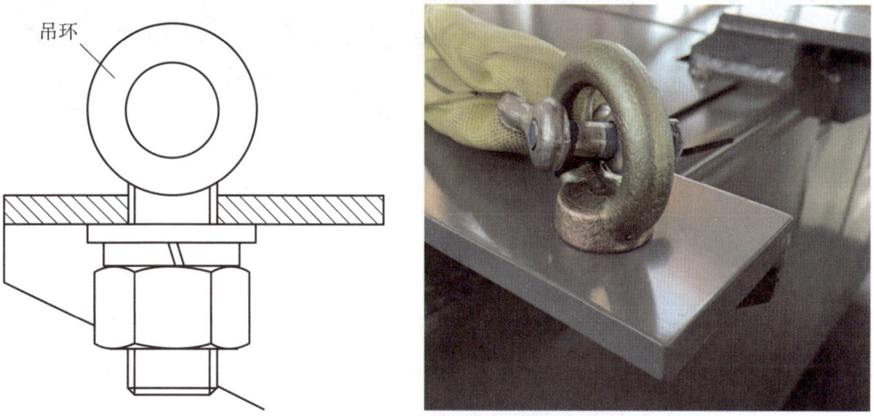

图 5-3-3　车下大设备吊环安装示意

使用绑带挂钩，锁住四角吊环。使用天车将设备吊运至车下设备举升平台上（小体积、小重量的设备箱可以使用液压升降车），如图 5-3-4 所示。

图 5-3-4　车下大设备使用吊环吊运示意

摆放后设备水平、不倾斜，四周均匀受力、不悬空，拆除绑带和吊环，如图 5-3-5 所示。

本步骤完毕后，需要仔细检查各吊装点是否仍然保持水平（可使用水平仪），无脱漆。

三、车下安装、调整

1. 设备举升

（1）安装时，将设备置于举升装置上平面，将举升装置由车体一侧移至车体底部。

操作者操作 5T 举升装置，移至设备安装点，将设备送入底架横梁吊装位置，然后使设备吊装点高于车体 L 形吊座上平面 5 mm。

（2）根据图纸尺寸，调整设备位置。微调平移举升装置，使之安装孔与车体滑槽中预埋的紧固件对准重合。

图 5-3-5　车下大设备摆放后示意

(3)在设备安装孔穿入螺栓(图 5-3-6),缓慢下降举升装置,同时通过微调装置,使所有螺栓可以同时穿过设备安装孔,且螺栓在孔内灵活可动,随后落下并移走举升装置。

图 5-3-6　车下大设备安装吊耳示意

2. 安　　装

自上而下穿入螺栓。安装平垫和锁紧螺母,使用棘轮扳手预紧固。使用力矩扳手施加力矩(力矩值与图纸要求一致),然后按照工艺守则涂打防松标记。

巩固与练习

一、单选题

1. 在设备吊运点位置使用与螺栓规格相同的(　　)用于吊带的连接;也可以使用相同规格的螺栓螺母用于固定吊带。

A. 吊环　　B. 框架　　C. 螺栓　　D. 紧固件

2. 设备摆放在举升装置上后,设备水平、不倾斜,四周(　　)。

A. 不悬空　　B. 受力　　C. 均匀受力、不悬空

3. 操作者操作 5T 举升装置,移至设备安装点,将设备送入底架横梁吊装位置,然后使设备吊装点高于车体 L 形吊座上(　　)。

A. 平面 5 mm　　B. 平面 4 mm　　C. 平面 3 mm　　D. 平面 2 mm

4. 根据图纸尺寸，调整设备位置，微调平移举升装置，使之安装孔与车体滑槽中预埋的紧固件(　　)。

A. 不对称　　B. 对准重合　　C. 微量偏差　　D. 不同心

二、判断题

1. 大设备吊运时，将吊环套入安装座，下部使用螺母紧固至弹垫压平。　(　　)

2. 使用绑带挂钩，锁住四角吊环。使用天车将设备吊运至车下设备举升平台上(小体积、小重量的设备箱可以使用液压升降车)。　(　　)

三、简答题

1. 举例说明车下典型的枕内大型设备主要包括哪些?

2. 简述车下大型电气设备安装的步骤。

项目六　电气连接

学习指南

电气连接的相关知识内容在整个轨道车辆电气施工中是最为繁杂的。轨道车辆上使用的端子和连接器种类繁多,同一项目上使用种类多达上百种,不同项目之间使用连接器也不完全相同。本项目以几种通用性比较广的连接器为例,对整个连接器的组装过程,包括断线、剥线、屏蔽处理、端子压接、壳体组装等内容进行细致阐述,使读者能了解相关的标准和要求。

学习任务一　端子排接线

学习目标

1. 知识目标

(1)知道端子排的结构及分类。

(2)知道端子排分线、端子排接线的类别。

(3)掌握端子排分线、端子排接线的操作流程。

(4)掌握屏蔽层处理标准。

2. 能力目标

(1)能根据实际情况选用不同类型、不同技术参数的端子排。

(2)会正确使用电气连接工具进行端子排分线、端子排接线。

(3)能运用相对应的电缆屏蔽线处理方法实现屏蔽线有效接地。

3. 素质目标

(1)培养学生团队意识、协作配合能力。

(2)培养学生认真、严谨的从业理念。

知识链接

一、端 子 排

1. 端　子　排

端子排是用于承载、固定多个或多组相互绝缘的端子组件,起到将设备内部与设备外部的线路相连接的传输作用。端子排使线路连接更为便捷、美观,维护更为方便,在远距离线路互联时更为牢靠。

端子排的一个接线位就是1“位”。每一“节”由2“位”或更多“位”组成,同一“节”内各“位”间为直接连通或由电气部件连通,再由多个“节”并排衔接构成“组”。按功能区分端子排可以分为直通式、直通接地式、熔断式、单向导电式、继电器式，如图 6-1-1 所示。由于端子排生产厂商不同因此具体结构会有差异不限于图示所举实例。

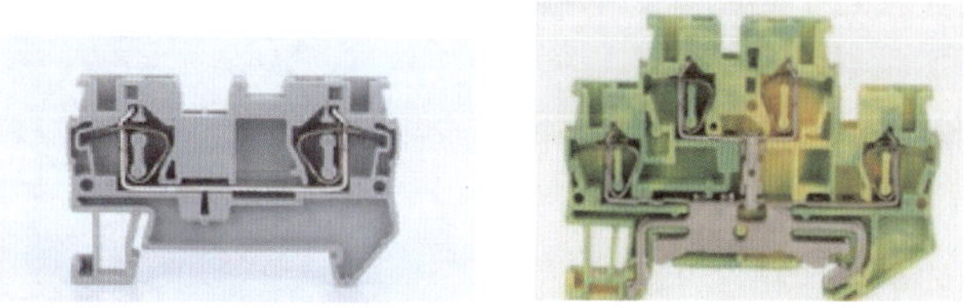

(a)直通式、直通接地式

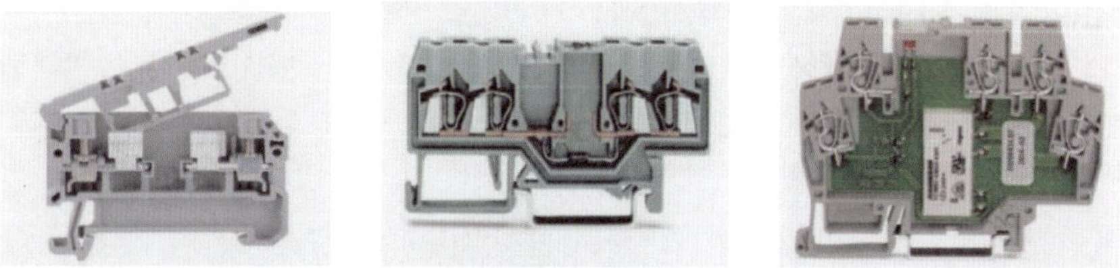

(b)熔断式、单向导电式、继电器式

图 6-1-1　各功能端子排内部结构示意

直通式端子排各接线位间由金属结构直接连通，多作为线路分支或转接使用；直通接地式端子排是在直通式的基础上衍生而来，多用于设备或线路的接地保护连接或分支，其内部金属直通结构向底部延伸与导轨连接，具有安装后自动接地功能；熔断式端子排其内部安装熔断保险在电流过大的时候会自动断开电路，多用于设备的接入和保护；单向导电式端子排内部安装有二极管，用于直流电路连接并利用二极管的单向导电性实现同一“节”内不同“位”的所接导线电流方向性控制；继电器式端子排内部带有电气部件，具有和中间继电器相同的功能，同一“节”内便可以实现继电逻辑控制，在不同“位”输出对应控制信号。

端子排依据其固定形式可分为固定式端子排和插拔式端子排两种类型。

(1)固定式端子排

车辆中固定式端子排主要用于车内柜体或小型设备接线。因为端子排所含接线点数量不同、接线电缆的线径不同，所以端子排的外形、大小有所不同，如图 6-1-2 所示。

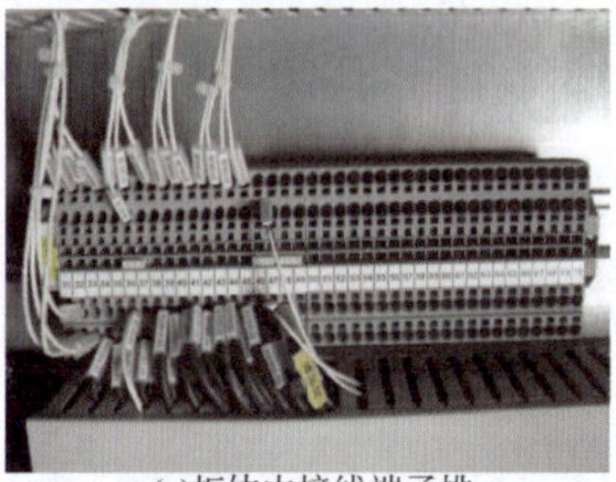

(a)柜体内接线端子排

(b)大线径端子排

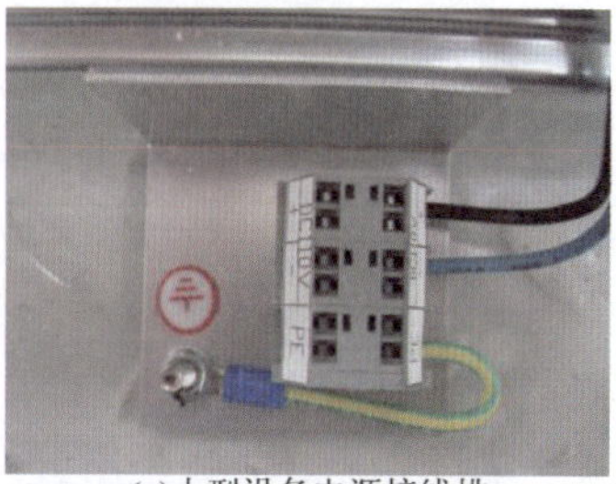

(c)小型设备电源接线排

图 6-1-2　固定式端子排

(2)插拔式端子排

插拔式端子排是可实现灵活分离和移动的端子排。车辆中插拔式端子排主要用拆解、连接较为频繁的部件接线，这样可以更便于检修、维护或更换，例如灯具等，如图 6-1-3 所示。

按照接线形式可分为笼式压紧式和旋转顶压式，目前车辆所应用主要厂商有魏德米勒（Weidmuller）、万可(WAGO)、菲尼克斯(PHOENIX)等。

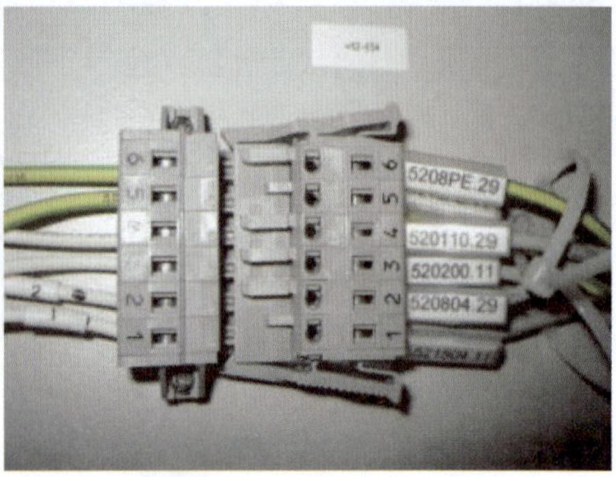

图 6-1-3　插拔式端子排

2. 端子排分线

端子排分线是将与端子排相连接的电缆或导线按照接线位次序和层次进行排列，并通过不同的固定形式在相应的接线位置构成分支定位的一种操作过程。按照具体固定结构可以分为线槽式分线和扎把式分线。按照分支组别数量可分为单组别分线和双组别分线。按照不同的固定形式和分支组别其分线方法有所差异，但分线流程基本一致，下面结合端子排分线的操作步骤进行具体讲解。

(1)线束核对

对所要进行端子排分线的线束进行核对，首先根据接线数据和实际线号核实线束数量是否存在缺失或过多的现象，如不符合需求及时查找问题原因进行缺失部分补充或过多部分的筛选分离。然后核对具体电缆或导线的线型、线径、耐压等级、颜色等是否符合技术要求，如不符合需求及时查找问题原因进行更换。待上述均无问题后将线号推送至经规划路径后满足所分线区域最远距离处，在此基础上延伸 400 mm 进行断线，备用线需能够满足该分线区域任何一处位置的接线需要，断线前需要确认线号保留在导线上，断线后要用胶带进行防护，以免线号从导线上脱落，若出现线号缺失必须用万用表或导通测试工具(蜂鸣器)进行校线后方可补套线号。

(2)区域划分

区域划分是对所要进行分线的线束根据端子排所在位置区域进行分组的过程，一般以 10 节端子排为单位对其所接线束进行区域划分，备用线单独存放，这样便于后期分线层次的排布和分支导线的挑选甄别。

(3)线束分线

①线槽式分线

首先备用线放在最底层，然后按照端子排由远及近的顺序将区域划分好的线束组从底层至表层的顺序进行梳理叠放，并在端子排垂直对应的线槽出线口处进行分出，所有导线叠加顺序调整时需从线束根部进行理顺，待所有导线层次无交叉后在线束根部用防护网管进行捆扎固定。断线时不同接线位的断线长度要有所不同，但在线槽出线位置至弧度顶端位置要保持弧度一致，如图 6-1-4 所示。

②单组扎把式分线

单组扎把式分线是所分线束没有线槽容纳需裸漏在外时，且只针对同一侧的端子排进行接线的一种分线方式。由于没有线槽容纳所以整体线缆需要用扎带捆扎成束，若有单独存放备用线的位置则备用线单独打把成束；若受空间限制无法单独存放则按照线束由底层至表层的叠加层次依次为近端、远端、备用线。将线束自根部梳理调整至所需顺序后用防护网管进行捆扎固定，导线分线顺序必须是由端子排距线束近端延伸至远端依次分线捆扎，扎带头方向保持一致，导线分出位置应位于端子排相反方向 45°左右，这样可以保留充足的回转弧度，避免

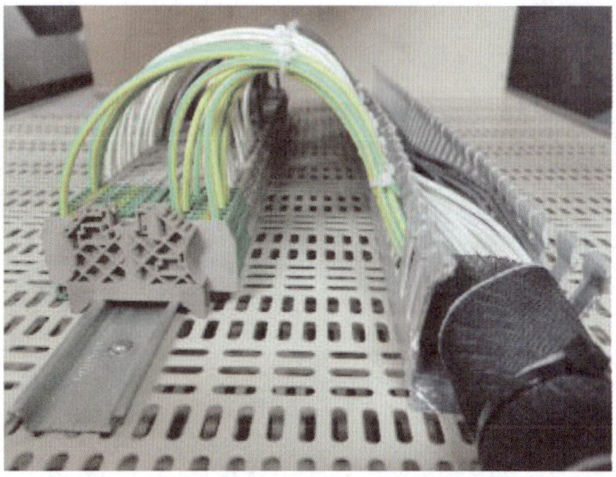

图 6-1-4　线槽式分线

导线接线后受力，所有导线由内向外自此方向处两根导线间缝隙逐一分出确保出线位置保持一致，并可通过所接导线对线把进行有效遮蔽提升美观性。扎带捆扎间距应保持在 3 节端子排间距为宜，若同一区间需要分出导线相对较多最大也不得大于 5 节端子排间距，并且要保持整个分线线把各扎带间距均匀相等，无出线位置可以用空扎带补位。断线时不同接线位的断线长度要有所不同，但在线把根部出线位置至弧度顶端位置要保持弧度一致，且不可与相邻器件相接触摩擦，如图 6-1-5 所示。

图 6-1-5　单组扎把式分线

③双组扎把式分线

双组扎把式分线是所分线束没有线槽容纳需裸漏在外，同时针对两侧各自的端子排进行接线的一种分线方式。线把由扎带捆缚成束，若有单独存放备用线的位置则备用线单独打把成束；若受空间限制无法单独存放则按照线束由底层至表层的叠加层次依次为近端、远端、备用线。将线束自根部梳理调整至所需顺序后用防护网管进行捆扎固定，导线分线顺序必须是由端子排距线束近端延伸至远端依次分线困扎，扎带头方向保持一致，导线分出位置应位于线束垂直中线上，左右两侧端子排同一分线区域的导线一同分出，接往左侧的导线靠左、接往右侧的导线靠右，这样可以保证接线后没有相互交叉，并可通过所接导线对线把进行有效遮蔽提升美观性。扎带捆扎间距应保持在 3 节端子排间距为宜，若由于双侧分线同一区间需要分出导线相对较多，可增大至 5 节端子排间距，但要保持整个分线线把各扎带间距均匀相等，无出线位置可以用空扎带补位。断线时要至少留有 3 次接线余量，以便后续检修，双侧自线把根部出线位置至弧度顶端位置要保持弧度一致，且不可与相邻器件相接触摩擦，如图 6-1-6 所示。

图 6-1-6　双组扎把式分线

④电缆扎把式分线

电缆扎把式分线是针对没有线槽容纳需裸漏在外的电缆进行排布的一种分线方式。线把由扎带捆缚成束，线束中越是远端的电缆越需布置在底层，越近端的电缆则需布置在表层，备用线需单独打把成束。将线束自根部梳理调整至所需顺序后用防护网管进行捆扎固定，电缆分线时将最远端电缆敷设在最底层，同一层内最远端设备线缆放在线束转角的内弯位置，这样可以保证线缆整体分线捆扎后不出现交叉现象。电缆分出位置的扎带需在实际接线位置提前 20 mm 处进行捆扎固定，这样接线后线缆保证垂直的同时可避免线缆受力折损。按照此方法施工下一层电缆，以此类推依次叠加至所有电缆施工完毕后，将不同层次在相同路径位置上的扎带统一进行替换，一定确保电缆间没有扎带头留存，否则会损伤电缆，要保持整个分线线把各扎带间距均匀相等，扎带头方向一致，无出线位置可以用空扎带补位。断线时要至少留有 3 次施工长度，以便后续检修，并且同一结构连接预留尺寸确定方式应保持一致，相邻的接线点预留弧度保持统一，对线缆进行处理接线后将线束捆扎点与接线点跨度距离大于 250 mm 的线缆进行线束间相对捆扎固定，避免震动受力，如图 6-1-7 所示。

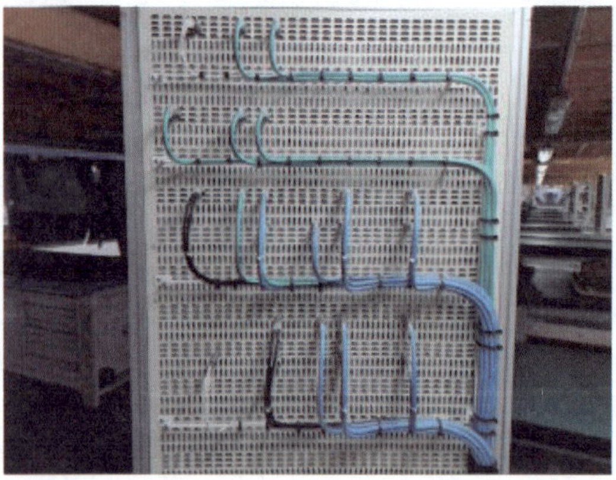

图 6-1-7　电缆扎把式分线

3. 端子排接线

(1)笼式压紧式端子排接线方法

①固定式端子排接线

固定式笼式端子排上侧、下侧各有两种形状的孔,圆孔为接线孔,方孔为专用接线螺丝刀操作孔;中间区域所带方孔为相邻各节端子排的跨接孔,跨接时可通过"n"型跨接片或"梳"型跨接连片进行连接,需根据同一厂商提供配套型号配套选用,如图 6-1-8 所示。

(a)接线孔及工具插入孔

(b)"n"形跨接片

(c)"梳"形跨接连片

图 6-1-8 笼式压紧式端子排结构

因端子排厂商不同、线径、线型不同,各端子排电线剥线长度也不一致,具体剥线长度需实际测量确定,在导线金属线芯插入端子排至极限位制时端子排笼式压口所产生压痕位于金属线芯上且距绝缘层边缘 1 mm 处,如图 6-1-9 所示。

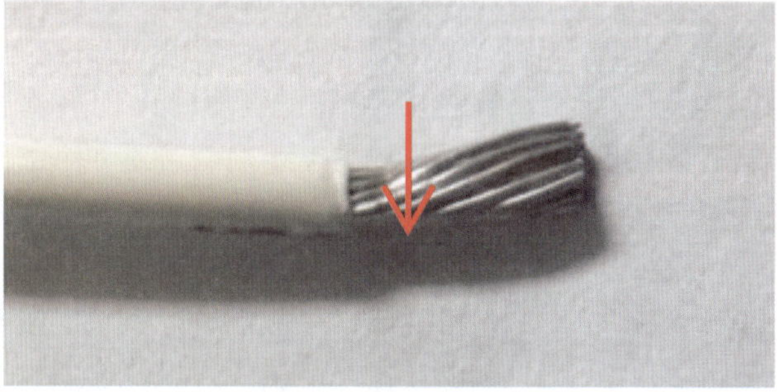

图 6-1-9 压痕位置

虽然其剥线长度有所不同,但其接线过程一致,具体操作如下:

根据前边所述确定实际剥线长度后,首先要做剥线长度试验,将剥线钳调到指定刻度,先取一根废线进行剥线,用卷尺测量其剥线长度是否准确,如图 6-1-10 所示。测量真实剥线长度为指定长度后,再将待接导线进行剥线,剥线完毕后,再次用卷尺测量其剥线长度是否准确。注意:黑色导线剥线时应注意,必须去除绝缘皮与线芯中间的塑料保护层(云母层)。

根据接线位置,将专用接线螺丝刀紧贴操作孔(方孔)内壁插到底,将卡簧顶平,顶开弹簧。然后将剥好的导线送入接线孔中,导线送入时要杜绝出现毛刺,若有毛刺需要重新接线,重新接线时需将毛刺顺导线捋顺平直,切不可对线芯进行旋拧,确认接线无毛刺后将专用接线螺丝刀拔出,接线完毕。再用手顺势轻拉一下连接好的导线,以检查是否牢靠。最后将导线线号推到接线点处,线号的方向为线号末位数远离接线端子的方向,如图 6-1-11 所示。

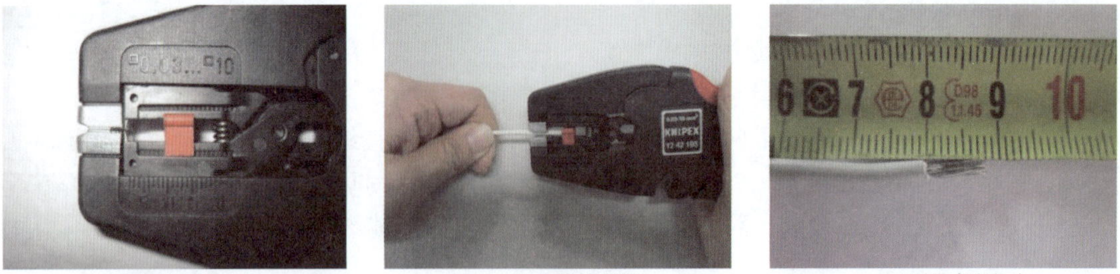

(a)调整剥线钳　(b)废线试剥线　(c)测量真实长度

图 6-1-10　剥线长度试验

(a) 插入接线螺丝刀　(b) 接入导线并确认　(c) 接线完毕推线号

图 6-1-11　接线过程

如端子排较长接入导线较多，待所有导线送入后，用白色小扎带将导线分组捆扎在一起，整齐美观。

上述是导线直接接入端子排的操作方法，为了避免接线时出现毛刺还可以通过加装管状端子的方法来解决，若采用管状端子接线则需要在接线前对导线的裸漏线芯进行端子压接。预绝缘管状端子按照线径规格可分为 0.5 mm^2、0.75 mm^2、1 mm^2、1.5 mm^2、2.5 mm^2、4 mm^2、6 mm^2、10 mm^2 等；按照金属护套长度规格可分为 8 mm、10 mm、12 mm，使用时根据所压接导线线径和端子排笼式接线孔探入深度选择相应端子。剥线长度根据所用端子规格进行调整，剥线后套入相应规格预绝缘端子，以导线绝缘层探入绝缘套管并顶住根部后线芯在端子前端与端子平齐为标准。压接带有预绝缘端子时需要将端子的金属表面完全的伸入到钳口内切不能让钳口压到绝缘部分；压接不带有预绝缘的端子时将端子完全放入钳口内即可。压接时将手柄完全打开，端子金属套管部位垂直并完全放入压接孔中，用力握紧手柄直到压接钳处于完全关闭状态，端子压接完成，如图 6-1-12 所示。

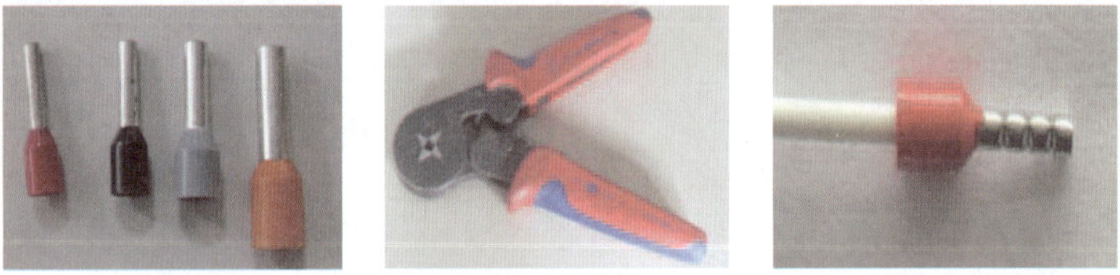

(a) 预绝缘管状端子　(b) ZKE6型压接钳　(c) 压接完成后的端子

图 6-1-12　管状端子压接

②插拔式端子排接线

插拔式端子排将输入端和输出端分别置于对接端子排的插头侧和插座侧，通过插头与插座的结构连接形成线路的连接，可便于实现快速连接与分离，根据端子排生产厂商的不同、接线位的多少，其形状也有所不同，如图 6-1-13 所示。

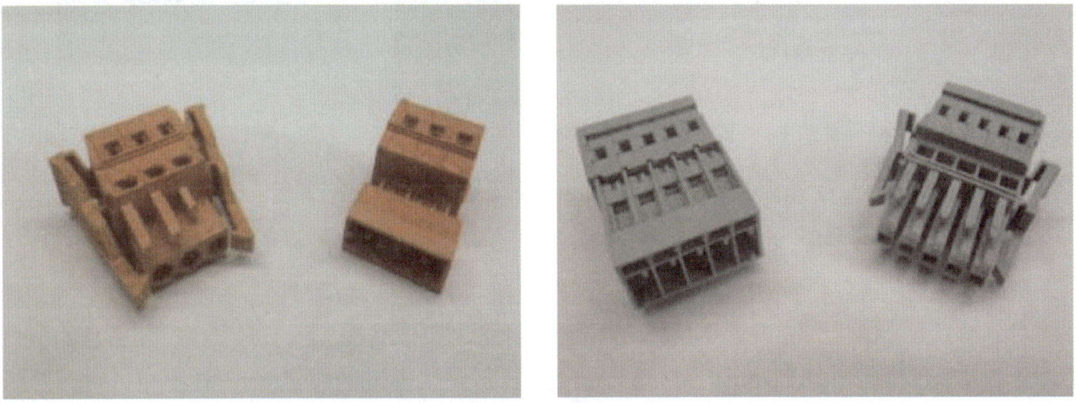

图 6-1-13　插拔式端子排

其接线方法与固定式端子排接线基本一致，具体剥线长度需实际测量确定，在导线金属线芯部分插入端子排至极限位置时端子排笼式压口所产生压痕位于金属线芯上且距绝缘层边缘 1 mm 处。完成剥线长度试验后进行待接导线剥线，专用接线螺丝刀贴操作孔（方孔）内壁插到底，将卡簧顶平，顶开弹簧。然后将剥好的导线送入接线孔中，导线送入时要杜绝出现毛刺，若有毛刺需要重新接线，重新接线时需将毛刺顺导线捋顺平直，切不可对线芯进行旋拧，确认接线无毛刺后将专用接线螺丝刀拔出，接线完毕。再用手顺势拔一下连接好的导线，以检查是否牢靠。把导线线号推到接线点处，将插拔式端子排插到相应的端子排上，如图 6-1-14 所示。

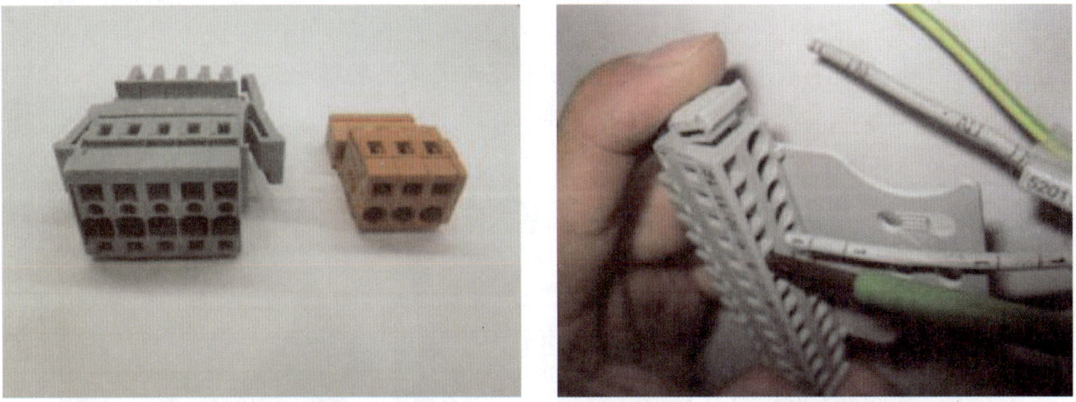

(a) 插拔式端子排孔位　　　　(b) 工具与导线位置

图 6-1-14　插拔式端子排接线

(2)旋转顶压式端子排接线

旋转顶压式端子排主要用于线径较大的动力或高压电气柜及设备接线。由于端子排厂商不同、所接线径不同，外形有一定差异，其剥线长度也有所不同，如图 6-1-15 所示。

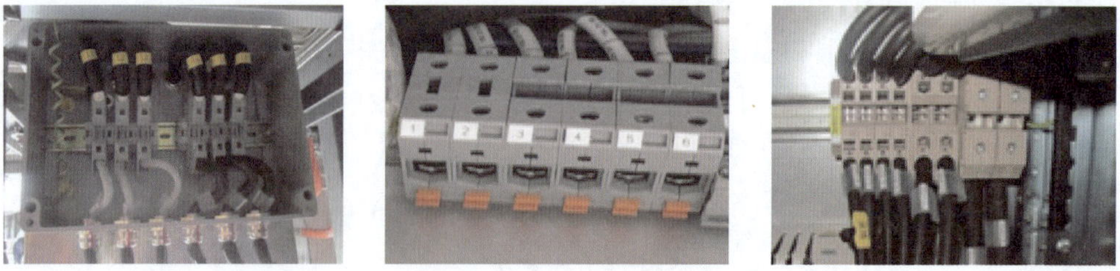

图 6-1-15　旋转顶压式端子排

根据旋转螺钉接口形式不同其所应用紧固工具分为螺丝刀和内六角扳手两种，在紧固形式和方法上存在差异，但其接线过程是一致的。

①固定转角端子排接线

固定转角端子排可根据端子排上所示剥线长度进行剥线，如图 6-1-16 所示。最左侧图中端子排上标注“stripped length = 35 mm”，则表明此端子排电线剥线长度为 35 mm；最右侧图中端子排上标注“stripped length = 25 mm”，则表明此端子排电线剥线长度为 25 mm。

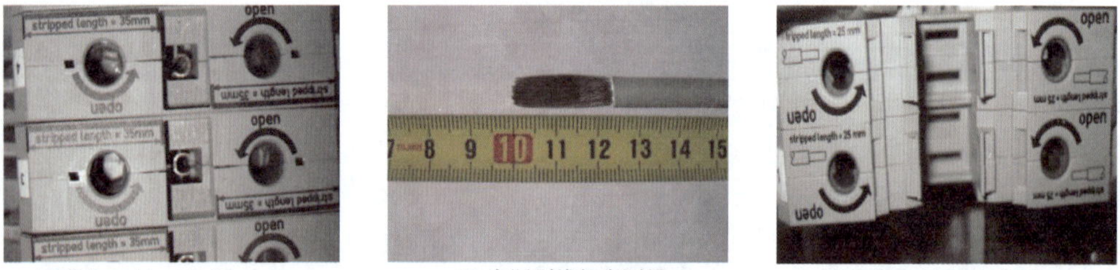

(a) Stripped length=35 mm　　(b) 实际剥线长度测量　　(c) Stripped length=25 mm

图 6-1-16　旋紧式端子排剥线

根据接线位置，将一字螺丝刀插入端子排插口处，向端子排上标示“open”的箭头方向转动约 150°到位，此时接线孔开启。将剥好的电线插入端子排接线孔内插到底部，导线送入时要杜绝出现毛刺，若有毛刺需要重新接线，重新接线时需将毛刺顺导线捋顺平直，切不可对线芯进行旋拧，确认接线无毛刺后松开螺丝刀，弹簧即回弹自动压紧导线。接线完毕后，顺手拉动一下导线看其是否接好，如图 6-1-17 所示。

(a) 旋开接线口　　(b) 插入电线　　(c) 拉拔确认

图 6-1-17　导线压接

②行程压紧式端子排接线

此种端子排上没有剥线长度标注，端子排生产厂商不同、线径、线型不同，各端子排电线剥线长度也不一致，具体剥线长度需实际测量确定，在导线金属线芯插入端子排至极限位置时，在端子排接线端口处不允许压导线绝缘层，且导线金属部分不可以超出接线端子排端平面。

行程压紧式端子排是通过旋转螺钉紧固，带动导线夹紧机构收缩将所接导线进行固定的。旋转螺钉接口分为“一”字型和内六角型，对应分别使用一字螺丝刀和内六角扳手进行操作，逆时针方向旋转为释放，顺时针方向旋转为收紧，如图 6-1-18 所示。若有力矩要求使用对应力矩值进行紧固，若无力矩值要求则需要在手动紧固有明显阻力后再顺时针旋紧 90°，然后用手拉动检查导线是否松动，若松动在原有基础上再顺时针旋紧 90°，直至无松动现象为止。

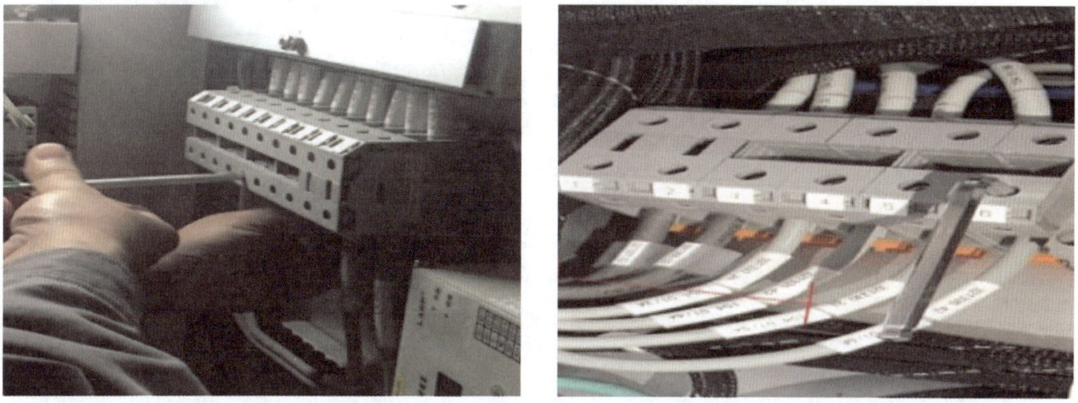

图 6-1-18　行程压紧式端子排紧固方式

二、屏蔽处理标准

1. 屏蔽层通过接地框架接地

(1)环切型

以线束根部为基准量取所需长度，需要环切处理的电缆外径小于 20 mm，弯曲半径应不小于电缆外径的 3 倍；大于 20 mm 时弯曲半径应不小于电缆外径的 5 倍。保证电缆弯曲半径后其与接地框架接触的近端点位置做环切位置标记，再延伸至所需接线位置后延长 200 mm 进行断线。在绝缘层环切位置标记处用剥线刀进行第一道环切，以接地框架自带屏蔽夹长度加 2 mm 为测量尺寸，自第一道环切向接线端方向进行测量并做第二道环切，并去除两道环切间的绝缘层；再次向接线端方向测量 30 mm 做第三道环切，并去除此道环切位置至接线端之间的绝缘层，环切和去除绝缘层时不允许伤及屏蔽层或线芯。将留存的绝缘层环至接线端处的屏蔽层保留 10 mm，其余剪掉，并上翻至电缆绝缘层外，上翻后屏蔽层不允许散开，剪取 30 mm 的 ϕ8 mm 热缩管套入电缆上，将热缩管 2/3 套入导线绝缘层，前端留取 1/3 进行热缩。将处理好的电缆通过屏蔽夹固定在接地框架上，同一接地框架安装多根电缆时屏蔽夹开口统一朝右，压开屏蔽夹将屏蔽层放入屏蔽夹内居中夹紧，确保屏蔽夹两端与电缆绝缘层间各留有 1 mm 间隙，屏蔽夹相互之间间距保持一致，同时保证屏蔽层的网状结构不被破坏，如图 6-1-19 所示。

(2)外翻型

以线束根部为基准量取所需长度，需要外翻处理的电缆外径小于 20 mm，弯曲半径应不小于电缆外径的 3 倍；大于 20 mm 时弯曲半径应不小于电缆外径的 5 倍。保证电缆弯曲半径后其与接地框架接触的远端点位置做环切位置标记，再延伸至所需接线位置后延长 200 mm 进行断线。环切后去除至接线端之间的绝缘层，环切和去除绝缘层时不允许伤及屏蔽层或线

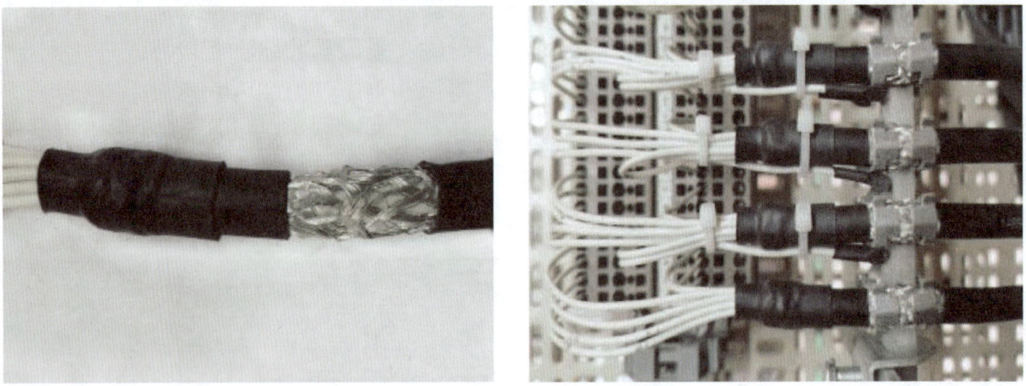

图 6-1-19　环切型接地框架接地

芯。将屏蔽层保留 30 mm，其余剪掉，并上翻至电缆绝缘层外，上翻后屏蔽层不允许散开，30 mm 的 ϕ8 mm 热缩管套入电缆上，以接地框架自带屏蔽夹长度加 2 mm 为测量尺寸，热缩管前端露出屏蔽层为此数值后进行热缩。将处理好的电缆通过屏蔽夹固定在接地框架上，同一接地框架安装多根电缆时屏蔽夹开口统一朝右，压开屏蔽夹将屏蔽层放入屏蔽夹内居中夹紧，确保屏蔽夹两端屏蔽层各留有 1 mm，屏蔽夹相互之间间距保持一致，同时保证屏蔽层的网状结构不被破坏，如图 6-1-20 所示。

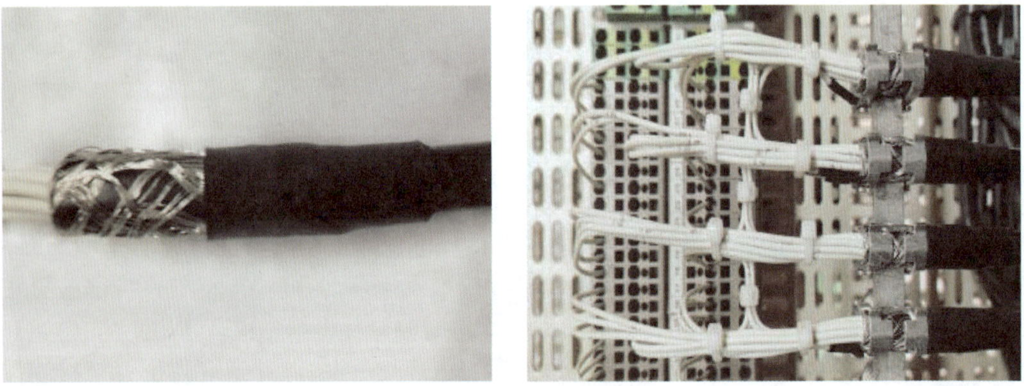

图 6-1-20　外翻型接地框架接地

2. 屏蔽层通过引出形式进行接地

(1)直接引出型

将电缆延伸至其内部导线所需接线最长位置后延长 200 mm 进行断线，并在电缆线芯需要进行分开处环切后去除至接线端之间的绝缘层，环切和去除绝缘层时不允许伤及屏蔽层或导线。用专用螺丝刀将内部线芯自屏蔽层在与绝缘层衔接的根部处挑出，再将屏蔽层捋顺使线径均匀；若屏蔽层过于紧密无法挑出时可以将屏蔽层挑散拆解线芯完全露出后，再将拆散的屏蔽层拧紧成束，并确保成束后线径均匀，上述两种处理方法在挑出时都不应挑断屏蔽层或损伤导线。用 ϕ3 mm 热缩管完全包裹屏蔽层后热缩形成的新线芯，并用 30 mm 的 ϕ8 mm 热缩管在蔽层在与绝缘层衔接进行再次热缩，将热缩管 2/3 套入导线绝缘层，前端留取 1/3 进行热缩。屏蔽层形成的线芯接线时用剥线钳把热缩管构成的绝缘层按标准去除即可，如图 6-1-21 所示。

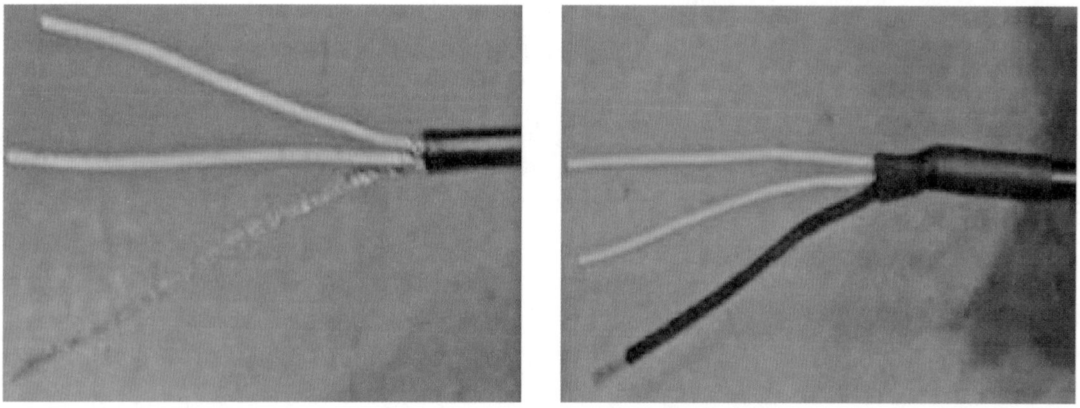

图 6-1-21　直接引出型成新导线

(2)护套引出型

将电缆延伸至其内部导线所需接线最长位置后延长 200 mm 进行断线，并在电缆线芯需要进行分开处环切后去除至接线端之间的绝缘层，环切和去除绝缘层时不允许伤及屏蔽层或导线。屏蔽层按电线反方向翻转过来，翻到电缆外皮上的屏蔽层均匀分布，不得散乱。安装护套时锡环应在屏蔽层的中间部位，两侧蓝色圆环需与屏蔽层接触，且屏蔽层不可以超出蓝色圆环。用热风枪距离屏蔽护套 30 mm 处进行加热，加热过程中需将锡环完全融化使屏蔽引出线与屏蔽层牢固焊接，但不得近距离或长时间吹缩以免造成电缆内部导线绝缘层受高温融化或长时间过热老化，如图 6-1-22 所示。

图 6-1-22　护套引出型成新导线

巩固与练习

一、填空题

1. 端子排依据其固定形式可分为________端子排和________端子排两种类型。
2. 单组扎把式分线的导线分出位置应位于端子排相反方向________左右。
3. 屏蔽层通过接地框架接地时分为________和________两种方式。

二、简答题

1. 端子排分线的流程分为哪几步？

2. 导线线芯裸接在端子排中时如何确定其剥线长度？
3. 屏蔽层通过接地框架接地时对电缆弯曲半径的要求是什么？

学习任务二　大线端子压接

学习目标

1. 知识目标
(1)掌握断线、剥线的方法和标准。
(2)掌握大线端子压接工具的种类、技术参数和使用方法。
(3)掌握大线端子压接的标准。
(4)掌握电气连接的要求。
2. 能力目标
(1)会根据断线、剥线标准，正确进行断线、剥线。
(2)会根据实际现场情况选用不同类型、不同技术参数的大线端子压接工具。
(3)会正确地操作使用大线端子压接工具进行作业施工并实施维护保养。
(4)会正确进行电气连接。
3. 素质目标
(1)培养学生压接准确无误、准确可靠的能力。
(2)培养学生认真负责、一丝不苟的从业理念。

知识链接

一、断　　线

1. 棘轮断线剪

棘轮断线剪是一种通过棘轮机构将人为施加的定向压力机械传导转化刃口环形切削力的手动断线工具，主要用于直径大于 70 mm^2 电缆的剪切，如图 6-2-1 所示。

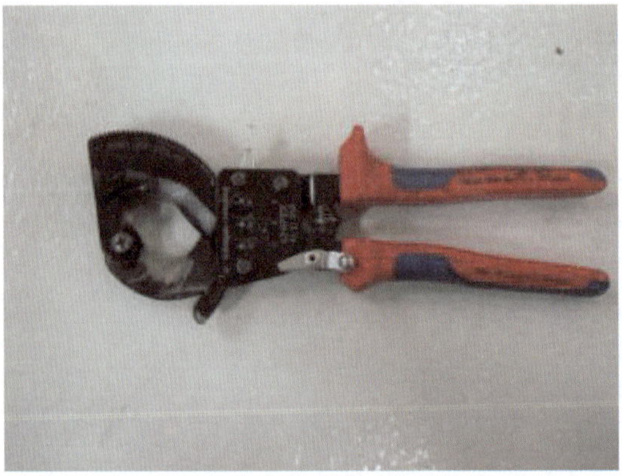

图 6-2-1　棘轮断线剪

2. 断线方法

(1)用手握紧棘轮断线剪手柄,另一只手将手柄锁闭开关沿逆时针方向旋转,使手柄锁闭开关限位机构解锁,松开棘轮断线剪手柄便可实现手柄限位解锁,如图 6-2-2 所示。

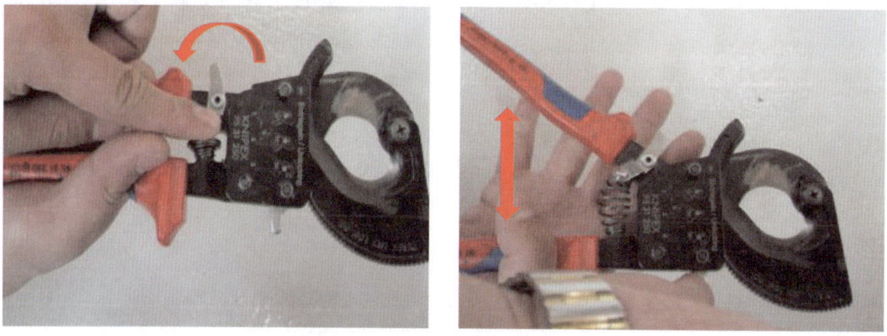

图 6-2-2　解锁棘轮断线剪手柄限位

(2)将已经解锁的棘轮断线剪手柄做往复运动,通过棘轮机构推动带有齿牙的活动刃具顺时针方向旋转,当与固定刃具发生刃口平面交错时便实现环形切削功能。当距离有效切削作用位置较远时可以用手顺时针推动带有齿牙的活动刃具实现环形刃口的快速合拢,如图 6-2-3 所示。但必须注意在推动时手指或非切割物切不可在刃口合拢范围之内,避免造成人为伤害。

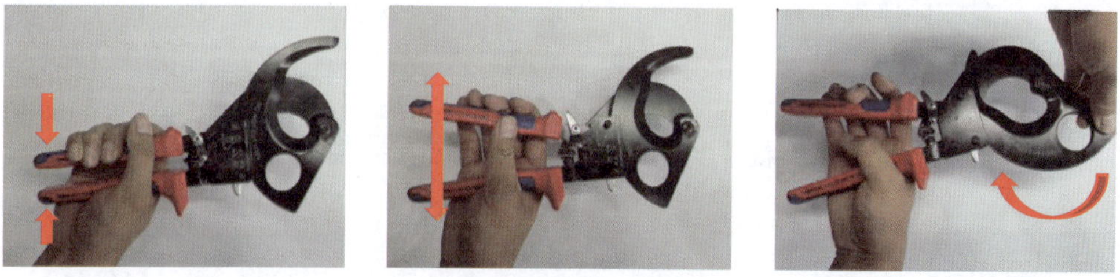

图 6-2-3　棘轮断线剪顺时针切削

(3)若在切削过程中希望终止切削,则需要将带有齿牙的活动刃具逆时针方向旋转退出,具体操作首先将手柄压紧,然后用将棘轮机构止卸开关向断线剪头部顶端方向推动至极限位,同时松开手柄使其自然打开,此时止卸开关将棘轮传动机构隔离锁紧失效,用手拉动带有齿牙的活动刃具向逆时针方向旋转即可打开,如图 6-2-4 所示。

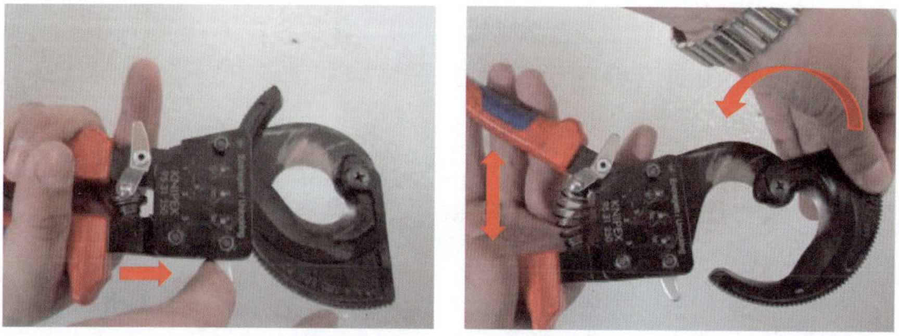

图 6-2-4　棘轮断线剪卸载

(4)断线时需将电缆垂直放置在棘轮断线剪环形刃口内，切削过程中也要始终保持垂直且不可发生横向位移，这样断面才会平整，如图 6-2-5 所示。

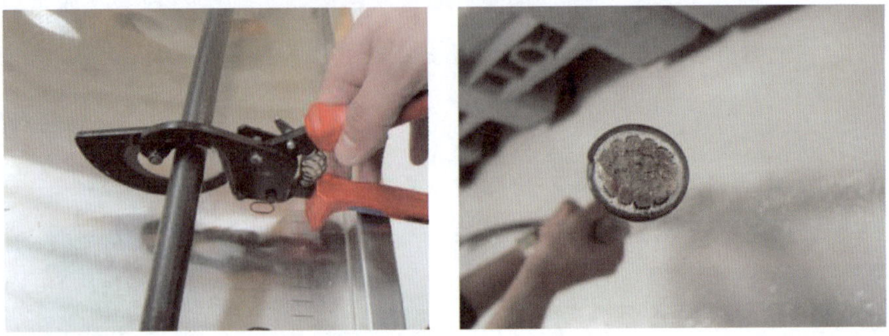

图 6-2-5　棘轮断线剪剪切电缆

3. 断线标准

(1)良好的断线质量

良好的断线质量剪切平面与电缆轴向方向相垂直且断面平整，内部线芯无折断、拔出或挤压等现象，如图 6-2-6 所示。

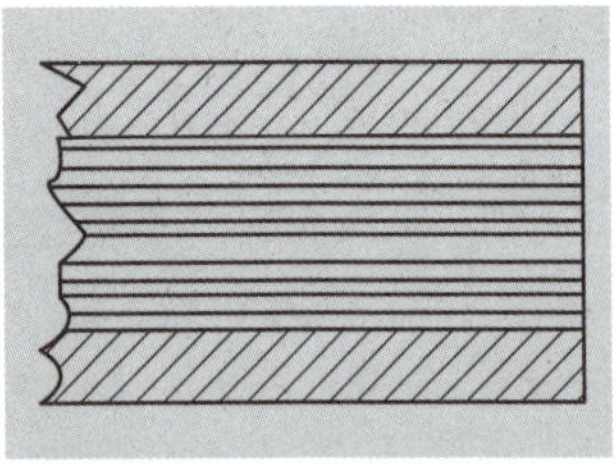

图 6-2-6　良好的断线质量

(2)不良的断线质量

不良的断线主要体现为导线被折断、导线被拔出或导线被挤压这几种问题，如图 6-2-7 所示。

导线被折断的原因为剪切导线时，钳口没完全闭合就倾斜断线剪，导致线芯被折断，所以在操作的时候，一定要等导线完全断开后，再将断线剪拿开。

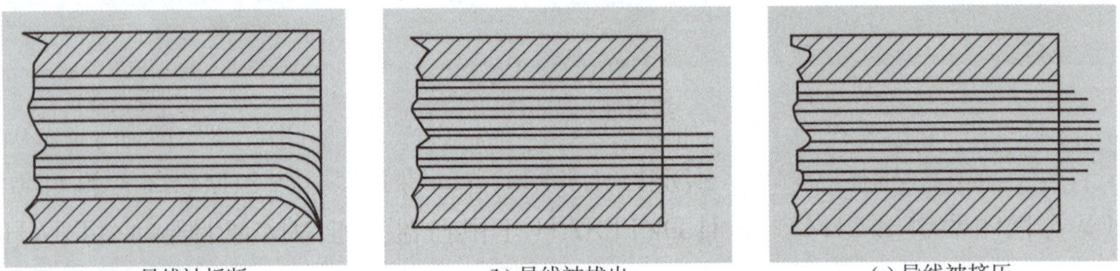

(a) 导线被折断　(b) 导线被拔出　(c) 导线被挤压

图 6-2-7　不良的剪线质量

导线被拔出的原因有两种：一是断线剪钳口钝化，导致钳口不能完全闭合，导线被强行拉出；二是由于操作不当，在线芯没完全剪断时，就横向移动断线剪，导致导线中心部分线芯突出。

导线被挤压的原因相对较多，但最值得特别注意的是，在断完线后，一定注意保护电缆，以免电缆被重物或人踩压。

二、剥　线

1. 剥线刀

剥线刀是用于较大线经电缆剥线的器具，由刀鞘、刀身、刀片构成，如图 6-2-8 所示。刀鞘用于容纳剥线刀同时对前部刀刃进行防护可避免意外伤害。

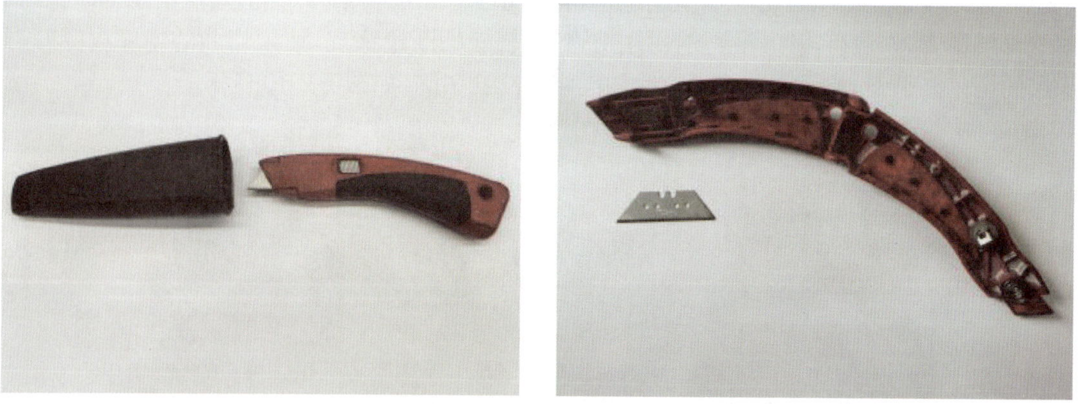

图 6-2-8　剥线刀构成

2. 使用方法

(1)刀片的安装与调整

刀身上带有开合手柄,向前推动开合手柄可将刀身上盖打开。刀片置于刀身内部前端,通过刀片自带定位卡槽与刀身定位销的相对位置配合实现两挡安装位置调整,可根据所剥电缆线径粗细进行选择,刀片安装完成后需压紧闭合刀身直至开合手柄自动锁闭,如图 6-2-9 所示。

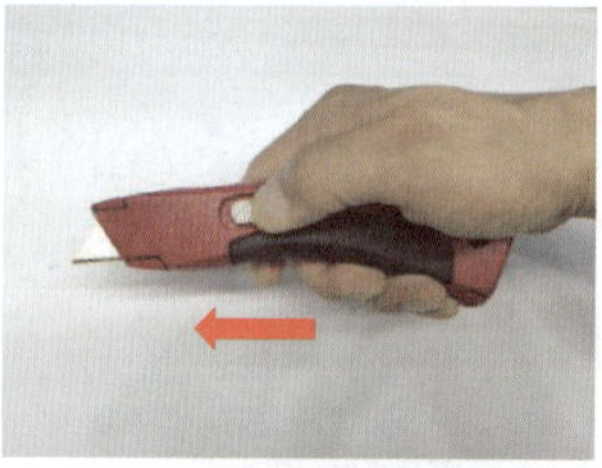

(a) 推动开合手柄

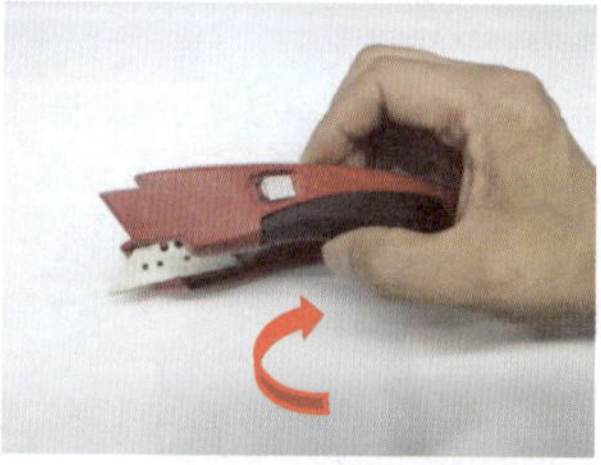

(b) 打开刀身上盖

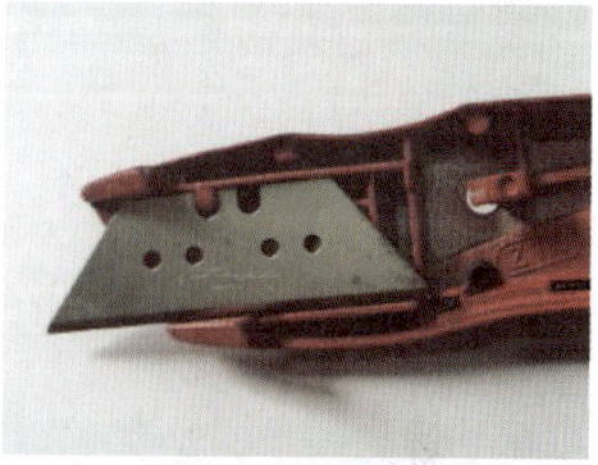

(c) 刀片短行程安装

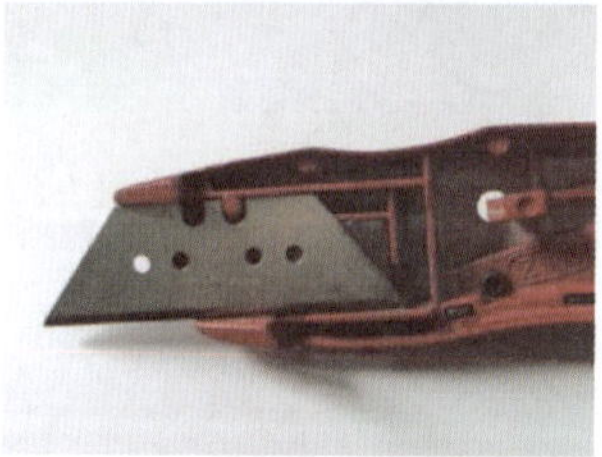

(d) 刀片长行程安装

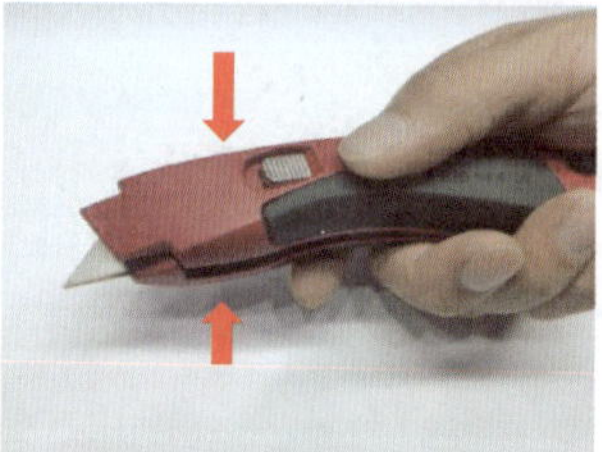

(e) 压合刀身

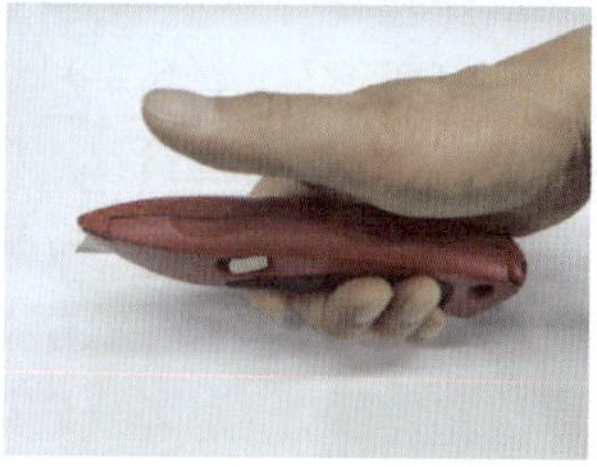

(f) 刀身完全闭合复位

图 6-2-9　刀片的安装与调整

(2)用剥线刀剥线

由于电缆绝缘层厚度有所差异故无法按照统一数值进行要求,需提前用同规格电缆废料进行试剥。剥线时,手握住剥线刀刀身拇指压在刀身上平面前端的施压凹槽内,刀刃垂直于电缆轴径并沿圆周方向转动做径向环切。剥线刀刀刃切入深度应为绝缘皮厚度的 4/5 左右,不可直接彻底切透,因为电缆内部为绞合线芯所以在圆周方向实际会有高低起伏,若按照完全切透极可能伤及线芯,若电缆带有屏蔽层则会割伤屏蔽层。然后沿电缆轴向用刀尖以环切处为起点向电缆端部直线拉动施刀，施刀深度为绝缘皮厚度的 4/5，施刀至距行程末端 5 mm 时停止拉动施刀改为刀刃压刀切入电缆绝缘层，将电缆绝缘层完全割开，然后用手沿切割印记将电缆绝缘层剥离，如没有割断绝缘皮，再用 PVC 刀轻轻切断绝缘皮，使未切断的绝缘皮分开，绝缘层的切口要平整，如果内部有填充物的需将填充物去除，如图 6-2-10 所示。

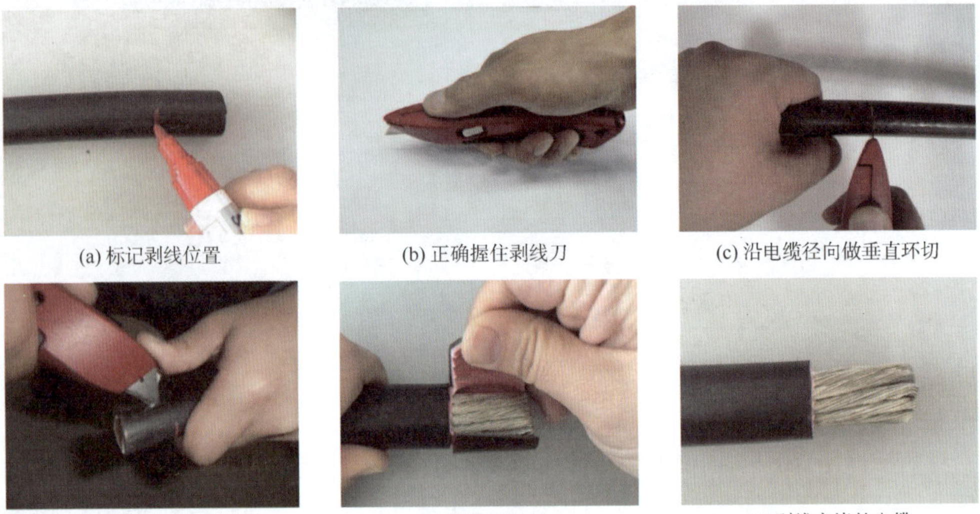

(a) 标记剥线位置　(b) 正确握住剥线刀　(c) 沿电缆径向做垂直环切

(d) 沿电缆轴向做直线施刀　(e) 绝缘层剥离　(f) 剥线完毕的电缆

图 6-2-10　电缆剥线过程

试剥结束后，在需施工电缆上根据所需剥线尺寸量取相对应长度并作标记，然后按照前述剥线过程进行剥线。

3. 剥线标准

(1)良好的剥线质量

良好的剥线质量绝缘层断面切口平齐，线芯的镀层无损坏且保持原有的螺旋状形态，不得出现导线绝缘层损坏或内部线芯被剪断的现象，如图 6-2-11 所示。

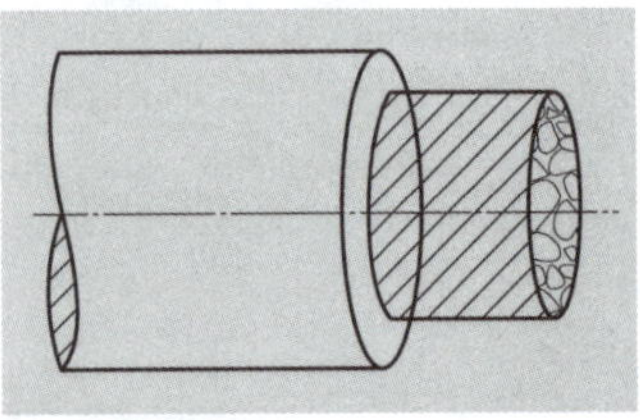

图 6-2-11　良好的剥线质量

(2)不良的剥线质量

不良的剥线主要体现为绝缘层环切不整齐或有残留、电缆绝缘层被损坏、内部线芯镀层损伤、线芯被割断、线芯被过紧地扭转、线芯失去螺旋形态、填充物残留这几种问题，如图 6-2-12 所示。

绝缘层环切不整齐或有残留的原因为剥线刀刀刃没有与电缆径向完全垂直，形成的环切轨迹没有闭合或剥线刀刃口钝化。

电缆绝缘层被损坏产生的原因多为工具使用不规范。内部线芯镀层损伤的原因是剥线刀下刀力度过大，透过绝缘层割伤内部导线或去除内部填充物时，刀刃对内部线芯产生了刮削导致线芯镀层损伤。

线芯被过紧地扭转产生的原因是使用剥线刀剥线时没做纵向直线施刀，而是采用将外绝缘层用力顺时针方向旋转的方法直接去除绝缘层。

线芯失去螺旋形态产生的原因是使用剥线刀剥线时，没做纵向直线施刀，而是采用将外绝缘层用力逆时针方向旋转的方法直接去除绝缘层。

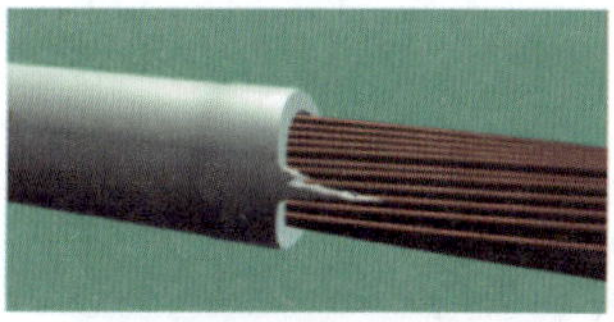

(a) 绝缘层环切不齐、残留

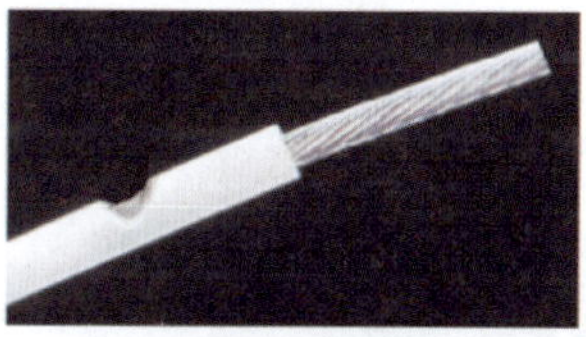

(b) 电缆绝缘层被损坏

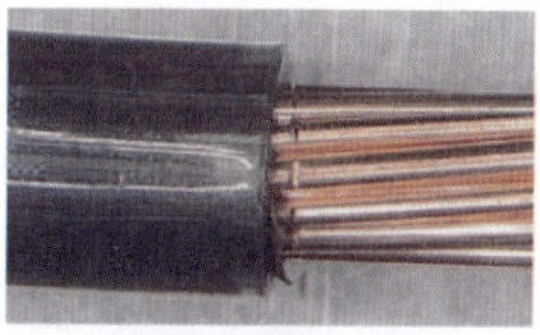

(c) 内部线芯镀层损伤

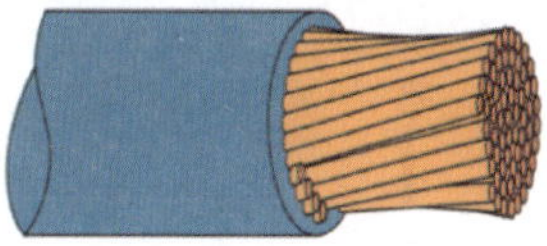

(d) 线芯被隔断

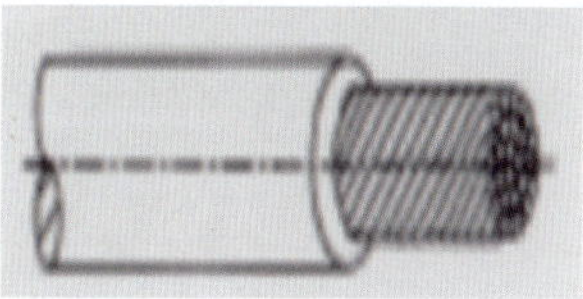

(e) 线芯被过紧地扭转

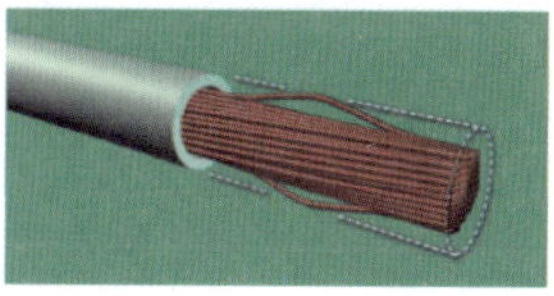

(f) 线芯散股、失去螺旋形态

图 6-2-12　不良的剥线质量

三、压　　接

1. 压接工具

大线压接目前多采用冷压方式，所用端子为电缆接头或管状接头，如图 6-2-13 所示。电缆接头用于螺柱紧固的连接结构，管状接头用于连接器快速插接结构。

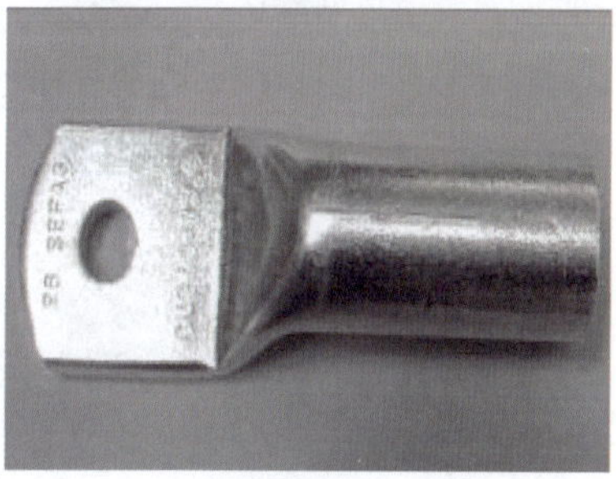

(a) 电缆接头

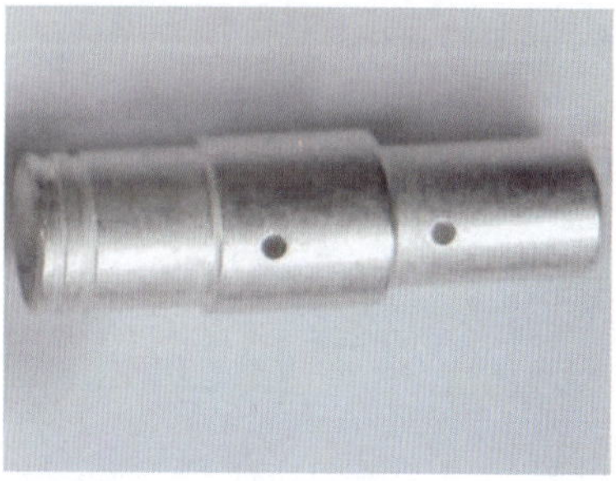

(b) 管状接头

图 6-2-13　冷压接头形式

上述两种接头所用压接工具一般采用 ELPRESS 公司的 PV1300 压接钳或用 Ps700 液压泵系统配 V1300 钳头组合使用。

(1)PV1300 压接钳

此种压接钳为电池驱动压接钳，工具厂家：ELPRESS，可以压接 ELPRESS 厂家的 10～240 mm^2 铜管类端子，不同型号端子对应使用模具型号，见表 6-2-1。

表 6-2-1　端子模具对应表

端子的规格/mm	10	16	25	35	50	70	95	120	150	185	240
模具支架	V1318	V1318	V1318	V1318	V1318	V1318	V1318	V1318	V1318	—	—
对应的模具	B8	B9	B11	B13	B14.5	B17	B20	B20	B25	13B27	13B30
模具支架	V1316	V1316	V1316	V1316	V1316	V1316	V1316	V1316	V1316	—	—
压接次数	1	1	1	1	1	1	1	1	1	2	2

PV1300 压接钳由钳身、手柄、活动支架前进按钮、活动支架后退按钮、电池、钳头、活动支架、固定支架构成，如图 6-2-14 所示。

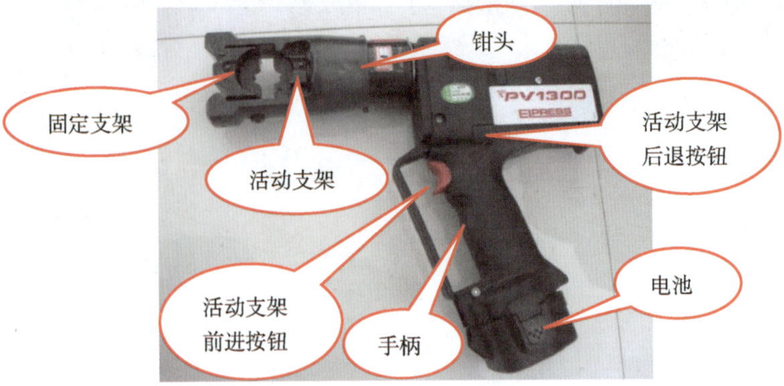

图 6-2-14　工具组成部分

电池充电时按住电池上按钮，将电池拔出，取充电器，将电池插入充电器，接上 220 V 交流电源，充电器上红色和绿色全亮表示电池正在充电，如图 6-2-15 所示。

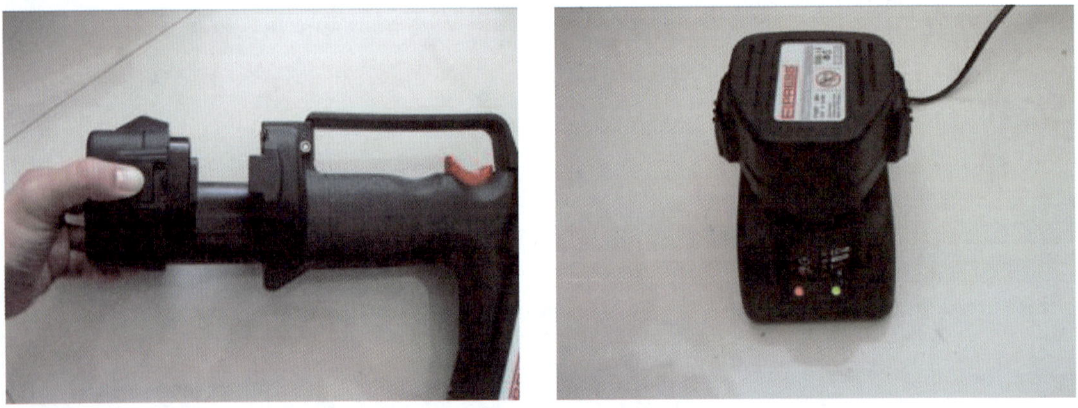

图 6-2-15　电池充电

(2)Ps700 液压泵系统配 V1300 钳头组合

Ps700 液压泵系统采用外接 AC 230 V 电源或 DC 24 V NIMH 电池供电，配合 V1300 钳头可以压接 ELPRESS 厂家的 10～240 mm^2 的铜管类端子，不同型号端子对应使用模具型号见表 6-2-2。

表 6-2-2　端子模具对应表

端子的规格/mm	10	16	25	35	50	70	95	120	150	185	240
模具支架	V1318	V1318	V1318	V1318	V1318	V1318	V1318	V1318	V1318	—	—
对应的模具	B8	B9	B11	B13	B14.5	B17	B20	B22	B25	13B27	13B30
模具支架	V1316	V1316	V1316	V1316	V1316	V1316	V1316	V1316	V1316	—	—
压接次数	1	1	1	1	1	1	1	1	1	2	2

V1300 钳头由钳头、活动支架、固定支架构成，结构与 PV1300 压接钳钳头一致，如图 6-2-16 所示。

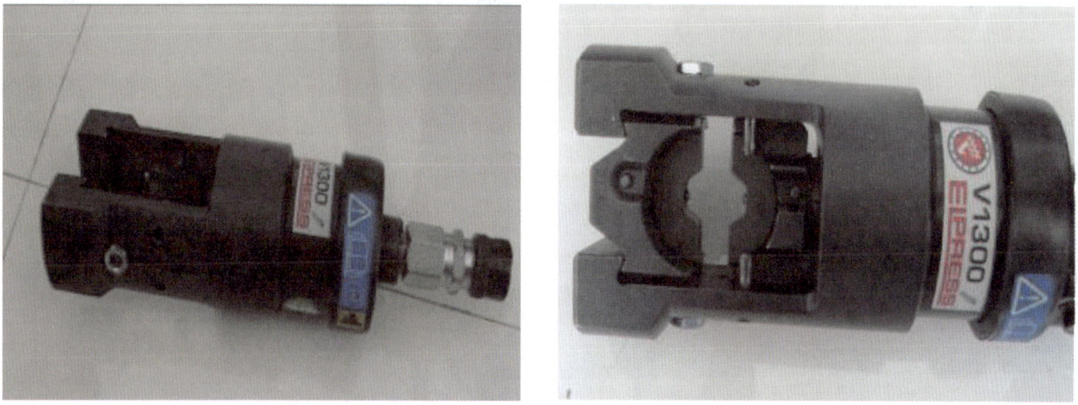

(a) 钳头及液压接头　　　(b) 钳头及支撑和模具

图 6-2-16　V1300 钳头

Ps700 液压泵系统由液压泵和连接操控总成所构成，连接操控总成由液压连接管、控制线缆及带有红色按钮、白色按钮、LED 指示灯的控制手柄构成，如图 6-2-17 所示。

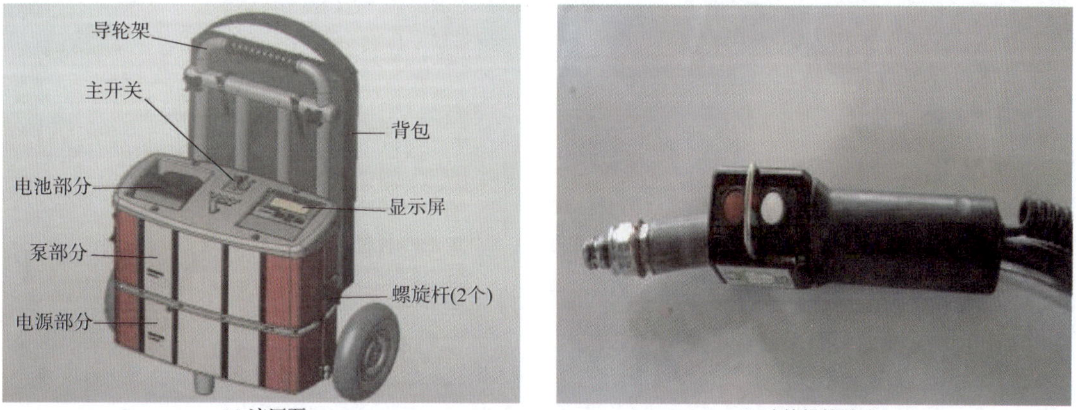

(a) 液压泵　　　(b) 连接操控总成

图 6-2-17　Ps700 液压泵系统

液压泵上电源控制选择旋钮开关共有 3 个挡位，“0”为停止挡位，“Ⅰ”为使用电池挡位，“Ⅱ”为使用电源挡位，如图 6-2-18 所示。当需要用 DC 24 V Ni-MH 电池供电时，将液压泵上主开关旋钮旋由“0”挡位转到“Ⅰ”挡位。当需要用外接电源 AC 220 V 供电时将液压泵上主开关旋钮旋由“0”挡位转到“Ⅱ”挡位。

接通电源后液压泵显示屏显示“按红色按钮”，此时需要按控制手柄上的红色按钮使设备自检，如果运行情况良好，控制手柄上的绿色 LED 灯亮起表示设备处于准备状态，可以进行压接，如图 6-2-19 所示。

液压泵系统与 V1300 钳头连接时先将钳头上的黑色管接头后拉，同时将液压连接管插入钳头接口，松开钳头上黑色管接头使液压连接管和钳头接口锁紧，如图 6-2-20 所示。

图 6-2-18　液压泵电源控制选择

图 6-2-19　液压泵显示屏状态

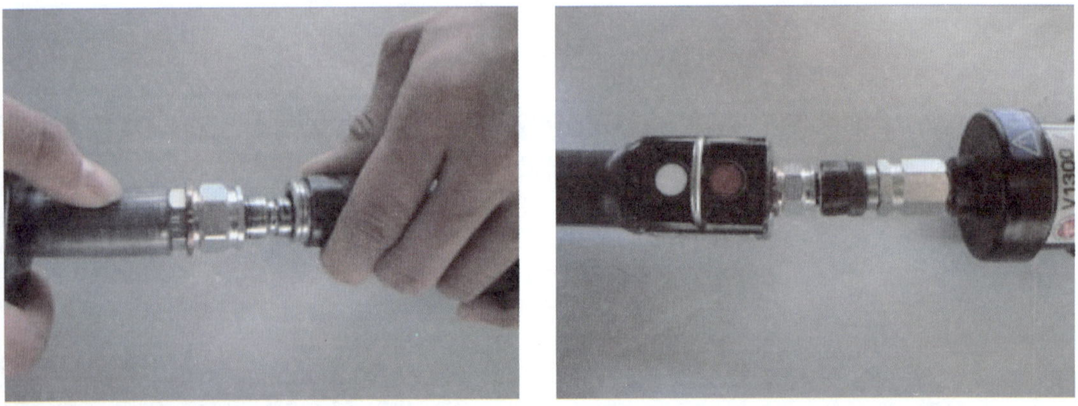

图 6-2-20　液压管与 V1300 钳头连接

然后旋转钳头将其和控制手柄连接，一定不要旋动控制手柄一侧否则控制线缆会产生缠绕，如图 6-2-21 所示。

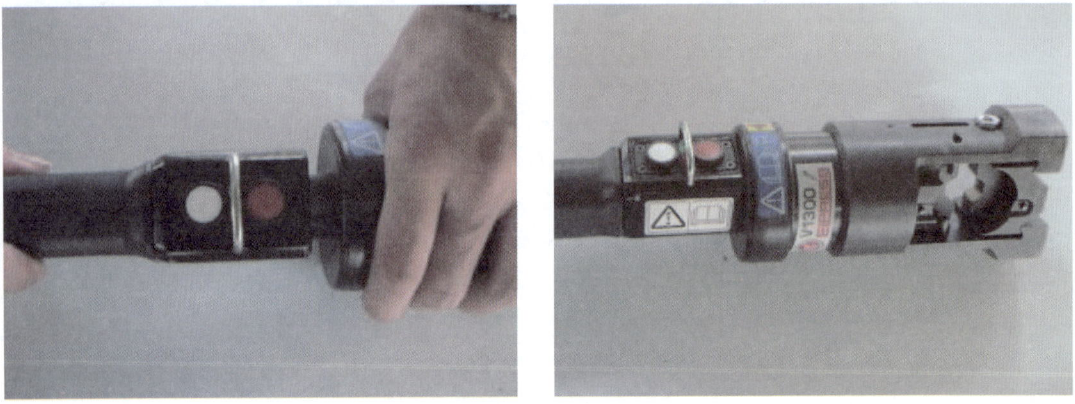

图 6-2-21　V1300 钳头与控制手柄连接

2. 使用方法

模具的安装：10～150 mm^{2}的模具要先安装到支架上然后才能固定到压线钳上，安装模具时按住支架上凸起按钮将模具插入支架，如图 6-2-22 所示。185 mm^{2}和 240 mm^{2}压接时不需要模具支架，直接用相应的模具直接压接即可。

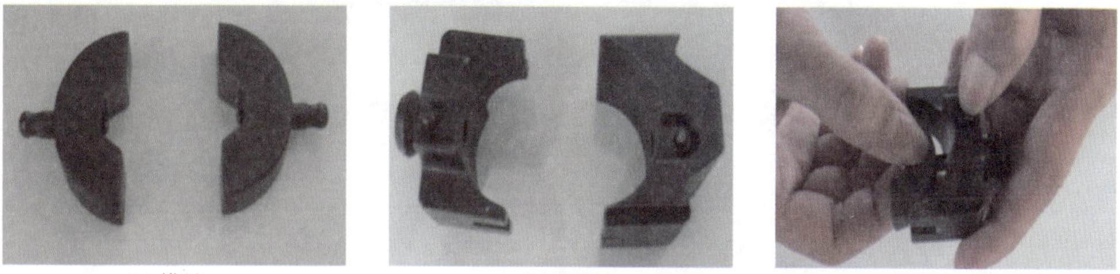

(a) 模具　(b) 支架　(c) 模具与支架合成

图 6-2-22　模具的安装

支架的安装：先安装下部的活动支架，将支架按箭头所指方向推入钳头，再安装上部固定的支架，由上向下将支架插入钳头使之固定在凹槽中，如图 6-2-23 所示。

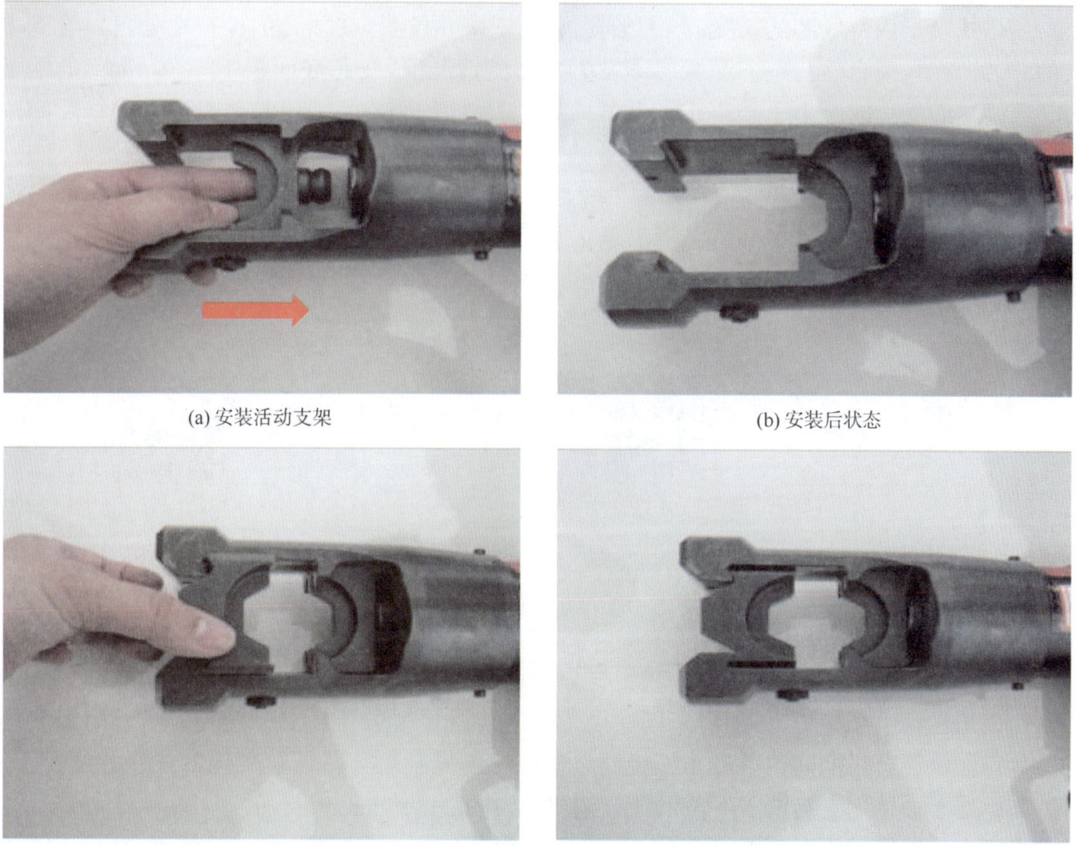

(a) 安装活动支架　(b) 安装后状态

(c) 安装固定支架　(d) 安装后状态

图 6-2-23　支架的安装

压接时将接头放置到模具内的压接口上，调节电线接头到正确的压接位置，且在接头的检查孔内必须可见完整线芯，持续按住压接按钮进行压接，当达到最大压力后泵会停止工作，自动释放压力，压接模具自动退回完成压接，即可取出端子，如图 6-2-24 所示。

图 6-2-24　端子压接

3. 压接标准

压接的端子通过外观形态分为闭口式端子和开口式端子。

闭口式端子内部线芯的长度应至少到达端子观察孔位置，在插孔的检查孔处可以看到电线的线芯。在线缆自然状态下绝缘层不发生变形的情况下，线芯截面积 10～70 mm² 的端子与绝缘层之间缝隙间距小于 2 mm；线芯截面积 95～240 mm² 的端子与绝缘层之间缝隙间距小于 3 mm，如图 6-2-25 所示。

开口式端子线芯截面积 10～70 mm² 的端子线芯自开口端子前端探出的距离及端子与绝缘层之间缝隙间距均需小于 2 mm；线芯截面积 95～240 mm² 的端子线芯自开口端子前端探出的距离及端子与绝缘层之间缝隙间距均需小于 3 mm，如图 6-2-26 所示。

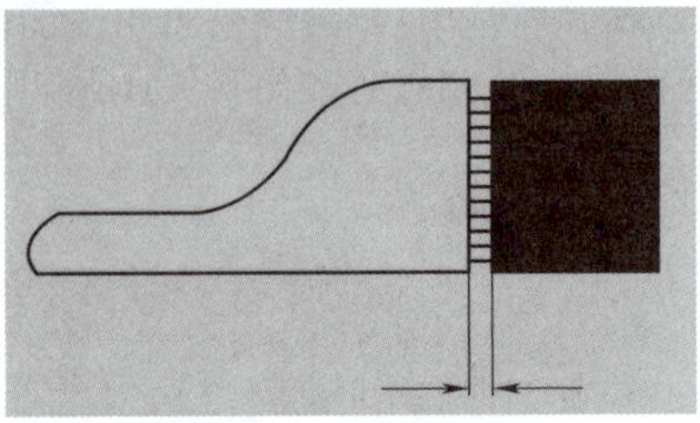

图 6-2-25　闭口式端子

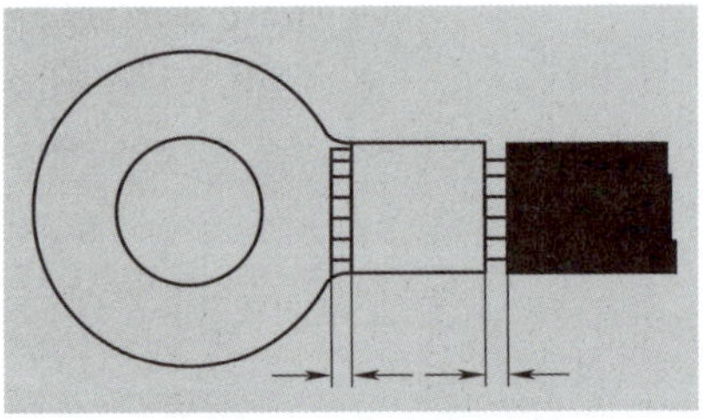

图 6-2-26　开口式端子

按照目前的冷压工艺，压接的方式主要分为点压和周压两种。考虑到不同的需求，同一个项目可以采用两种压接模具，但要求同一设备相同接线位置的压模必须统一。压接时所使用的工具需在检测合格期间内。端子压接模具规格的选择必须与待压接电缆的线径相匹配，如果因非标端子而选用不与线径匹配的压接模具，需由技术部门正式明确。

点压方式即模具为凹模和凸模组成，对于凸模压接端子的方向示意及位置，如图 6-2-27 所示。

周压方式即模具为对称形状，压接后端子的压痕呈正多边形，压痕在端子套管中心位置，不能导致检查孔变形。对于压接模具截面较短的情况，可以在压接区域内压接两次，但要求压

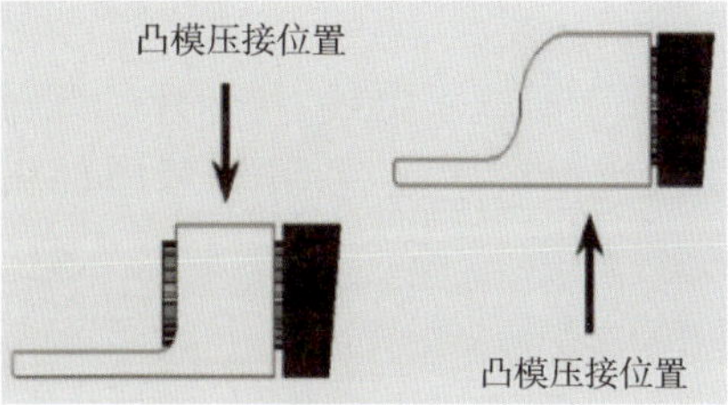

(a) 凸模压接端子的方向示意

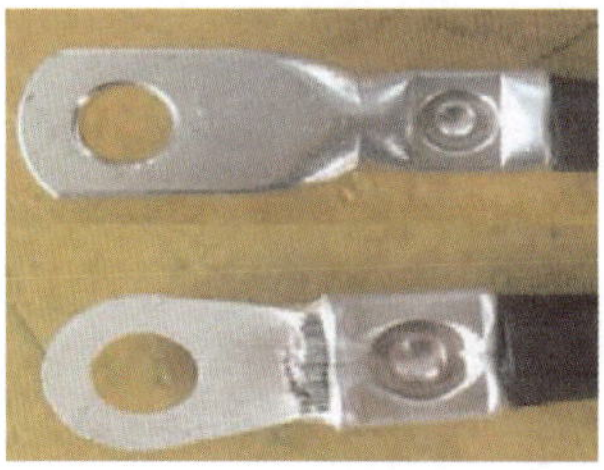

(b) 压接位置

图 6-2-27　点压方式

痕不能重叠，并在压接区域对称，同时要求压接角度一致，如图 6-2-28 所示。

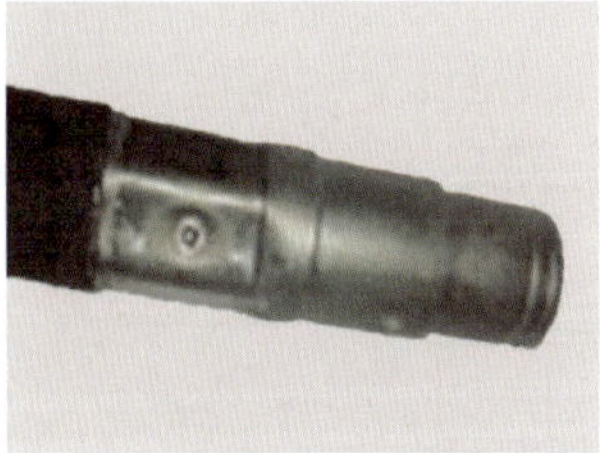

(a) 管状接头成型效果

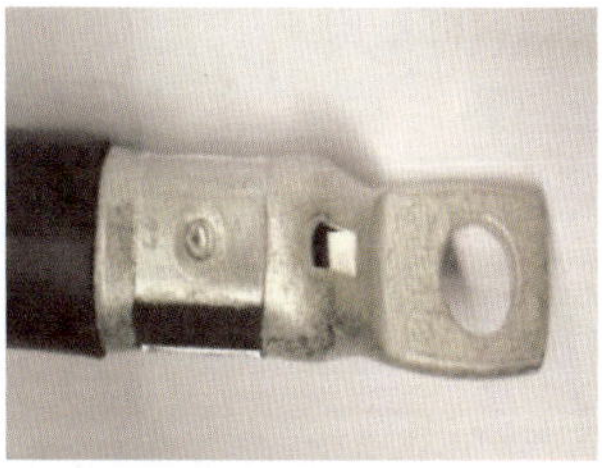

(b) 电缆接头单压痕效果

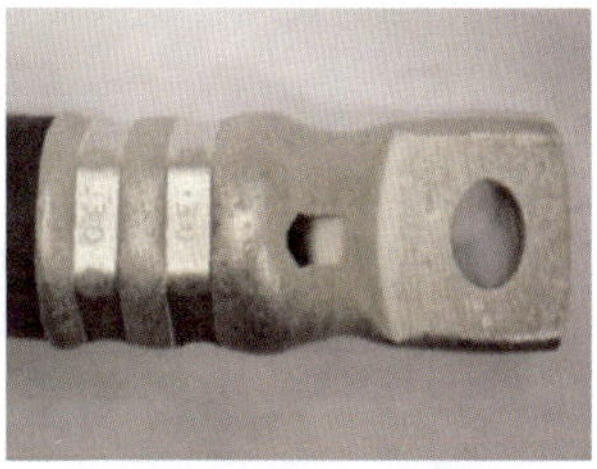

(c) 电缆接头双压痕效果

图 6-2-28　周压方式

无论选用哪种压接模具，其压接位置都应该在压接区域居中，并且要求线芯全部顺畅地进入端子的内部，即无毛刺现象。

四、电气连接

电气连接是指将压接有端子的电缆与设备的接线点进行连接。大多采用接线螺柱的方式进行。

1. 连接要求

为保证连接的电气安全性，相应连接点都必须明确力矩要求。在进行连接时，端子的位置朝向会影响电气间隙和爬电距离，因此，在设备接线点结构已经确定的情况下，端子朝向均选择平行于接线位置的防护界面，还要保证接入各个接线螺柱的端子分别平行。

鉴于个别结构的限制，可能存在不满足上述要求的情况，但接线端子与其他导体的最小距离必须满足，数据见表 6-2-3。

表 6-2-3　接线端子与其他导体最小距离

工作电压	最小距离
24 V	2 mm
110 V	5 mm
220 V	8 mm
380 V	13 mm
750 V	32 mm
1 500 V	40 mm
3 000 V	50 mm
25 000 V	300 mm

2. 端子与紧固件的位置

接线时按照接线层次可分为单层端子接线和双层端子接线，按使用锁紧结构可以分为使用弹垫结构和使用防松螺母结构。对于端子进行电气连接后，其与紧固件相对位置关系如图 6-2-29 所示。

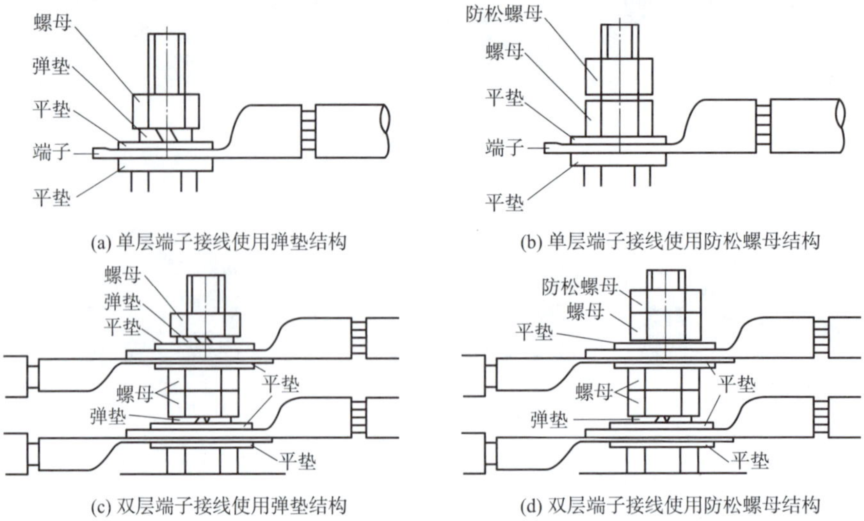

(a) 单层端子接线使用弹垫结构　(b) 单层端子接线使用防松螺母结构

(c) 双层端子接线使用弹垫结构　(d) 双层端子接线使用防松螺母结构

图 6-2-29　端子与紧固件相对位置

3. 线号位置

端子压接完成后将线号管吹缩在端子和线缆绝缘层上，线号管覆盖整个压接区域，闭口裸端子线号管前端接近端子的观察孔但不遮挡观察孔；开口裸端子线号管靠近端子压接区域前端(0～2 mm)。线号应朝向易于观察侧。如无特殊要求，线号与端子的相对位置如图 6-2-30 所示。

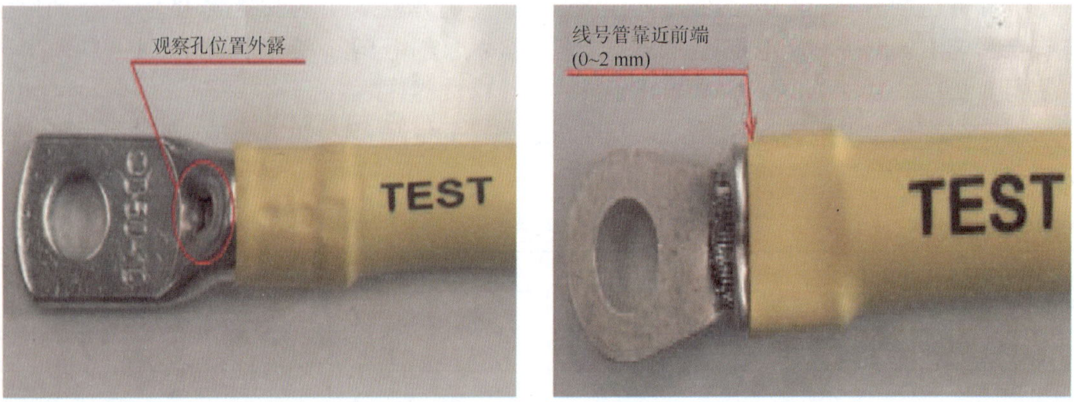

图 6-2-30　热缩式线号位置

不需要热缩的线号管因其可以自由移动和自由旋转，只需要靠近端子尾部放置即可。

巩固与练习

一、填空题

1. 剥线刀主要由________、________、________构成。
2. 大线压接所用端子为________或________。
3. 压接的端子通过外观形态分为________端子和________端子。

二、判断题

1. 大线压接目前多采用热压方式。 ( )
2. PV1300 压接钳充电器上红色灯亮表示电池正在充电。 ( )
3. 在进行电气连接时,端子的位置朝向会影响电气间隙和爬电距离。 ( )

三、简答题

1. 大线断线时经常出现的不良质量问题有哪几种?
2. 简述剥线刀刀片的安装与调整方法。
3. 大线电气连接有哪些相关要求?

学习任务三 M12 连接器组装工艺

学习目标

1. 知识目标
(1)熟悉 M12 连接器基本结构、部件组成。
(2)掌握 M12 连接器的特点、技术参数。
(3)掌握 M12 连接器组装工艺步骤、关键技术要求。
(4)掌握 M12 连接器屏蔽层处理方法。
2. 能力目标
(1)能根据 M12 连接器组装工艺步骤,正确地制作 M12 连接器。
(2)会正确处理 M12 连接器屏蔽层。
3. 素质目标
(1)培养学生能够正确分析问题、解决问题的能力。
(2)培养学生严谨细致、精益求精的从业理念。

知识链接

M12 连接器存在多种结构,多个厂家,多种线缆接线方式等特点,连接器的制作细节也存在一定差异,但总体组装工艺过程和步骤基本相同。连接器根据线缆接线方式,分为穿刺式、冷压式、螺栓连接、接线卡连接等几种形式;根据编码形式,分为 A 码、D 码、X 码三种。以下就几种具有代表性的连接器组装的总体工艺要求及方法步骤进行阐述。

M12 连接器组装工艺流程:

连接器尾部附件等套入线缆→线缆外绝缘层剥线→屏蔽层处理→线缆填充物修剪→线芯剥线→压接→针子插接或螺栓紧固或线芯插入绝缘体→绝缘体插入插头外壳→锁紧螺帽紧固→画防松标记。

技能训练

M12 连接器制作

一、物料准备

选用一种穿刺 M12 连接器、一种螺栓连接 M12 连接器、一种 D 码冷压 M12 连接器、一种接线卡式 M12 连接器与连接器匹配的电缆如图 6-3-1 所示。

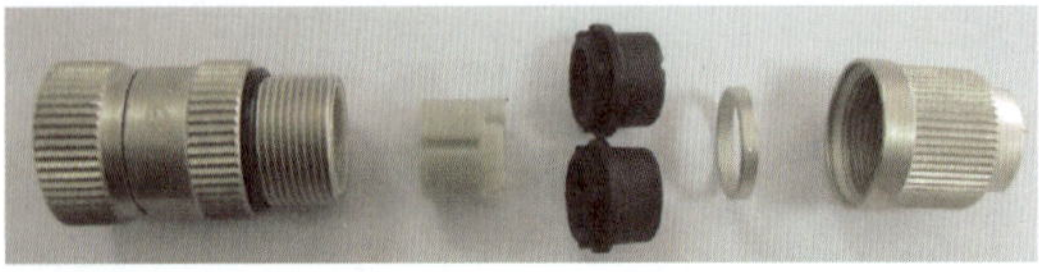

(a) 穿刺式M12连接器

(b) 螺栓连接M12连接器

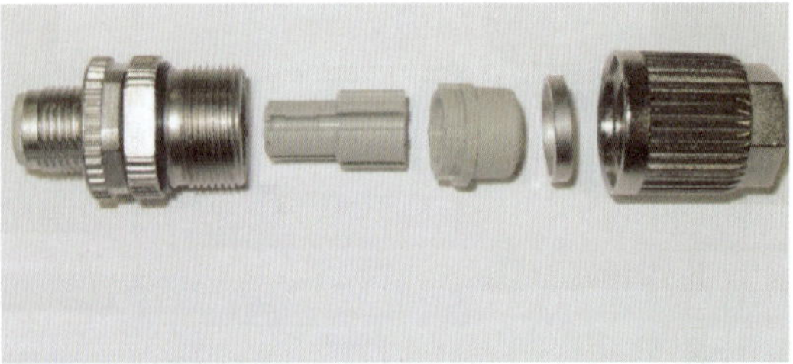

(c) D码冷压M12连接器

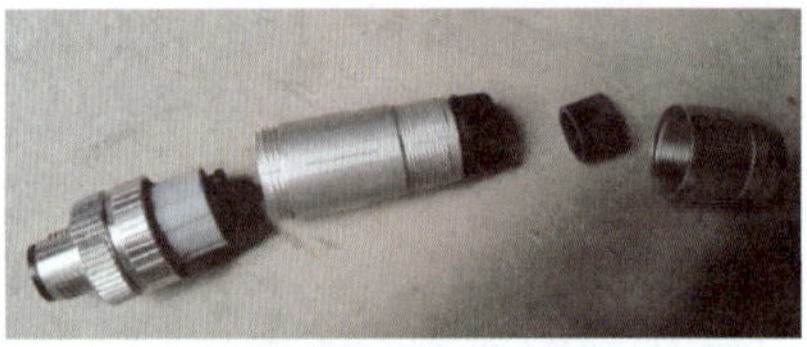

(d) 接线卡式M12连接器

图 6-3-1　M12 连接器

二、工具准备

准备制作连接器用到的工具：电工刀、剪刀、压接钳、剥线钳及扳手，如图 6-3-2 所示。

(a) 电工刀

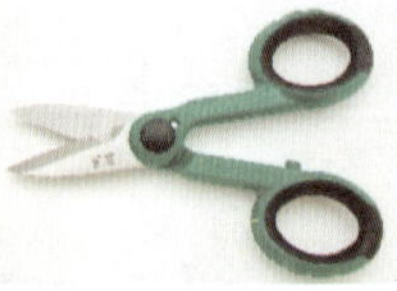

(b) 剪刀

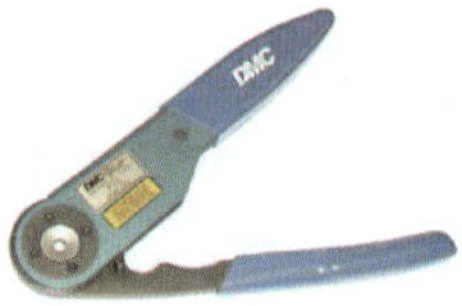

(c) 压接钳

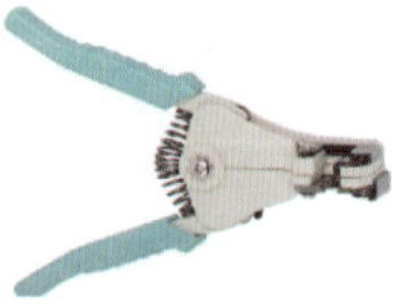

(d) 剥线钳

(e) 扳手

图 6-3-2　M12 连接器制作用工具

三、操作步骤

1. 穿刺式 M12 连接器组装工艺（图 6-3-3）

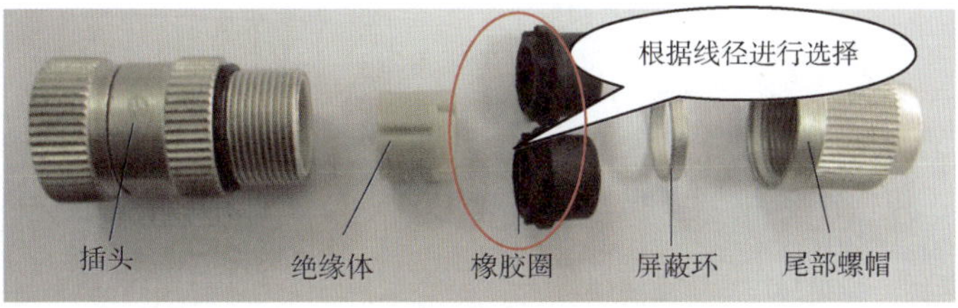

图 6-3-3　穿刺式 M12 连接器

(1)穿入连接器尾部螺帽及金属屏蔽卡箍，先套入连接器尾部螺帽，再套入金属屏蔽环。尾部螺帽先套小头，后套大头，如图 6-3-4 所示。

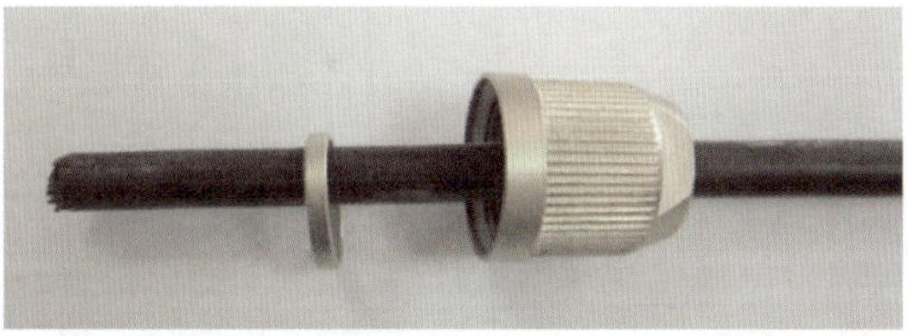

图 6-3-4　穿入连接器尾部螺帽及金属屏蔽卡箍

(2)电缆外绝缘层剥线，用电工刀剥去电缆外绝缘层 20～25 mm，如图 6-3-5 所示。

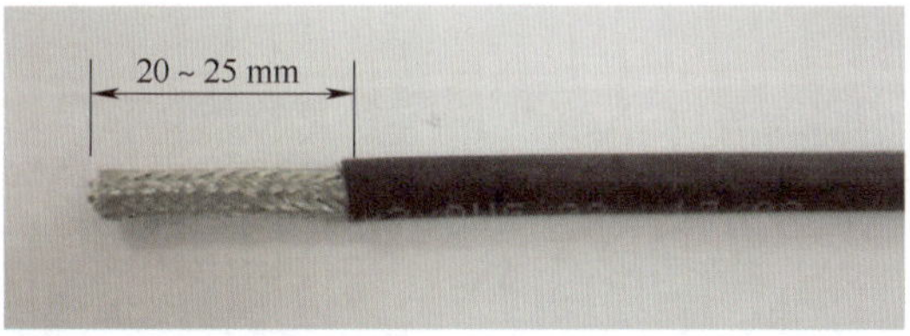

图 6-3-5　剥线

(3)屏蔽层拧成两股：电缆屏蔽层挑散，挑散的屏蔽层均匀分成两股；用电工刀从根部剥去电缆填充物(锡箔纸及两根线缆填充物)，剪线时从根部修剪彻底，切勿损伤电缆内芯线绝缘层，如图 6-3-6 所示。

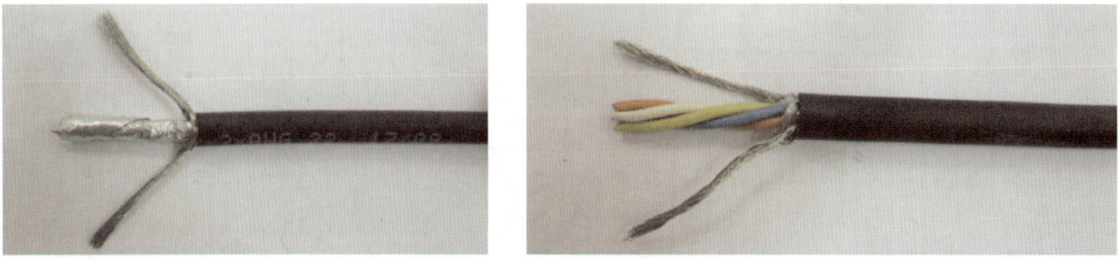

图 6-3-6　屏蔽层分组

(4)屏蔽层处理(图 6-3-7)，橡胶圈穿入电缆，并将两股屏蔽层放入橡胶圈的两侧夹缝内；橡胶圈穿点底部，使电缆与橡胶圈之间的活动余量最小。修剪屏蔽层至 8～10 mm，屏蔽环套入橡胶圈，卡紧屏蔽层，并将长出的屏蔽层均匀放在缝隙中。

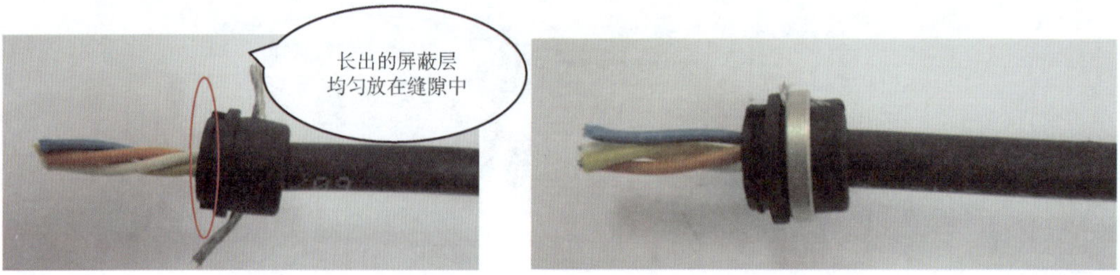

图 6-3-7　屏蔽层处理

(5)绝缘体安装(图 6-3-8),对照接线表穿入绝缘体模块;对应绝缘体模块的凹槽和橡胶圈的凸角组装在一起。绝缘体模块与橡胶圈组装在一起的过程中,不要绞线。

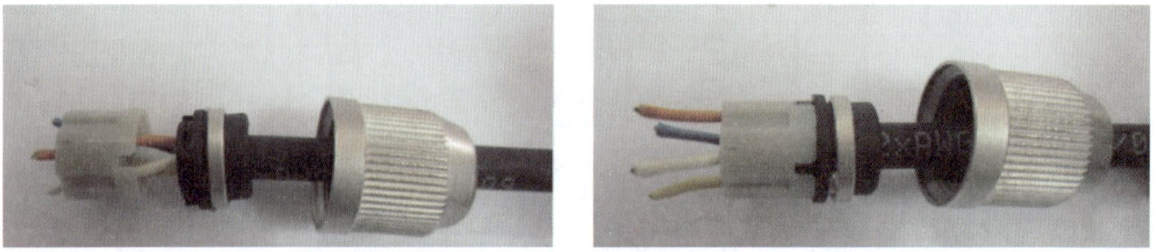

图 6-3-8　绝缘体安装

(6)剪除绝缘体模块端部长出电缆,剪除绝缘体模块端电缆后,端部电缆应与线绝缘体模块端面平齐,如图 6-3-9 所示。

(7)根据插头的键销形状将组装好的绝缘体模块装入插头。插入时注意插头的键销形状,不得使用蛮力把绝缘体模块插入插头,如图 6-3-10 所示。

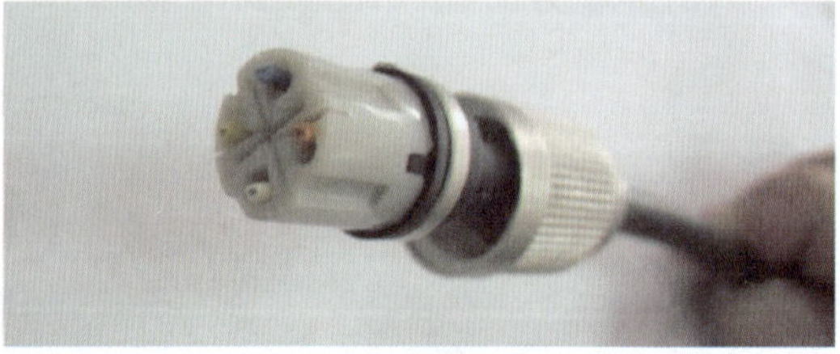

图 6-3-9　绝缘体模块端部电缆处理

图 6-3-10　连接器插头组装

(8)尾部螺帽拧紧(图 6-3-11),用手预紧连接器尾部螺帽至连接器插头上,再用大力钳进行紧固,直至连接器插头上的橡胶垫圈被轻度挤压变形。用大力钳紧固连接器时应做好夹紧部位的防护,不得损伤连接器外观。

2. 螺栓连接式 M12 连接器组装工艺

(1)连接器结构,如图 6-3-12 所示。

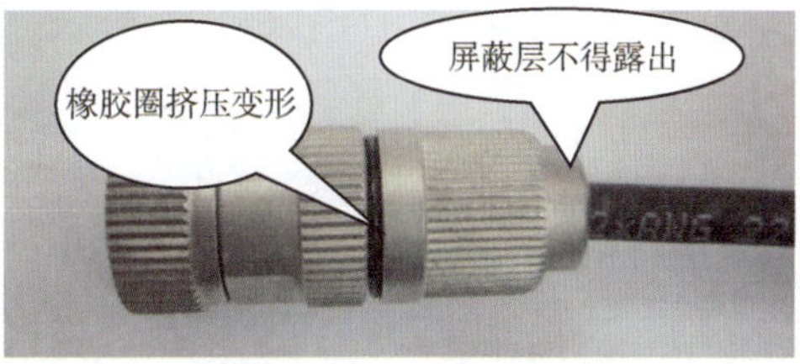

图 6-3-11　尾部螺帽拧紧

图 6-3-12　连接器结构

1—尾附橡胶圈(根据电缆线径选择匹配大小橡胶圈);
2—尾部锁紧螺母;3—黑色屏蔽装置;
4—连接器外壳;5—接触体

(2)电缆剥线(图 6-3-13),使用电工刀剥除电缆绝缘外皮 20 mm,剥线长度准确,误差控制在公差范围内,剥线时不能损伤屏蔽层。

(3)屏蔽层外翻(图 6-3-14),外翻屏蔽层至电缆外绝缘层上,360 度均匀外翻,保持屏蔽层原有编制状态。

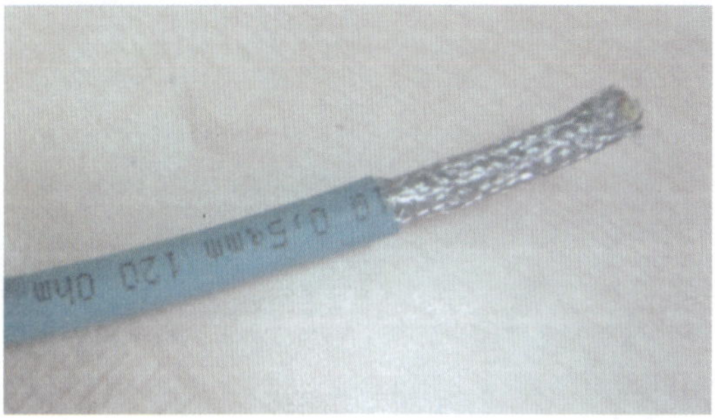

图 6-3-13　电缆剥线

图 6-3-14　屏蔽层外翻

(4)尾部附件安装(图 6-3-15)。将连接器尾部锁紧螺母从电缆端部穿入,选取合适大小绝缘橡胶圈,穿入电缆,再将连接器壳体、屏蔽装置按照图示方向从电缆端部穿入。注意尾部附件安装方向。

(5)使用剥线钳剥除芯线电缆绝缘皮 5 mm,如图 6-3-16 所示。剥线时不可损伤电缆线芯,剥线长度准确,误差范围 0～0.5 mm。

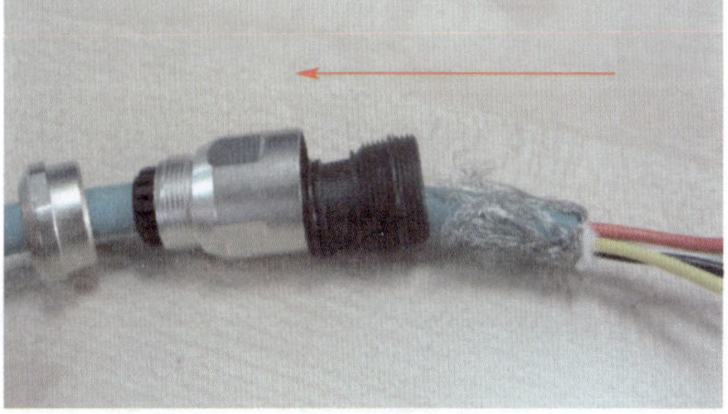

图 6-3-15　尾部附件安装

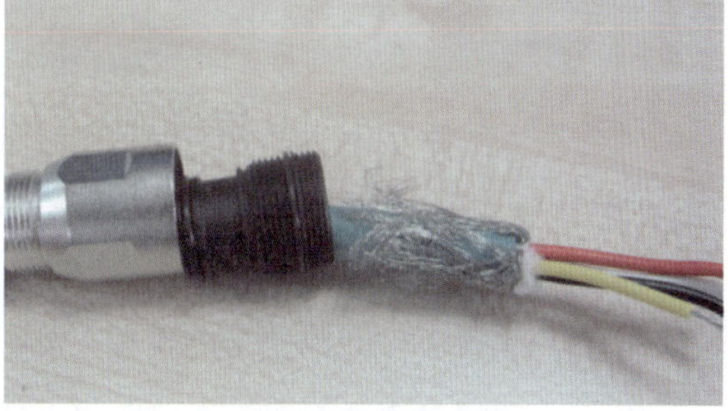

图 6-3-16　芯线剥线

(6)将剥好的芯线按照清单点位插入对应点位中,用一字螺丝刀拧紧,如图 6-3-17 所示。

(7)把屏蔽线均匀覆盖在塑料屏蔽装置上，拧紧屏蔽装置与接头端，如图 6-3-18 所示。屏蔽层过长时，可将屏蔽层修剪平齐。

图 6-3-17　接线

图 6-3-18　屏蔽装置安装

(8)将连接器外壳及尾部锁紧螺母拧紧，如图 6-3-19 所示。

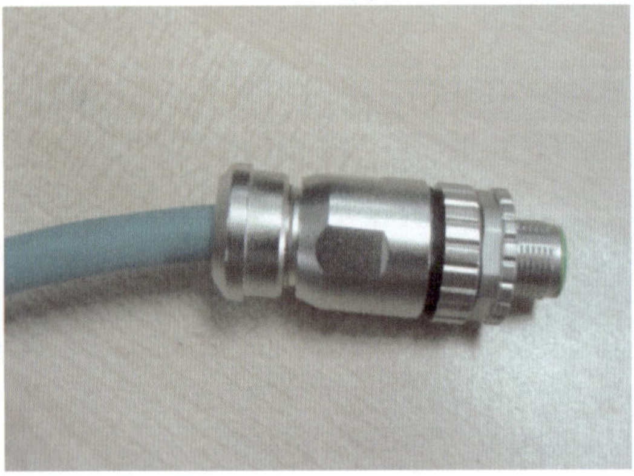

图 6-3-19　尾部锁紧

3. D 码冷压式 M12 连接器组装工艺(以 HARTING D 码 M12 为例)

HARTING 插针形 M12 连接器适用于 HARTING 插针形 M12 连接器的组装及拆卸。连接器结构如图 6-3-20 所示。

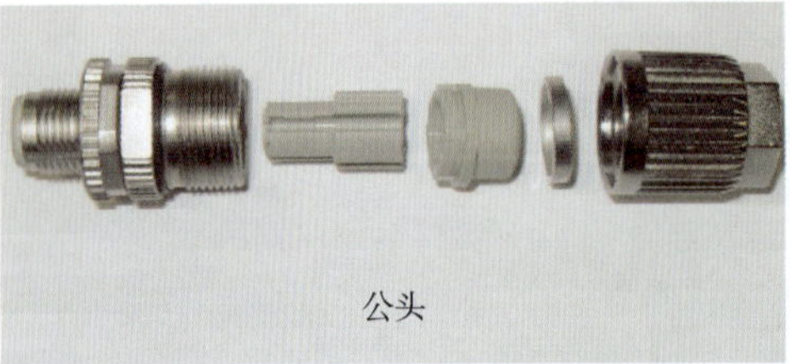

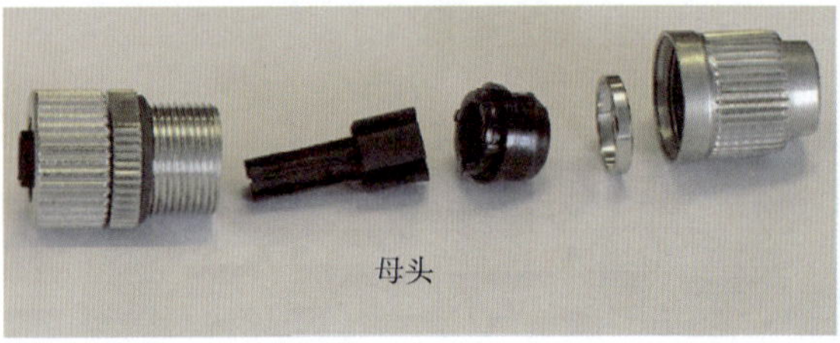

图 6-3-20　HARTING 插针形 M12 连接器

(1)穿入连接器尾部螺帽及金属屏蔽卡箍，先套入连接器尾部螺帽，再套入金属屏蔽卡箍，如图 6-3-21 所示。

(2)用电工刀剥去电缆外绝缘层 18 mm。剥线长度准确，误差 0～0.5 mm；剥线端部平整，不得损伤屏蔽层，如图 6-3-22 所示。

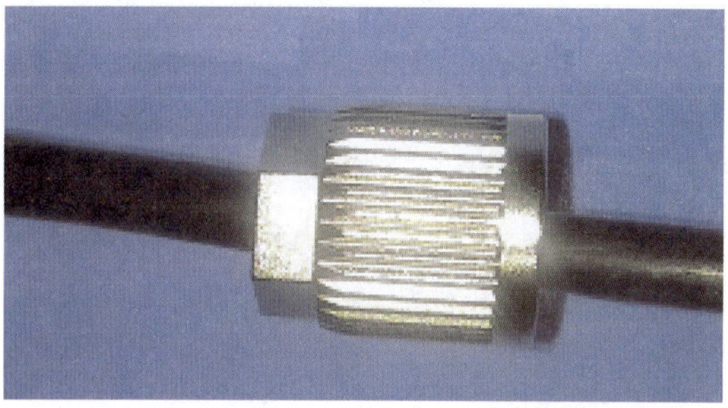

图 6-3-21　穿入连接器尾部螺帽及金属屏蔽卡箍

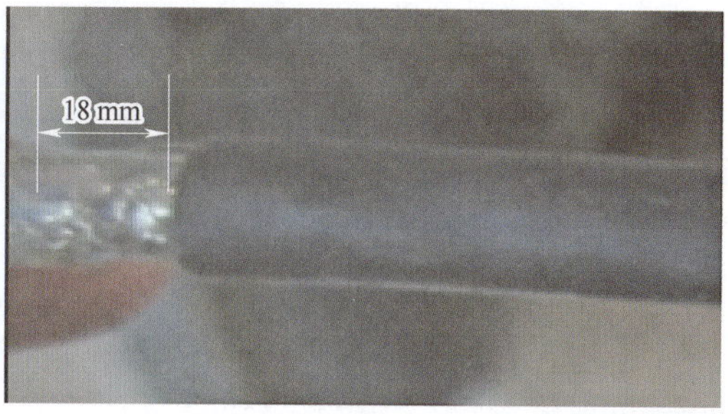

图 6-3-22　剥线

(3)电缆屏蔽层挑散，挑散的屏蔽层均匀分成两股；用电工刀从根部剥去电缆填充物(锡箔纸及两根线缆加强筋)。剪线时从根部修剪彻底，切勿损伤电缆内芯线绝缘层，如图 6-3-23 所示。

(4)用合适的剥线钳剥去电缆内芯线 4 mm，如图 6-3-24 所示。剥线长度准确，误差 0～0.5 mm；剥线端部平整，不得损伤线芯。端子与线芯绝缘层间距 0.1～1 mm。

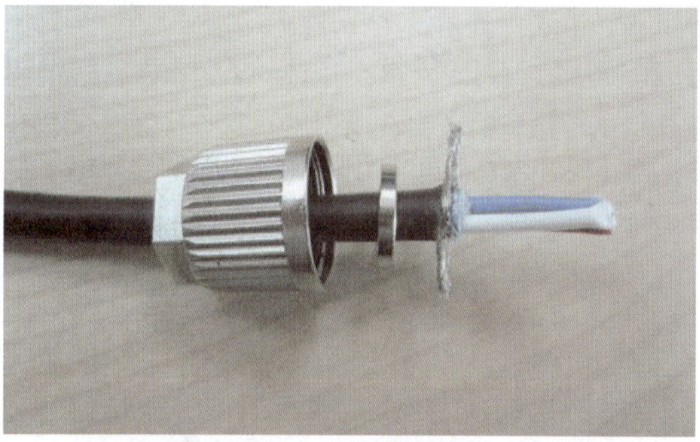

图 6-3-23　屏蔽层处理

图 6-3-24　芯线剥线

(5)用 FT8 压接钳的 22 挡位压接剥好的线芯，如图 6-3-25 所示。端子观察孔可见线芯；压接强度合适，压痕位于压接腔中部；形变正常，不得有弯针。

(6)拧好的屏蔽层穿入橡胶圈两边的缺口中。橡胶圈需套在被屏蔽层覆盖的线缆外绝缘侧上，如图 6-3-26 所示。

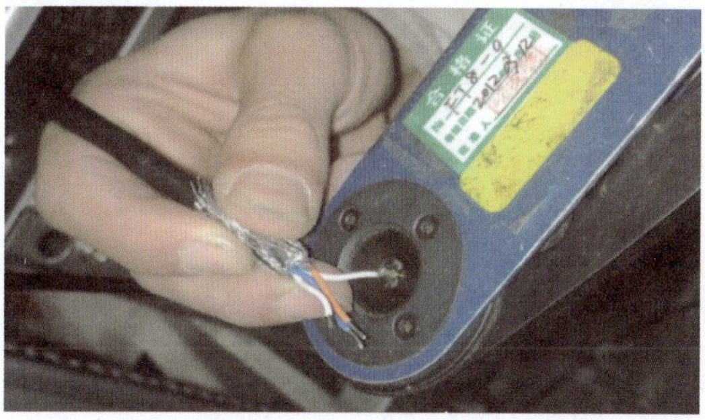

图 6-3-25　针子压接

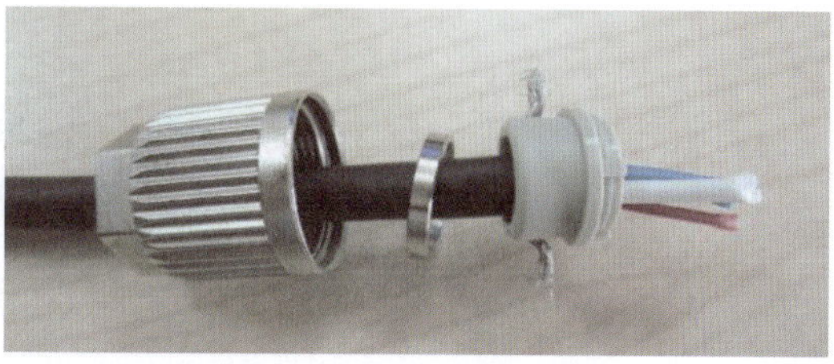

图 6-3-26　穿入橡胶圈

(7)屏蔽层穿过金属屏蔽卡箍,将卡箍用力推至橡胶圈上,压紧屏蔽层;卡箍应推至橡胶圈的卡台上,不得留有间隙;被卡箍卡住的屏蔽层上翻至卡箍上,用电工剪刀修剪长度至约2 mm。修剪长度准确,外翻屏蔽层时不得使卡箍松动,使卡箍与橡胶圈产生间隙,如图 6-3-27 所示。

(8)端子绝缘体穿入,注意放入点位正确,端子凸台嵌入端子绝缘体的凹槽中,如图 6-3-28 所示。对照清单顺序及线芯颜色,将线芯放入绝缘体模块。

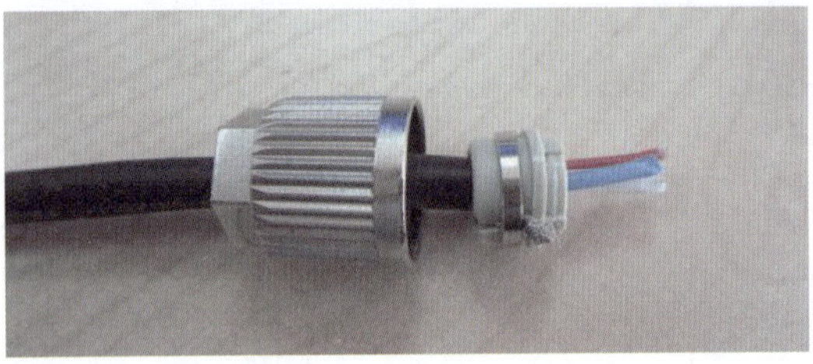

图 6-3-27 屏蔽层处理

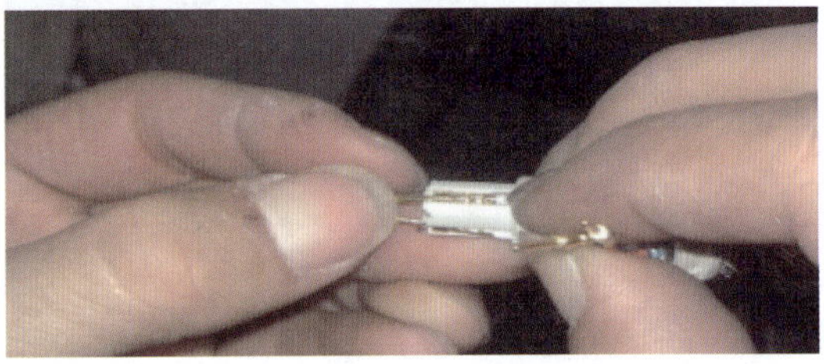

图 6-3-28 端子绝缘体穿入

(9)连接器插头组装,端子绝缘体按照连接器插头定位点插入连接器插头。插入时保证线卡在线绝缘体凹槽中,如图 6-3-29 所示。

(10)用手预紧连接器尾部螺帽至连接器插头上,再用大力钳进行紧固,直至连接器插头上的橡胶垫圈被轻度挤压变形,如图 6-3-30 所示。用大力钳紧固连接器时应做好夹紧部位的防护,不得损伤连接器外观。

图 6-3-29 连接器插头组装

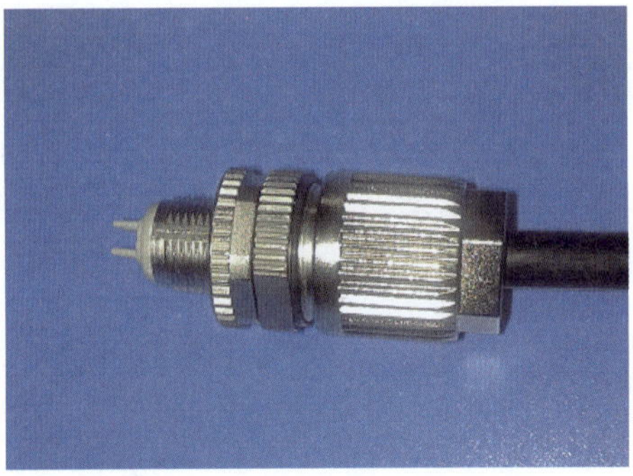

图 6-3-30 尾部螺纹拧紧

4. 接线卡式 M12 连接器组装工艺

(1)接线卡式 M12 连接器适用于牵引 M12 连接器的组装及拆卸。连接器结构如图 6-3-31 所示。

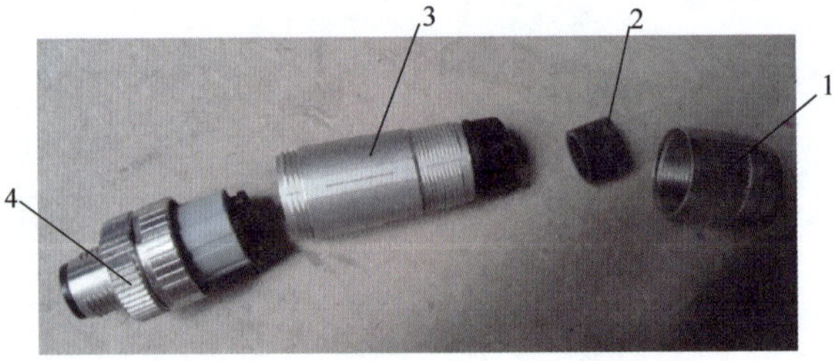

图 6-3-31 接线卡式 M12 连接器概述

1—连接器尾部螺帽;2—橡胶圈;3—圆形金属外壳;4—连接器插头

(2)穿入连接器尾部螺帽及金属屏蔽卡箍,先套入连接器尾部螺帽,再套入金属屏蔽卡箍,如图 6-3-32 所示。

图 6-3-32　穿入连接器尾部螺帽及金属屏蔽卡箍

(3)电缆外绝缘层剥线,用电工刀剥去电缆外绝缘层 100 mm,如图 6-3-33 所示。剥线长度准确,误差 0～2 mm,剥线端部平整,不得损伤屏蔽层。

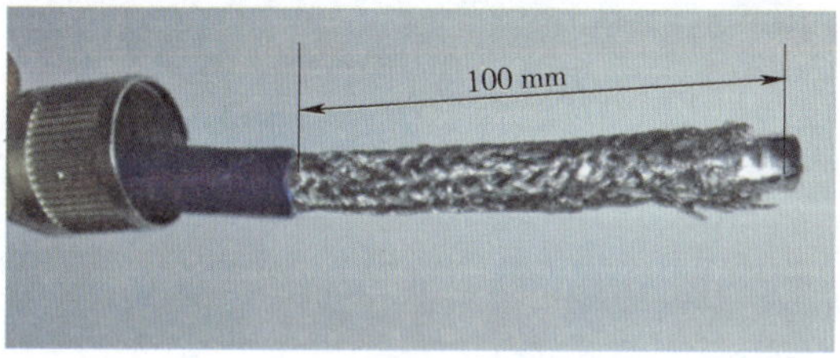

图 6-3-33　剥线

(4)屏蔽层外翻,电缆屏蔽层外翻至电缆绝缘层上,屏蔽层应 360°均匀外翻至电缆外绝缘层上,如图 6-3-34 所示。

图 6-3-34　屏蔽层外翻

(5)电缆填充物剪除,用电工刀从根部剥去电缆填充物(锡箔纸及两根线缆加强筋),剪线时从根部修剪彻底,切勿损伤电缆内芯线绝缘层,如图 6-3-35 所示。

图 6-3-35　电缆填充物剪除

(6)将电缆线芯剪到 25 mm。用合适挡位的剥线钳剥去电缆内芯线 9 mm，如图 6-3-36 所示。剥线长度准确，误差 0～1 mm，剥线端部平整，不得损伤线芯。

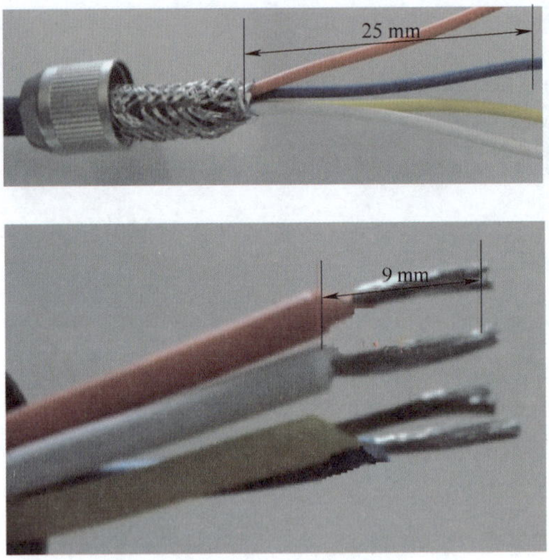

图 6-3-36　芯线剥线

(7)穿入圆形金属外壳与橡胶圈，如图 6-3-37 所示。

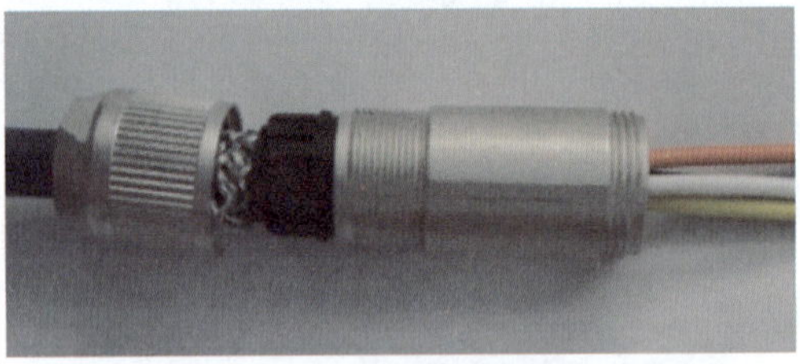
图 6-3-37　穿入圆形金属外壳与橡胶圈

(8)对照清单顺序及线芯颜色，一手按压黑色橡胶模块，另一手插入已剥好电缆，待电缆插入后松开黑色橡胶模块，轻轻回拉电缆，电缆不松脱，如图 6-3-38 所示。电缆插入后回拉电缆不松脱。

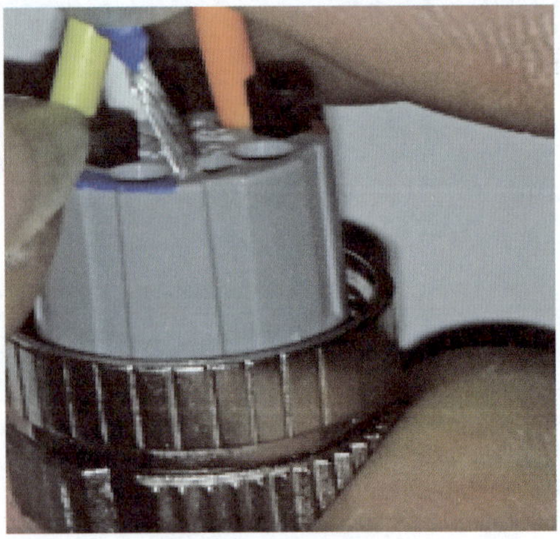
图 6-3-38　电缆插入

(9)安装金属外壳,沿图图 6-3-39 所示方向下推圆形金属外壳并拧紧。

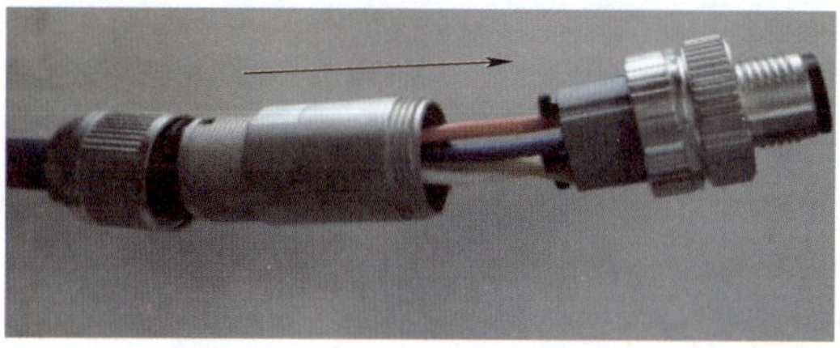

图 6-3-39　安装金属外壳

(10)将屏蔽层外翻至金属外壳尾部橡胶体上并将屏蔽层修剪整齐,屏蔽层与橡胶体平齐,如图 6-3-40 所示。

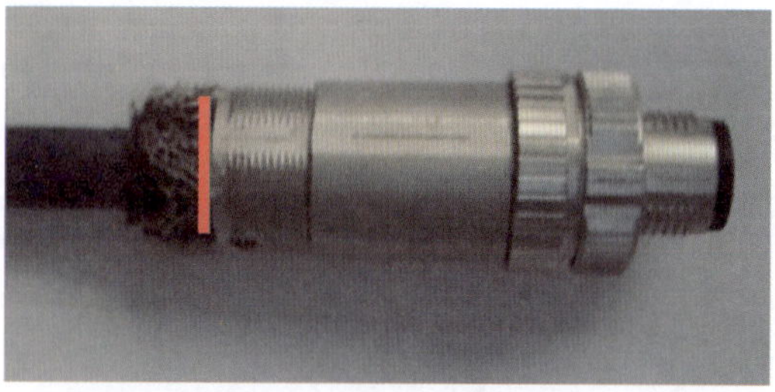

图 6-3-40　屏蔽层处理

(11)用大力钳将连接器尾部螺帽拧紧,并画上防松标记。连接器尾部螺帽与圆形金属外壳间无缝隙,用大力钳紧固连接器时应做好夹紧部位的防护,不得损伤连接器外观,如图 6-3-41 所示。

图 6-3-41　连接器插头组装

巩固与练习

一、单选题

1. 关于 M12 连接器制作工艺的说法,错误的是(　　)。

A. 尾部螺帽用手拧紧即可　　B. 连接器组装完成后,各部件无松动

C. 针子或线缆应插入到位　　D. 屏蔽层应可靠连接外壳

2. M12 连接器屏蔽层常用的辅助处理方式不包括(　　)。

A. 铜箔缠绕　　B. 缠裹绝缘胶带

C. 外翻　　D. 拧成鞭状

3. 穿刺式 M12 连接器,以下说法正确的是(　　)。

A. 线芯剥线长度应准确　　B. 线芯剥线不得损伤导体线芯

C. 线芯无须剥线　　D. 内线芯不得绞线

4. 关于连接器组装技术要求错误的是(　　)。

A. 部件组装顺序应准确　　B. 未经允许不得遗弃特定部件

C. 插接应根据绝缘体点位或颜色标识　　D. 各线芯长度应根据实际情况而不同

二、填空题

1. M12 连接器根据线缆接线方式,分为________、________、________、________等几种形式。

2. 针子压接时,应符合________。

3. 牵引 M12 连接器由________、________、________、________四部分组成。

学习任务四　MVB 连接器组装工艺

学习目标

1. 知识目标

(1)熟悉 MVB 连接器的种类、结构以及技术参数。

(2)掌握 MVB 连接器的组装步骤。

2. 能力目标

(1)能根据实际现场情况选用不同工艺方法实现相应类别 MVB 连接器的组装。

(2)会正确地使用 MVB 连接器组装工具进行作业施工并实施维护保养。

3. 素质目标

(1)培养学生正确分析问题、解决问题的能力。

(2)培养学生认真严谨、一丝不苟的从业理念。

知识链接

一、MVB 连接器基本信息

1. 连接器模块

MVB 连接器采用 9 针 D-SUB 连接器,如图 6-4-1 所示。

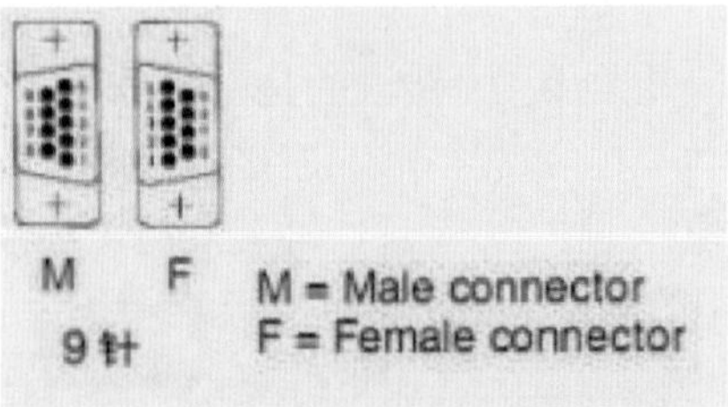

图 6-4-1　9 针 D-SUB 连接器模块断面

工作电压:1 kV,绝缘电阻:≥10^{10} Ω,温度范围:−55～+125 ℃,材料:热塑性树脂,玻璃纤维填充。

2. 压接针

材料:铜合金,表面处理:镀金,通向电阻:≤10 mΩ,工作电流:最大 7.5 A,压接针所适用导线截面范围为 0.08～0.82 mm^2。

3. 外　　壳

外壳可以匹配 Harting 全金属外壳,进线角度不同可分为直通进线和 45°进线,如图 6-4-2 所示。

(a) 直通进线　　(b) 45°进线

图 6-4-2　外壳

进线接口附件结构形式可以分为法兰结构、屏蔽夹结构两种,如图 6-4-3 所示。

(a) 法兰及屏蔽环　　(b) 屏蔽夹

图 6-4-3　进线接口附件结构

二、连接器组装

1. Harting 金属外壳配套法兰附件

(1)电缆处理

①将屏蔽环套在电缆上,如图 6-4-4 所示。

②用剥线刀将电缆绝缘皮剥除,露出屏蔽层 35 mm,如图 6-4-5 所示。

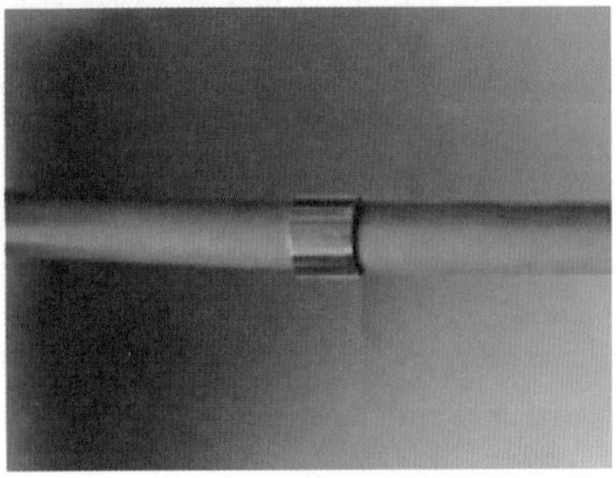

图 6-4-4　套入屏蔽环

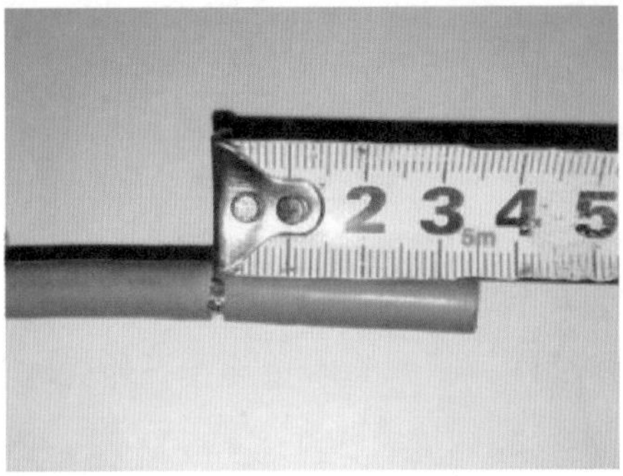

图 6-4-5　剥线

③把裸露的屏蔽层向后翻，如图 6-4-6 所示。

④将压接法兰插入到锡箔纸与屏蔽层之间，如图 6-4-7 所示。

图 6-4-6　翻屏蔽

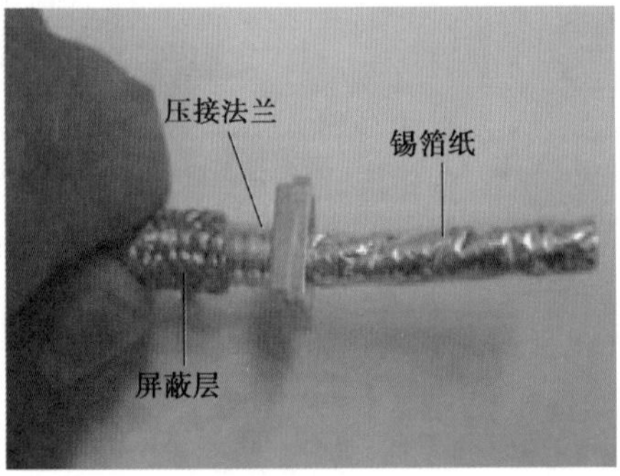

图 6-4-7　套入法兰

⑤用法兰助推器推法兰，使其与屏蔽层紧密接触，如图 6-4-8 所示。

⑥用屏蔽剪刀将裸露在外的屏蔽层剪除干净，如图 6-4-9 所示。

图 6-4-8　法兰推入

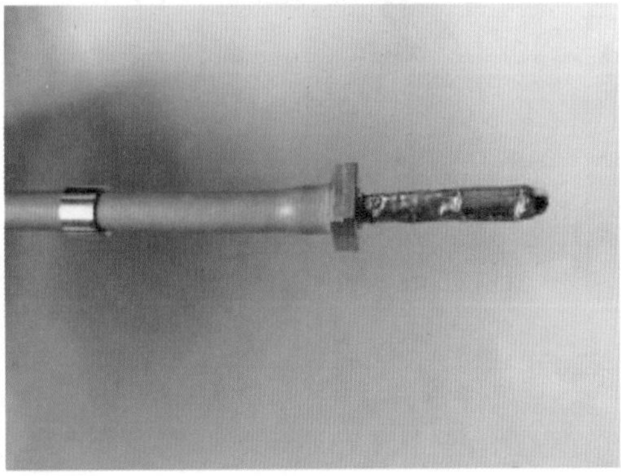

图 6-4-9　屏蔽处理

⑦将屏蔽环送到法兰根部，对准法兰压接钳 61036000020 的钳口并进行压接，保证压接形状美观，如图 6-4-10 所示。

⑧将锡纸层、保护层及填充物去除干净，如图 6-4-11 所示。

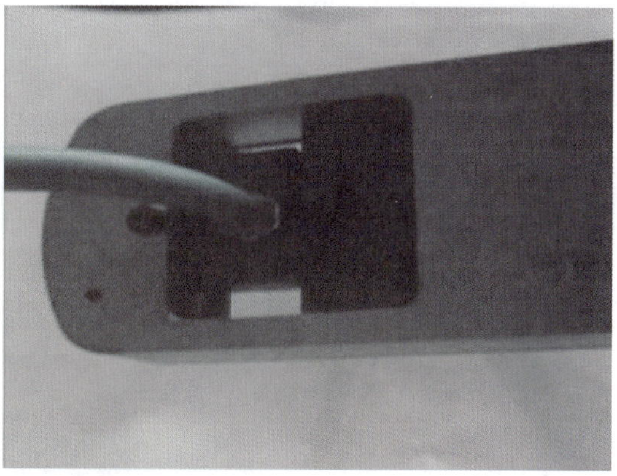

图 6-4-10　法兰压接

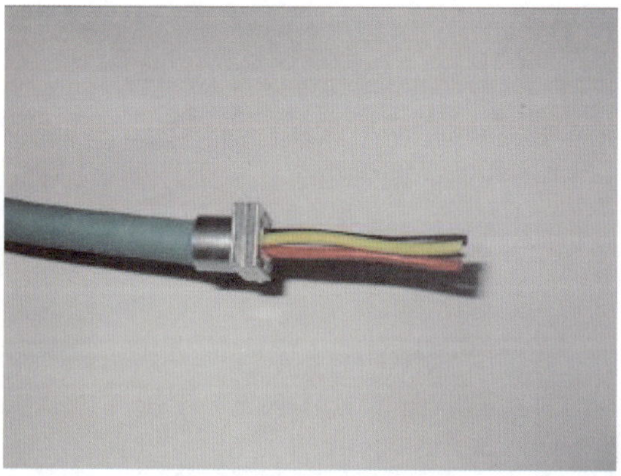

图 6-4-11　填充物处理

(2)断线及剥线

直通进线量取单根电线长度 30 mm、45°进线量取单根电线长度 23 mm,用断线钳将多余电线剪除,调节剥线钳钳口处的橘黄色滑块至刻度 4,然后使用剥线钳将线端绝缘皮剥去 4 mm。要求剥线完成后的线芯不得有散乱及断股现象,绝缘外皮端部要整齐,如 6-4-12 所示。

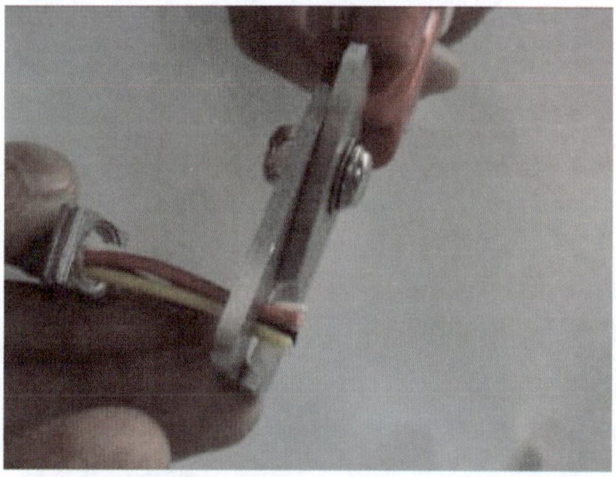
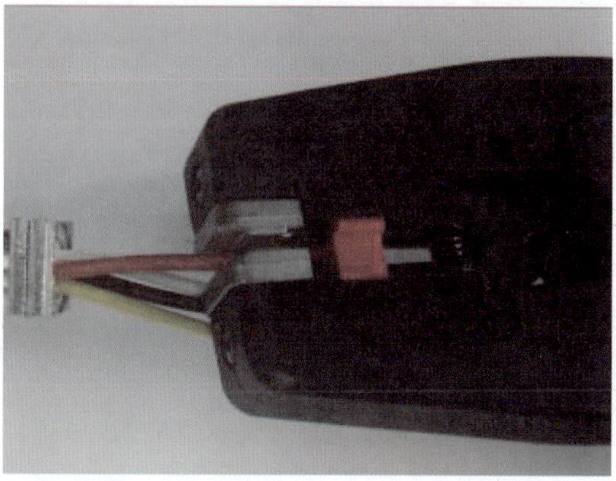

图 6-4-12　断线及剥线

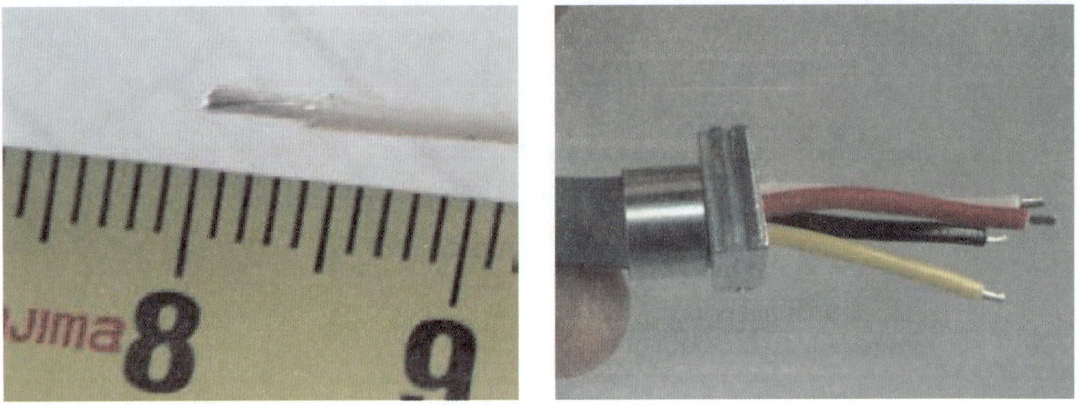

图 6-4-12　断线及剥线(续)

(3)端子压接

将单根电线放入正确的端子里,将 AFM8 压接钳安装 51 定位器并调整压接挡位至 6 挡,然后用压接钳对插针进行压接。压接点成形良好,无破裂、毛刺等现象,压接位置基本居中,在端子的检查孔处可以看到电线的线芯。同时线芯在端子外部不得有遗漏,如图 6-4-13 所示。

图 6-4-13　端子压接

(4)接线

接线时需将所有端子按对应位置放于插孔后再一起推入,把端子插入连接体对应的插孔后,当听到'咔嗒'的声响时代表端子插到位,如图 6-4-14 所示。

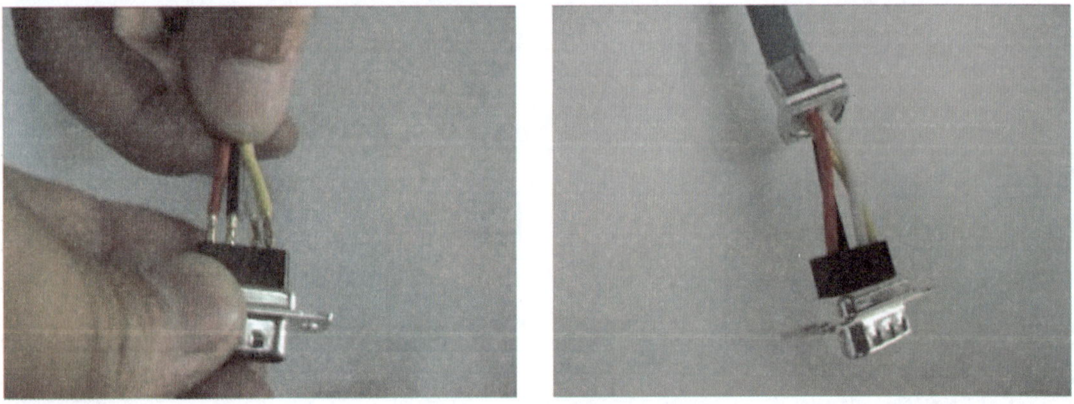

图 6-4-14　连接器接线

(5)组装

将进线接口法兰附件嵌入连接器壳体卡槽内,最后拧紧连接器封盖,如图 6-4-15 所示。

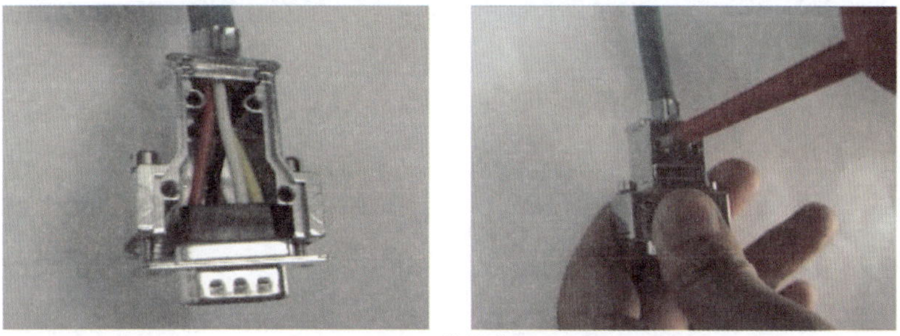

(a) 45°进线型

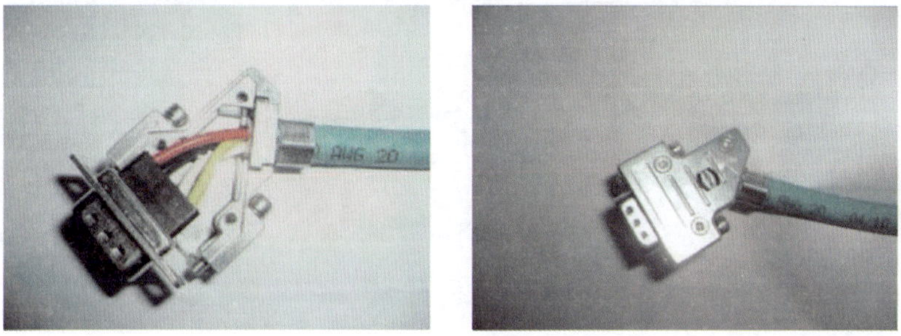

(b) 直通进线型

图 6-4-15　法兰附件的连接器组装

2. Harting 金属外壳配套屏蔽夹附件

(1)屏蔽处理

①用剥线刀将电缆绝缘皮剥除 35 mm,露出屏蔽层,如图 6-4-16 所示。

②把裸露的屏蔽层向后翻,如图 6-4-17 所示。

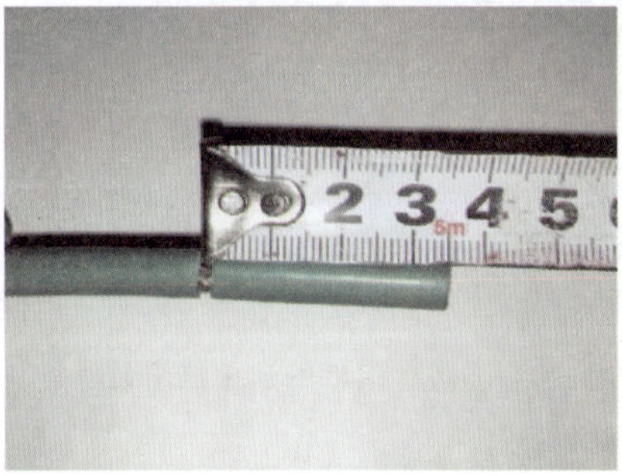

图 6-4-16　剥线

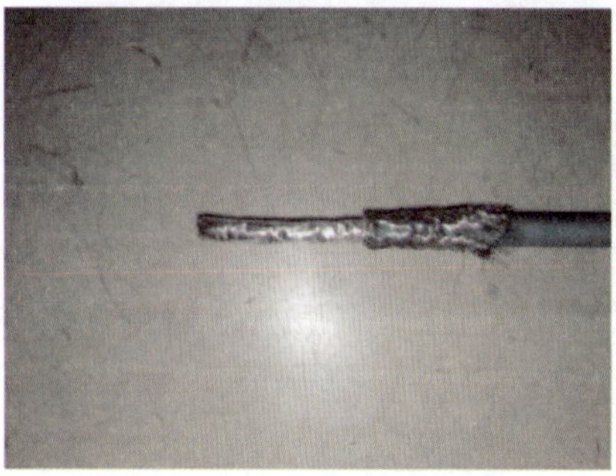

图 6-4-17　翻屏蔽

③将锡纸层、保护层及填充物去除干净,如图 6-4-18 所示。

④取 30 mm 的热缩管套入电缆,用于后续屏蔽层热缩,如图 6-4-19 所示。

⑤将屏蔽夹具安装到电缆上,夹具前端部与电缆屏蔽层折返端部平齐,用螺栓将夹具紧固,夹具底座与后盖之间严密贴合,如图 6-4-20 所示。

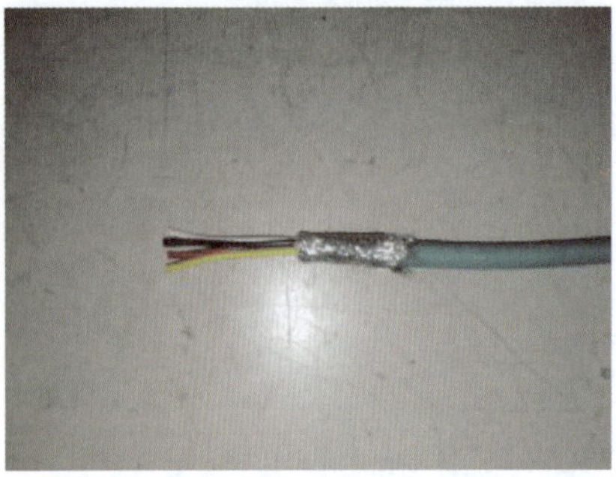

图 6-4-18　填充物处理

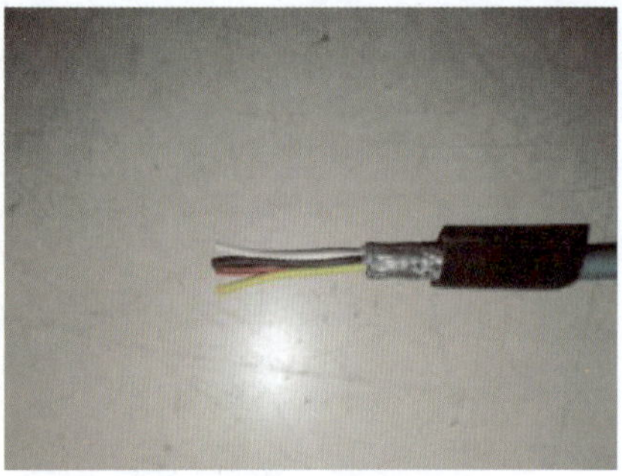

图 6-4-19　穿热缩管

图 6-4-20　屏蔽夹安装

⑥将热缩管套在剩余外漏屏蔽上，前端与屏蔽夹根部紧密贴合，用热风枪将热缩管自屏蔽夹根部向后逐步热缩紧密，如图 6-4-21 所示。

（2）断线及剥线、插针压接、接线同 Harting 金属外壳、法兰压接型一致。唯有一点不同是在组装最后环节需将进线接口屏蔽夹附件嵌入连接器壳体卡槽内，如图 6-4-22 所示，最后拧紧连接器封盖。

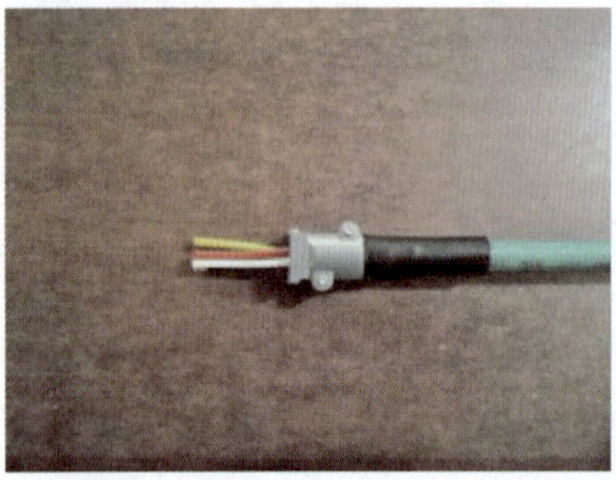

图 6-4-21　屏蔽热缩

图 6-4-22　屏蔽夹附件的连接器组装

巩固与练习

一、填空题

1. MVB 连接器进线接口附件结构形式可以分为________、________两种。
2. MVB 连接器采用法兰附件配套直通进线量取单根电线长度________、________。

二、简答题

1. MVB 连接器配套法兰附件连接器进行电缆处理时分为哪八个步骤？
2. MVB 连接器配套屏蔽夹附件连接器进行电缆处理时分为哪六个步骤？
3. MVB 连接器接线时端子送入连接器芯体时有什么技术要求？

学习任务五　同轴连接器组装工艺

学习目标

1. 知识目标

(1)熟悉同轴连接器基本结构、部件组成。

(2)掌握同轴连接器的特点、技术参数。

(3)掌握同轴连接器组装工艺步骤、关键技术要求。

(4)掌握同轴连接器屏蔽层处理方法。

2. 能力目标

(1)能根据同轴连接器组装工艺步骤，正确地制作同轴连接器。

(2)会正确处理同轴连接器屏蔽层。

3. 素质目标

(1)培养学生能够正确分析问题、解决问题的能力。

(2)培养学生严谨细致、精益求精的从业理念。

知识链接

一、概　　述

同轴连接器存在多种不同厂家和结构，制作工艺细节上也存在一定差异，但其核心部件均由连接器插头、接触体、屏蔽环三部分组成，总体组装工艺过程和步骤基本相同，以下就几种具有代表性的连接器组装的总体工艺要求及方法步骤进行阐述。

同轴连接器组装工艺流程：

屏蔽环套入线缆→线缆外绝缘层剥线→屏蔽层处理→线缆填充物修剪→线芯剥线→压接→针子插接→屏蔽环压接。

二、同轴连接器组装工艺

1. 车外矩形同轴连接器组装作业

车外矩形同轴连接器适用于车外矩形同轴电缆系列连接器的组装及拆卸。连接器由外壳、铰链框、屏蔽支架、插芯绝缘体模块、插芯金属圆模块、插芯绝缘体、插芯绝缘体下体、接地三角片及紧固螺钉、插针等组成，如图 6-5-1 所示。

(1)根据连接清单核对线束中电缆线号、线型、线长；将线束中绞线的部分电缆理顺；连接器尾部附件及外壳穿在电缆上。线号、线型正确、根数齐全，线长准确，整理应从最后一个捆扎

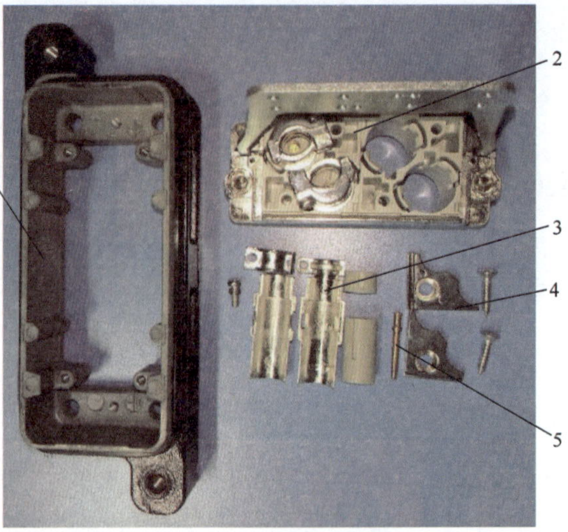

图 6-5-1　车外矩形同轴连接器

1—外壳；2—插芯绝缘体模块；3—插芯绝缘体；4—接地三角片及紧固螺钉；5—插针

点进行。

(2)线束截断(图 6-5-2)。根据连接器出线长度，截断线束；用纸胶带于各线束末端缠裹，防止线号掉落。

(3)线缆外剥(图 6-5-3)。用电工刀外剥线缆外绝缘层 15 mm，不得损伤线缆屏蔽层。.

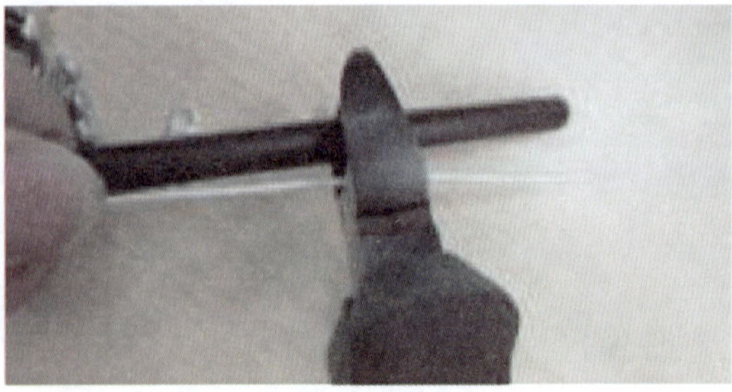

图 6-5-2　截断线束

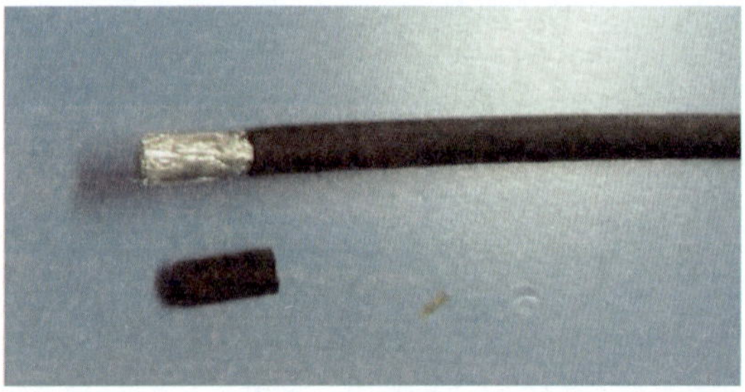

图 6-5-3　线缆外剥

(4)外翻线缆屏蔽层(图 6-5-4)。用电工刀剪除线缆填充物。屏蔽层均匀外翻，填充物剪除干尽，不得损伤屏蔽层及内线芯发泡绝缘层。

(5)内线芯剥线(图 6-5-5)。剥除内线芯发泡绝缘层。

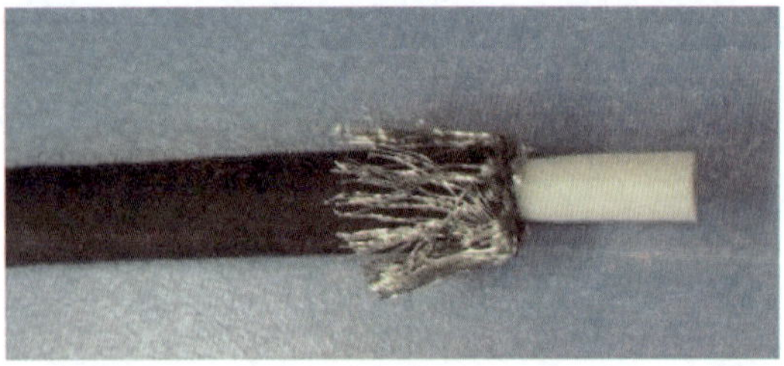

图 6-5-4　屏蔽层外翻

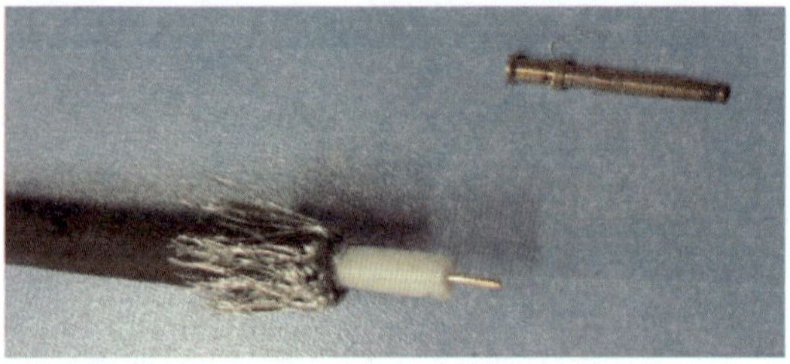

图 6-5-5　内线芯剥线

(6)端子压接(图 6-5-6)。用压线钳压接线缆及针子。压接挡位选择正确,压痕位于压接钳正中间,观察孔可见线芯,压接后插针状态正常。

(7)插针(图 6-5-7)。从有数字点位的一端插入插针。插入到位听到“咔嗒”声,轻回拉不缩针。注意插入方向正确,插入端无定位槽。

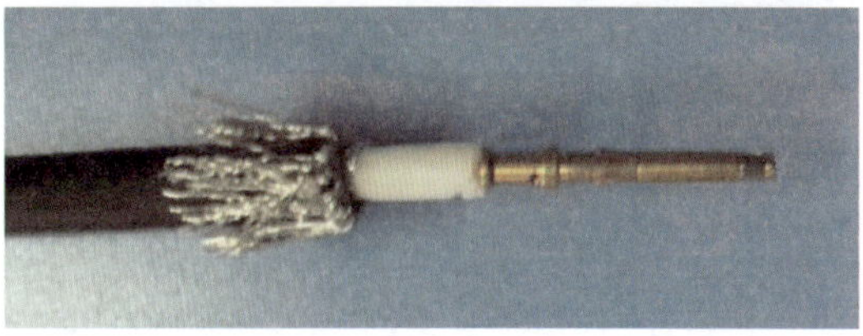

图 6-5-6　端子压接

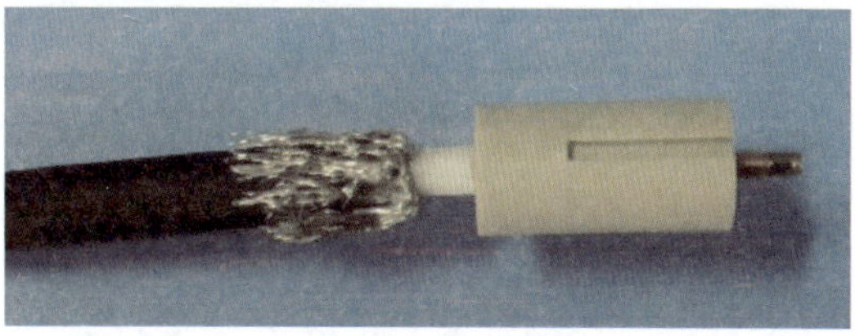

图 6-5-7　插针

(8)绝缘体下体装配(图 6-5-8)。对准绝缘体的定位槽,使两定位槽轴线重合,装配方式如图,用力按压上下绝缘体,听到“咔嗒”声,两者紧密连接,无缝隙。保证两者紧密连接,下体的圆形突件进入上体内部。

(9)绝缘体模块装配(图 6-5-9)。对准两绝缘体的定位槽与金属外壳的定位键,将绝缘体按入金属外壳中。保证绝缘体紧贴金属外壳,不得出现定位槽与定位键不重合,绝缘体装配不到位的情况。

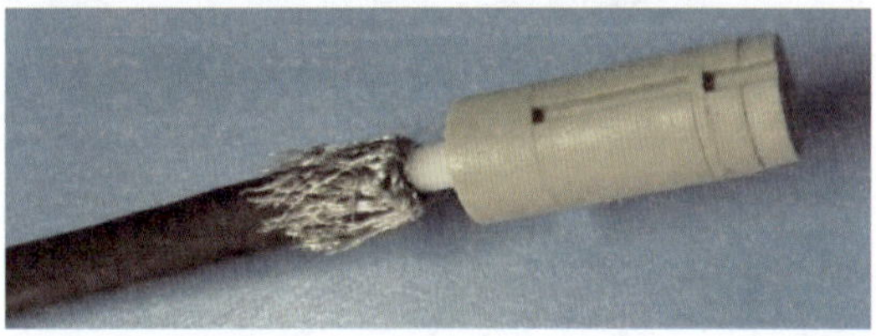

图 6-5-8　绝缘体下体装配

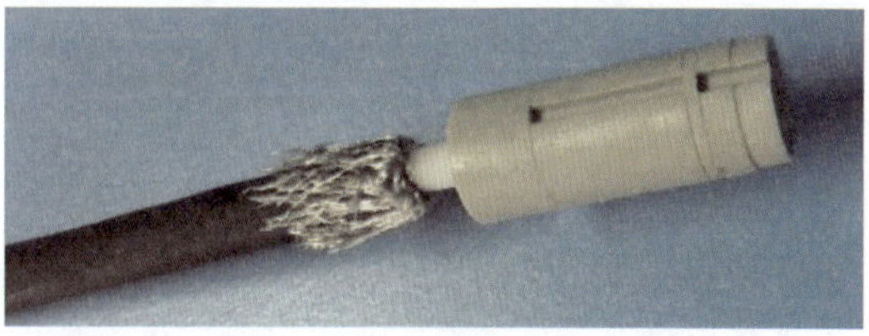

图 6-5-9　绝缘体模块装配

(10)外壳封盖装配(图 6-5-10)。装配金属外壳封盖。封盖的卡爪进入金属外壳的紧固槽中,两者有效牢靠紧固固定。

(11)屏蔽层夹紧(图 6-5-11)。装配屏蔽耳,使屏蔽耳有效夹紧线缆及其屏蔽层。屏蔽耳的紧固螺栓自带弹垫挤压形变。屏蔽层若长出屏蔽耳,可适当修剪至略短于屏蔽耳,紧固螺栓的弹垫挤压形变,用力转动及抽拉线缆,无松动。

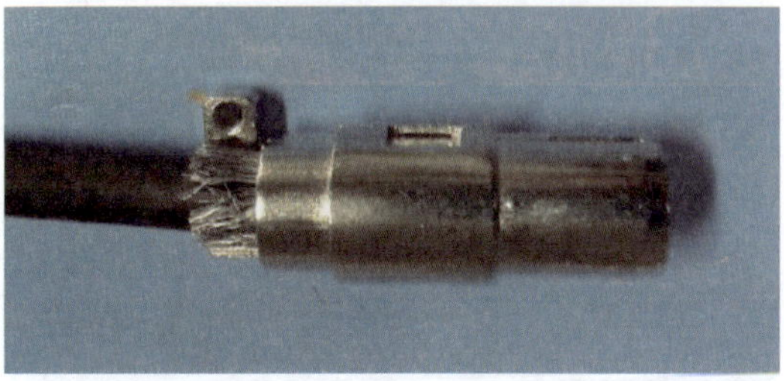

图 6-5-10　外壳封盖装配

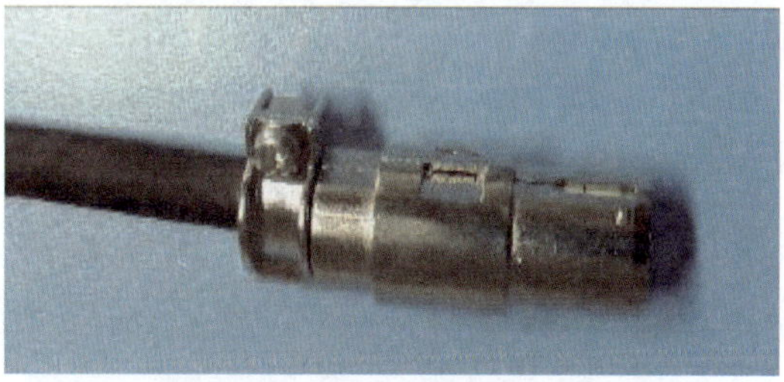

图 6-5-11　屏蔽层夹紧

(12)金属模块插入(图 6-5-12)。将金属模块塞入固定模块中,直到听到“咔嚓”声。插入后需听到"咔嚓"声，再轻轻外拉模块，不回缩，若回缩需重新插接，仍回缩，判断必须固定模块损坏。

(13)金属适配器固定(图 6-5-13)。用十字螺丝刀将金属适配器固定好模块，使连接器模块不松动。螺栓拧入到位，直到螺丝头沉入金属适配器的固定孔中，无法再拧动。

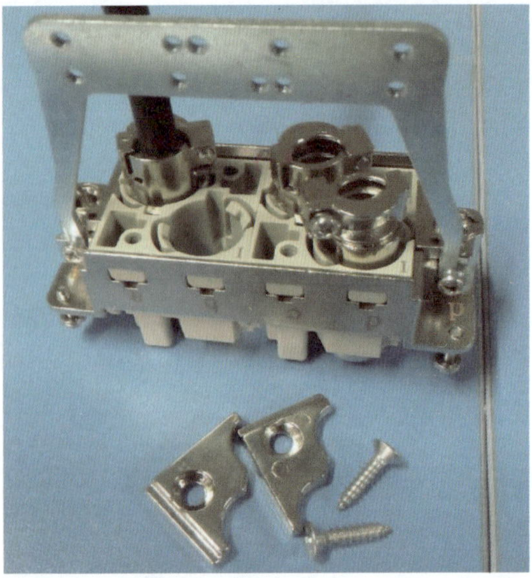

图 6-5-12　金属模块卡入

图 6-5-13　金属适配器固定

(14)线缆固定(图 6-5-14)。用小扎带穿过屏蔽支架的固定孔，将线缆捆扎在屏蔽支架上。屏蔽支架两侧的线缆应分别捆扎于屏蔽支架的两侧。捆扎牢靠，线缆无松动，按侧捆扎，不得绞线及过度折弯。

2. BNC 同轴连接器组装作业

BNC 同轴连接器适用于 BNC 连接器的组装及拆卸。BNC 连接器由插头、屏蔽环、端子三部分组成，如图 6-5-15 所示。

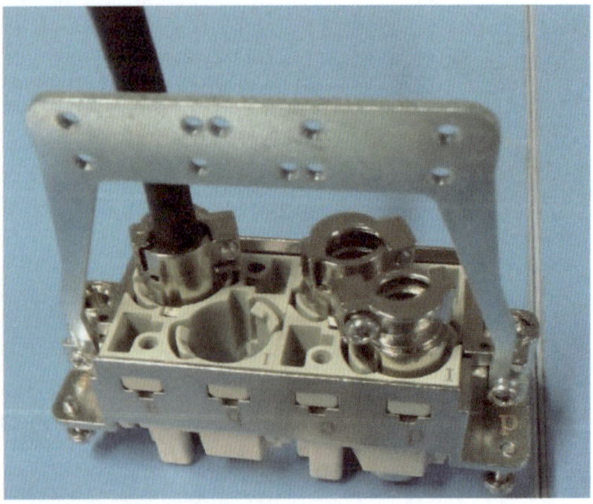

图 6-5-14　线缆固定

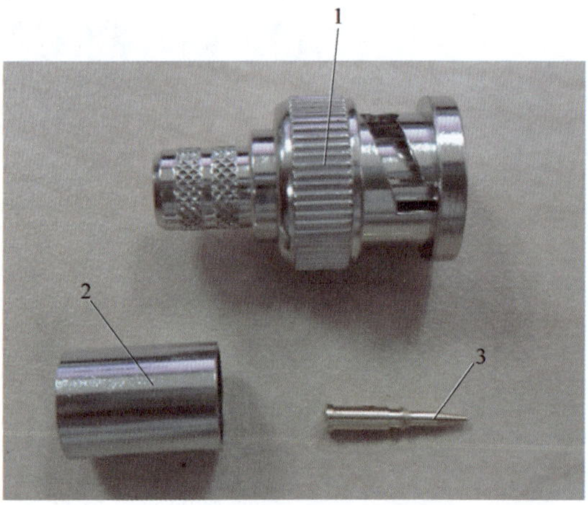

图 6-5-15　BNC 连接器

1—插头；2—屏蔽环；3—端子

(1)屏蔽环套入电缆,将屏蔽环套入电缆,如图 6-5-16 所示。

(2)电缆剥线(图 6-5-17)。用美工刀将电缆的绝缘层外剥约为 16 mm;屏蔽层修剪至 8 mm,线芯剥出 4.5 mm。剥线长度准确,误差 0.1～0.5 mm;剥线时不能损伤线芯,无毛刺。

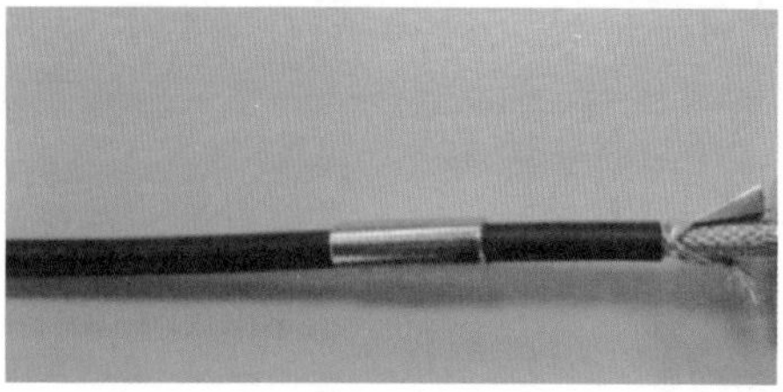

图 6-5-16　屏蔽环套入

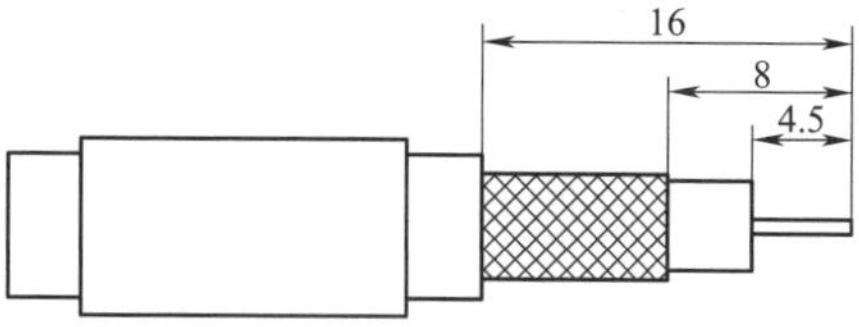

图 6-5-17　电缆剥线(单位:mm)

(3)端子压接(图 6-5-18)。端子放入压接钳压接挡位预紧并将剥好线芯插入插针,一次压接成型。压接钳为全周期机构,需一次压倒底;插针观察孔可见线芯。

(4)装配 BNC 插头(图 6-5-19)。将连接器压接环穿在电缆尾部;将连接器插针插入连接器插头内。

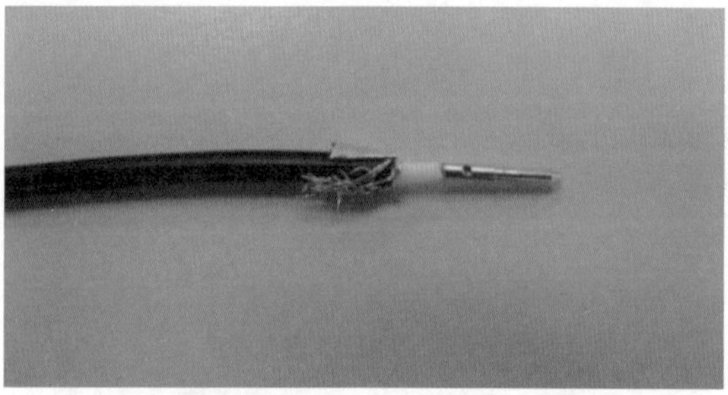

图 6-5-18　端子压接

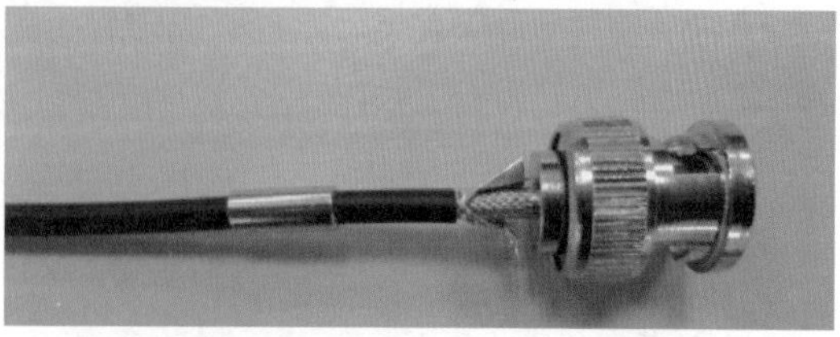

图 6-5-19　装配 BNC 插头

(5)尾部环压接(图 6-5-20)。将连接器尾部环推至连接器尾部,保持套筒与金属屏蔽线接触良好。用卡线钳上的六边形卡口用力夹,使套筒形变为六边形。

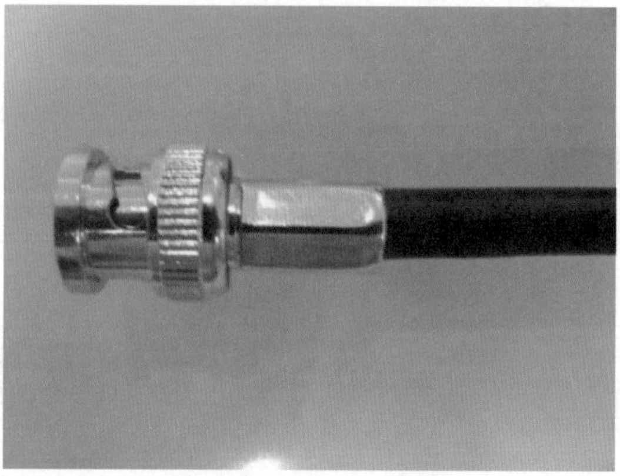

图 6-5-20　尾部环压接

技能训练

同轴连接器制作

一、物料准备

选用 BNC 连接器、以及连接器匹配的同轴电缆，如图 6-5-21 所示。

图 6-5-21　BNC 连接器物料分解

二、工具准备

准备制作连接器用到的工具：压接钳和剥线钳，如图 6-5-22 所示。

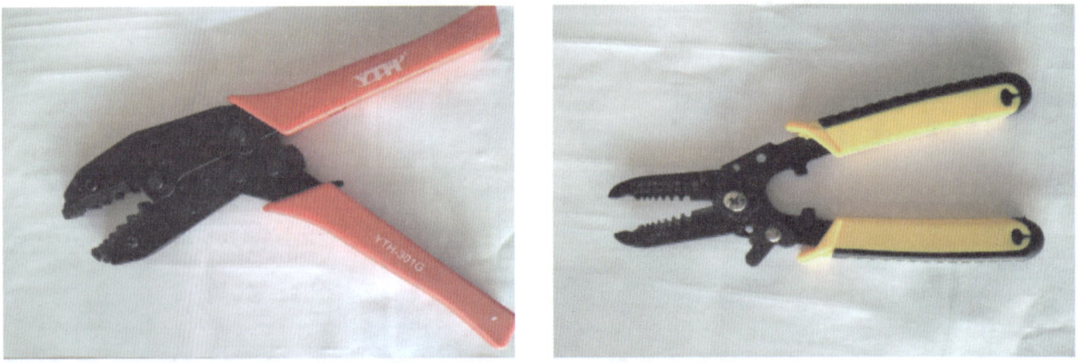

图 6-5-22　BNC 连接器制作用工具

三、操作步骤

按照作业指导文件步骤，从头至尾，进行 BNC 同轴连接器制作训练。

(1)用斜口钳将同轴电缆横切面剪齐平，并将 TNC 压管穿进同轴电缆内，如图 6-5-23 所示。

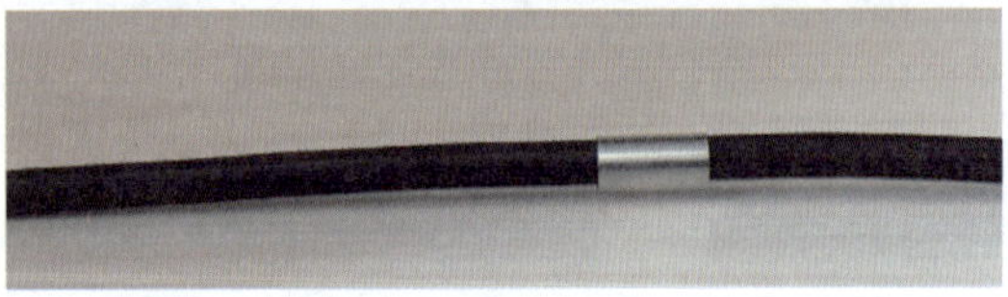

图 6-5-23　套入屏蔽环

(2)使用剥线钳将同轴电缆护套剥皮 16 mm(保持切口面齐平)，如图 6-5-24 所示。

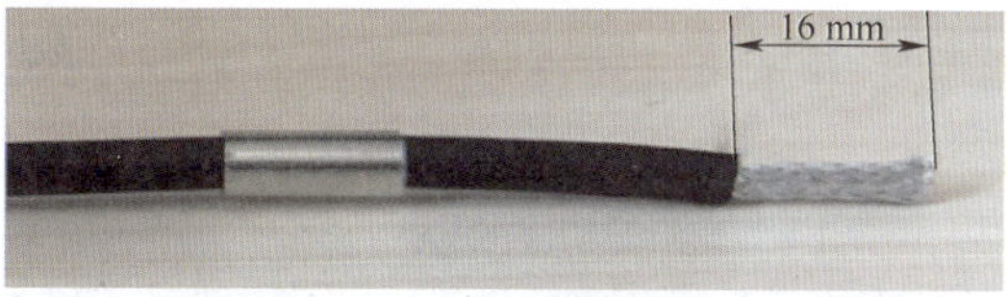

图 6-5-24　剥电缆护套

(3)将同轴电缆绝缘层剥皮 4 mm(保持切口面齐平),如图 6-5-25 所示。

图 6-5-25　剥绝缘层

(4)将 BNC 连接器压针套入同轴电缆导体(铜芯),如图 6-5-26 所示。

图 6-5-26　套入压针

(5)使用 BNC 压接钳上对应孔位对针子进行压接,如图 6-5-27 所示。

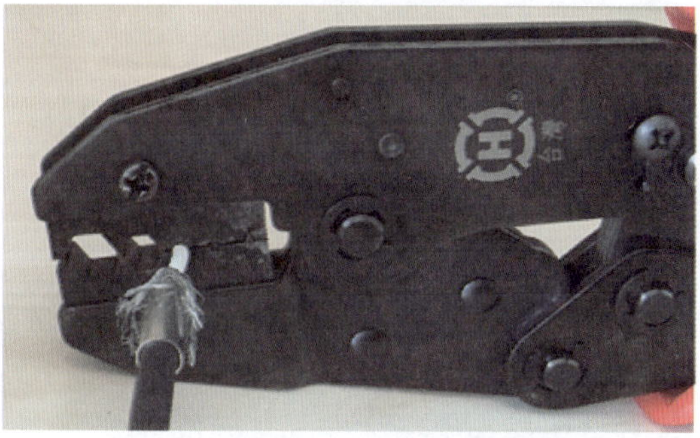

图 6-5-27　针子压接

(6) BNC 压针与同轴电缆导体(铜芯)压紧后,将 TNC 接头插入同轴电缆并尾端紧贴同轴电缆护套(黑色绝缘层),并将同轴电缆编织屏蔽裁剪,裁剪至长度为 6 mm,如图 6-5-28 所示。

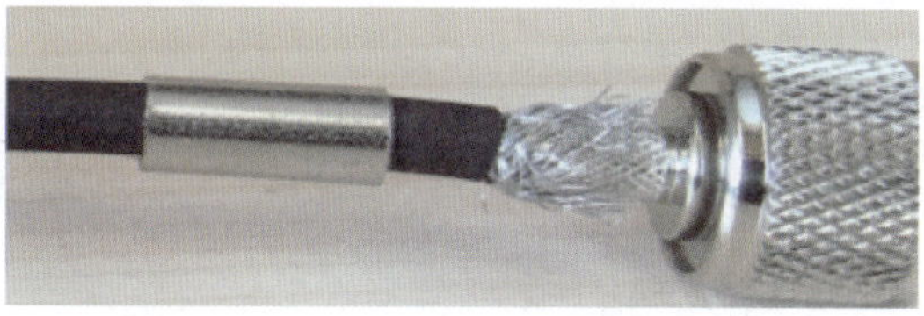

图 6-5-28　屏蔽处理

(7)使用 BNC 压接钳上对应孔位对屏蔽环进行压接,如图 6-5-29 所示。

图 6-5-29 屏蔽环压接

(8)BNC 连接器制作完成后,如图 6-5-30 所示。

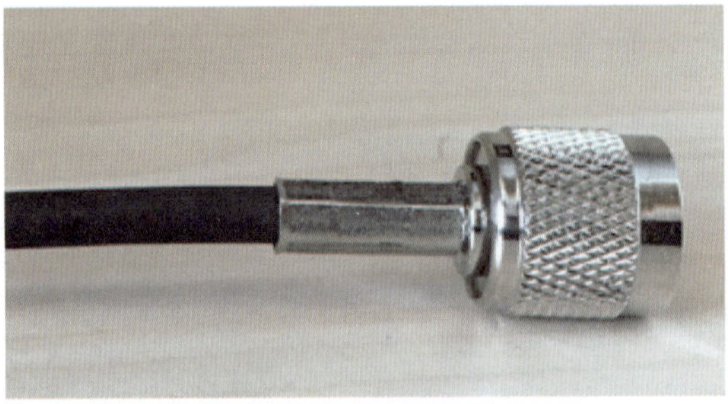

图 6-5-30 BNC 连接器组装完成

巩固与练习

一、判断题

1. 同轴连接器屏蔽环压接时,若压接模块偏大,应在合适位置停止并松开,不得压接到底。 ( )
2. 屏蔽环压接前,应保证针子插入绝缘体底部正确位置。 ( )
3. 屏蔽环可以将屏蔽层全部覆盖。 ( )
4. 单股线芯与多股线芯的压接挡位不同。 ( )
5. 连接器制作完成后,应检查屏蔽环压接质量及针子插入状态,避免缩针与屏蔽连接不良。 ( )

二、填空题

1. 同轴连接器核心部件由________、________、________三部分组成。
2. 线缆外剥时为防止损伤线缆屏蔽层,用电工刀外剥线缆外绝缘层________ mm。

学习任务六　HARTING 连接器组装工艺

学习目标

1. 知识目标

(1)熟悉 HARTING 连接器的种类、结构特点、技术参数和应用场合。

(2)掌握 HARTING 连接器组装所需要应用工具的使用方法与注意事项。

(3)掌握 HARTING 连接器组装的作业流程。

2. 能力目标

(1)能根据实际情况选用不同类型、不同技术参数的 HARTING 连接器。

(2)会正确使用工具进行 HARTING 连接器组装作业施工并实施维护保养。

3. 素质目标

(1)培养学生团队意识、协作配合能力。

(2)培养学生认真、严谨的从业理念。

知识链接

一、HARTING 连接器

HARTING 连接器分类:DD 模块连接器、EE 模块连接器、ES 模块连接器、Modular 连接器、Q 马达连接器、8D 连接器。

1. HAN DD 模块连接器

根据针数的不同,分为 24、42、72、108、144(2×72)、216(2×108)+PE 共 6 种模块,如图 6-6-1 所示。

图 6-6-1　HAN DD 模块连接器

2. HAN EE 模块连接器

根据针数的不同,分为 10、18、32、46、64(2×32)、92(2×46)+PE 共 6 种模块,如图 6-6-2 所示。

3. HAN ES 模块连接器

根据针数的不同,分为 6、10、16、24、32(2×16)、48(2×24)+PE6 种模块,如图 6-6-3 所示。

(a) 32 针 HAN EE 模块

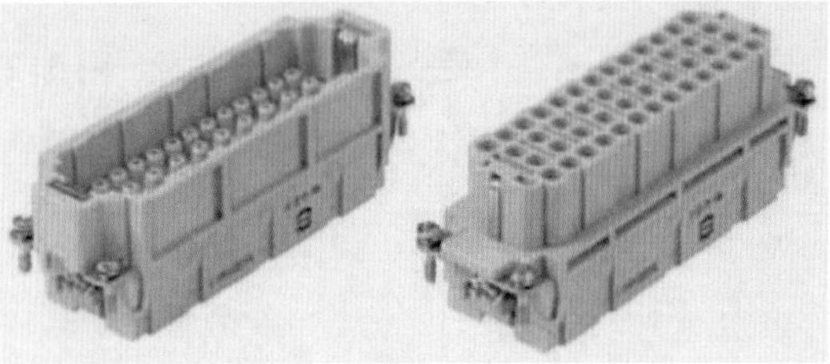

(b) 46 针 HAN EE 模块

图 6-6-2　HAN EE 模块连接器

(a) 6 针 HAN ES 模块

(b) 10 针 HAN ES 模块

(c) 16 针 HAN ES 模块

(d) 24 针 HAN ES 模块

图 6-6-3　HAN ES 模块连接器

4. HAN-Modular 连接器

HAN-Modular 产品系列可以与多种模块配合使用，根据接线端子的不同，分为 HAN 轴向螺栓模块、HAN C 模块、HAN E 模块、HAN EE 模块、HAN ES 模块、HAN DD 模块、HAN 高密度模块、HAN 高压模块、HAN 混合型模块、HAN SC 模块、HAN 识别模块、HAN 气动模块、HANQuintax 模块、HAN D-Sub 模块等 14 种模块，如图 6-6-4 所示。

HAN-Modular 产品系列具有一种全新的连接体系统，能够满足用户的各种要求。它可以更具使用条件，由不同的基本模块组装而成。HAN-Modular 产品系列中的单个模块允许将动力、光纤和气动信号集成在一起。经实践检验的标准插针和标准外壳可以继续使用在该新产品系列中。根据外壳的大小不同，它可以集成一至十二个模块。装配时，单个的基本模块嵌入在固定框架中，它们在拆卸时也可以单独更换。

优点在于可以根据专门的要求组装连接体适合当前和未来任务的最经济解决方案降低库存。

HAN-Modular 活动框架根据安装模块数量的不同，分为适用于 2、3、4、6 个模块的 4 种框架，如图 6-6-5 所示。

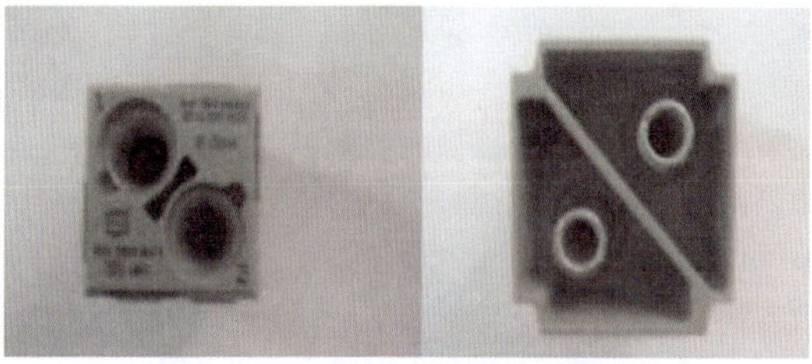
(a) HAN 轴向螺栓模块 100

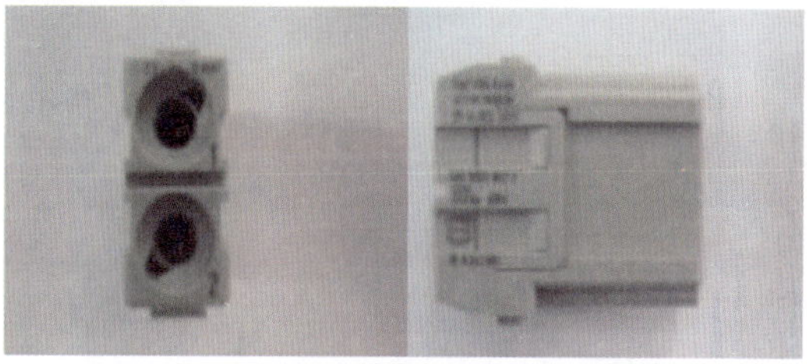
(b) HAN 轴向螺栓模块 40

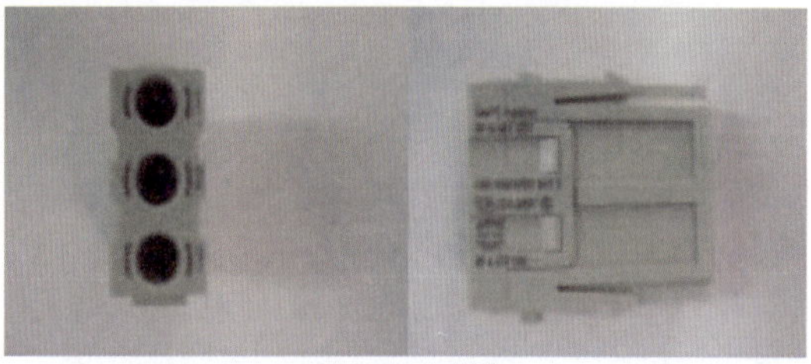
(c) HAN C 模块

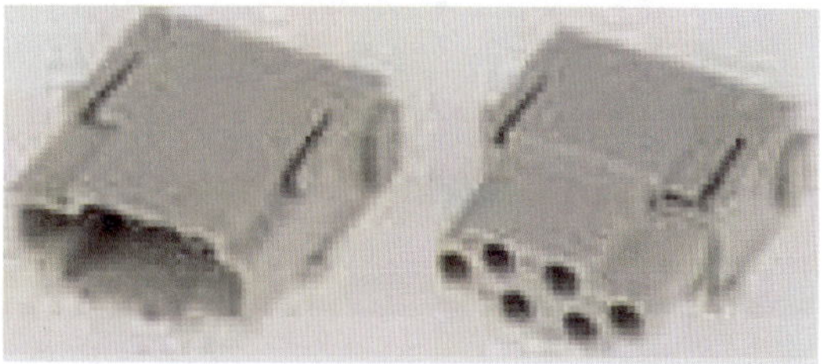
(d) HAN E 模块

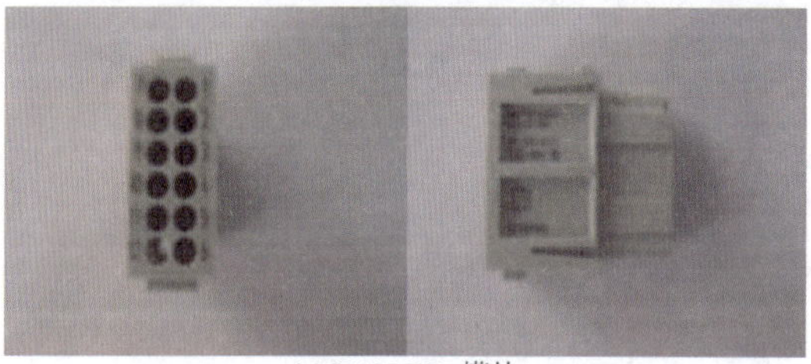
(e) HAN DD 模块

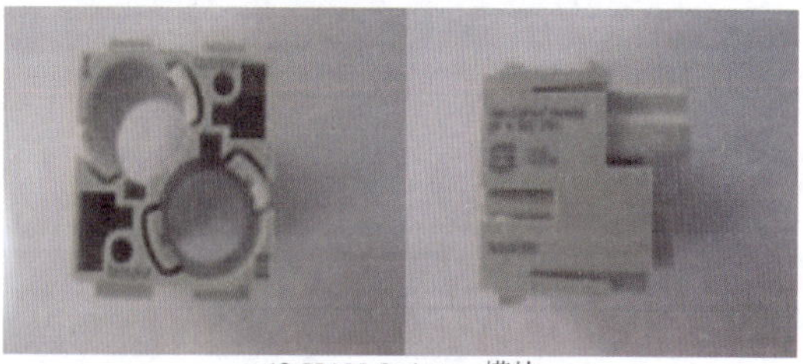
(f) HAN Quintax 模块

图 6-6-4　HAN-Modular 连接器

(a) 适用于2个模块

(b) 适用于3个模块

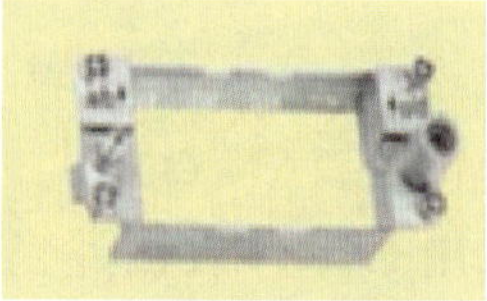
(c) 适用于4个模块

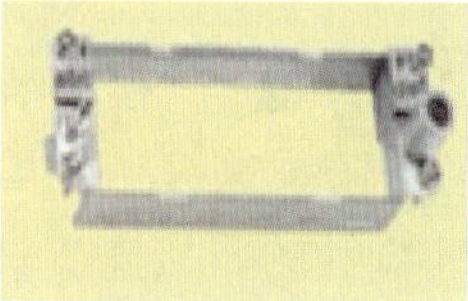
(d) 适用于6个模块

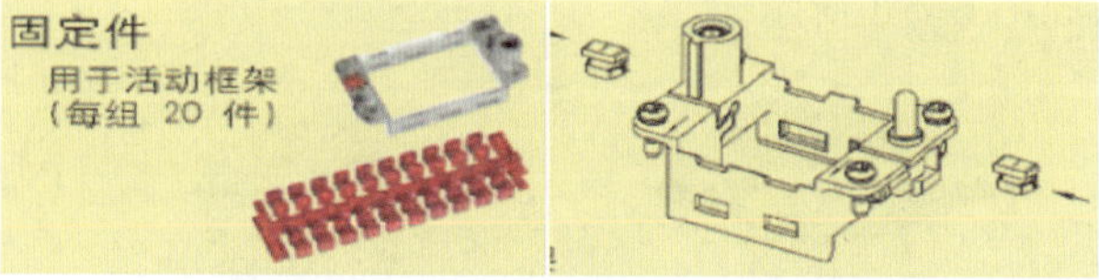

(e) 框架配件

图 6-6-5　HAN-Modular 活动框架

上述模块均可根据连接器图纸要求，部分连接器使用定位销。定位销能够最大限度地防止斜插、斜拔插头，倾斜位置纵向上允许±5°。将固定螺栓按照图纸要求更换成定位销，如图 6-6-6 所示。

绝缘电阻：≥10^{10} Ω，聚碳酸酯材料，温度范围：−40～+125 ℃，机械寿命：插拔次数≥500 次。

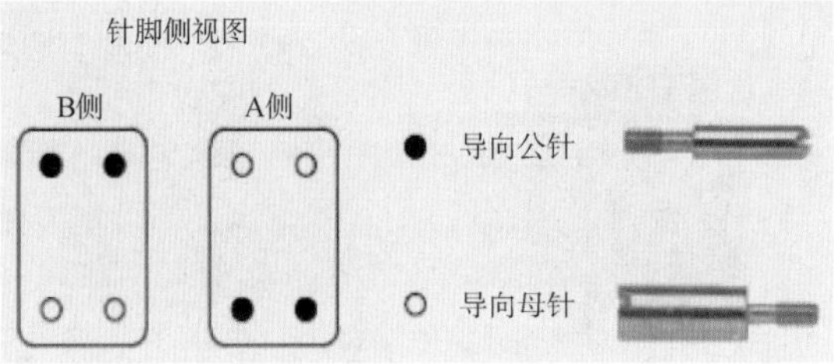

图 6-6-6　定位销

5. HAN Q 马达连接器模块

根据针数、压接针的不同，分为 HAN Q5/O、HAN Q7/O、HAN Q8/O、HAN Q12/O、HAN Q17、HAN Q4/2 等 6 种模块，如图 6-6-7 所示。

(a) HAN Q5/O 模块

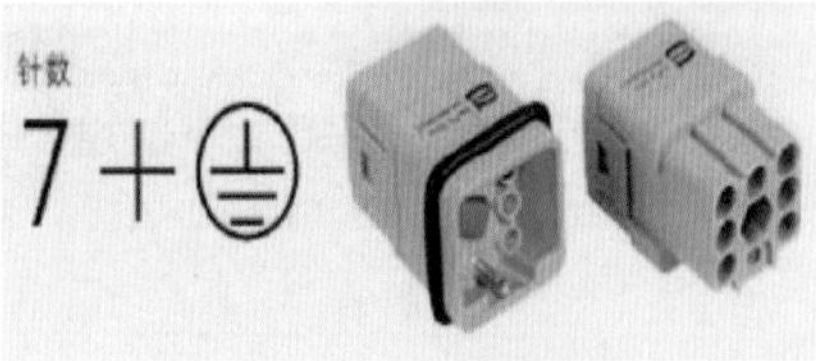

(b) HAN Q7/O 模块

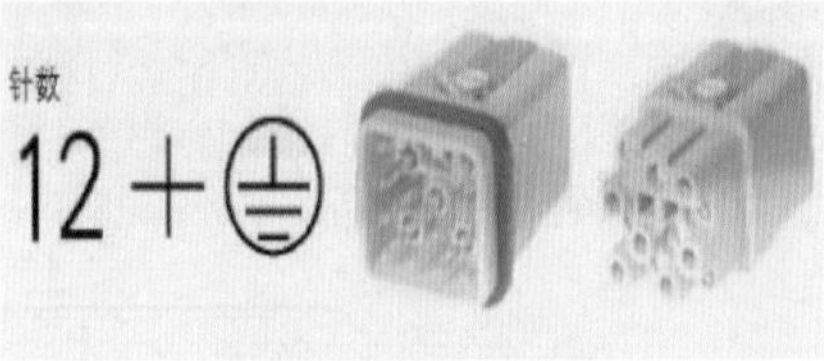

(c) HAN Q12/O 模块

图 6-6-7　HAN Q 马达连接器模块

HAN Q5/O 模块结构紧凑、节省空间；前置接地针，带螺栓连接；带标准 HAN E 针的压接连接；防护等级达到 IP 65。HAN Q7/O、HAN Q12/O 模块结构紧凑、节省空间；带标准 HAN D 针的压接连接；采用 HAN 3A 的外壳。

6. HAN 8D 连接器

模块为 8 针模块，如图 6-6-8 所示。

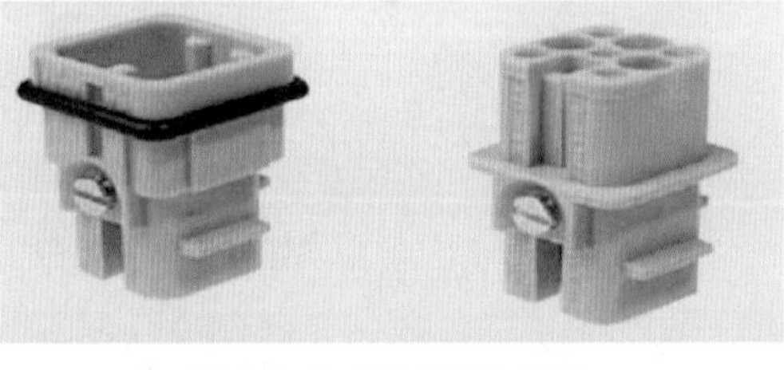

图 6-6-8　HAN 8D 模块

二、HARTING 连接器组装工艺

1. 压接针选用

连接器 HAN DD 模块采用控制针 HAN D 压接针（0.14～2.5 mm^2）。

连接器 HAN EE 模块采用强电针 HAN E 压接针（0.5～4 mm^2）。

连接器 HAN ES 模块采用强电针 HAN E 压接针(0.5～4 mm^2)。

HAN-Modular 产品系列 HAN C 模块采用强电针 HAN C 压接针(1.5～6 mm^2)、HAN E 模块 HAN 采用强电针 HAN E 压接针(0.5～4 mm^2)、HAN DD 模块采用控制针 HAN D 压接针(0.14～2.5 mm^2)、HAN Quintax 模块采用控制针 HAN D 压接针(0.14～2.5 mm^2)、轴向螺栓模块 100 采用导线裸压(导线截面范围为 16～35 mm^2)、HAN 轴向螺栓模块 40 采用导线裸压(导线截面范围为 2.5～10 mm^2)。

连接器 HAN Q5/O 模块采用强电针 HAN E 压接针(0.5～2.5 mm^2)、HAN Q7/O、HAN Q12/O 模块采用强电针 HAN D 压接针(0.5～2.5 mm^2)。

连接器 HAN 8D 模块采用控制针 HAN D 压接针(0.14～2.5 mm^2)。

HAN D、HAN E 压接针为铜合金材料,表面处理分为镀银和镀金两种。镀银:在表面镀 3 μm 层银;镀金:在表面镀 3 μm 层镍后,覆盖 2 μm 层金。Han C 压接针表面处理为镀银:在表面镀 5 μm 层银。

2. 工具选用及剥线长度

采用 Harting 09990000001 压接钳或 Harting 09990000110 压接钳进行插针压接,如图 6-6-9 所示。

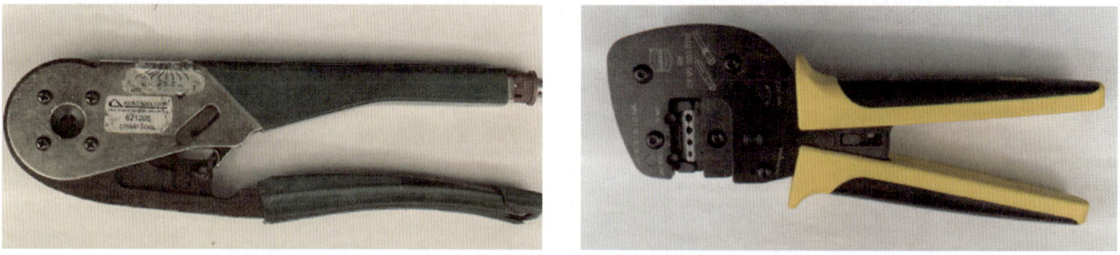

(a) Harting 09990000001　　(b) Harting 09990000110

图 6-6-9　压接工具

(1)Harting 09990000001 压接钳使用

Harting 09990000001 压接钳需配备专属定位器应用于不同规格的连接器插针压接。其定位器可分为 09990000308 HAN C、09990000311 HAN D、09990000310 HAN E 三种定位器分别对应三种针型配套使用,如图 6-6-10 所示。

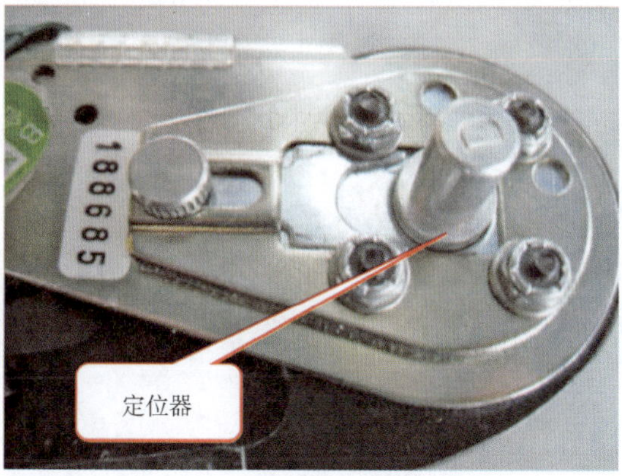

图 6-6-10　定位器

使用配套的测孔规进行压接行程调整，测孔规型号为 09990000379，测孔规两端包括五种类型测量标准，一端为 1.0、1.55、2.0，一端为 1.8、1.3，如图 6-6-11 所示。

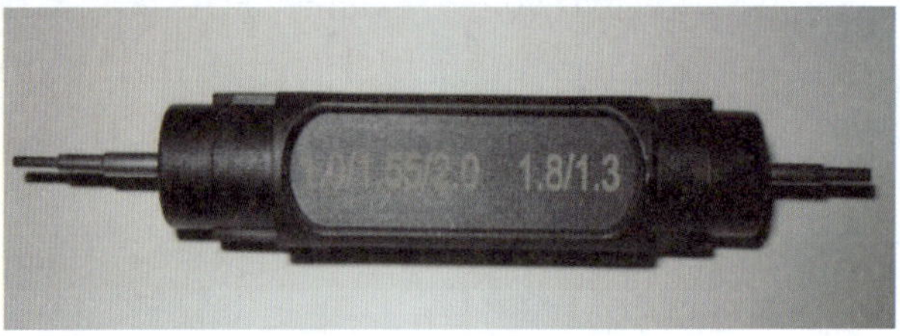

图 6-6-11　测孔规

压接钳的三种状态：锁紧、完全关闭和打开，如图 6-6-12 所示。

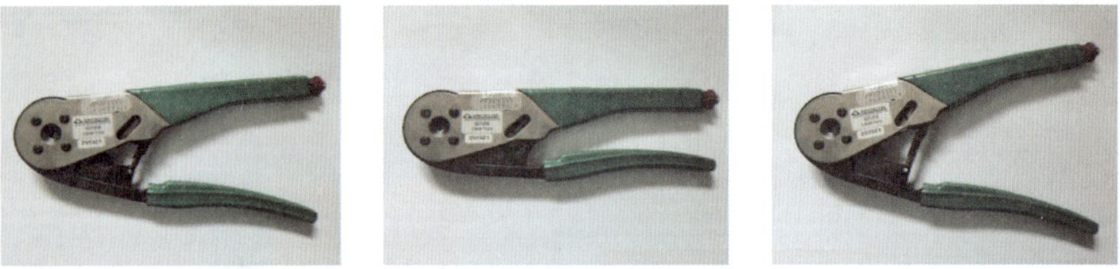

(a) 锁紧　　(b) 完全关闭　　(c) 打开

图 6-6-12　压接钳的三种状态

压接钳由安全闩、定位器、夹紧螺栓、调节刻度指示、钳口调节旋钮等组成，如图 6-6-13 所示。

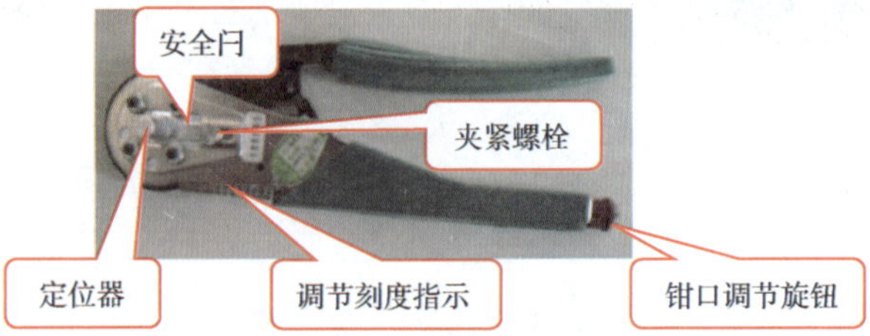

图 6-6-13　压接钳组成部分

定位器的安装：

松开压线钳安全闩上的夹紧螺栓，将安全闩推至打开的位置，将压接端子所对应的定位器装入滑槽内，关闭安全闩，并重新旋紧夹紧螺栓，固定定位器，防止定位器脱落，如图 6-6-14 所示。

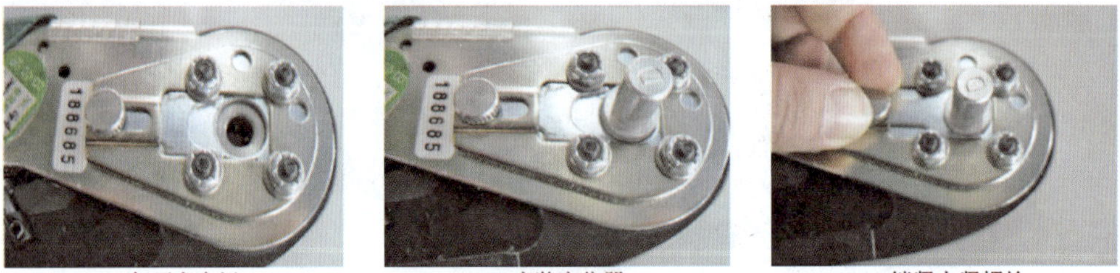

(a) 打开安全闩　　(b) 安装定位器　　(c) 锁紧夹紧螺栓

图 6-6-14　压接钳定位器的安装

压接行程调整：

压接行程调整时需根据所使用的 HAN C、HAN D、HAN E 定位器及所压接导线线径调节刻度指示数字至对照表所示数值，如图 6-6-15 所示。

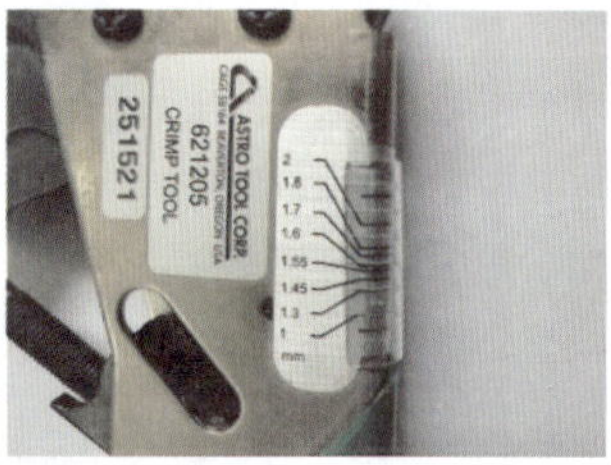

线径	HAN C 调节刻度	HAN D 调节刻度	HAN E 调节刻度
0.5 mm^2		ϕ 1.55	ϕ 1.55
0.75 mm^2		ϕ 1.55	ϕ 1.55
1.0 mm^2		ϕ 1.55	ϕ 1.55
1.5 mm^2	ϕ 1.80	ϕ 1.80	ϕ 1.80
2.5 mm^2	ϕ 1.80	ϕ 1.55	ϕ 1.80
4 mm^2	ϕ 2.00		ϕ 2.00

图 6-6-15　刻度数值

调节时，将钳口处于打开状态。拉出钳口调节旋钮，并旋转旋钮，将调节刻度显示上的红色边缘对准数值所对应的横线，然后推进钳口调节旋钮，如图 6-6-16 所示。

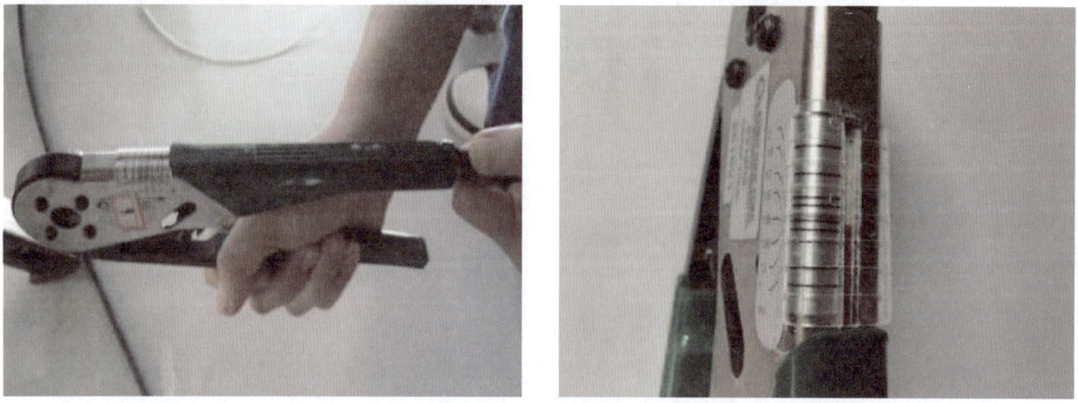

图 6-6-16　调节压接行程

测孔规校验：

压接钳调节后，将压线钳的钳口压紧后，根据所调节刻度，找到柱形测孔规相对应的部位，放进钳口，如果用手比较轻松的将测孔规插入钳口内，并且向下垂直状态夹持测孔规时，测孔规不脱落，压接钳调整完毕。如果钳口不合适，必须反复调节刻度，直到合适为止，如图 6-6-17 所示。

图 6-6-17　测孔规校验

注意：

(1)杜绝用压线钳直接压紧测孔规，以免损坏压线钳。

(2)杜绝使用钳口未调整合格的压线钳进行压接操作。

使用操作：

将手柄完全打开，将端子垂直放入压接孔中，用力握紧手柄直到压接钳处于完全关闭状态，端子压接完成，如图 6-6-18 所示。

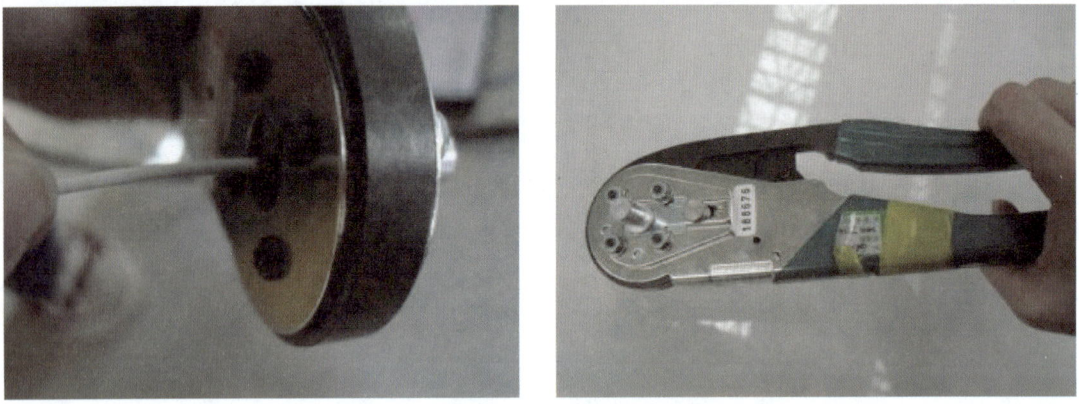

图 6-6-18　压接端子

如压接前发现有问题，需要退出端子，用螺丝刀推动压接钳的退针旋钮，如图 6-6-19 所示。

(2)Harting 09990000110 压接钳的使用

Harting 09990000110 压接钳有自带定位器，定位器可转动四挡，第一挡为 HAN E 定位器、第二挡为 HAN D 定位器、第三挡和第四挡为 HAN C 定位器，如图 6-6-20 所示。

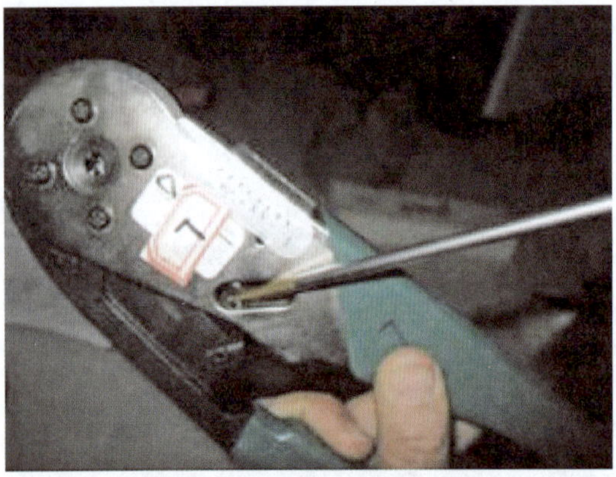

图 6-6-19　卸力

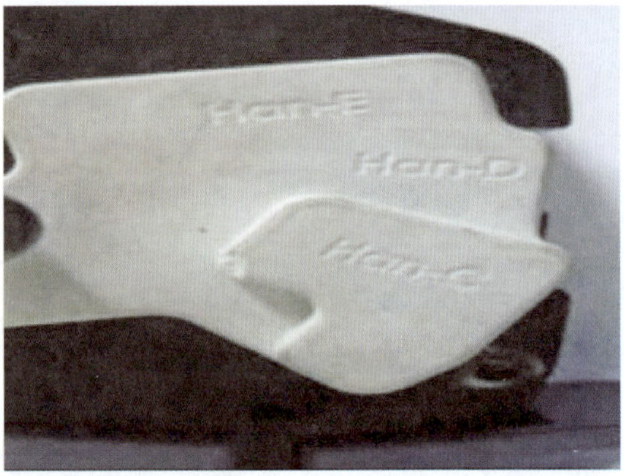

图 6-6-20　定位器

适用的导线横截面积范围为 HAN C 定位器：1.5 mm^2、2.5 mm^2、4 mm^2；HAN D 定位器：0.14～2.5 mm^2；HAN E 定位器：0.14～4 mm^2。根据所压端子的类型，调节压接钳自带定位器的位置，方可进行压接。

压接钳的三个状态：锁紧、完全关闭和打开，如图 6-6-21 所示。

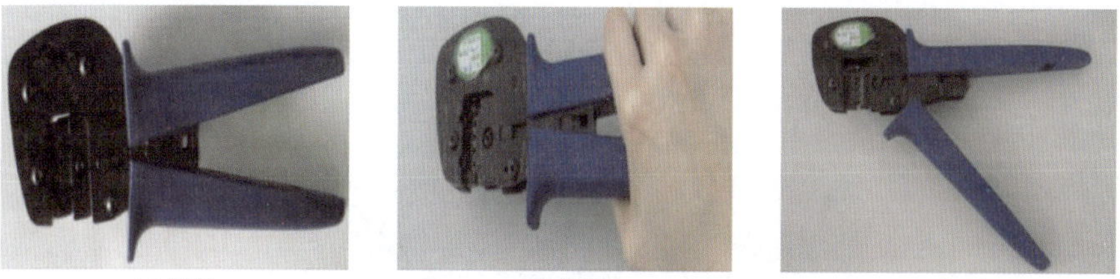

(a) 锁紧　　(b) 关闭　　(c) 打开

图 6-6-21　压接钳的三种状态

压接钳由钳口、退针旋钮、手柄、定位器等组成，如图 6-6-22 所示。

定位器的安装，用内六角扳手将定位器安装到压接钳上，如图 6-6-23 所示。

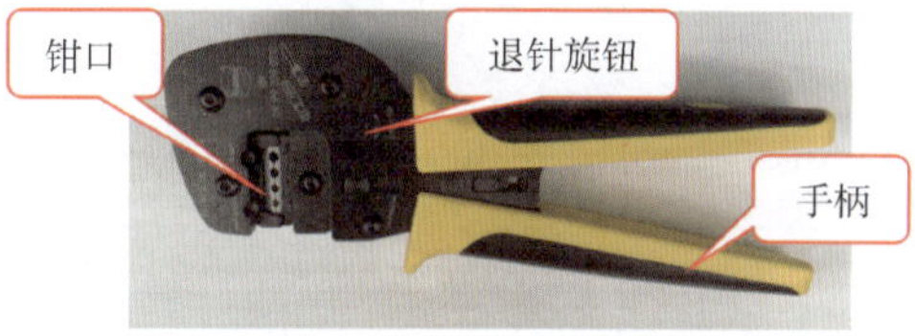

图 6-6-22　压接钳组成部分

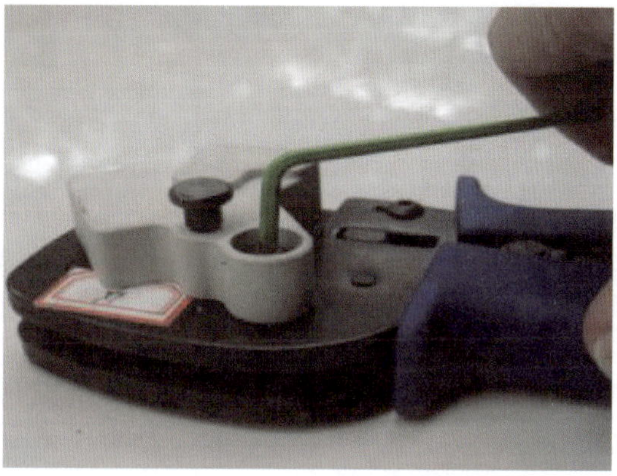

图 6-6-23　安装定位器

根据所压接端子类型不同，转动定位器，转至端子相应的挡位，根据线径的不同，选择相应的模具，如图 6-6-24 所示。

使用其进行端子压接时将手柄完全打开，将端子垂直放入压接孔中，将剥好电线插入端子内部，用力握紧手柄直到压接钳处于完全关闭状态，端子压接完成，如图 6-6-25 所示。

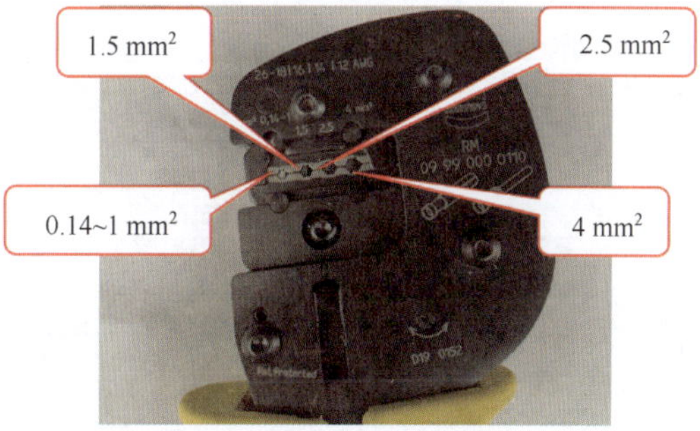

图 6-6-24　模具选择

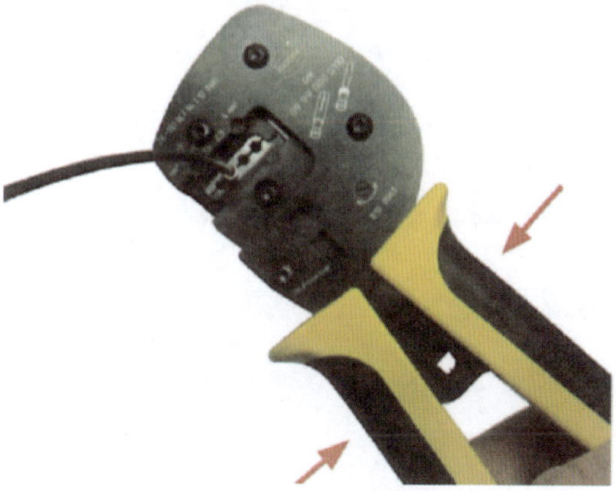

图 6-6-25　压接端子

如压接前，发现有问题，需要退针，用插针转动压接钳的退针旋钮，可将端子退出来，如图6-6-26所示。

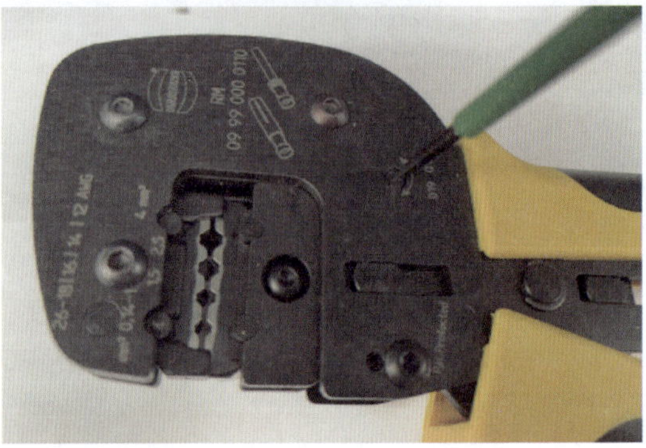

图 6-6-26　卸力

3. 压接针适用导线截面范围

HAN D压接针所适用导线截面范围为0.14～2.5 mm²，分为0.14～0.37 mm²、0.5 mm²、0.75 mm²、1.0 mm²、1.5 mm²、2.5 mm²。根据压接针孔内径来选择适合相应导线的压接针，如图6-6-27所示。

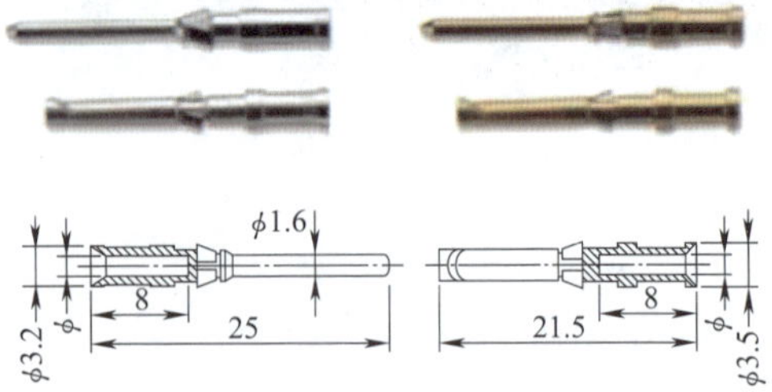

导线截面	压接针孔内径 D	剥线长度
0.14~0.37 mm²	0.9 mm²	8 mm²
0.5 mm²	1.1 mm²	8 mm²
0.75 mm²	1.3 mm²	8 mm²
1.0 mm²	1.45 mm²	8 mm²
1.5 mm²	1.75 mm²	8 mm²
2.5 mm²	2.25 mm²	8 mm²

图 6-6-27　HAN D针

HAN E压接针所适用导线截面范围为0.5～4 mm²，分为0.5 mm²、0.75 mm²、1.0 mm²、1.5 mm²、2.5 mm²、4 mm²，剥线长度均为7 mm。采用压接针凸缘上的标记来区分其压接针径，如图6-6-28所示。

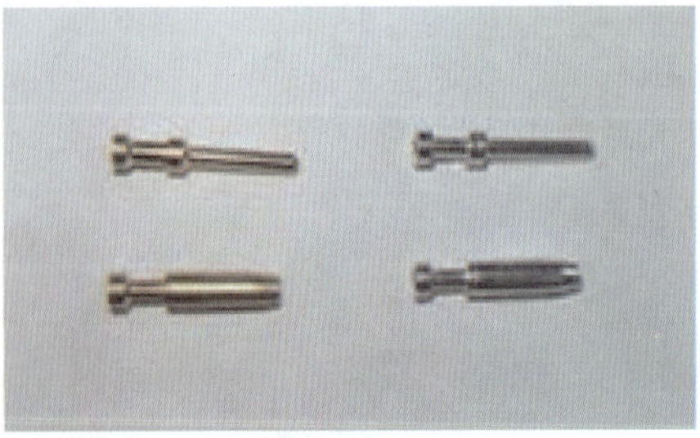

导线截面	标记	图示
0.5 mm²	1个凹槽	
0.75 mm²	1个凹槽	
1.0 mm²	1个凹槽	
1.5 mm²	2个凹槽	
2.5 mm²	3个凹槽	
4 mm²	无凹槽	

图 6-6-28　HAN E针

HAN C压接针所适用导线截面范围为1.5～6 mm²，分为1.5 mm²、2.5 mm²、4 mm²、

6 mm^2，如图 6-6-29 所示。

HAN-Modular 产品系列 HAN 轴向螺栓模块 100 导线剥线长度：16 mm^2 电线：15 mm、25 mm^2 电线：13 mm、35 mm^2 电线：13 mm。HAN 轴向螺栓模块 40 导线剥线长度：10 mm^2 电线：8 mm、6 mm^2 电线：8 mm。将导线推入针腔，直到连接体平齐靠到针上。将线芯拆卸固定螺栓安装定位销，定位销安装完毕固定在位置上，在插接侧用内六角扳手紧固，如图 6-6-30 所示。

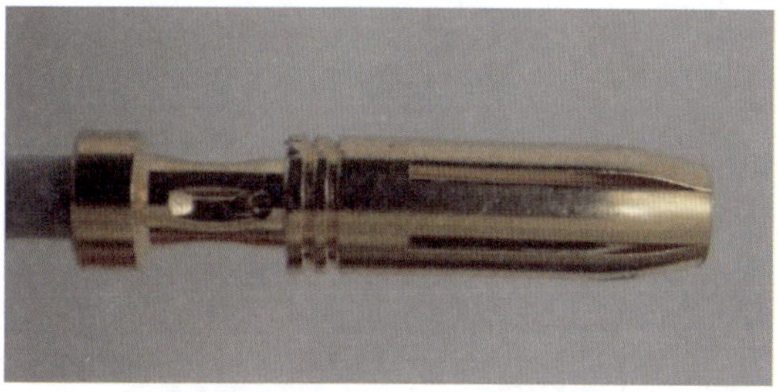

图 6-6-29　HAN C 针

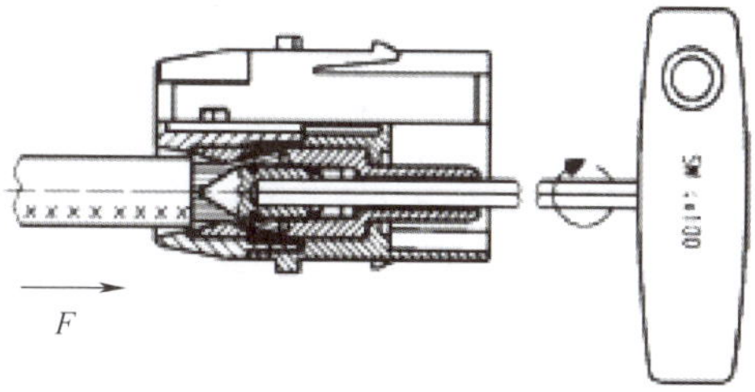

图 6-6-30　轴向螺栓模块结构

4. 外壳安装

(1) Harting 标准外壳

材料为铸铝；表面底层镀铬，涂层采用灰色粉末涂层 RAL 7037；联锁元件采用带 2 个联锁扣或 1 个联锁扣的下壳 HAN-Easy Lock 方式，此方式通过 4 个或 2 个联锁点安全锁止，锁紧力高，操作简易，密封效果良好；使用温度范围为—40～+125 ℃；联锁状态下防护等级为 IP 65，即密封防尘和防射水保护，如图 6-6-31 所示。

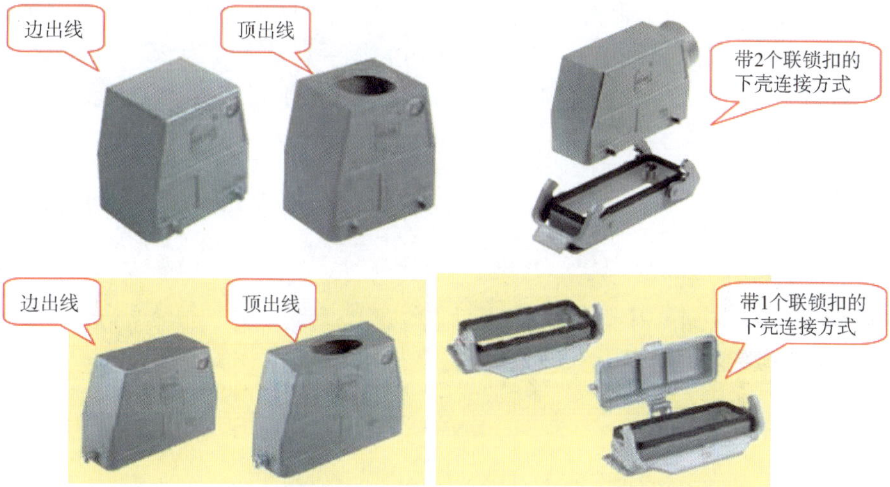

图 6-6-31　Harting 标准外壳

连接器接线孔安装专用电缆旋紧件（金属制，带拉力卸载装置和防弯折保护）和可分离密封环，起到保护导线、密封、防尘的作用。其穿入导线的的顺序为垫片、橡胶塞、垫片、电缆旋紧件，如图 6-6-32 所示。

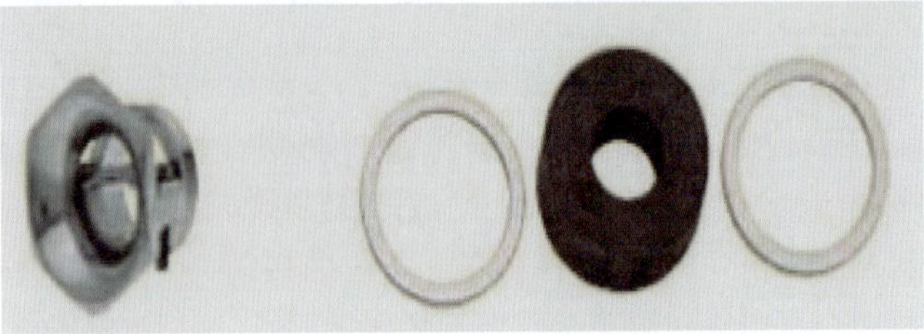

图 6-6-32　Harting 标准外壳的尾部附件

(2)HAN HPR 外壳

材料为耐腐蚀的铸铝；涂层采用黑色粉末漆；联锁元件采用旋接联锁扣方式，此方式使用六角扳手或螺丝刀操作，密封效果最好，增加了误打开难度；使用温度范围为－40～＋125 ℃；联锁边出线顶出线带 2 个联锁扣的下壳连接方式状态下防护等级为 IP68，即密封防尘和防潜水保护，如图 6-6-33 所示。

(a) 单出线孔　　(a) 双出线孔

图 6-6-33　HAN HPR 外壳

连接器接线孔安装金属公制螺纹旋紧件(IP 68)，起到防水作用。根据其夹紧导线的范围不同，其分为 9 种，夹紧范围为 5～32 mm，使用的扳手尺寸 SW 为 22～50，螺纹为 M20～M40。螺纹紧固件为 M40/M32 的缩小接头，用来连接外壳和螺纹旋紧件，如图 6-6-34 所示。

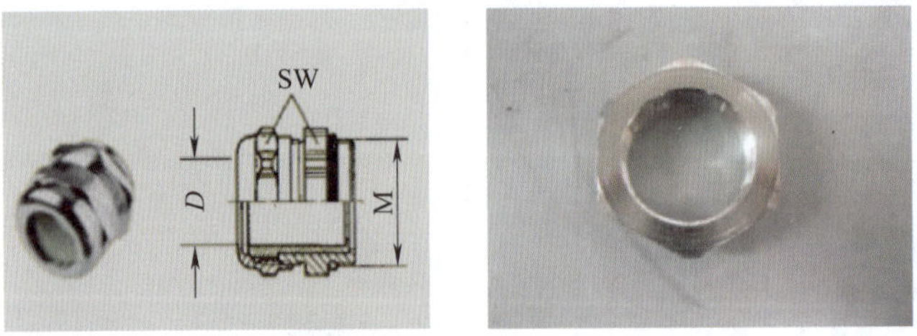

螺纹M	加紧范围d/mm	扳手尺寸 SW
M20	5~9	22
M20	6~12	22
M20	10~14	24
M25	9~16	30
M25	13~18	30
M32	13~20	40
M32	18~25	40
M40	20~26	50
M40	22~32	50

(a) 螺纹紧固件　　(b) 变径接头　　(c) 紧固工具规格

图 6-6-34　HAN HPR 外壳尾部附件

(3)Harting 螺栓适配器

材料为铸锌材料；表面为 8 μ 铜上方覆 5 μ 镍。连接器对插后，用滚花螺栓与设备连接，起到固定连接器的作用，如图 6-6-35 所示。

安装方式：模块根据图纸安装定位销，并在定位销螺纹一侧安装 2 个平垫，并固定螺栓适配器。将滚花螺栓安装到适配器小孔的安装孔内，如图 6-6-36 所示。

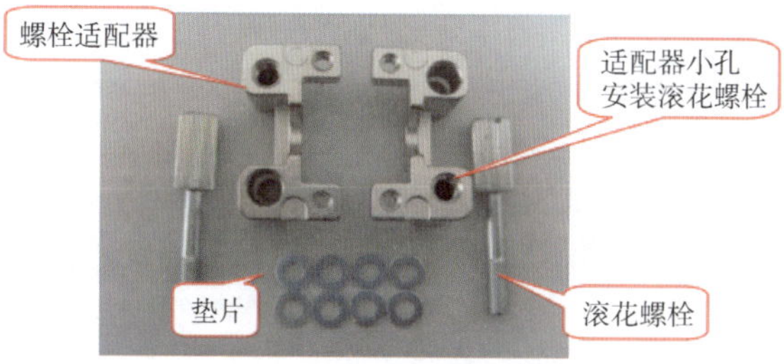

图 6-6-35　Harting 螺栓适配器

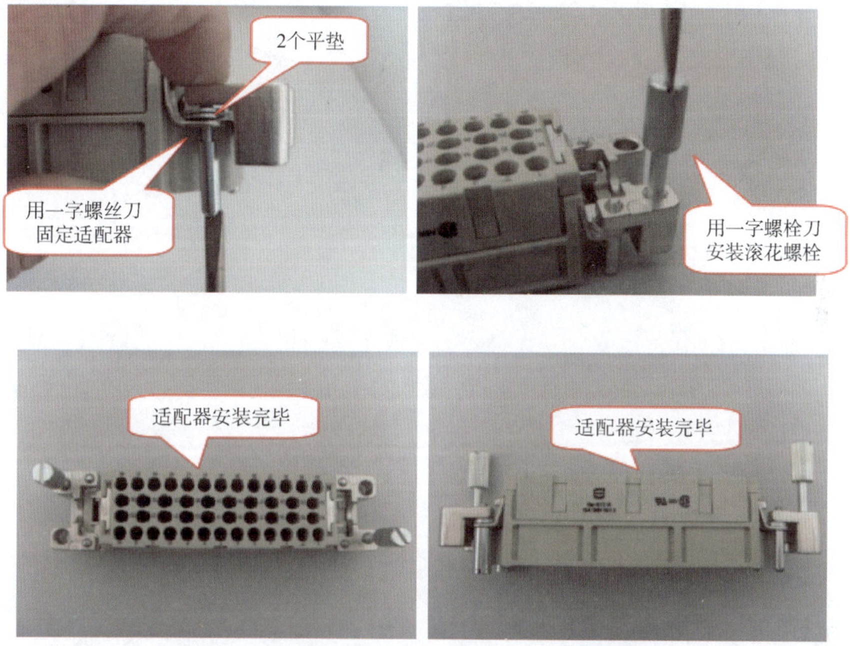

图 6-6-36　Harting 螺栓适配器与连接器组合状态

（4）HAN Q 模块一般采用边出线、顶出线上壳或不封底下壳金属外壳

材料为铸锌；联锁元件为镀锌钢材；外壳密封采用丁晴橡胶；使用温度范围为－40 ℃～＋125 ℃；按照 DIN EN 60529《外壳防护等级》，联锁状态下带密封螺栓的防护等级为 IP65，即密封防尘和防射水保护，如图 6-6-37 所示。

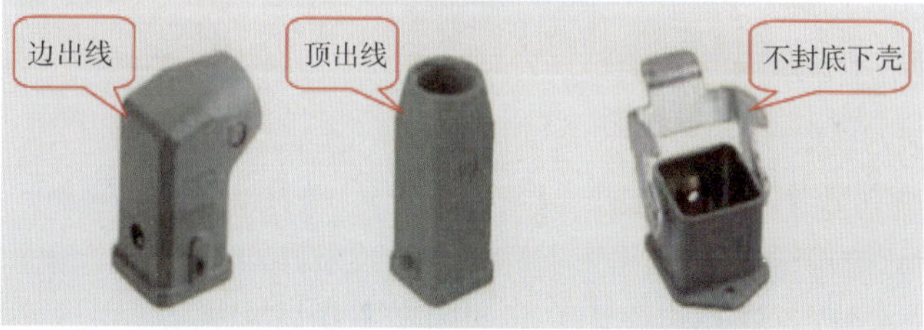

图 6-6-37　HAN Q 模块金属外壳

（5）HAN 8D 连接器采用 HAN M 型（用于较高环境要求）外壳

材料为铸铝；表面底层镀铬，涂层采用黑色粉状漆，联锁元件采用 V2A(钢)联锁扣锁止下壳方式，此方式通过 2 个联锁点安全锁止，锁紧力高，操作简易，密封效果良好；使用温度范围为－40～＋125 ℃；按照 DIN EN 60529《外壳防护等级》，联锁状态下防护等级为 IP65，即密封防尘和防射水保护；外壳与模块之间的固定采用防水螺栓固定方式，如图 6-6-38 所示。

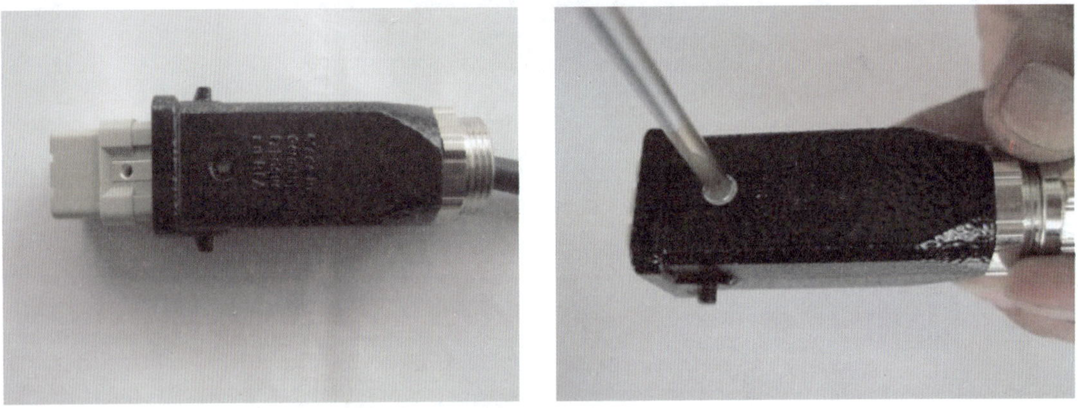

图 6-6-38　HAN M 型金属外壳

连接器接线孔处使用的是 EMC 电磁兼容旋紧件(IP68)，由可分离密封环和可分离屏蔽环组成，起到保护导线、密封、防尘、导线屏蔽接地的作用。

(6)HAN HPR 型(高压防护)外壳

材料为铸铝；表面底层镀铬，涂层采用黑色粉状漆，如图 6-6-39 所示。

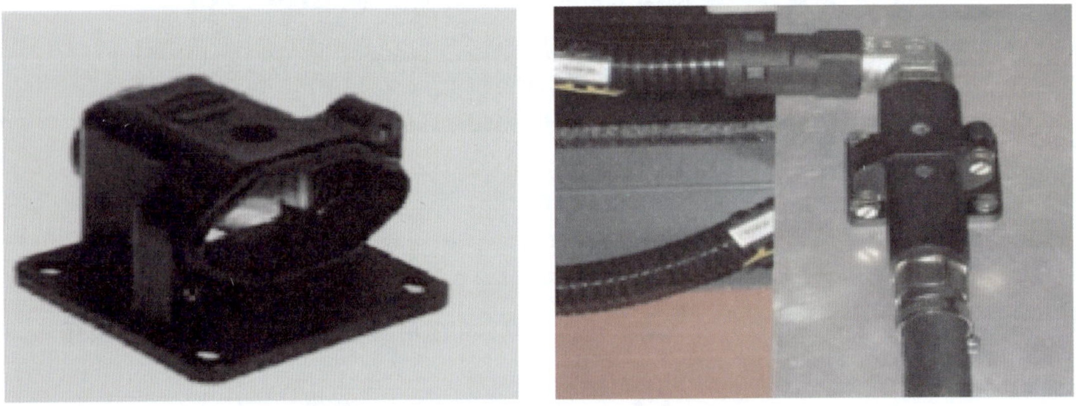

图 6-6-39　HAN HPR 型(高压防护)外壳

联锁元件采用 M6 的旋接锁止方式，材料为 V2A 钢，拧紧力矩为 4 N·m；此方式使用六角扳手或螺丝刀操作，密封效果最好，增加了误打开难度；使用温度范围为－40～＋125 ℃。按照 DIN EN 60529《外壳防护等级》，联锁状态下防护等级为 IP68，即密封防尘和防潜水保护，是连接器防水等级标准的最高级别；外壳与模块之间的固定采用防水螺栓固定方式，如图 6-6-40 所示。

连接器接孔处使用金属制电缆旋紧件、金属直角管、可分离屏蔽环、密封塞、塑料电缆旋紧件(IP68)。起到保护导线、密封、防尘的作用。其穿入导线的的顺序为塑料电缆旋紧件(IP68)、密封塞、可分离屏蔽环、金属直角管、金属制电缆旋紧，如图 6-6-41 所示。

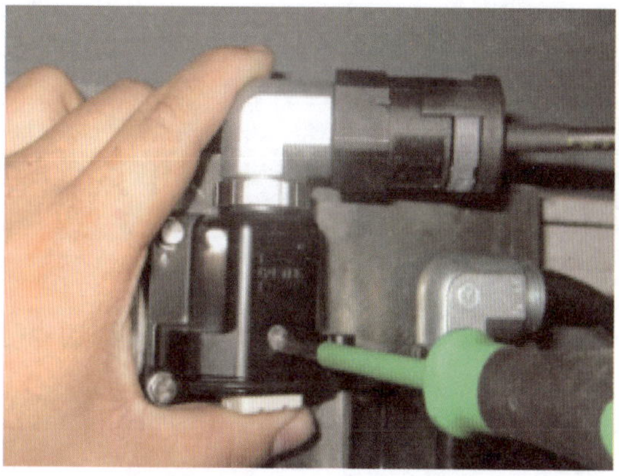

图 6-6-40　HAN HPR 型外壳安装紧固形式

图 6-6-41　HAN HPR 型金属外壳尾部附件组装结构

(7)屏蔽杆使用

连接器 HAN EE 模块采用带 M4 螺栓的屏蔽杆固定在模块上，材质为钢，镀锌，如图 6-6-42 所示。屏蔽杆根据尺寸大小不同，分为 5 种，分别为 6B、10B、16B、24B。

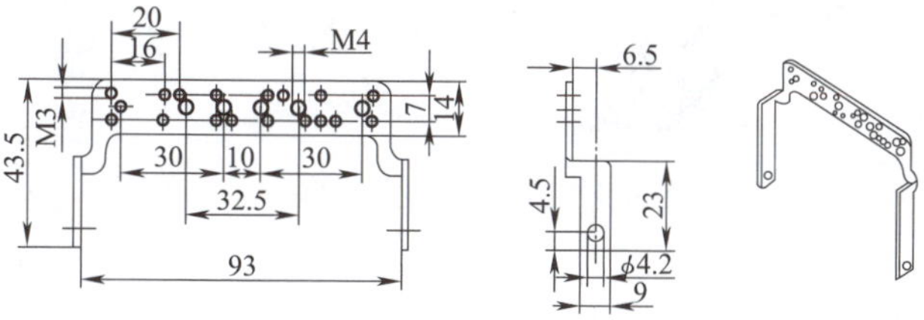

图 6-6-42　屏蔽杆零件图(单位:mm)

屏蔽杆用十字螺丝刀固定到模块侧面，如图 6-6-43 所示。

屏蔽夹采用 M3 螺栓、弹垫、平垫、螺母固定在屏蔽杆上，用于屏蔽层接线作用，如图 6-6-44 所示。根据屏蔽夹直径大小，分为 9 种，分别为 4.5 mm、5 mm、6 mm、7 mm、8 mm、10 mm、12 mm、14 mm。

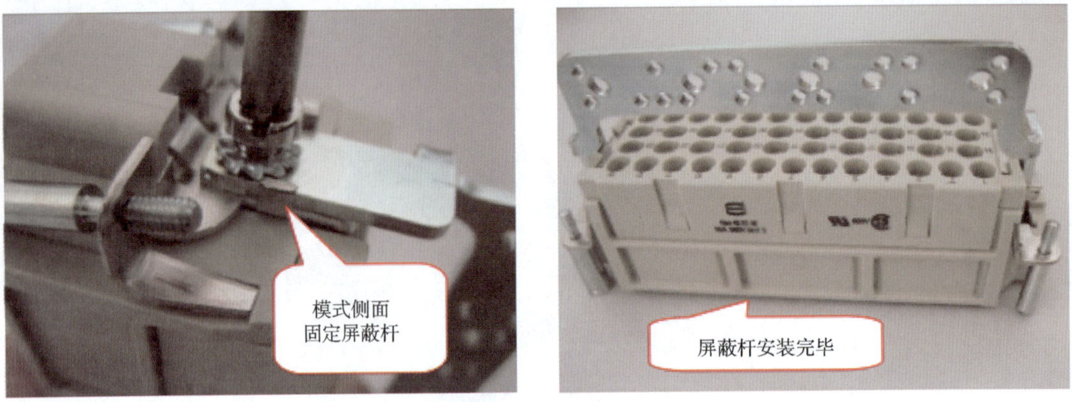

图 6-6-43　屏蔽杆与连接器的安装结构

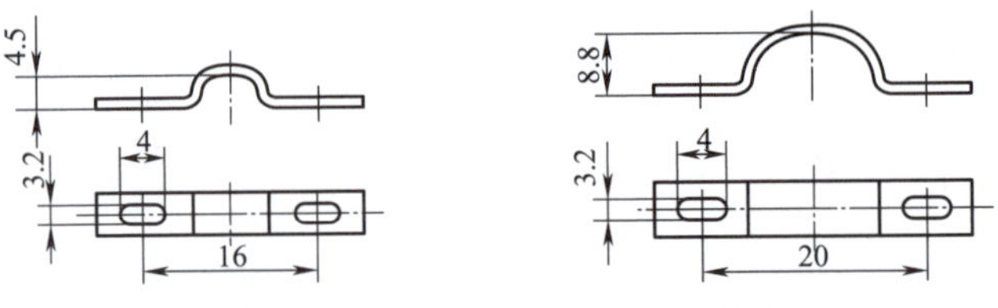

电缆直径5 mm　　电缆直径10 mm

图 6-6-44　屏蔽夹零件图(单位:mm)

根据连接器图纸屏蔽夹安装位置及所固定电缆号,用一字螺丝刀或内六角套筒固定电缆屏蔽层,上下露 1～2 mm,如图 6-6-45 所示。

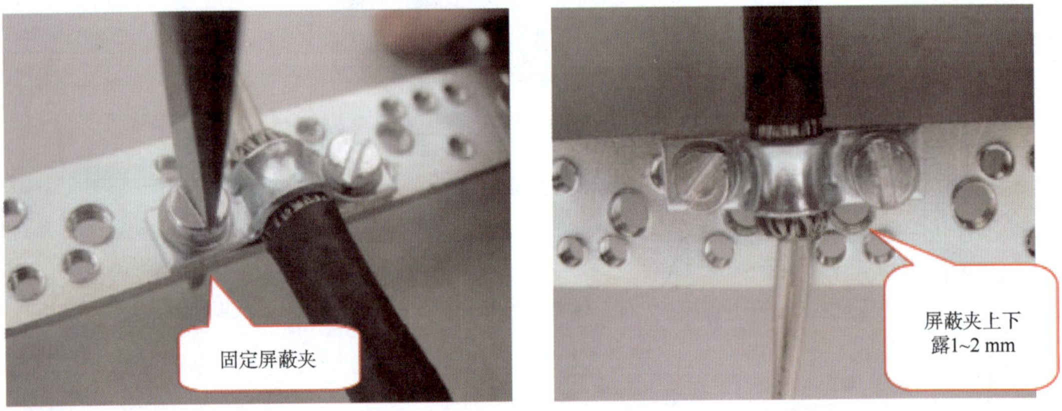

图 6-6-45　屏蔽夹安装结构

巩固与练习

一、填空题

1. 定位销能够最大限度地防止斜插、斜拔插头,倾斜位置纵向上允许________。
2. HARTING 连接器插针压接工具有________和________两种。
3. 压接钳有________、________和________三种状态。

二、简答题

1. Harting 09990000001 压接钳如何选用定位器？

2. 采用测孔规如何进行 Harting 09990000001 压接钳压接深度校验？

3. HARTING 连接器使用接地框架和屏蔽夹进行电缆屏蔽层接地时如何进行电缆位置定位？

学习任务七 TYCO 连接器组装工艺

学习目标

1. 知识目标

(1)熟悉 TYCO 连接器的种类、结构以及技术参数。

(2)掌握 TYCO 连接器的组装步骤。

2. 能力目标

(1)能根据实际现场情况选用不同类型的 TYCO 连接器。

(2)会正确地使用 TYCO 连接器组装工具进行作业施工。

3. 素质目标

(1)培养学生正确分析问题、解决问题的能力。

(2)培养学生认真严谨、一丝不苟的从业理念。

知识链接

一、TYCO 连接器的基本信息

1. TYCO 连接器基本信息

TYCO 连接器分类：方格网连接器、圆形塑料连接器。

(1)模块类型

①方格网连接器

根据针数的不同，分为 4 针、9 针、12 针三种模块，如图 6-7-1 所示。

(a) 4针模块　(b) 9针模块　(c) 12针模块

图 6-7-1　TYCO 方格网连接器

额定电压：600 V(UL/CSA)、介电强度 ：2 000 V(RMS)、绝缘电阻：≥5 000 MΩ、红色热塑性塑料、温度范围：－55～＋130 ℃

②圆形塑料连接器

根据针数的不同，分为 9 针、16 针、24 针、37 针四种模块，如图 6-7-2 所示。

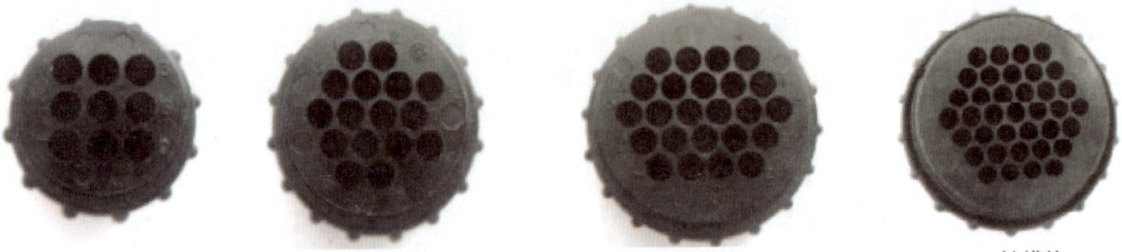

(a) 9针模块　(b) 16针模块　(c) 24针模块　(d) 37针模块

图 6-7-2　TYCO 圆形塑料连接器

额定电压：600 V、绝缘电阻：≥5 000 MΩ、黑色热塑性塑料、温度范围：－55～＋105 ℃

根据连接器外壳大小分为 11 号、13 号、17 号和 23 号四种模块，各模块分别对应 11 号、17 号、23 号、23 号外壳。黑色热塑性塑料材质，如图 6-7-3 所示。

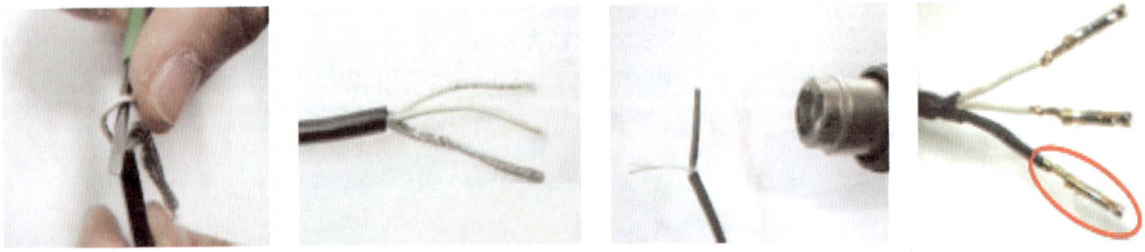

图 6-7-3　TYCO 圆形塑料连接器外壳型号

(2)插针

针主体为铜镍合金，表面处理镀金或镀锡；针卡簧为不锈钢，压接针所适用导线截面范围为 0.8～2.0 mm^2，最大电流 25 A(30℃，14AWG)，如图 6-7-5 所示。

(3)工具

使用型号 91505-1 压接钳(图 6-7-5)上绿色标记压接孔用来压 0.5 mm^2 以下导线端子，蓝色标记压接孔用来压 0.75 ～1.5 mm^2 导线端子。

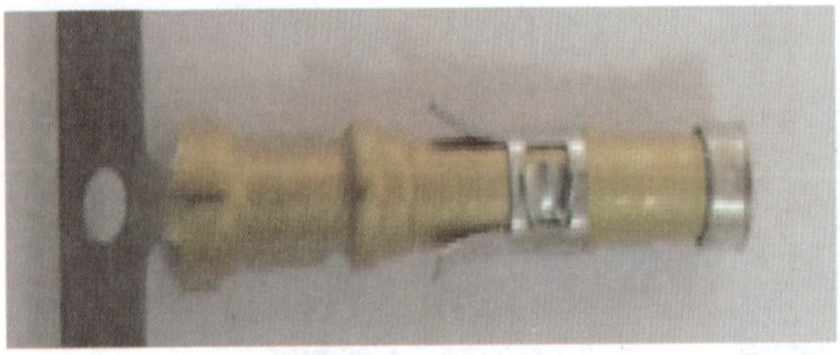

图 6-7-4　TYCO 连接器插针

图 6-7-5　91505-1 压接钳

使用型号 169422-1 压接钳(图 6-7-6)进行压接时以线径为依据选择插针对应的钳口，当线径在 0.75～1.5 mm^2 之间时，选择钳口 1，当线径在 1.0-2.5 mm^2 时，选择钳口 2 进行压接。

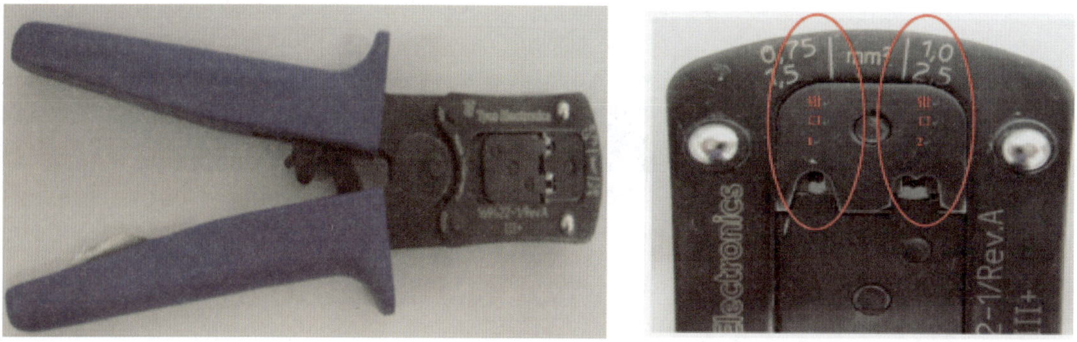

图 6-7-6　169422-1 压接钳

技能训练

TYCO 连接器组装工艺

一、物料准备

准备圆形连接器 9 针模块、以及对应的 11 号外壳、1.0 mm^{2}插针 3 个(图 6-7-7),2×1.0 mm^{2}屏蔽电缆 1 m,热缩管 0.1 m。

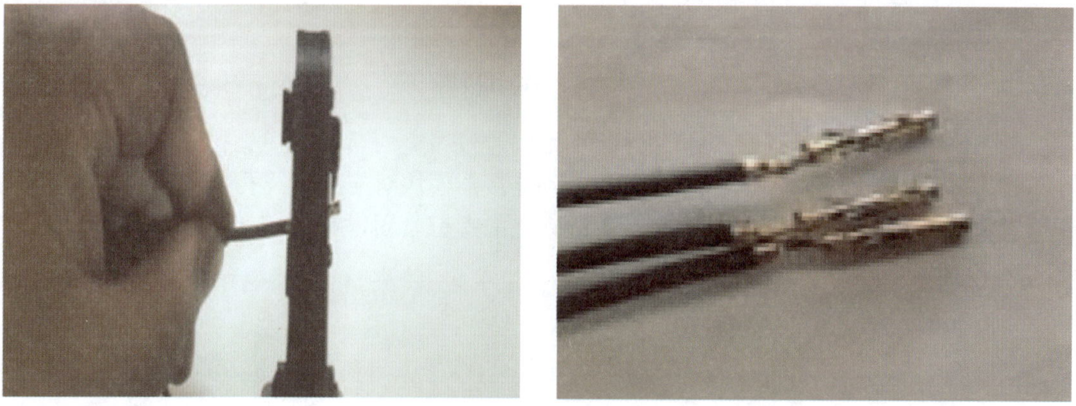

图 6-7-7　训练用物料

二、工具准备

准备所需的压接钳 91505-1、断线钳、剥线钳、十字螺丝刀、热风枪。

三、操作步骤

①屏蔽处理

使用断线钳截取合适长度电缆,将屏蔽层内电线挑出并将屏蔽层扭成一股用热缩管塑封,然后压接端子压接针,如图 6-7-8 所示。

(a) 11号外壳　　(b) 13号外壳　　(c) 17号外壳　　(d) 23号外壳

图 6-7-8　TYCO 连接器电缆屏蔽处理

②插针压接

将单根电缆绝缘层剥离 4 mm，然后使用压接钳将插针压到线芯上，压接完成后，线芯在插针和绝缘层之间应露出 0.5～1 mm，如图 6-7-9 所示。

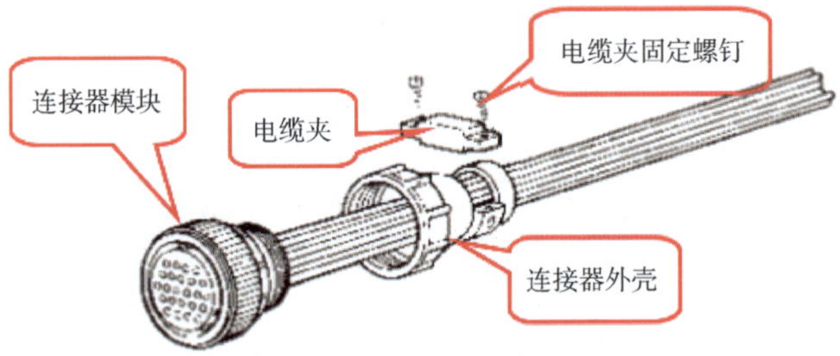

图 6-7-9　插针压接

③壳体组装

将压接完成的插针，对照接线图纸，放置到连接器模块对应的接线孔位。然后将连接器外壳与模块连接。最后将连接器外壳自带电缆夹上的螺钉紧固，如图 6-7-10 所示。

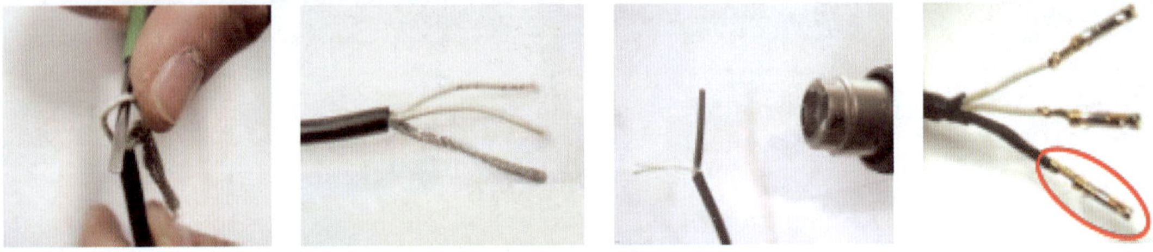

图 6-7-10　TYCO 圆形塑料连接器尾部合成结构

巩固与练习

一、填空题

1. TYCO 连接器分为________、________两种类型。
2. TYCO 连接器组装时主要分为________、________和________三个步骤完成。
3. 连接器外壳与模块采用________连接，连接器外壳上自带________，用于固定线束。

二、简答题

1. TYCO 连接器组装时屏蔽电缆的处理方法是什么?
2. 采用 91505-1 压接钳进行 TYCO 连接器插针压接时根据导线截面积如何选用钳口?
3. TYCO 连接器组装时线芯剥线长度及压接定位的技术要求是什么?

学习任务八　AMP 连接器组装工艺

学习目标

1. 知识目标
(1)熟悉 D-3000 系列连接器的种类、结构以及技术参数。
(2)掌握 AMP 连接器的组装工艺。
2. 能力目标
(1)能根据实际现场情况选用不同类型的 D-3000 系列连接器。
(2)能熟练地组装 AMP 连接器。
3. 素质目标
(1)培养学生正确分析问题、解决问题的能力。
(2)培养学生细致严谨、一丝不苟的从业理念。

知识链接

一、D-3000 系列连接器

1. D-3000 连接器基本信息

AMP Dynamic 系列塑料壳连接器中的 D-3000 系列连接器,根据使用环境、线路功能要求不同,D-3000 系列连接器可分为八种。生产中采用了 D-3100D(标准双排型),D-3100S(标准单排型),以及 D-3200S(高压单排型)3 个系列的连接器。其中 D-3100D(标准双排型)选用了 12 针、16 针两种,D-3100S(标准单排型)选用了 10 针一种,D-3200S(高压单排型)选用了 3 针 X、Y 型两种,如图 6-8-1 所示。

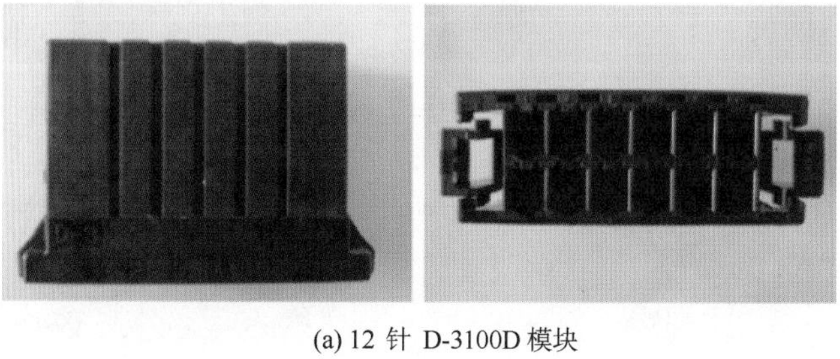

(a) 12 针 D-3100D 模块

图 6-8-1　D-3000 系列连接器

(b) 16 针 D-3100D 模块

(c) 10 针 D-3100S 模块

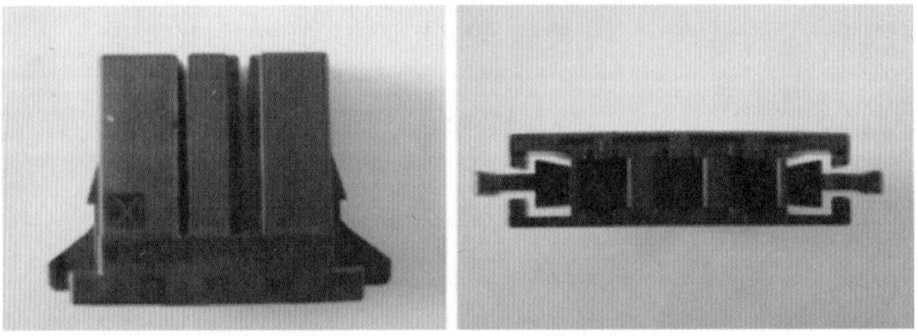

(d) X 型 3 针 D-3200S 模块

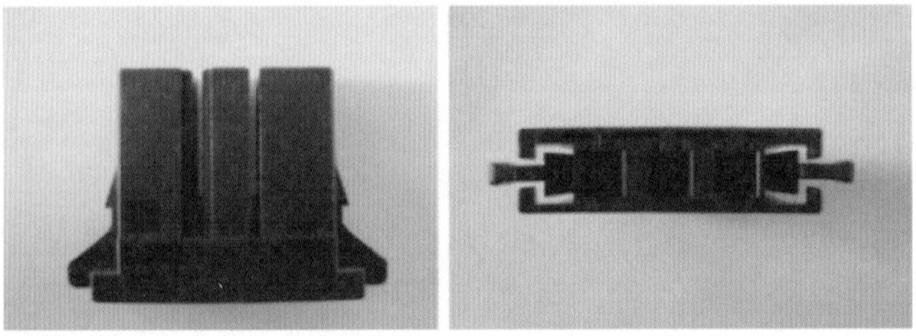

(e) Y 型 3 针D-3 200 S 模块

图 6-8-1　D-3000 系列连接器(续)

D-3100S(标准单排型)、D-3100D(标准双排型)间距是 3.81 mm，D-3200S(高压单排型)间距是 5.08 mm。连接器外壳采用 UL94V-0 级玻璃增强聚酯(PBT)和 PPS(SMT 型)材料，外壳为黑色。

2. AMP 连接器组装工艺

屏蔽线的处理：电缆内屏蔽层单独挑散，再按照同一方向旋转，拧成线状，在外层热封热缩管，在线的端部压接开口触片，根据接线表要求进行正确的接线，如图 6-8-2 所示。

压接针为铜合金。表面处理为底层镀镍(1.27 μm)，再镀亮锡及镀金。压接触片所适用导线截面范围为 0.5～2.5 mm^2，分为开口触片(D-32L)、闭口触片(D-3 L)、两种，如图 6-8-3 所示。采用压接触片凸缘上的标记来区分其压接触片。

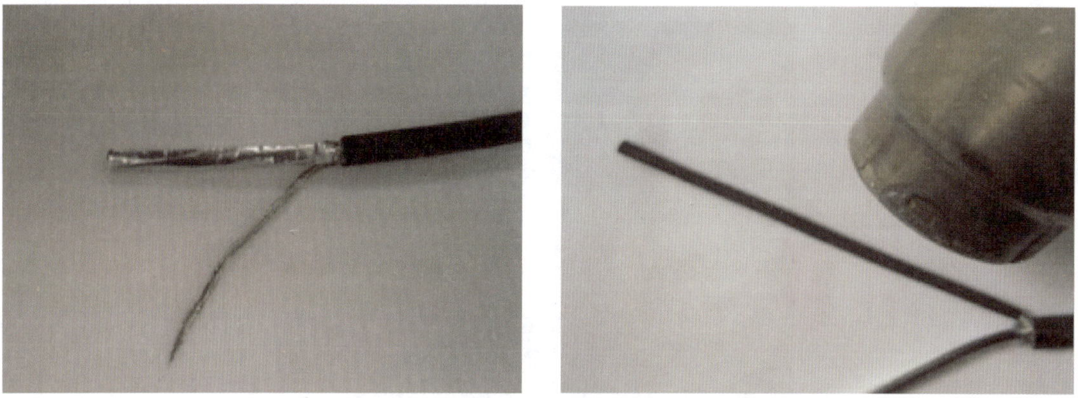

图 6-8-2 D-3000 系列连接器屏蔽处理

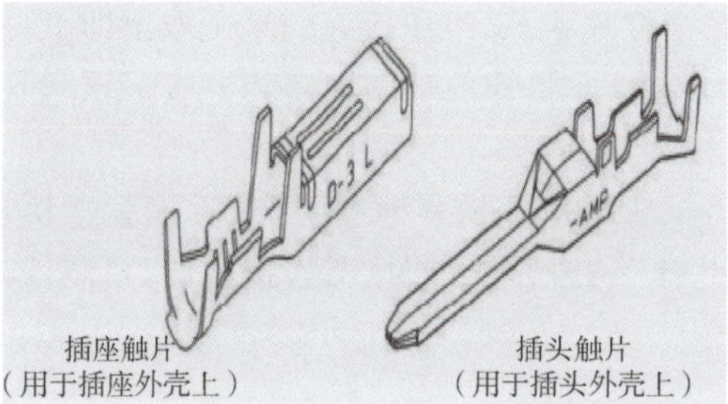

导线截面	标记	图示
小于1.5 mm²	凸缘闭合	
大于等于1.5 mm²	凸缘开口	

图 6-8-3 D-3000 系列连接器插针结构

AMP D-3 连接器时有 D-3 压接触片。根据导线线径不同，选用 91558-1 型号、91560-1 型号两种手动压接钳。91558-1 压接钳适用的导线横截面积范围为 0.5～1.25 mm²，91560-1 压接钳适用的压接导线横截面积为 1.5 mm²、2.5 mm²，如图 6-8-4 所示。

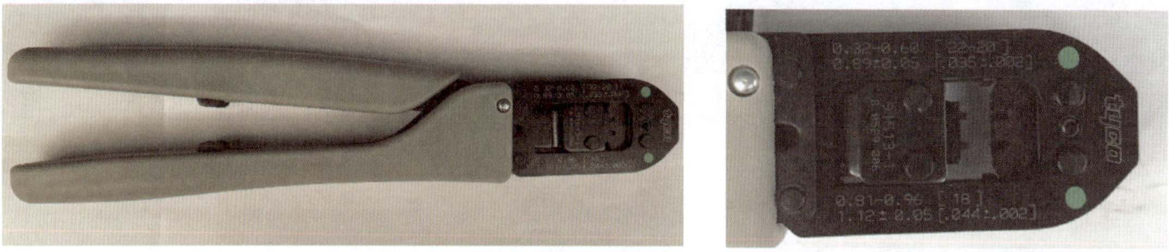

图 6-8-4 压接工具

线芯剥线长度 4 mm，压接时一只手握住钳子的手柄，另一只手持端子尾部，将端子从压接钳的背面垂直插入压接口中，使端子绝缘管的端部与压接钳的绝缘砧对齐，线管和绝缘管的开口面朝上；挤压手柄，使压接钳的定位器进入端子的定位槽，这样，端子的线管就会顶住压接钳的定位器，从而使端子定位到压接钳口中，在调节钳子的过程中，不能使端子发生变形，如图 6-8-5 所示。

将要压接的导线从压接钳的正面送入端子，通过端子的定位槽进入线管，当导线的绝缘层顶住压接钳的定位器时，即达到正确位置，一手持压线钳，一手持导线，用力挤压压接钳手柄至

图 6-8-5　端子定位

完全关闭状态，然后轻轻防松手柄，使压接钳处于完全打开状态，将压接好的端子取出即可，压接点成形良好，无破裂、毛刺等现象，压接位置居中，在端子线管前后线芯各露出 1 mm，如图 6-8-6 所示。

AMP 连接器采用卡扣式连接方式，连接时保持插头插座在同一水平方向，手捏紧连接器上卡扣将插头送入到插座内，如图 6-8-7 所示，听到“咔”一声，表示连接器连接到位，目测保证插头与插座之间无缝隙。

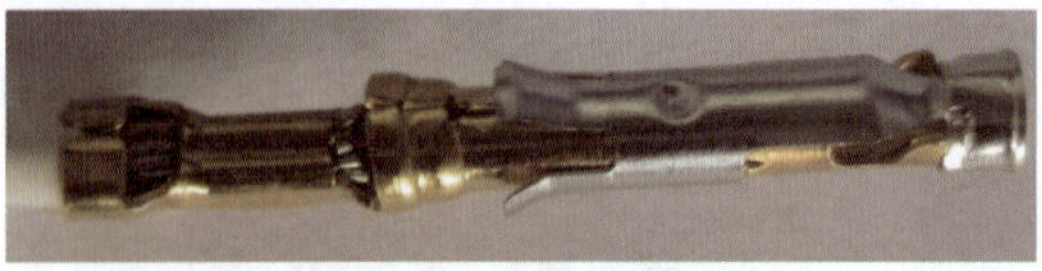

图 6-8-6　端子压接效果

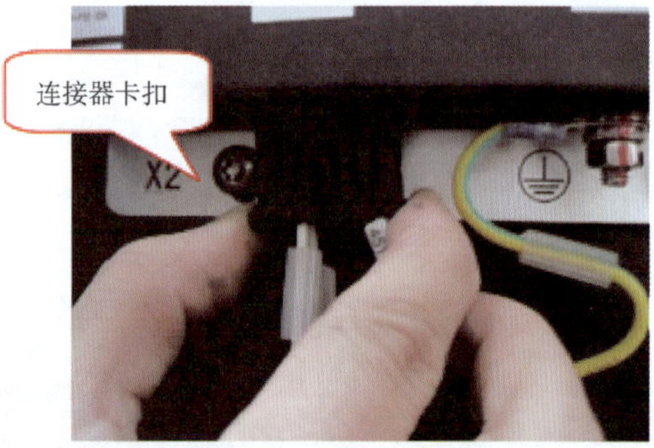

图 6-8-7　AMP 连接器连接

巩固与练习

一、填空题

1. D-3000 系列种类较多，生产中采用了________，________，以及________ 3 个系列的连接器。

2. AMP 连接器组装线芯剥线长度为________ mm。

3. AMP 连接器采用________连接方式进行连接。

二、简答题

1. AMP 连接器组装时屏蔽电缆的处理方法是什么?
2. AMP 连接器组装时如何选用压接钳?
3. AMP 连接器端子压接质量判别标准是什么?

学习任务九　牵引电机连接器组装工艺

学习目标

1. 知识目标

(1)掌握牵引电机连接器组装所需要应用工具的使用方法与注意事项。

(2)熟悉牵引电机连接器结构、使用及注意事项。

(3)知道牵引电机连接器特点、技术参数和应用场合。

(4)能正确地操作使用工具进行牵引电机连接器组装作业施工并实施维护保养。

2. 能力目标

(1)会使用电机连接器组装所需要的工具。

(2)会牵引电机连接器的组装。

3. 素质目标

(1)培养学生从事行业的职业素养。

(2)培养学生质量意识、安全意识。

知识链接

一、牵引连接器结构

牵引连接器外壳中含有卡簧和端子,用卡簧钳将卡簧口扩大,从而取下端子和卡簧,如图 6-9-1 所示。

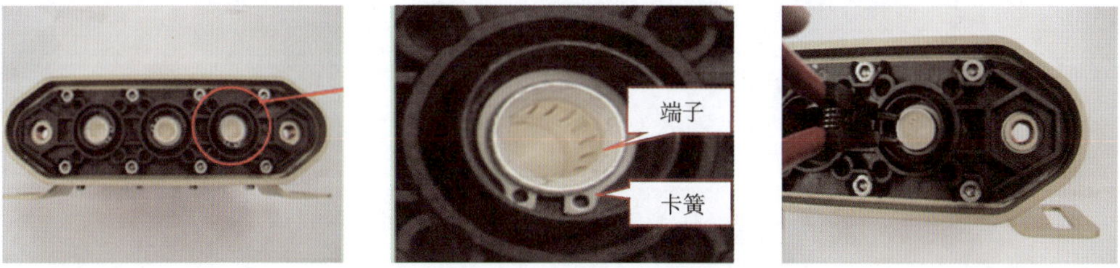

图 6-9-1　牵引电机连接器卡簧结构

二、牵引电机连接器组装

用卷尺从电缆端部起量取 95 mm,并用红色信号笔在电缆上做好标记,用 PVC 刀沿标记处剥去电缆的外层绝缘皮,注意不要伤到内部的屏蔽层,剥去外层绝缘皮,露出屏蔽层的电缆如图 6-9-2 所示。注意:剥线不能伤到屏蔽层,并且绝缘皮切口平整。

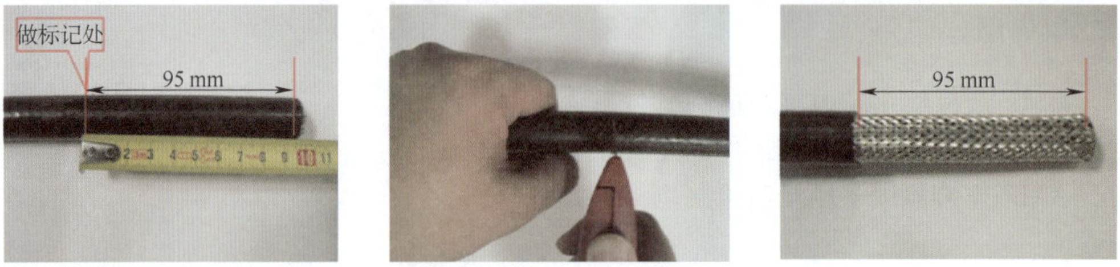

图 6-9-2　电缆外绝缘层去除

以电缆的剥线口处为起始位置，用卷尺量取 30 mm 屏蔽层，剪去多余屏蔽层后的电缆，如图 6-9-3 所示。

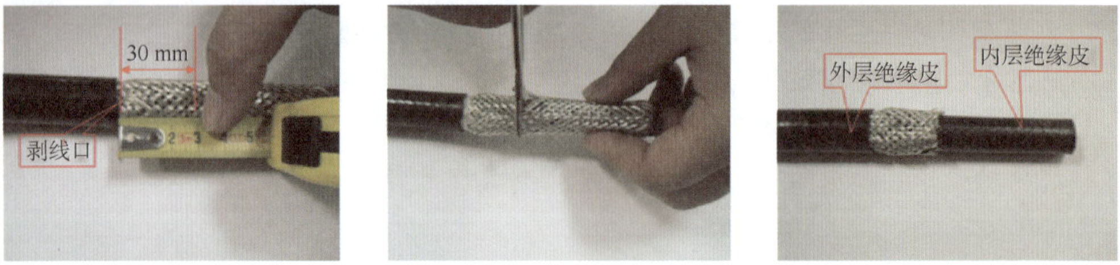

图 6-9-3　屏蔽层处理

将端接头 1、防水胶圈、屏蔽母环、屏蔽公环依次套在电缆上，注意屏蔽公环应套在屏蔽层的剪切口处，套入顺序不得颠倒。将屏蔽公环推到剥线口处后，推动屏蔽母环，使屏蔽层处在屏蔽母环和屏蔽公环之间，如图 6-9-4 所示。

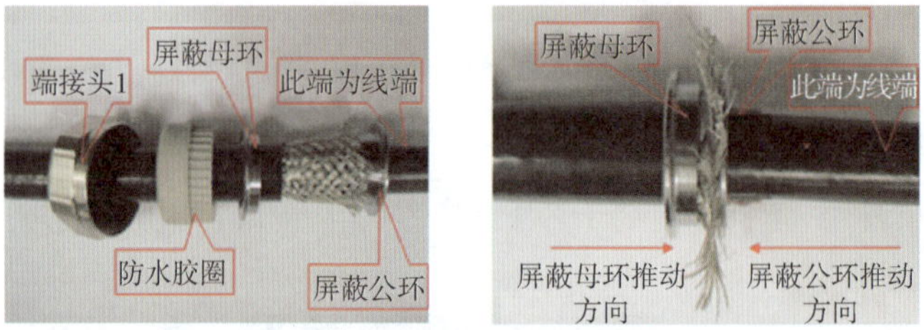

图 6-9-4　屏蔽密封环处理(一)

用屏蔽剪沿屏蔽环的外缘剪去多余的屏蔽层，剪去多余屏蔽层后的电缆如图 6-9-5 所示，在紧贴公环一侧缠绕防水胶带 2～3 层。为了密封屏蔽公环与防水胶带间的缝隙，在屏蔽公环右方再缠 1～2 周防水胶带，宽度为 10 mm 即可。

图 6-9-5　屏蔽密封环处理(二)

用卷尺从电缆端部起量取 21 mm，并用红色信号笔在电缆的内层绝缘皮上做好标记。用 PVC 刀沿标记处剥去电缆的内层绝缘皮，注意不要伤到内部的线芯，如图 6-9-6 所示。

图 6-9-6　剥线

将端子按照如左图所示的方式套向线芯，注意端子的 a 端朝向电缆，不要使线芯松散。套好端子的电缆如左图所示，线芯进入端子的距离以在观察孔处看到线芯填满整个观察孔为宜，如图 6-9-7 所示。

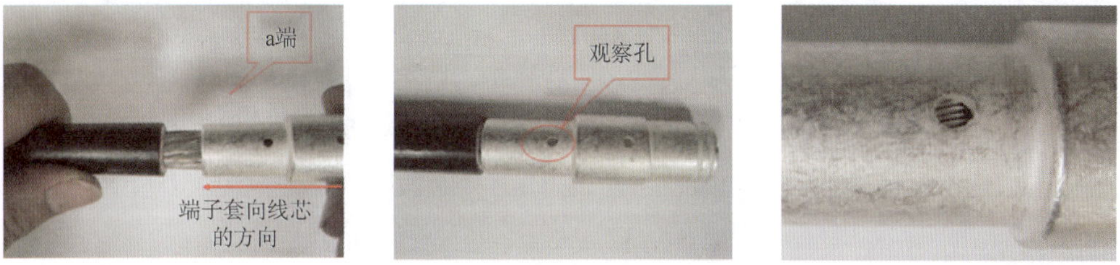

图 6-9-7　插入端子

使用的是 1300CU 型号的铜质端子压接工具(1300AI 为铝制端子压接)，将套好端子的电缆放入液压钳模具口中，一个操作者负责固定电缆和端子，另一个操作者负责使用液压钳。压接时，操作者应注意端子观察孔的位置，保证压接时观察孔在模具边缘外 2～3 mm。压痕位置居中，压接时不得压到端子观察孔，如图 6-9-8 所示。

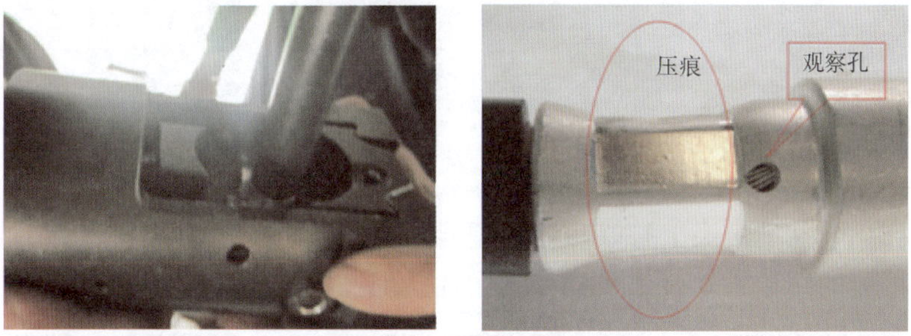

图 6-9-8　端子压接

连接器外壳上的标记 1、标记 2、标记 3 分别对应于接线位置，从而使后续的连接器组装工作正确进行，如图 6-9-9 所示。

用开口扳手将三个端接头依次拧紧到连接器外壳上，根据对应关系，将电缆安装到连接器外壳中，把端子伸出连接器外壳的插孔后，用卡簧钳将卡簧口扩大并安装卡簧，恢复到拆卸端子前的状况。注意，安装完卡簧后，卡簧在端子边缘可以自由转动，即为安装卡簧正确，如图 6-9-10 所示。

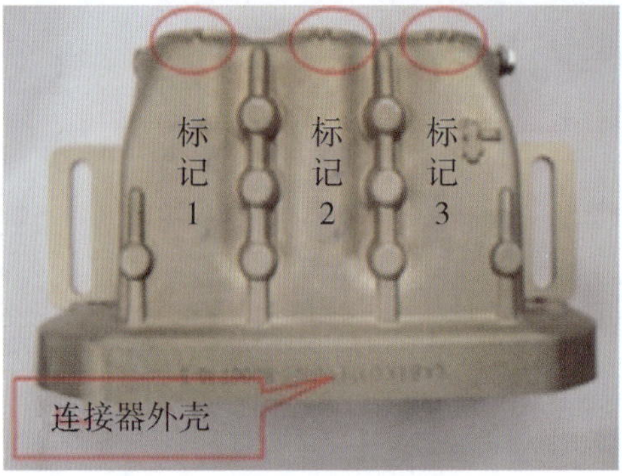

图 6-9-9　连接器标记

图 6-9-10　连接器合成(一)

将防水胶圈安装到端接头上压紧，将端盖进行连接，并用开口扳手将拧紧，使防水胶塞外露出端接头 1～2 mm，如图 6-9-11 所示。

图 6-9-11　连接器合成(二)

用粗红色标识笔在端接头上打好防松标记，将 3 根电缆依次施工完成，用扎带把实名标签固定到距离连接器的端接头 50 mm 便于观察的位置上，如图 6-9-12 所示。

图 6-9-12　连接器合成(三)

巩固与练习

一、填空题

1. 牵引连接器外壳中含有卡簧和端子，用________将卡簧口扩大，从而取下端子和卡簧。

2. 在屏蔽公环推到剥线口处后，推动屏蔽母环，使屏蔽层处在________和________之间。

3. 在用粗红色标识笔在端接头上打好防松标记时，将 3 根电缆依次施工完成，用扎带把实名标签固定到距离连接器的端接头________ mm 便于观察的位置上。

一、简答题

1. 如何从牵引电机连接器中取出自带的端子？

2. 叙述牵引电机连接器组装时电缆上各附件的安装顺序及注意事项。

3. 在牵引电机连接器组装时电缆屏蔽层处理阶段防水环节需要完成哪些工作？

4. 叙述牵引电机连接器组装端子压接标准及注意事项。

5. 在牵引电机连接器壳体合成阶段防水环节需要完成哪些工作？

参考文献

[1] IPC/WHMA-A-A-620B　Requirements and Acceptance for Cable and Wire Harness Assemblies　线缆及线束组件的要求与验收

[2] GB/T34271—2017　轨道交通机车车辆布线规则

[3] EN 60512-16-4　电子设备用连接器—试验和测量—第 16-4 部分：触点和终端的机械试验—试验 16d：拉伸强度(压接连接件)(IEC 60512-16-4)

[4] GB/T 14048.7—2016　低压开关设备和控制设备—第 7-1 部分：辅助器件—铜导体的接线端子排

[5] GB/T 11026.1—2016　电气绝缘材料—耐热性—第 1 部分：老化程序和试验结果的评定

[6] EN 60352-1　无焊连接—第 1 部分：缠绕连接—基本要求、试验方法和实施指南(IEC 60352-1)

[7] GB/T 18290.2—2015　无焊连接—第 2 部分：压接连接——般要求、试验方法和使用导则

[8] TB/T 1759—2016　铁道客车配线布线规则

[9] IEC 60228—2004　绝缘电缆导体

[10] CPS 00531C　Electrical Equipment and HarnessInsrallation Procedure　电气设备与线束安装工艺

[11] CPS 00247H　Standard Practice for Crimping　端子压接标准

[12] TB/T 3153—2007　机车车辆布线规则

[13] GB/T 21413—2018　轨道交通铁路应用　机车车辆电气设备　第 1 部分：一般使用条件和通用规则

[14] GB/T 21414—2008　铁路应用　机车车辆　电气防患防护的规定